KB272625

설계된 판

기울어진 금융 시스템과 불공정한 돈의 게임

설계된 판
기울어진 금융 시스템과 불공정한 돈의 게임

1판 1쇄 펴냄 2026년 5월 7일

지은이 존 Y. 캠벨 · 타룬 라마도라이
옮긴이 김승진
발행인 김병준 · 고세규
발행처 생각의힘
편집 우상희 · 봉정하 디자인 김경민 마케팅 김유정 · 신예은

등록 2011. 10. 27. 제406-2011-000127호
주소 서울시 마포구 독막로6길 11, 2, 3층
전화 편집 02)6925-4184 영업 02)6925-4188 팩스 02)6925-4182
전자우편 tpbook1@tpbook.co.kr 홈페이지 www.tpbook.co.kr

* 책값은 뒤표지에 있습니다.

* 잘못된 책은 구입하신 서점에서 교환해 드립니다.

ISBN 979-11-94880-82-0 (93320)

설계된 판

기울어진 금융 시스템과
불공정한 돈의 게임

FIXED

존 Y. 캠벨
타룬 라마도라이

김승진 옮김

생각의힘

일러두기

1. 이 책은 *FIXED*(2025)를 우리말로 옮긴 것이다.
2. 단행본은 겹화살괄호(《 》), 신문, 잡지, 논문, 영화, TV 프로그램 등은
   홑화살 괄호(〈 〉)로 표기했다.
3. 옮긴이의 첨언이나 설명은 대괄호로 표시했다. 단, 인용문 내의 대괄호는
   저자의 첨언이다.
4. 인명 등 외래어는 외래어 표기법을 따랐으나, 일부는 관례와 원어 발음을
   존중해 그에 따랐다.

수산나와 푸르니마에게
이 책을 바칩니다

차례

한국어판 서문

《설계된 판》이 한국 독자분들을 만나게 되어 매우 기쁩니다. 이 책을 쓰면서 우리는 개인금융의 문제가 어느 한 나라에 국한된 문제가 아님을 알리고 싶었습니다. 개인금융의 문제들은 세계 곳곳에서 반복적으로 나타나는 공통된 패턴을 보여주며, 그 뿌리에는 금융상품의 복잡성, 정보 비대칭, 소비자의 행동적 편향, 공급자가 갖게 되는 인센티브의 왜곡이라는 동일한 원인이 있습니다. 안타깝게도, 최근에 한국에서도 이 과정이 생생하게 드러난 사례가 있었습니다.

2021년에 한국의 은행과 증권사들은 홍콩 증시에 상장된 중국 기업들로 구성된 홍콩항셍지수를 기초로 한 주가연계증권ELS을 막대한 규모로 판매했습니다. 이 상품은 구조화된 파생상품으로, 지수가 어느 수준 이상을 유지하는 한 매력적인 수익률을 제공하지만 지수가 큰 폭으로 하락하면 투자자가 원금의 상당 부분 혹은 전부를 잃을 수 있는 구조였습니다. 만기가 도래하기 시작한 2024년 초에 홍콩항셍지수는 최고점 대비 절반 이하로 떨어져 있었고 수십만 명의 한국 투자자들이 총 40억 달러어치에 육박하는 손실에 직면하게 되었습니다.

이 숫자들의 뒤에는 사람이 있습니다. 우리는 연구 과정에서 사람들의 안타까운 사연을 계속해서 마주했습니다. 널리 보도된 한 사례에서는, 75세의 한 여성이 50년 동안 미화원으로 일하면서 평생 모은 돈의 절반이 그로서는 제대로 알기가 불가능했던 리스크를 가진 상품 때문에 날아갔습니다. 이런 사례는 한둘이 아니었습니다. ELS에 투자한 사람 대부분이 개인 투자자였고 그중 상당수가 은퇴를 했거나 은퇴가 가까운 65세 이상의 고령자였습니다.

ELS 사태는 《설계된 판》의 몇몇 핵심 주장을 고통스럽도록 분명하게 보여줍니다. 첫째는 금융 의사결정의 어려움입니다. ELS 상품은 수익 구조가 매우 비대칭적이었습니다. 투자자는 기초지수가 일정 범위 안에 머물러 있는 한 연 5퍼센트 안팎의 수익률을 올릴 수 있었습니다. 하지만 지수가 너무 많이 오르면 은행이 상품을 조기 상환할 수 있어서 투자자가 얻을 수 있는 추가적인 이익에는 제약이 있었던 반면, 지수가 매수 시점 대비 50퍼센트 이하로 떨어질 경우에는 투자자가 하락 폭 전체에 대해 위험에 노출되었습니다. 수익의 여지는 애초에 그렇게 크지도 않았고 상한이 있었는데, 손실은 일단 발동되면 어마어마할 수 있었던 것입니다. 그런데도 이 상품들은 많은 투자자들이 마치 정기예금처럼 확정된 원리금을 보장하는 상품으로 인식하게끔 판촉되었습니다. 기초 지수는 홍콩 투자자들도 잘 모르는 지수였고 상품의 만기는 3년으로, 다른 곳의 비견할 만한 구조화 상품보다 훨씬 길었습니다. 이 책 전반에서 우리가 주장했듯이, 상품 설계가 불투명하고 마케팅에 오도의 소지가 있다면 투자자의 인식과 실제 현실 사이의 간극은 엄청나게 커질 수 있습니다.

둘째는 금융의 '부패'입니다. 한국의 금융감독원은 은행들이 고객이 노출되는 위험이 커지고 있는데도 실적 목표와 성과 인센티브로 본사 차원에서 ELS 판매를 공격적으로 촉진했다는 사실을 발견했습니다. 많은 영업점에서 복잡한 파생상품을 판매하는 창구와 일반 예금을 취급하는 창구가 명확하게 분리되어 있지 않아서 고객이 생각할 때 안전한 상품과 위험한 상품의 경계가 흐려질 수밖에 없었습니다. 구체적으로 불완전판매[금융기관이 고객에게 상품의 운용 방법, 위험도, 손실 가능성 등을 제대로 알리지 않고 판매하는 것]가 어떻게 이뤄졌는지를 보면, 특히 고령 고객을 대상으로 대리 가입, 서류 위조, 위험에 대한 정보의 의도적인 왜곡 등이 있었습니다. 이 책에서 우리가 묘사한 패턴과 정확하게 일치합니다. 고장난 시스템 속에서 금융기관이 인센티브에 합리적으로 반응할 때, 경쟁이 늘 문제를 고쳐주는 것은 아닙니다. 오히려 문제를 악화시킬 수 있습니다.

셋째는 불평등입니다. 손실은 골고루 퍼지지 않습니다. 이 책에서 살펴본 미국, 영국, 인도, 스웨덴의 사례가 보여주듯이, 대체로 부유하지 않고 금융 지식이 부족한 계층이 가장 큰 비용을 치릅니다. 한국의 사례에서, 은행들은 ELS 상품을 설계하고 판매하면서 큰 수수료 수익을 올렸고, 손실은 그것을 감내할 능력이 가장 부족한 개인 투자자들이 흡수했습니다.

넷째로 규제 대응의 효과성에 분명한 한계가 있었습니다. 금융감독원은 불완전판매를 조사하고 배상 기준을 마련했으며, 복잡한 파생상품은 전문 인력 등 조건을 갖춘 거점 점포에서만 판매하도록 하는 규정을 도입했습니다. 이런 조치들은 이 책의 3부에서 우리가 제안한 여러 대책들과 맥을 같이하는 바람직한 조치이지만, 피해가 이미 발생한 뒤에 나왔고 그 자체만으로는 여전히 충분하지 않습니다. 한국의 은행들이 이런 사이클에 휘말린 게 이번이 처음도 아니었습니다. 2019년에도 해외 금리에 연계된 파생결합상품DLF에서 유사한 사태가 있었고, 그때도 당국이 제재를 가하고 규제를 강화했지만 불과 2년 뒤에 상품만 바뀌어서 동일한 패턴이 되풀이되었습니다. 위기가 터지면 그때그때 해당 상품에 대해 대응하는 방식을 체계적으로 개편하고 논의의 초점이 투자자의 행동이나 공급자의 일탈을 비난하는 데서 벗어나 개인금융 시스템의 구조적 결함을 고치는 쪽으로 옮겨가지 않는다면, 이런 사태는 또 반복될 가능성이 큽니다.

되풀이되는 이러한 동학은 우리가 '넛지' 접근과 사후적인 대책이 (필요하긴 하지만) 그것만으로는 충분하지 않다고 주장하는 이유입니다. 필요한 것은 구조적인 개혁입니다. 즉 불완전판매 자체가 애초에 일어나기 어렵도록 상품을 더 단순하고 투명하게 만들고, 진정으로 상품들을 비교해서 선택할 수 있도록 정보 공개를 표준화하며, 문제가 터지고 나서 대응하는 데서만 그치지 말고 선제적으로 문제를 예상하는 규제를 도입해야 합니다. 우리는 모든 금융기관이 단순하고 저렴하며 안전하고 이용하기 쉬운 기본적인 금융상품들의 꾸러미를 의무적으로 제공하게 하자고 제안했는데, 이러한 개인금융 "입문자 키트"는 위에서 본 것과 같은 반복적인 실패를 염두에 두고 고안한 구상입니다.

여러 면에서 한국은 이 책이 촉발하고자 하는 논의를 전개하기에 이상적인 무대입니다. 한국은 교육 수준이 높은 인구, 정교한 금융시장, 강한 규제기관, 저축과 재무 계획을 중요하게 여기는 문화가 있는 곳입니다. 이는 엄청난 강점입니다. 하지만 이런 조건에서도 개인금융 시스템이 여전히 평범한 사람들에게 이토록 심각한 피해를 줄 수 있다는 점에서 더욱 충격을 주는 곳이기도 합니다. 한국 같은 곳에서도 이런 문제가 발생한다면 다른 어디에서도 발생할 수 있다는 뜻이고, 우리가 제안한 해법의 중요성도 한층 더 커진다고 말할 수 있을 것입니다.

한국의 독자분들이 단지 무엇이 잘못되었는지에 대한 묘사만이 아니라 어떻게 바로잡을 수 있을지에 대한 현실적인 틀거리도 이 책에서 발견하시게 된다면 더없이 기쁘겠습니다.

존 Y. 캠벨, 타룬 라마도라이

1부

설계된 판 :
문제 제기

1장

문제의 규모

매사추세츠주 보스턴의 젊은 여성 레나타 케인스는 2007년에 고등학교를 졸업하고 교사를 꿈꾸며 인근의 4년제 대학에 가기 위해 학자금 대출을 받았다. 비용이 예상 외로 너무 많이 들어서 뉴욕의 다른 학교로 편입을 했는데, 이는 돈 문제를 더 악화시켰다. 예상했던 재정 보조가 들어오지 않아 한 학기만에 그만두어야 했던 것이다. 생활비를 충당하기 위해 저소득 일자리를 전전하면서 여러 학교에서 수업을 들었다. 하지만 결국 27세에 학자금 빚 6만 5,000달러와 함께, 그리고 대학 졸업장은 여전히 없는 채로, 보스턴으로 돌아왔다. 레나타는 이렇게 말했다. "이 과정에 들어섰을 때가 열일곱 살이었어요. 큰 액수의 돈에 대해서는 아는 게 아무 것도 없었죠."[1]

조지 매독스는 2001년에 68세였고, 엔론의 공장 관리자로 일하다 한참 전에 은퇴해 노후를 즐기고 있었다. 그는 은퇴 저축계좌의 돈 130만 달러를 몽땅 엔론 주식에 투자했고 든든하다고 생각했다. 엔론이 파산할 줄은 꿈에도 예상하지 못했다. 10년 뒤에 그는 이렇게 말했다. "엔론이 망할 줄 제가 어떻게 상상이라도 해봤겠어요?" 노후 자금을 통째로 날리고서 조지와 아내는 교외의 자기 집은 세를 놓고 이스트텍사스의 쓰러져 가는 농가 주택으로 이사했다. 노년에 생활비를 벌기 위해 아내는 다시 대체교사로 일하기 시작했고 조지는 잔디 깎는 일을 시작했다.[2]

플로리다주 클리어워터에 사는 노년의 과부 루스 퍼트넘은 은퇴 자금을 매독스와는 매우 다른 방식으로 관리했다. 주식시장 리스크는 무조건 피하려는 사람인지라 은퇴 저축을 전부 양도성예금증서와 기타 머니마켓 계좌에 넣었다. 하지만 2000년대 초에 연방준비제도이사회[이하 '연준']가 반복적으로 단기 금리를 낮추면서, 은퇴 자금에서 나오는 이자 소득이 말라버렸다. 루스는 "많은 친구들이 짠순이라고 비난할" 정도까지 돈을 아끼면서, 꼭 필요한 생활비 지출을 맞추기 위해 가진 것들을 내다팔기 시작했다. 로얄 알버트 잉글리시 로즈 식기 셋트의 그릇도 하나씩 내다팔았다.[3]

미국에서만의 이야기가 아니다. 다른 곳에서도 너무나 흔한 이야기다.

영국 허트포드셔의 트링에 사는 60세의 사이먼 시플리는 만성 질환이 있는데, 모기지 대출 및 두 개의 또 다른 대출과 패키지로 묶인 지급보증보험payment protection insurance 상품을 권유받아 구매했다. 지급보증보험은 사망이나 부상 등으로 채무를 상환하지 못하게 될 경우 보험금으로 보장해주는 상품인데, 문제는 그가 10년이 넘도록 여기에 자신이 보험료를 내고 있다는 사실을 전혀 몰랐다는 점이다. 게다가 애초에 그는 이 보험상품으로 보험금을 받을 수 없었다(이 역시 그는 모르고 있었다). 기저 질환이 있는 경우에는 보장이 되지 않았기 때문이다. 그마나 시플리는 훗날 지급보증보험 불완전판매 스캔들이 폭로되고 사회적으로 이슈가 불거지면서 보상을 받을 수 있었지만, 불공정하게 보험료를 내고도 아무보상도 못 받는 사람들이 많다. 시플리는 "이런 일이 이렇게 오랫동안 계속 일어나게 방치되고 있다는 사실이 정말 충격적"이라고 말했다."4

인도의 은퇴한 식물학자 비렌드라 팔 케이푸어Virendra Pal Kapoor는 중개인의 강한 권유로 주식 포트폴리오와 연계된 보험상품인 변액보험(인도에서는 "유닛연계보험상품"이라고 부른다)의 일종을 구매했다. 그가 구매한 상품은 5년짜리였고, 투자상품에 보험을 "공짜"로 얹어주는 것인 양 광고되었다. 5년 뒤에 그는 투자원금의 99.5퍼센트가 보험료로 빠져나갔다는 사실을 알고 기함했다. 이것은 회수할 수 없는 돈이어서, 원금을 거의 다 날린 셈이었다. 케이푸어는 정부 소유 은행인 인도스테이트은행에서 이 상품을 권유받아 구매했고, 여기에 투자하는 돈은 "정부에 의해서도 보장될 것"이라고 믿었다. 설상가상으로, 그에게 발송된 명세서는 복잡하기 짝이 없어서, 자산이 꾸준히 잠식되고 있다는 정보를 제대로 알기 어려웠다. 그는 뭐가 어떻게 되고 있는 건지 수차례 문의했다. "거의 만기가 다 되었을 때 은행에 가서 곧 만기가 된다고 말했습니다. 그런데 심지어 그때도 내 펀드의 가치를 말해주지 않았어요. 정확하게 말하면, 그들은 시스템에 문제가 좀 있다며 펀드 가치를 알려줄 수 없다고만 계속 말했습니다. 그러더니 만기 해지 양식을 작성하라면서 금액은 빈칸으로 두라고 딱 말하더라고요. 1주일 뒤에 [미미한 금액이] 은행 계좌로 들어왔어요." 오랜 법정 싸움 끝에, 그리고 보험 규제 당국과 여러 차례 공방을 벌인 끝에, 케이푸어는 고등법원에서 승소했지만, 아직도 보상을 받지 못했고 보험사가 항소해서 여전히 소송이 진행 중이다.[5]

세계 각지에서 수많은 사람들이 금융 문제를 관리하는 데 고전을 거듭한다. 좋은 결정이라고 믿고 내린 선택이 억장이 무너지는 결과를 가져오기도 한다. 자, 이런 이야기들을 들었다면, 우리는 어떻게 반응해야 할까?

자연스러운 반응 하나는 이런 비극이 일어나도록 허용하는 시스템에 대한 분노일 것이다. 2011년 "월가를 점령하라Occupy Wall Street" 운동과 2024년 세계 각지의 선거에서 드러난 격동이 바로 그러한 대중 분노의 표출이었다. 하지만 분노의 표출은 장기적인 영향을 남기지는 못하는 채로 왔다가 사라지는 것 같아 보인다. 또 다른 반응은 최대한 조심하고 경계하기로 하는 것이다. 열심히 금융을 공부하고 순진한 생각으로 잘못된 의사결정을 하지 않도록 신중을 기하면서 말이다. 그런데 이런 반응은 (열심히 배워서 위험을 피하려 노력하는 사람들만이 아니라) "금융 현자"들의 방대하고 수익성 있는 산업에 크게 이득이 된다.[6] 마지막으로, 아마도 가장 흔할 법한 반응은 "그런 일도 있는 거지 뭐"라고 푸념하면서 그냥 넘어가는 것이다.

세 반응 모두 부적절하다. 돈을 마련하고 관리하는 스트레스와 생활비 걱정이 기름을 부어서, 다수에게는 피해를 주면서 소수에게만 유리하게 돌아가는 금융 시스템에 대한 대중의 분노에 불이 붙으면, 명백히 선거 때 집권당 후보에 반대하는 강력한 세력이 된다. 우리도 현재의 개인금융 시스템에 분노한다. 하지만 분노의 물꼬는 사람들의 삶을 실질적으로 나아지게 하는 쪽으로 방향이 잡혀야 한다. 둘째, 우리는 사람들이 금융에 관해 더 똑똑해지고 더 정교해지려고 들이는 노력에 갈채를 보내며 이 책이 그 노력을 조금이나마 쉽게 해줄 수 있기를 바라지만, 지금처럼 복잡한 시스템에서 평범한 개인이 알아서 금융 안정성을 확보하기란 너무나 어려운 일이다. 셋째, 우리는 개인금융 시스템의 문제를 없는 셈 외면하고 싶지 않다. 그렇게 눈 감기에는 수많은 사람들에게 미치는 결과가 너무나 심각하고, 현대 사회의 작동에서 금융 시스템은 너무나 중요하기 때문이다.

위와 같은 반응보다, 우리는 개인금융 시스템을 재설계하자고 주장하려 한다. 이 책에서 우리는 현재의 시스템이 어떻게 '짜고 치는fixed' 판처럼 작동하면서 평범한 사람들에게 피해를 입히는지 드러내고 평범한 사람이 사용하기에 더 쉬워지도록 시스템을 '고쳐서 새로 짤fix' 방법을 제안했다.

'짜고 치는,' '설계된[조작된]' 등의 의미로 쓰이는 영어 단어 'fixed'는 감정을 자극하는 단어이고 사기나 협잡을 연상시킨다. 개인금융 책의 제목으로 삼기에는 너무 도발적인 단어라는 사실을 우리도 잘 알고 있다. 하지만 우리는 심사숙고해서 이 단어를 골랐다. 세계의 많은 곳에서 개인금융은 주로 금융서비스 제공자들, 그리고 소비자 중에서는 금융 지식과 금융 수완이 가장 좋은 소수의 사람들에게 이득을 주도록 왜곡되어왔다. 더 나쁘게도, 이 왜곡은 금융의 작동을 잘 모르고 금융에 덜 익숙한 사람들에게 피해를 입히는 방식으로 이루어졌다. '설계된' 시스템이란, 평범한 사람들이 이해하기 어렵고 이들에게 불공정하게 작동하면서 시스템을 굴리는 사람들에게 이득을 주는 시스템을 말한다. 그리고 시스템이 '설계되어 돌아가는 판'이라고 느끼면 사람들은 분노하고 신뢰를 잃는다. 오늘날 금융 시스템과 일반 대중 사이의 관계가 딱 이렇지 않은가.

이 책은 경제학자들의 지식과 정부의 힘을 잘 활용해서 금융 시스템을 새로 설계하자는 촉구다. 그러한 재설계의 목적은 금융이 일반 대중을 위해 복무하게 만들고 시장경제(광범위한 사람들에게 번영을 창출해주는 데 현재까지 알려진 바로 가장 좋은 시스템이다)의 제도들을 사람들이 계속해서 신뢰할 수 있게 하는 것이다.

평범한 사람을 위해 금융 시스템은 어떻게 작동해야 하는가

우리 모두 이런저런 목적을 위해 거의 날마다 금융을 사용한다. 우리는 대금을 결제하고 여윳돈을 저축하며 대출을 받고 보험에 가입한다. 금융은 우리가 영위하는 삶의 모든 면에서 기저를 받치며 돌아가는 배관 시스템이며, 우리는 이 시스템이 효율적으로 기능하게 해야 한다.

금융 시스템이란 사람들과 조직들 사이에 자금을 이전시켜 가장 필요한 곳으로 보내는 기관, 시장, 상품 들의 네트워크를 말한다. 현대 경제에서 이 네트워크를 구성하는 요소는 엄청나게 다양하며 종종 첨단 정보기술 테크놀로지에 의존한다. 많은 이들이 은행, 보험사 등 이런저런 금융기관을 익히 접해보았을 것이고, 주식이든 예술품이든 투자 거래를 해보았다면 이런저런 금융시장도 접해보았을 것이다. 또 학자금 대출부터 뮤추얼펀드 상품까지 이런저런 금융상품도 알고 있을 것이다. 하지만 금융을 더 깊이 알려면 금융의 존재 이유부터 생각해봐야 한다.

좋은 출발점은 경제학자 로버트 머튼Robert Merton과 즈비 보디Zvi Bodie가 제시한 금융의 여섯 가지 기능이다. 1) 결제를 활성화한다. 2) 큰 자금을 작게 나누고 조합해 새로운 꾸러미를 만든다. 3) 현재와 미래 사이에 자원을 이전한다. 4) 리스크를 관리한다. 5) 정보를 제공한다. 6) 올바른 인센티브를 제공한다.[7]

결제는 금융의 가장 오래된 그리고 가장 기본적인 기능이다. 사회가 물물교환 단계를 벗어나 화폐를 이용하기 시작하면, 거래를 회계 시스템에 기록해 누가 무엇을 소유하고 있는지 빠짐없이 추적하는 게 자연스러운 수순이다.[8] 우리는 결제 시스템을 당연하게 여기기 쉽지만, 결제 시스템이 교란되면 막대한 피해가 발생한다.[9] 금융 결제는 지극히 중요한 주제이지만, 별도의 전문 영역이고 기술적으로 어려워서 이것만으로도 책 한 권을 쓸 수 있을 것이다. 이 책에서는 우리의 관심사와 더 관련이 깊은 다른 기능들에 집중하고, 결제 기능은 옆으로 잠시 빼놓으려 한다.

머튼과 보디가 말한 금융의 두 번째 기능은 한정된 자원밖에 없는 사람도 커다랗고 분할이 불가능한 자산의 작은 지분을 소유할 수 있게 하는 것이다. 인간 역사 대부분의 기간 동안 가령 무역 상선과 같은 대규모 자산은 부유한 개인 한 명이 소유하거나, 공동 소유래봤자 소수의 부자들이 파트너십으로 소유했고, 그 자산을 사용하면서 발생하는 손실은 소유자 개개인이 온전히 감수했다.

하지만 17세기 이후로 큰 규모의 자산을 법인인 기업체가 소유하고 이곳이 주식을 발행할 수 있게 하는 법적 구조가 발달했다. 주식은 해당 자산의 작은 일부에 대해 소유권을 갖게 해주는 증서를 말한다. 중요하게, 주식에는 "유한책임"만 적용된다. 즉 최악의 손실이 발생해도 주식 소유자는 그 주식을 사는 데 투자했던 만큼만 날린다. 이 구조는 돈이 많지 않은 사람도 생산적인 기업의 주식을 소유해 그러한 기업이 수행하는 모험과 혁신에 자본 공급을 늘릴 수 있게 해준다.[10]

주식이 일단 존재하고 나니 여러 주식을 새로운 조합으로 결합하는 것도 가능해졌다. 예를 들어 뮤추얼펀드는 많은 기업의 주식이 포함된 큰 포트폴리오의 일부를 소유할 수 있게 해준다. 뮤추얼펀드를 이용하면 투자할 돈이 많지 않은 사람도 다각화를 통해 주식 투자의 리스크를 분산할 수 있다.

금융의 세 번째 기능은 현재와 미래 사이에 자원을 이전하는 것으로, 평범한 사람이 일생을 살아가는 데 핵심적으로 중요하다. 대개 젊은 시절에는 금융 자원이 많지 않을 것이다. 대학에 가려면 돈을 빌려야 할 것이다. 취직을 해서 일을 하기 시작하면 예기치 못한 지출이나 소득의 상실에 대비하기 위해 저축을 해야 할 것이다. 긴급 상황이 닥치면 돈을 빌려야 할지도 모른다. 또한 집이나 자동차를 살 때 계약금으로 쓸 돈을 저축해야 하고 나머지 비용을 내기 위해 대출도 받아야 할 것이다. 나이가 들고 아이들이 크면서 아이들 교육과 내 노후를 위해서도 돈을 모아야 한다. 모든 형태의 저축은 현재의 자원을 그 자원이 생산적으로 사용될 수 있는 미래로 이전한다. 역으로, 대출은 현재의 필요를 위해 미래에서 현재로 자원을 이전한다.

금융의 네 번째 기능은 리스크 관리다. 앞에서 특정 사업체의 활동에 따르는 개별 리스크를 줄이는 방편으로서 다각화의 이점을 언급했다. 하지만 경제 전반적으로 영향을 미치는 충격도 존재하며, 어떤 이들은 개인의 기질이나 자원 덕분에 다른 이들보다 이러한 충격을 더 잘 극복한다. 리스크를 지니고 있는 상태를 잘 견디는 사람이라면, 다각화된 주식 포트폴리오를 소유함으로써 경제 전체적인 리스크 중 일부를 감수할 수 있을 것이다. 리스크 감수에 따른 보상은 입출금 계좌나 머니마켓 계좌에 돈을 넣었을 때보다 더 높은 평균수익률의 형태로 돌아온다. 또한 [경제 전체적으로 영향을 미치는 일반적인 리스크 외에] 사람들은 각자의 물리적 자산(자동차, 주택, 개인 자산 등), 건강, 때로는 생명과 관련된 개인별 리스크에도 직면한다. 이러한 개인별 리스크는 보험을 이용해 효과적으로 관리할 수 있다. 보험이란 자주 발생하지 않는 사건이 닥칠 경우 그로 인해 발생하는 비용을 보전해주는 금융 계약을 말한다.

금융의 마지막 두 가지 기능인 정보 제공과 인센티브 제공은 현대 경제의 작동에 필수적이다. 중앙계획경제였던 소련의 공산주의 체제가 20세기 말에 붕괴한 큰 이유 하나는 자유로운 시장에서 설정되는 가격이 없어서 계획가들이 사회가 어떤 종류의 제품과 서비스를 필요로 하는지를 알 수 없었다는 점이었다. 사실, 노동자들이 제품과 서비스의 생산 자체를 하게 할 인센티브도 제공하지 못했다. 소련에 이런 농담이 있었다고 한다. "그들은 우리에게 임금을 지급하는 척하고 우리는 일을 하는 척한다."

금융의 기능은 사회에 막대하게 중요하므로 금융 시스템의 질이 훼손되지 않게 하는 것은 사회로서 큰 이해관계가 걸린 일이다. 거시경제 수준에서, 금융 시스템은 안정적이어야 하고(금융위기로 인한 교란과 불황을 피할 수 있어야 한다) 자본이 생산적인 모험과 혁신 쪽으로 흘러가게 함으로써 경제성장을 지원할 수 있어야 한다. 개인 수준에서, 금융 시스템은 양질의 금융상품과 서비스, 즉 평범한 사람들이 이해하기 쉽고 감당 가능한 가격으로 구매할 수 있으며 안전하게 사용할 수 있는 금융상품과 서비스를 제공해야 한다. 바로 이 부분, 즉 개인 수준에서 금융 시스템의 역할이 이 책의 주제다.

방대하고 계속 커져가는 문제

개인금융에 대한 수요를 크게 높이는 방식으로 세상이 달라지면서, 개인금융 시스템의 결함은 전보다 훨씬 더 심각한 문제가 되었다. 전에는 다양한 연령대의 사람들이 가족, 친지 네트워크 안에서 살아갔으므로 서로에게 의존할 수 있었지만, 이제 대부분의 사람들은 가족, 친지에게만 의존해서는 살아갈 수 없다. 또 전에는 마을공동체 내의 가구들이 필요할 때 서로를 도왔지만 이제는 전통적인 공동체에 의존할 수도 없다. 게다가 전 세계적으로 사람들이 전보다 훨씬 더 오래 사는데 가족 규모는 작아졌기 때문에 은퇴 이후 상당히 오랫동안 생활비를 개인적으로 조달해야 한다. 또한 전보다 훨씬 더 많은 사람이 대학에 가게 되었는데 학자금 마련이 만만치 않아 고전하며, 전보다 훨씬 더 많은 사람이 주거비를 감당하기 더 어려운 대도시에 산다. 이러한 변화로, 더 많은 사람들이 인생의 더 이른 시기에 돈을 더 많이 빌리게 되었고 은퇴 시점까지 전보다 훨씬 많은 액수를 저축해야 하게 되었다. 동시에, 옛날식 "평생 직장"이 드물어지고 직장을 자주 옮기게 되면서 이와 관련한 재정 문제도 다루어야 한다. 이에 더해, 달라지는 테크놀로지(모든 사람의 주머니에 들어있는 스마트폰만 보더라도)는 새로운 금융상품이 나오게도 하지만 사람들의 금융 행동에서 새로운 실수가 나오게도 한다.

하지만 뭐니뭐니해도 가장 중요한 변화를 꼽으라면, 신흥시장국에서 중산층 가구가 막대하게 팽창했다는 점일 것이다. 지난 40년간 경제가 성장하면서 '비교적 풍요를 누리는' 수백만, 수천만 명이 새로이 생겨났다. 반가운 일이다. 하지만 현대의 공식 경제 영역에 갓 들어온 사람에게는 경제 활동이 너무나 혼란스러울 수 있다. 자녀 세대를 교육시킬 수 있는 새로운 기회를 온전히 누리고 생애 첫 내집 마련에 필요한 자금을 조달하려면 많은 선택을 내려야 한다. 리스크도 비공식적인 인간관계망을 통해서보다는 생명보험과 건강보험 등 공식 금융시장의 금융상품을 사용해서 관리해야 한다. 노년기에 어느 정도의 생활 수준을 유지하려면 노후를 위한 저축도 필요하다. 개인금융 시장에서 잘못된 선택을 내리면(일부 금융서비스 제공자는 사람들이 잘못된 결정을 내리도록 유도하고 이를 악용하려 혈안이 되어 있다) 어렵게 일군 부가 날아갈 수 있고 재정적으로 취약한 중산층 가구가 다시 빈곤층으로 떨어질 수도 있다.

이 책의 주제와 관련해 이러한 변화가 의미하는 바는 무엇일까? 부유한 나라와 가난한 나라 모두에서 중산층 가구가 지속적으로 겪고 있는 고투는 학계와 대중 담론 모두에서 그리 많이 부각되지 않았다. 이제까지의 담론은 부의 분포에서 양극단에 초점을 맞추는 경향이 컸다. 물론 극빈곤이 줄어든 것은 환영할 일이고, 우리도 상위 1퍼센트에 부가 극단적으로 집중되는 것을 우려한다.[11] 하지만 이 책에서 우리는 "간과된 중간"[관심을 받지 못하는 둘째 아이라는 뜻의 neglected middle를 사용한 언어유희]에 있는 사람들, 즉 소소하나마 어느 정도의 소득과 자산이 있는 사람들의 니즈와 관련된 개인금융 시스템을 분석하고자 한다. 금융 시스템은 "간과된 중간"층 사람들이 번영할 수 있게, 그들이 다시 빈곤으로 떨어지는 게 아니라 빈곤에서 더 멀어지게 도울 수 있어야 한다.

글로벌 중산층의 팽창

그림 1.1은 1975년과 2015년 세계 인구의 소득(추정치) 분포를 나타내며, 글로벌 중산층의 폭발적인 팽창을 보여준다. 1975년에는 세계 인구의 소득이 쌍봉 분포를 보였다. 다수의 가난한 사람이 주로 아시아에 몰려 있었고 그보다 조금 적은 수의 중산층이 주로 유럽과 남북미에 몰려 있었다.

그런데 1975부터 2015년까지 40년 사이에 놀라운 변화가 두 가지 벌어졌다. 세계 인구 중 남북미, 그리고 특히 유럽이 차지하는 비중 대비 아시아와 아프리카가 차지하는 비중이 늘었다. 동시에, 이 늘어난 인구의 상당 부분이 빈곤층이었다가 글로벌 중산층에 진입했고 특히 아시아의 많은 지역이 그렇다. 현재 세계 인구의 소득 분포는 일평균 소득 5~10달러 구간의 인구가 가장 많은 단봉 분포를 보인다. 물론 하루 5~10달러는 부유한 선진국 기준으로는 매우 낮은 소득이지만, 전보다 훨씬 더 많은 사람들이 오늘날 교육비, 주택 자금, 보험료, 노후 대비 저축 등 더 장기적인 목적을 위한 돈 관리를 고려해야 할 만큼 충분한 소득을 올린다는 점은 분명하다. 그런데, 최근에야 빈곤층을 벗어나 중산층에 진입한 사람들이 이러한 결정을 잘 내릴 수 있기에는 이들의 금융시장 경험이 너무 부족하다.

글로벌 중산층의 고투

신흥 중산층 가구는 개인금융에서 어떤 어려움을 겪을까? 커다란 어려움 하나는 노후 자금 마련이다. 수명이 늘어 노후 자금 마련의 필요성이 커졌지만, 여러 세대를 포함하던 전통적인 가족이 사라지고 핵가족화가 진행되면서 가족 내의 더 젊은 구성원에게 노년기를 온전히 의탁할 수 없게 되었다. 어떤 나라들에서는 노년층의 재정적 필요를 더 젊은 세대 노동자들이 기여하는 공적 연금으로 충당하는데, 고령화가 진행되면서 자금 압박을 겪고 있다. 다른 많은 나라들에서는 사람들이 노동하는 기간 동안 저축을 해서 노후에 조금씩 꺼내 쓸 수 있는 금융 자산을 쌓게 독려하는 시스템을 운영한다.

최근 몇 년간 무위험 안전 자산에서 나오는 수익률이 극히 낮아서 노후 자금과 관련한 어려움이 한층 가중되었다. 미국의 20년 만기 물가연동채 수익률은 장기 안전 자산에 투자했을 때 얻을 수

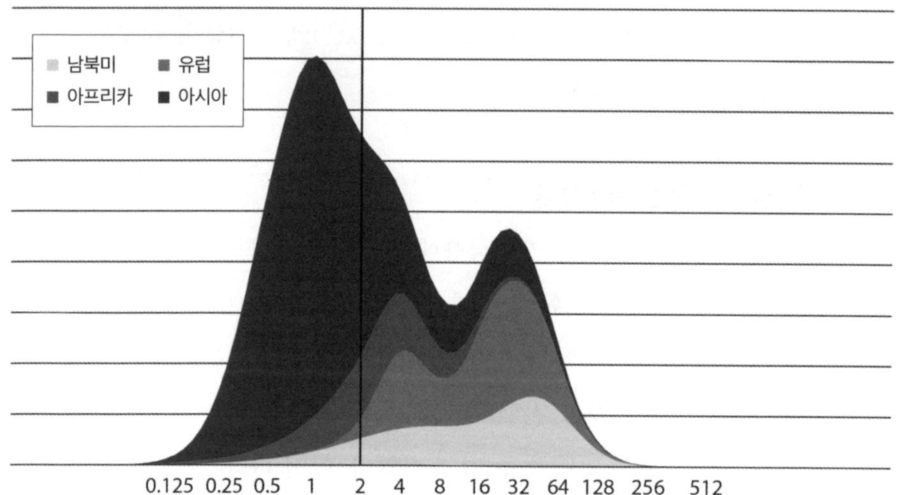

그림 1.1 | 1975년과 2015년의 글로벌 소득 분포

출처: "Income mountains dataset—documentation," Gapminder, November 9, 2023, https://www.gapminder.org/data/documentation/income-mountains-dataset/.

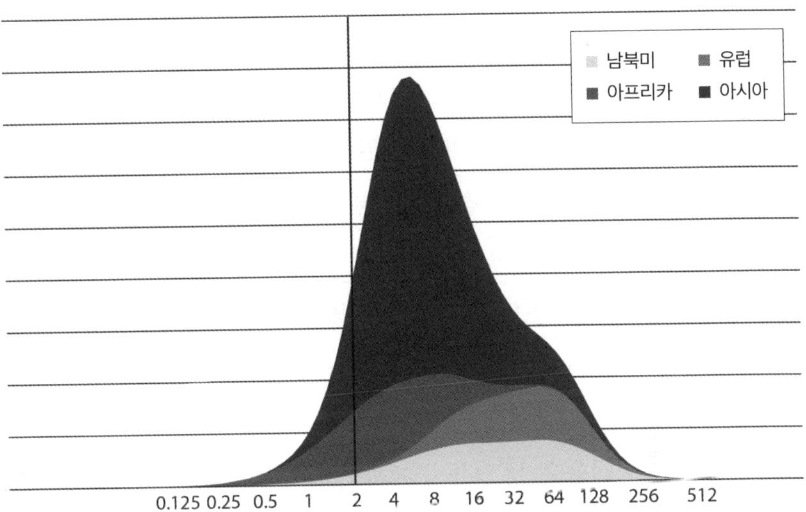

그림 1.1 (이어짐)

가로축은 일평균 소득이며 국가 간 생활비 수준의 차이와 시간에 따른 생활비 수준의 변화를 반영하기 위해 구매력평가PPP, Purchasing Power Parity로 환산한 2011년 미국 달러로 나타냈다. 간격은 로그 스케일이다(가로축을 따라 한 칸씩 움직이면 소득이 배율로 증가한다). 수직선은 [2015년 기준] 유엔의 국제 빈곤선인 하루 1.90달러(2011 PPP)를 의미하며, 이보다 낮으면 "극빈곤"이다. 세로축은 인구 밀도를 나타내며, 따라서 소득 수준별 그래프의 높이는 그 소득 수준에 있는 사람 수에 비례한다. 세계의 각 지역은 서로 다른 음영으로 나타냈다.

있는 실질 수익률(인플레 효과를 제외한 수익률)에 대한 좋은 지표
다. 1990년대 말 4퍼센트 근처이던 이 수익률은 코로나19 위기가
닥친 2020년과 2021년에 마이너스를 보였고 그 이후에 약간 플러
스로 회복해 2퍼센트 수준이 되었다. 실질 이자율이 낮으면 은퇴
이후에 어느 정도의 생활 수준을 누리기에 필요한 최소 금액을 저
축하기가 더 어려워진다.[12]

신흥 중산층 가구가 고전하는 또 한 가지 영역은 학자금 조달
이다. 선진국의 경우 초등교육과 중고등학교 교육은 대체로 공적
으로 자금이 지원되지만 대학교육은 매우 비쌀 수 있고 많은 경
우 개인이 대출을 받아 학자금의 일부를 충당하는데, 학자금 이슈
는 최근 몇 년간 상당히 격렬한 논란거리였다.[13] 많은 신흥경제국
에서는 초등교육과 중고등학교 교육마저 개인이 비용을 부담해야
하는 경우가 많다. 현대 경제에서 교육이 얼마나 필수적인지를 생
각한다면, 당장 돈이 없더라도 교육을 받을 수 있게 해주는 시스
템의 중요성은 말할 필요도 없을 것이다.

세 번째 어려움은 살 집을 구매하는 것이다. 대개 주거비는 도시
에서 더 비싸므로 도시화의 진전과 함께 주택 자금 마련을 도와주
는 금융 시스템의 중요성이 더 커졌다. 또한 최근에 주택 가격이 소
득보다 빠르게 증가했다. 영국에서는 가구 소득 대비 주택 가격이
1970~2020년 사이 (중앙값 기준으로) 4에서 8로 두 배 가까이 커
졌다. 미국에서는 (몇몇 도시에서는 주택 가격이 극단적으로 뛰었지만
전체적으로는 영국보다 다소 완만했는데도) 이 비율이 1990~2020년
사이 4.5에서 6으로 높아졌다. 주택을 구매할 때는 대부분 모기
지 대출을 받는데, 이로써 연소득의 몇 배에 달할 수 있는 빚을

지게 된다. 모기지 상품은 국가 내에서도, 국가 간에도 형태가 다양하며, 모기지 제도가 어떻게 구성되어 있는지는 거시경제의 안정성과 가계의 후생 둘 다에 매우 중요한 함의를 갖는다.

불행히도, 이와 같은 어려움은 부유한 사람들보다 중산층과 빈곤층 사람들에게 훨씬 더 힘겹다. 이 장의 나머지 부분에서 살펴보겠지만, 부유층은 중산층이나 빈곤층보다 더 유리한 조건에서 돈을 저축하고 빌리며, 이렇게 해서 개인금융 시스템은 불평등을 악화시킨다.

불평등과 금융 시스템

불평등에 대한 우려는 21세기 초라는 시대를 규정하는 우려라 해도 과언이 아닐 것이다. 인간 사회에는 늘 광범위한 불평등이 있었지만, 최근 몇십 년의 추이는 불평등에 대한 우려를 매우 높이기에 충분했다.

많은 가난한 나라들, 특히 아시아의 많은 나라들이 빠르게 성장하면서, 전 세계적으로 개인 단위의 불평등은 완화되었다. 그림 1.1에서 보았듯이 (지역을 구분하지 않고) 개인을 관찰 단위로 보았을 때 세계 전체 인구의 소득 분포는 오늘날이 50년 전보다 더 평등하다. 그렇더라도, 글로벌 불평등은 여전히 매우 높은 수준이다. 신뢰할 만한 한 추산치에 따르면 2021년에 세계 인구 중 가난한 절반은 세계 전체 소득의 8.5퍼센트를 얻은 반면 상위 10퍼센트는 52퍼센트를 얻었다.[14] 게다가 소득 수준의 수렴, 즉 불평등의 완화는 **국가 내**에서보다는 **국가 간**에 벌어진 일이었고, 대부분의 국가에서 '국가 내' 소득 분포는 사실 더 불평등해졌다. 국가 내 불평등이 심화되는 추세는 옛 공산권 국가인 러시아나 중국에서 특히 두드러지지만 전 세계적으로 관찰되는 현상이다.[15] 대개 사람들은 같은 사회에 살고 있는 사람들과 자신을 비교하므로, 불평등에 대한 사람들의 인식도 높아졌고 이는 정치 담론과 선거 결과 모두에 눈에 띄게 영향을 미치고 있다.[16]

부[자산]의 분포는 소득 분포보다 측정이 더 어렵다. 대부분의 나라에서 소득은 과세 목적으로 정부가 데이터를 수집하지만 자산은 그렇지 않기 때문이다.[17] 경제학자들이 자본 소득(금융 자산에서 얻는 소득) 데이터를 활용해 자산을 추정하는 방법을 개발했지만 이 방법론은 불완전하다.[18] 이러한 측정상의 문제가 있지만, 부의 불평등이 소득 불평등보다도 더 극단적이라는 점만큼은 분명하다. 한 추산에 따르면, 2021년에 세계 인구의 하위 절반은 세계 부 총액의 겨우 2퍼센트를 소유하고 있었던 반면 상위 10퍼센트는 무려 76퍼센트를 소유하고 있었고, 특히 자산 분포의 가장 꼭대기층에서 극부유층의 부가 치솟았다.[19]

부의 분포 자세히 들여다보기

우리의 주 관심사는 글로벌 중산층이 겪는 고투다. 따라서 우리의 논의는 부의 분포에서 최상층보다 아래에 있는 층에 초점을 맞춘다. 연준이 진행하는 미국 소비자금융조사Survey of Consumer Finances, SCF나 유럽중앙은행이 진행하는 유럽 가계금융및소비조사European Household Finance and Consumption Survey, HFCS 같은 가계 조사를 통해 이 집단을 특정할 수 있다. 최상층의 부자들은 이러한 조사에 응답을 잘 안 하지만, 그렇더라도 가계 조사 데이터는 부의 전체 분포 중 상당 부분을 파악하는 데 적합하다.

그림 1.2는 2022년 미국 소비자금융조사를 토대로 미국의 자산 분포를 나타낸 것이다. 여기에서 자산[부]은 현금, 채권, 주식(은행 계좌에 있는 것, 증권 계좌에 있는 것, 은퇴 저축계좌에 있는 것 등)과 같은 금융 자산과 내구재, 주택, 개인 사업체 등의 비금융 자산을 모두 더하고 부채(카드 빚, 학자금 대출, 모기지 대출 등)를 뺀 '순자산'을 의미한다. 별도의 설명이 없으면 이 책에서 "자산[wealth, 부]"은 이 방식으로 측정한 순가치다.

그림 1.2는 부가 소수의 부유층에 집중되어 있음을 보여준다. 90퍼센타일 가구는 총자산이 중앙값 가구의 10배나 되고 다시 가장 부유한 가구는 이들 90퍼센타일 가구에 비해서도 총자산이 30배나 된다.

그림 1.2는 미국 데이터이지만 부의 불평등은 세계적으로 만연한 문제다. 북유럽과 서유럽은 미국보다 덜 첨예하지만 신흥경제국은 미국보다 심각하다. 그림 1.3은 네 개의 중위소득국 및 신흥시장국(중국, 인도, 남아프리카 공화국, 태국)과 세 개의 선진국(독일, 영국, 미국)의 자산 분포를 보여준다. 신흥경제국에는 극빈곤층이 존재해서, 신흥경제국의 가장 가난한 사람들은 선진국의 가장 가난한 사람들보다 훨씬 더 가난하다. 한편 신흥경제국의 상위 1퍼센트는 매우 잘 살아서, 선진국의 가장 부유한 사람들과 별 차이가 없다.[20] 그리고 신흥경제국에는 최고 부유층과 빈곤층 사이에 하위중산층 가구가 두툼하게 존재하는데, 이들은 선진국의 상위

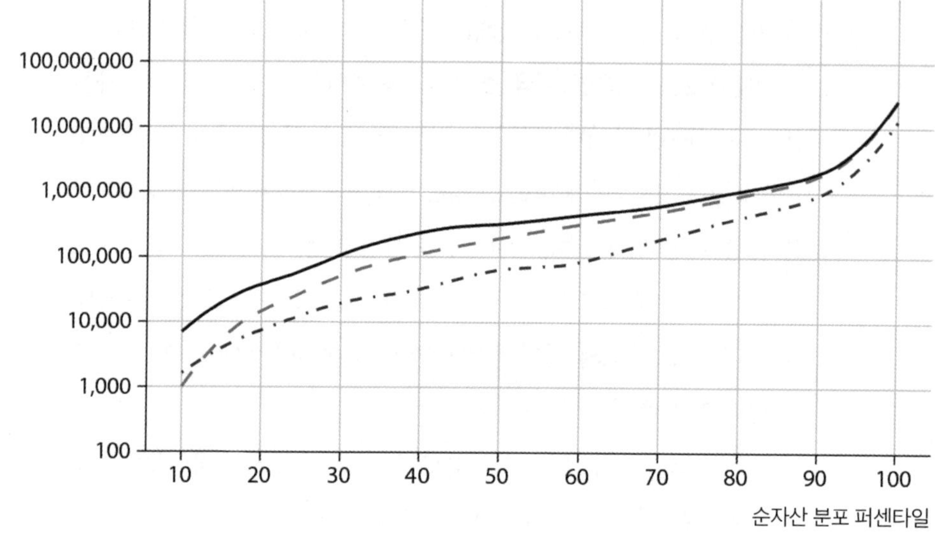

그림 1.2 | 2022년 미국 자산 분포

가로축은 10에서 100까지이며 부의 분포에서의 퍼센타일을 나타낸다. 맨 왼쪽인 10퍼센타일 가구가 이 조사에서 순자산이 마이너스가 아닌 가구 중 자산이 가장 적은 가구였다. 가장 오른쪽인 100퍼센타일 가구는 순자산이 가장 많은 가구다. 10퍼센타일부터 시작하는 이유는, 그보다 아래인 가구는 자산보다 부채가 많아 순자산이 마이너스이기 때문이다. 세로축 단위는 달러이며, 눈금이 올라갈 때마다 10배씩 증가하도록 로그 스케일로 표시했다. 세 개의 선은 각 퍼센타일 가구의 총자산 평균, 금융 자산 평균, 자산(총자산에서 부채를 제외한 순자산) 평균을 각각 나타낸다.

출처: 2022년 미국 소비자금융조사 데이터를 사용해 우리가 계산

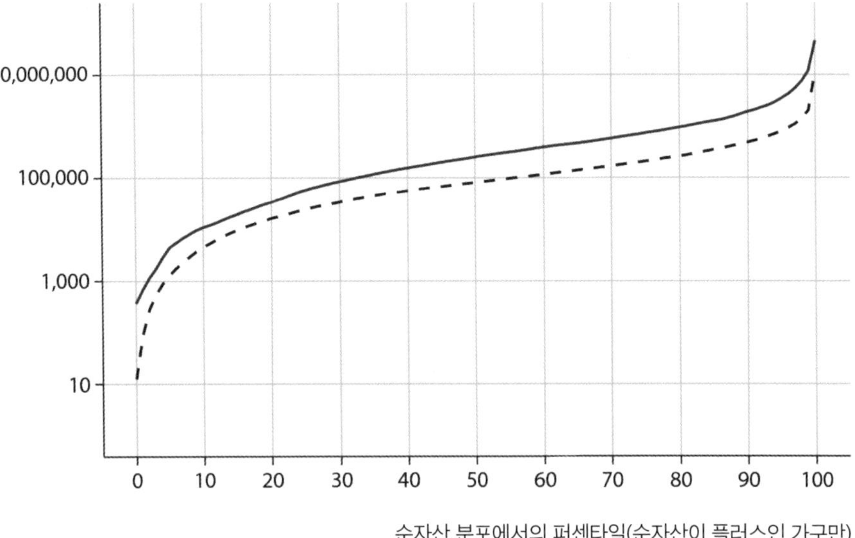

그림 1.3 | 개도국과 선진국의 자산 분포 비교

각 국가에서 상위 1, 5, 10퍼센타일 집단이 전체 부에서 차지하는 비중을 세계불평등데이터베이스WID와 일치시키기 위해서 각국 서베이 데이터에 최상위 퍼센타일의 가상 가구를 더했다. 선진국의 숫자는 양쪽 데이터가 거의 일치했기 때문에 이 보정은 신흥시장국에 대해서만 필요했다. 추가된 가상 가구는 기본적으로 억만장자들인데, 이들은 서베이 데이터로는 잘 포착되지 않는다. 모든 비교에 구매력 평가로 환산한 금액을 적용했다. 각 퍼센타일의 인구 추정치를 사용해 인구로 가중 평균했다.

출처: 미국 SCF 2022년, 영국 WAS 2020년, EU HFSC 2021년,
중국 HFS 2017년, 남아프리카 공화국 NIDS 2017년, 인도 HFS 2019년,
태국 HFS 2017년 데이터와 세계불평등데이터베이스WID 데이터로 우리가 직접 계산

중산층이 가진 "대량의 부mass affluence"를 가지고 있지는 않다[최
상위 계층보다는 낮지만 일반 중산층보다는 상위에 있는 소비층을 "대중
부유층mass affluence class"이라고 부른다].

무엇이 부의 불평등을 추동하는가

부의 불평등에는 여러 요인이 영향을 미치며, 많은 요인에 대해
방대한 연구가 이루어져 있다.[21] 우선, 노년기를 위해 저축을 한다
는 말은, 인생의 이른 시기에 가지고 있는 소득 창출 역량(경제학
에서 "인적 자본"이라고 부르는 것)을 금융 자산을 획득해 금융 자본
으로 변환한다는 말이다. 따라서 그림 1.2와 1.3에 나타난 자산 불
평등 중 일부는 단순히 소득 창출 능력이 있는 [하지만 자산은 없
는] 젊은 사람들과 은퇴 저축이 있는 나이 든 사람들[즉 소득 창출
역량은 없지만 자산은 있는 사람들]의 차이를 나타낸다고 볼 수 있다.
하지만 예를 들어 미국의 경우 동일 연령대인 사람들 사이에서 불
평등을 조사해도 비슷한 그림이 나온다. 연령대별 저축액의 차이
를 반영해 보정해도 불평등이 약간밖에 줄지 않는 것이다. 또한
은퇴 저축액은 나라마다도 차이가 크다. 독일과 이탈리아처럼 너
그러운 공적연금 제도가 있는 나라에서는 노후를 대비해 저축해
야 할 필요성이 상대적으로 적고, 따라서 연령대별 저축액의 차이
에서 기인하는 자산 불평등도 작다.

자산 불평등은 임금 불평등 때문에도 생기고 부유한 집에 태
어난 자녀가 부모에게서 받는 자원 때문에도 생긴다. 이 요인들
에 대해서는 우리가 할 수 있는 이야기가 많지 않다. 여기에서 생
기는 불평등은 교육에 공공 자금을 더 많이 투자하고 누진적인

소득세를 적용하며 상속세를 강화하는 등의 조치로 해결할 수 있을 것이다.

우리가 주장하려는 바는 금융 시스템 자체가 자산 불평등에 기여하는 중대한 요인이며 특히 중산층과 부유층 사이가 벌어져 생기는 불평등에 크게 기여한다는 점이다. 금융 시스템은 크게 세 가지 경로로 불평등을 일으킨다. 첫째, 부유한 사람들은 투자액에 대해 평균적으로 더 높은 수익률을 누린다. 둘째, 부유한 사람들은 더 싸게 자금을 빌린다. 셋째, 부유한 사람들은 더 많은 액수를 저축할 수 있다.

간단한 두 시나리오를 비교해보면 이 경로들을 잘 볼 수 있다. 물려받은 재산이 있는 미즈 리치는 가구 자산이 100만 달러이고 부채가 50만 달러다. 미즈 리치는 보수가 좋은 직업이 있어서 세후 소득이 연 35만 달러이고, 이 중 20퍼센트인 7만 달러를 저축한다. 미스터 벙커는 중산층이고 가구 자산이 10만 달러, 부채가 5만 달러다. 세후로 3만 5,000달러를 벌고, 마찬가지로 20퍼센트를 저축하는데, 금액으로는 7,000달러다. 두 가구는 소득 대비 자산과 부채의 비중이 동일하고 소득 대비 저축의 비중도 동일하지만 보유하고 있는 자산의 격차는 매우 크다. 미즈 리치가 미스터 벙커보다 10배 부유하다.

미즈 리치는 연 5퍼센트의 수익률을 올릴 수 있는 투자 기회와 투자 자문에 접할 수 있고 연 6퍼센트의 우대 금리로 돈을 빌릴 수 있는 반면, 미스터 벙커는 상대적으로 더 안 좋은 투자 기회만 접할 수 있어서 연 3퍼센트의 수익을 올릴 수 있고 돈을 빌릴 때는 8퍼센트의 이자를 낸다고 가정해보자. 수익률의 차이가 크지는 않지만,

그래도 이 차이 때문에 미즈 리치는 미스터 벙커보다 빠르게 빚을 갚고 자산을 불릴 수 있다. 미즈 리치는 미스터 벙커보다 1년 이상 먼저 빚을 다 갚으며, 5년이 지나면 12배 부유해지고 20년이 지나면 14배 부유해진다. 언뜻 보면 각자가 얻는 수익률의 차이와 내야 하는 이자율의 차이가 크지 않아 보이지만 이는 자산 수준의 큰 격차로 이어진다.

여기까지는 미즈 리치와 미스터 벙커가 소득 중 동일한 비중을 저축한다고 가정했다. 하지만 많은 연구에 따르면 부의 수준에 따라 저축률도 차이를 보인다. 부유한 사람들이 저축액에 대해 더 높은 수익률을 누리기 때문일 수도 있고, 또 다른 이유도 있을 것이다. 아무튼, 미스터 벙커가 세후 소득의 [20퍼센트가 아니라] 15퍼센트만 저축한다면 금액으로는 5,250달러가 되는데, 이 경우 빚을 다 갚는 데 추가로 7년이 더 필요하다. 5년 뒤에 미스 리치는 미스터 벙커보다 14배 부유해지고 20년 뒤에는 19배 부유해진다.[22]

이 간단한 예시는 투자금에 대한 수익률과 진 빚에 대한 이자율, 그리고 소득 대비 저축률에서의 작은 차이가 부의 상당한 차이로 이어지고 초기의 격차를 증폭시킬 수 있음을 보여준다. 그런데 현실에서 정말로 미즈 리치들이 미스터 벙커들에 비해 투자한 돈에 대해 더 높은 수익률을 올리고 부채에 대해 더 낮은 이자를 내는가? 또 미즈 리치들이 실제로 미스터 벙커들보다 소득 대비 저축률이 더 높은가? 굉장히 많은 엄정한 연구들에 따르면, 답은 "그렇다"이다. 이렇게 간단히 말할 수 있는 것보다는 실증 연구 결과들이 더 복잡하긴 하다. 하지만 애석하게도, 만약 이 간단한 예시에 드러난 격차가 현실과 다르다면, 현실의 불평등을 덜 보여주면 덜 보여줬지 과장하지는 않았을 것이다.

그림 1.4는 로렌트 바흐Laurent Bach, 로렌트 칼벳Laurent Calvet, 파올로 소디니Paolo Sodini가 2000년부터 2007년까지의 스웨덴 데이터로 계산한 투자 수익률과 부채 비용을 보여준다. 실선은 자산 분포 대부분 구간에 걸쳐 우하향하는 모습을 보인다(부가 증가할수록 세로축 값이 낮아진다). 부유한 사람들이 대출을 받을 때 더 낮은 이자율을 적용받는다는 의미다. 길고 짧은 점선[-·-·]은 자산 분포 대부분 구간에 걸쳐 우상향하는데, 부유한 사람들이 투자한 돈에 대해 더 높은 수익률을 올린다는 의미다. 긴 점선[--]은 두 정보를 결합한 것이다. 즉 자산에 대한 수익과 부채에 대한 비용을 모두 감안해 그가 가진 자산이 안전 자산의 수익률 대비 얼마나 높은 수익률을 가져다주는지 계산한 것인데, 강한 우상향을 보인다. 자산이 가장 적은 사람들은 투자한 돈에 대해 무위험 안전 자산 수익률 정도밖에 얻지 못하는 반면, 가장 부유한 사람들은 무위험 안전 자산 수익률보다 평균적으로 8퍼센트포인트가량 높은 수익률을 올린다.

그림 1.4가 보여주는 자산 분포 퍼센타일별 부채 비용과 투자 수익률의 차이는 이 기간 중 스웨덴에서 측정된 부의 불평등 증가분 거의 모두를 설명할 수 있을 만큼 크며, 저축률에는 자산 규모에 따른 차이가 없다고 가정했을 때도 그렇다.[23] 비슷하게, 인도의 주식시장 투자자들에 대한 최근의 연구에서 우리는 자산이 많은 사람과 자산이 적은 사람이 보유한 주식 포트폴리오의 수익률 차이가 이 포트폴리오들의 가치에서 관찰되는 불평등 증가분

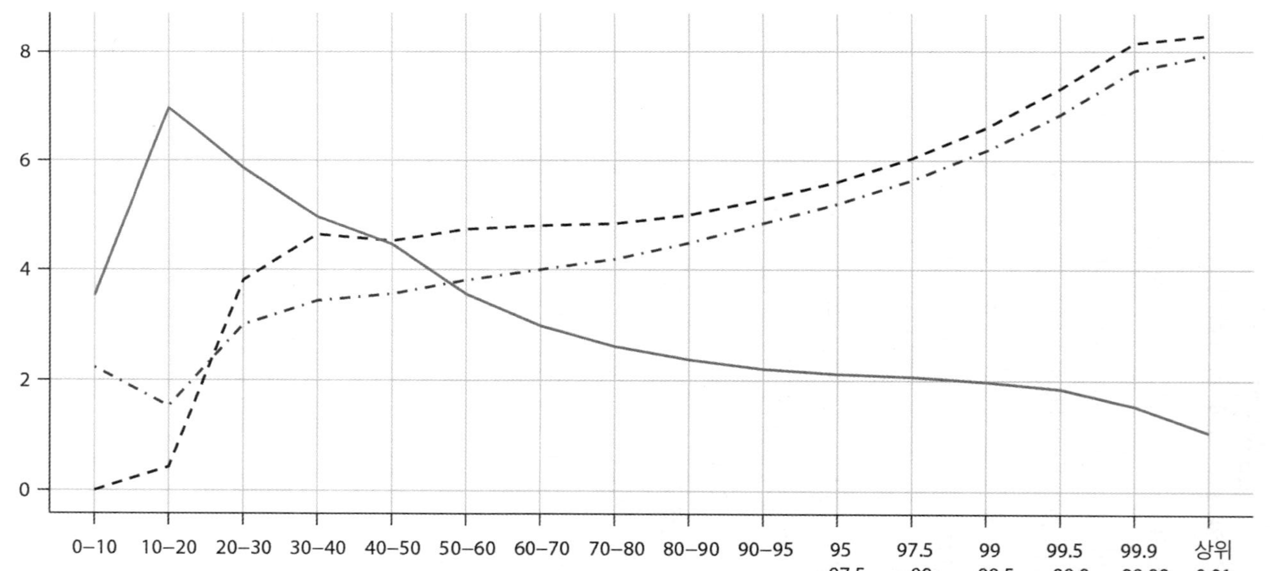

그림 1.4 | 2000~2007년 스웨덴의 투자 자산 수익률과 부채 비용

―――― 부채 비용에서 무위험 자산 수익률을 뺀 값

·–·–· 총자산에 대한 평균 (초과) 수익률

– – – 순자산에 대한 평균 (초과) 수익률

출처: 다음 논문에서 재인용. Laurent Bach, Laurent Calvet, and Paolo Sodini, "Rich pickings? Risk, return, and skill in household wealth," American Economic Review 110 (2020): 2703-2747, 표 1, 표 2.2.

을 거의 모두 설명할 수 있을 만큼 크다는 사실을 발견했다.[24] 이
연구들은 자산 불평등의 **변화분**에 대한 연구인데, 경제학자 안나
마리아 루사르디Annamaria Lusardi, 피에르-칼 미쇼드Pierre-Carl
Michaud, 올리비아 미첼Olivia Mitchell의 최근 연구에 따르면 미국
에서 부유한 사람과 그렇지 않은 사람이 누리는 수익률의 차이가
미국에서 자산 불평등의 **수준**도 30~40퍼센트가량 설명할 수 있
는 것으로 나타났다.[25] 부유한 사람과 부유하지 않은 사람이 누리
는 수익률의 차이가 자산 불평등의 유일한 이유라는 말은 아니지
만, 강력한 요인 중 하나임에는 틀림없다.

부유한 사람들은 어떻게 해서 더 높은 투자 수익률을 올리는가

왜 부유한 사람들이 투자에 대해 더 높은 수익률을 올리는 것일
까? 자산 불평등의 요인 중 이 부분을 줄이기 위해 할 수 있는 일
은 무엇일까? 여기에서는 부자들이 더 높은 투자 수익률을 올리
게 되는 중요한 요인 몇 가지를 개괄적으로만 설명하고, 책의 뒷
부분에서 더 상세히 다루도록 하겠다.

첫째, 거의 모든 금융서비스는 그것을 제공하는 데 고정비용이
든다. 계좌 개설에도 비용이 들고 가치 변동을 추적하고 업데이트
하는 정보기술 시스템 운영에도 비용이 든다. 고정비용은 투자 금
액이 작은 고객이라고 해서 더 적게 드는 것이 아니므로, 소액 계
좌는 그 계좌의 자산 규모 대비 고정비용 비중이 더 크다. 따라서
소액 투자자는 계좌에 넣은 자산 금액 대비 수수료 비중이 더 높
을 것이다. 정보기술이 비용을 절감해주면 어느 정도 완화는 될
수 있겠지만, 고정비용이 존재하는 한 어쨌든 소액 계좌 소유자는

투자액 대비 더 높은 수수료를 내야 하는 불리함을 갖게 될 수밖에 없다.

둘째, 고정비용 때문에 어떤 금융상품은 소액 투자자가 계좌 여는 것 자체를 단념하게 될 수 있다. 이것은 젊은층과 빈곤층이 종종 주식 등 위험 자산을 전혀 소유하지 못하는 이유 중 하나다(유일한 이유는 아니어도 말이다). 그러면 수익률이 높은 위험 자산을 소유하지 못하고, 안전하지만 수익률은 낮은 은행 계좌에 돈을 다 넣게 된다. 주식시장에 들어가지 않으면 주식 투자에 수반되는 비용을 줄일 수 있지만, 누릴 수 있는 수익도 줄어든다. 어느 면에서, 작은 손실을 피하면서 큰 손실을 입는 셈이다.

부자들에 비해 평범한 사람들이 불리한 세 번째 이유는 금융 지식의 부족이다. 금융 교육이 금융 지식을 높이는 데 도움이 될 수도 있겠지만 공교육에서 무료로 제공되는 금융 교육은 제한적이다. 지식을 더 얻으려면 돈을 들여야 하는데(돈이 아니면 시간을 들여야 한다), 이것은 또 다른 종류의 고정비용이다. 스스로 공부해 지식을 얻기보다 투자 자문 서비스를 이용하는 방법도 있지만, 역시 비용이 든다. 그리고 투자 자문가가 고객의 이익이 아니라 자기 이익을 위해 금융상품을 추천하는 등 이해상충이 생길 위험도 있다. 투자할 돈이 소액뿐인 사람은 가장 좋은 투자 기회를 알아내겠다고 노력을 들이거나 양질의 금융 자문가를 활용하겠다고 비용을 들이는 것이 그만한 가치를 갖지 못할 것이다.[26]

넷째, 가난한 사람은 소득과 지출이 불안정한 경우가 많으므로 비상시에 저축을 헐어서 쓰기 쉬워야 한다. 따라서 수익률은 높지만 조기 인출에 비용이 붙는 비유동성 자산에 투자할 수 있는 여지가 더 적다. 은행의 양도성예금증서 같은 단순한 자산이든 벤처캐피탈 펀드처럼 복잡한 자산이든 간에 비유동성 자산은 언제든지 헐어서 쓸 수 있는 유동성이 가장 중요한 사람으로서는 접근할 수 없는 자산이다.

실제로 사람들은 유동성의 필요를 매우 첨예하게 인식하기 때문에 투자금의 유동성을 줄이는 정책(가령 은퇴 저축계좌에서 개시 연령보다 일찍 돈을 인출할 수 있는 권리를 제한하는 정책)은 굉장히 인기가 없을 수 있다("내가 열심히 벌어 모은 돈인데 왜 내 맘대로 못 쓰게 해!"). 2024년 영국에서 선거 분위기가 한창 달아올랐을 때 노동당 대표 키어 스타머Keir Starmer는 연금의 일부를 일시금으로 수령할 때 과세가 적용될 수도 있다는[연금의 25%까지를 세금 없이 일시금으로 인출할 수 있는 옵션이 없어질 수도 있다는] 취지로 이야기했다가 엄청난 역풍에 직면했다. 노동당 대변인은 [그럴 계획이 없으며] 스타머가 "옛 스타일의 실수"를 저지른 것일 뿐이라고 해명했다.[27] 2016년에 인도도 (고용주가 매칭 자금을 대는 연금 기금인) 직원연금기금Employee Provident Fund에서 인출을 제한하는 정책을 도입했다가 폭동에 가까운 저항이 대대적으로 일어 철회했다.[28]

다섯째, 몇몇 규제는 자산이 적은 사람의 고수익 투자를 가로막는다. 일례로 미국에서 적격 투자자accredited investor는 소득이 충분히 높거나 순자산이 충분히 높아야 하고(현재는 순자산 100만 달러 이상), 적격 구매자qualified purchaser는 500만 달러 이상을 투자해야 한다. 이들은 프라이빗 플레이스먼트로 나오는 비등록 증권과 다양한 사모펀드, 벤처캐피탈 펀드 등에 투자할 수 있다. 물론 이런 종류의 투자는 전문성이 부족한 투자자에게는 리스크가 너무 클 수 있고 이런 투자에 누구나 제한 없이 접근할 수 있어야 한다는 말도 아니지만, 규제가 부과하는 제약 조건이 금융 지식이 아니라 소득과 자산에 기초하고 있으므로 부유한 투자자들이 더 유리해지는 결과를 낳는다.[29]

여섯째, 부유한 사람들은 기본적인 필수재에 쓸 돈은 쉽게 조달할 수 있으므로 투자 리스크를 더 잘 감내할 수 있다. 증권사에 계좌가 있고 주식 투자를 하고 있는 있는 사람들 사이에서만 비교해 보더라도 전체 자산 중 주식에 넣은 자산의 비중이 (따라서 평균 수익률이) 자산이 많아질수록 증가하는 경향을 보인다.

일곱째, 큰 액수의 포트폴리오는 다각화하기가 더 쉬워서 리스크를 줄일 수 있고 한 군데에서의 굵직한 손실이 투자 자산의 전체 가치를 잠식할 가능성을 낮출 수 있다. 하지만 이 요인은 과거보다 불평등 요인으로서 중요도가 낮아졌다. 뮤추얼펀드가 소액 투자자에게도 분산 투자 가능성을 열어주었기 때문이다. 하지만 아직도 많은 나라에서 뮤추얼펀드가 투자자들에게 널리 이용되고 있지 않다.[30] 인도도 그런 나라인데, 여전히 개별 주식 종목에 직접 투자하는 경우가 대부분이다. 인도 주식시장에 대한 최근의 한 연구에서 우리는 대규모 투자자들이 더 나은 다각화가 가능한 덕분에 평균적으로 부를 더 빠르게 증식시킨다는 사실을 확인할 수 있었다.[31]

마지막으로, 인간관계망도 중요하다. 부유한 사람들은 금융 지식과 수익성 있는 투자 기회에 대한 정보를 친구나 지인을 통해 비공식적으로 얻는 경우가 많다. 친구가 위험한 코인이나 버나드 메이도프Bernard Madoff가 운영했던 것 같은 사기성 폰지 투자를 권할 때처럼 안 좋은 쪽으로 빠지기도 하지만, 더 많은 경우에 인간관계망 효과는 부유한 투자자가 더 유리해지는 또 하나의 요인이다.

부유한 사람들은 어떻게 돈을 더 싸게 빌리는가

돈을 빌리는 비용도 중요하다. 특히 들쭉날쭉한 소득을 관리하고 점점 더 비싸지는 주거비와 학자금을 마련하는 데 빚을 내는 경우가 많아지면서 중요성이 더욱 커졌다. 부유한 사람은 여러가지 이유로 돈을 더 싸게 빌릴 수 있다. 소액 대출은 금융기관 입장에서 부채를 발행하는 데 드는 고정비용과 채무불이행 시 최대한 많은 돈을 회수하는 데 드는 비용 때문에 내재적으로 더 비싸다. 또 가난한 사람은 소득이 불안정한 경우가 많으므로 채무불이행 위험이 커지는데, 그러면 돈을 빌려주는 쪽이 매기는 이자율이 올라간다. 또한 가난한 사람들 상당수가 금융 활동 이력이 짧게밖에 존재하지 않아서, 돈을 빌려주는 쪽이 상환 가능성을 확신을 가지고 평가하기 어렵다.[32]

돈을 가장 싸게 빌리는 방법은 자산을 담보로 잡히는 것이다. 모기지 대출이나 홈에쿼티 론을 얻을 때 집을 담보로 잡히는 것이 대표적인 사례다. 대개 부유한 사람은 담보로 쓸 수 있는 자산이 가난한 사람보다 많다. 가난한 사람들은 주택을 담보로 모기지를 얻을 때조차 소득이 불안정해서 채무불이행 가능성이 더 높다. 이들은 모기지로 돈을 빌리고서 채무를 이행하지 못해 집을 압류당할 가능성이 부자들보다 크고, 따라서 주택 투자의 수익률이 낮아진다. 최근의 한 연구 결과, 미국에서 인종적 소수자

인 주택 소유자들이 이 효과 때문에 상당한 불이익을 보는 것으로 나타났다.[33]

마지막으로, 가난한 사람은 금융 지식과 전문성이 부족해서 발품 팔아 비교해보는 것이나 이자율 흥정의 중요성을 잘 모를 수 있고, 따라서 빌려주는 쪽이 그들을 '뭘 잘 모르고 그저 제시되는 금리대로 이자를 내는 사람'이라고 생각해 자신에게 유리한 조건을 밀어붙일 수 있다. 악명 높은 사례로, 미국에서 자동차 딜러들이 백인 남성에게 자동차를 팔 때에 비해 여성이나 인종적 소수자에게 자동차를 팔 때 더 안 좋은 가격 조건을 제시한다는 실증 근거가 있다.[34]

부유한 사람들은 저축도 더 많이 한다

금융 시스템이 불평등을 일으키는 마지막 경로는 부유한 사람이 가난한 사람보다 저축을 더 많이 한다는 점이다.[35] 자산 격차가 개인의 인내와 노력의 차이를 반영하는 것이라면, 가령 이솝 우화의 개미와 베짱이처럼 인내를 잘 하는 사람은 더 열심히 일하고 저축도 더 많이 해서 부를 더 잘 축적하는 반면 참을성이 없는 사람은 돈을 펑펑 써서 가난해지는 것이라면, 이는 금융 시스템의 잘못이 아니다. 또 아무리 좋은 금융 시스템이라 해도 덜 부유한 사람들이 의복이나 교육 등 기본적인 필요에 지출을 하고 난 뒤에 남는 돈이 더 적다는 사실을 어쩌지는 못한다.

하지만 금융 시스템은 저축액의 격차를 일으키는 범인이기도 하다. 투자 지식이 부족하고 낮은 수익률밖에 올리지 못하는 더 가난한 사람들은 공식 금융 시스템에 신뢰를 잃어서 저축을 덜할지 모른다. 전체 공동체가 공식 금융 시스템을 거부하고 비공식적인 가족, 친지 관계망에 의존해 긴급히 필요한 돈을 융통하거나 재정적 보호를 추구하는 경우, 이 문제는 더 악화된다. 급할 때 가족, 친지의 지원에 기댈 수 있으리라고 예상하게 되는데다 자산을 축적해도 돈이 필요한 일가친척이 있으면 내 돈이 거기에 들어가게 되리라고 예상하게 되어서 저축할 인센티브가 적어지기 때문이다.

우리는 어디를 향해 가고 있는가

1부 "설계된 판: 문제 제기"는 현 금융 시스템에 대한 우리의 비판을 일반론 수준에서 개괄한다. 1장에서는 개인금융 시스템의 왜곡이 사람들의 삶에 미칠 수 있는 심각한 결과와 영향 받는 사람의 수, 불평등에 미치는 영향 등 문제의 규모를 알아보았다. 2장은 사람들이 금융 의사결정을 왜 그토록 어려워하는지, 또한 어떤 실수를 자주 하는지 살펴볼 것이다. 3장에서는 이러한 실수가 자본주의의 에너지를 어떻게 부패시키는지, 그러한 부패가 어떻게 너무나 많은 금융상품을 사람들의 실수를 교정해주기는 커녕 악용하는 쪽으로 가게 만드는지 살펴본다.[36] 오늘날의 금융 시스템에서 의사결정이 어려운 이유는 금융 사안이 인간 두뇌가 처리하기에 내재적으로 어려워서만이 아니라 개인금융 시스템이 필요 이상으로 문제를 복잡하게 만들어서이기도 하다.

악마는 디테일에 있는 법이고, 이것이 2부 "개인금융 시스템의

오류: 영역별 진단"의 내용이다. 우리는 금융의 네 가지 주요 기능을 중심으로 논의를 구성했다. 4장은 어떻게 비상시를 위한 자금을 저축하고 필요할 때 단기로 자금을 빌려 소득과 지출의 등락을 관리할지, 5장은 대학 학자금이나 주택 자금 등 장기적인 투자가 필요한 결정을 언제 내리고 이를 위해 얻은 굵직한 부채를 어떻게 관리할지, 6장은 어떻게 리스크와 함께 살아갈지(어느 정도의 고수익을 위해 일정 정도 감수할 가치가 있는 리스크와 삶에서 겪기 마련이지만 보험상품으로 관리할 수 있는 리스크 둘 다), 7장은 노동을 하는 동안 어떻게 노후를 위해 저축하고 은퇴 이후에 어떻게 그 자금을 관리할지를 다룬다. 우리는 현재의 금융 시스템에서 사람들이 어떤 어려움에 직면하며 이 어려움을 극복하려면 얼마나 막대한 노력을 쏟아야 하는지, 각 영역을 차례로 알아볼 것이다. 독자 여러분이 2부를 다 읽었을 때쯤이면 현 시스템이 수많은 방식으로 금융 의사결정을 좌절스럽고 진빠지는 일로 만들고 있음을 알게 되어서 더 나은 시스템을 추구하고 싶은 마음이 생기셨길 바란다.

3부 "판을 재설계하자: 해법"은 바로 그 더 나은 시스템을 다룬다. 1부에서 논의한 일반론적인 금융 비판과 2부에서 이야기한 구체적인 금융 문제들을 종합적으로 살펴보면서, 개인금융 시스템을 개혁할 수 있는 실용적인 프로그램을 제안할 것이다. 우리는 구체적인 해결책과 세계 각지에서 찾아볼 수 있는 성공 사례들을 결합해 더 나은 개인금융 시스템으로 가기 위한 로드맵을 제시하고자 한다.

8장은 테크놀로지를 사용해 개인금융을 개선하는 법을 논하되, 순전히 기술적인 접근만으로는 왜 불충분한지도 강조할 것이다. 9장은 개인금융 시스템에 정부가 어떻게 개입할 수 있을지를 다룬다. 우리는 금융 교육은 도움이 되지만 앞에서 짚은 문제들을 해결하는 데는 불충분하며, 최근에 인기를 끌고 있는 라이트터치 규제 방식인 "넛지nudge"도 불충분한 접근이어서 더 명시적이고 강력한 규제가 필요하다고 주장할 것이다. 살짝 찔러주는 '넛지'보다 세게 밀치는 '쇼브shove'가 필요하다.[37] 10장에서는 단순함, 저비용, 안전함, 쉬운 사용이라는 네 가지 원칙에 우선순위를 두면서 작동하는, 더 나은 금융 시스템의 비전을 제시할 것이다. 우리는 이 네 가지 원칙을 담지한 양질의 기본 금융상품으로 구성된 "금융 입문자 패키지"를 모두가 가질 수 있어야 한다고 생각하며, 이 제안의 구체적인 실행 방안도 논할 것이다.

우리는 금융업계에서 일반적으로 쓰이는 용어를 사용했고 더 전문적인 용어가 필요할 경우에는 용어 설명을 추가했다. 몇몇 중요한 추이는 숫자를 사용해 설명했지만 숫자가 빽빽하게 난무하는 기다란 표는 이 책에 나오지 않는다. 또한 전형적인 학술서와 마찬가지로 본문의 내용을 출처와 참고문헌으로 뒷받침했고 논의의 흐름을 깨지 않기 위해 이를 본문에 삽입하기보다 미주에 달았다. 미주는 본문의 주장을 보충하거나 강조하기 위함이므로 바쁜 독자들은 미주를 건너뛰어도 본질적인 내용 중 놓치는 부분은 없을 것이다. 전체적으로, 우리는 엄정한 학술 연구들에서 통찰을 끌어왔고 이를 일반 독자가 접하기 쉬운 형태로 서술했다.

우리는 개인금융에 관심 있는 사람, 그리고 현재의 금융 시스템

을 당연히 여기기보다 그 구조에 기꺼이 문제를 제기하려는 사람
이면 누구나 읽을 수 있는 책을 쓰고자 했다. 이 책을 읽는 데 경제
나 금융의 전문 지식은 필요하지 않다. 개인금융에 대해 대부분의
성인이 일상을 영위하면서 갖게 되는 정도의 익숙함만 있으면 충
분하다.

2장

금융 의사결정의 어려움

많은 사람들이 금융은 너무 복잡해서 이해하기 어렵고 스트레스를 준다고 생각하며, 놀라운 일은 아니지만 자주 잘못된 결정을 내린다. 금융 의사결정은 결과가 곧바로 발생하기보다 미래에 발생하고 불확실하기 때문에 내재적으로 어렵다. 잘못 내린 결정의 영향은 매우 심각할 수 있지만 오랜 기간에 걸쳐 점차적으로 펼쳐질 것이다. 전문가의 미래 전망(금리부터 지정학이나 기후변화에 대해서까지) 등 현명한 결정을 도와주는 정보는 굉장히 가치가 있지만 그런 정보에 접하기가 쉽지 않고 접한다 하더라도 모두가 정보를 쉽게 해석할 수 있는 것도 아니다. 이러한 환경은 금융에 매우 수완이 있고 굉장히 합리적인 의사결정자의 역량마저 시험하며, 자유시장의 작동에 여러가지 잘 알려진 어려움을 야기한다.[1]

설상가상으로, 인간이란 정보와 수완을 갖춘 합리적 금융 행위자의 모델이 되기에 전혀 완벽하지 못하다. 우리는 직관에 의존해 결정을 내리곤 하는데, 금융에서 이는 엉뚱한 곳으로 우리를 이끌기 일쑤다. 또한 사려 깊은 금융 전략이 무엇인지 아는 경우에도 실천할 의지력이 부족할 수 있다. 이런 문제들이 결합해서, 돈 관리, 금융 관리는 많은 이들이 너무나 싫어하는 일이 되기 쉽고, 생각도 하기 싫어서 미루려 하기 쉽다. 그래서 기껏해야 드문드문하게만 금융 문제에 관심을 갖다가 의사결정을 꼭 내려야 할 때가 오면 논리적이기보다 감정적으로 결정을 내리곤 한다.

이런 오류를 피하고 더 나은 결정을 내리도록 사람들을 교육할 수 있을까? 이 장에서 보겠지만, 안타깝게도 대부분의 사람들은 금융 지식이 거의 없고 금융 교육은 분명 도움이야 될 테지만 부분적인 해법밖에 될 수 없다.

금융 문맹 문제

최근에 금융 문해력 운동이 일면서 개인금융 문해력을 측정할 수 있는 기초 질문이 표준화되었고, 많은 곳에서 금융 문해력 조사가 이루어졌다.[2] 여기에서 문항을 다 열거하지는 않겠지만, 첫 번째 문항은 전체적으로 말해주는 바가 있다. "저축계좌에 100달러가 있고 연이율이 2퍼센트라고 할 때, 그대로 두면 5년 뒤에 이 계좌에 얼마가 있을까요?" 객관식 문항이고 보기는 다음과 같다. 1번: "102달러 초과," 2번: "정확히 102달러," 3번: "102달러 미만," 4번: "모름." 정답은 1번이고, 이 답을 알려면 이자는 해마다 들어오고 그것이 5년 동안 축적된다는 사실만 알면 된다(원금에 이전 해의 이자까지 합쳐진 누적 금액에 이자가 붙는 '복리'는 더 복잡한데, 이 문항에 답하는 데는 복리 개념까지 알지 않아도 된다).

나머지 여섯 개 문항은 인플레가 수익률을 잠식해 구매력이 줄어드는 효과, 리스크 다각화, 복리 개념, 확률을 이야기하는 여러 가지 방법, 모기지 상환 금액과 상환에 소요되는 전체 기간 사이의 관계, 금리가 채권 가격에 미치는 영향 등 금융 지식의 각기 다른 부분을 테스트하기 위해 고안되었다.

그림 2.1은 2021년에 이 일곱 개 문항으로 미국에서 수행한 전국금융역량연구National Financial Capability Study, NFCS 결과를 보여준다.[3] 우리는 일곱 문제 중 정답이 세 개 이하인 경우를 "금융 문맹"으로 정의했다. 무작위로 찍었을 때 맞추는 개수가 평균 세 개 정도다.[4]

이렇게 정의했을 때, 이 조사 결과는 상당수의 사람들이 금융 문맹임을 보여준다. 남성 42퍼센트, 여성 62퍼센트가 금융 문맹에 해당한다. 성별 격차도 우려스럽다. 여성들이 답을 잘 모를 때 "찍기"를 더 주저한다는 연구 결과들이 있지만, 이때문에 여성의 점수가 낮아진 것만으로는 이렇게 큰 성별 점수 격차가 설명되지 않는다.[5]

현대 경제에서 금융 지식이 적으면 생애 전망에 중대한 영향을 미칠 수 있다. 금융 문맹은 젊은이들 사이에서 특히 심각해서, 18~24세 남성의 68퍼센트, 여성의 77퍼센트가 금융 문맹이다. 많은 젊은이들이 학자금 대출 등 중요한 금융 의사결정을 내려야 한다는 점을 생각하면, 이것은 큰 문제다. 이 그림에서처럼 연령 집단을 10년씩 폭넓게 구분했을 때, 금융 문맹은 나이가 들면서 차차 줄어드는 것으로 나타난다(노년이 되면 다시 약간 늘어난다는 실

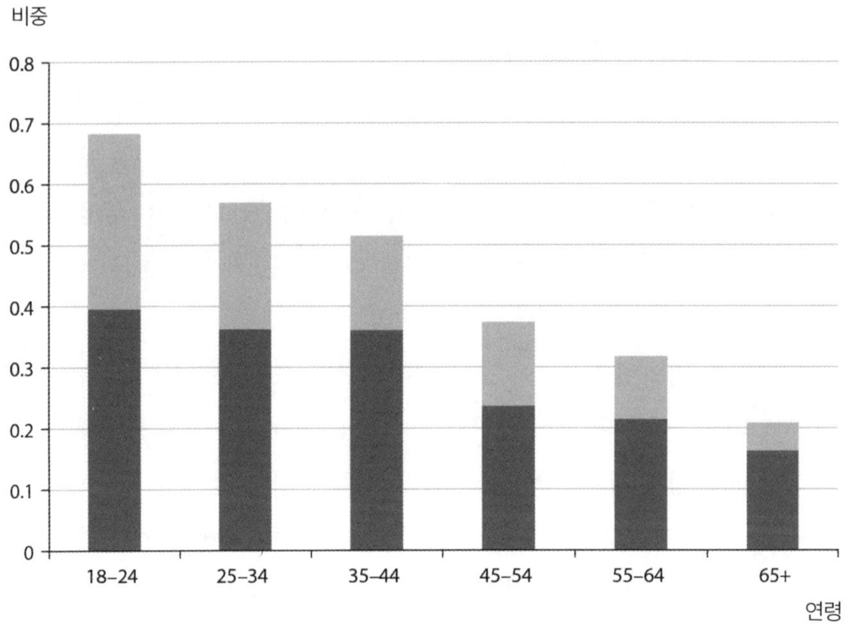

그림 2.1 | 성별, 연령별 금융 문맹

출처: 2021년 전국금융역량연구 데이터로 우리가 직접 계산

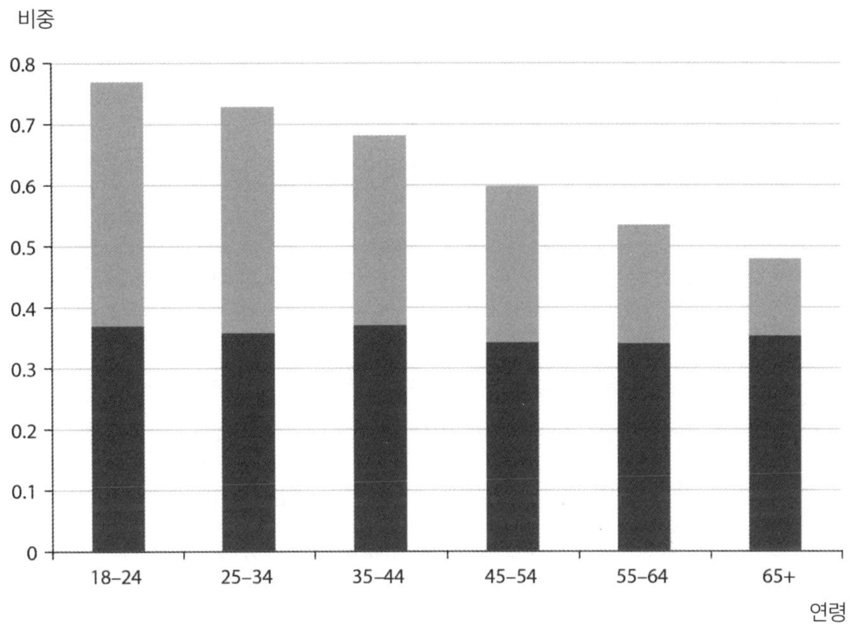

그림 2.1 (이어짐)

각 막대의 전체 높이는 응답자 중 금융 문맹인 사람의 비중을 연령별과 성별로 나타낸 것이다. 금융 문맹은 일곱 개의 질문 중 정답 개수가 세 개 이하인 경우를 말한다. 어느 질문에도 "모름"이라고 답하거나 답을 안 하지 않고 무작위로 찍었을 때 나오는 정답 개수가 평균 2.5개다. 각 막대는 금융 문맹인 사람들을 자신의 금융 지식에 대해 높은 확신을 가진 사람(스스로의 금융 지식을 평가해보라는 질문에서 7점 척도 중 5점 이상을 매긴 사람. 짙은 색 부분)과 그렇지 않은 사람(옅은 색 부분)으로 다시 나누었다.

증 근거도 있다).[6] 이 그래프는 미국 데이터를 보여주지만 안타깝게도 이 패턴은 다른 많은 선진국과 신흥경제국에서도 관찰된다.[7]

자신이 금융 문제를 잘 다루지 못한다는 사실을 사람들이 인지하고 있는지도 중요한 질문이다. 전국금융역량연구에는 응답자에게 자신의 금융 지식을 스스로 평가하게 하는 문항도 있는데, 놀랍게도 남녀 모두와 전체 연령 집단 모두에서 '강한 자기 확신을 가진 금융 문맹'(각 막대의 짙은 부분)이 '중간 혹은 낮은 자기 확신을 가진 금융 문맹'(옅은 부분)보다 많은 것으로 나타났다. 자신의 역량이나 예측 정확성을 실제보다 과장해서 믿는 "과잉 확신"의 사례인데, 심리학자들은 과잉 확신이 인간에게 널리 퍼져 있는 성향임을 보여준 바 있다.[8]

이 그래프에 따르면, 연령이 높아지면 금융 문맹이 줄어들지만 금융 문맹 중 과잉 확신인 사람의 비중은 높아진다. 또한 여성보다 남성 사이에서 금융 문맹이 더 적지만 금융 문맹 중에서 과잉 확신인 사람은 남성이 더 많다. 종합해보면, '금융 문맹인 나이 많은 남성'이 과잉 확신이 가장 높은 집단이다.

이 그래프는 우리가 우려해야 할 두 집단을 보여준다. 첫째, 금융 문맹이면서 자기 확신이 낮은 사람은 투자를 지나치게 소심하게 할 가능성이 크고 위험이 있는 금융시장에 진입하는 것 자체를 꺼릴 것이다. 또한 금융 문제에 도움을 청하려 할 것이고 조언과 제안을 들으면 이를 받아들일 것이다. 양질의 금융 조언에서 도움을 받을 수도 있겠지만, (고객의 이익이 아니라) 자기 이익을 위해 조언을 하는 금융 자문가나 세일즈맨에게 악용당할 위험도 크다. 둘째, 금융 문맹이면서 과잉 확신인 사람은 자신의 지식을 과신한 나머지 주식이나 코인의 개별 종목에 공격적으로 들어가는 식으로 무모하게 투자할 가능성이 크다. 이런 사람들은 양질의 조언으로 영향을 미치기가 어렵다. 그리고 어떤 종류의 강매 압력에는 고집이 있어서 저항할 수 있겠지만, 투기성 투자에 "확실한" 정보를 은밀하게 준다는 사람에게는 여전히 쉽게 넘어갈 것이다.

이 서베이는 금융 문맹이 소득, 자산, 교육 수준이 더 낮은 사람들 사이에서 더 많다는 사실도 보여주는데, 이는 금융 지식 부족이 금융시장에서 가난한 사람들의 수익률이 부유한 사람들보다 낮아지게 만드는 한 요인임을 말해준다.

금융 교육만으로는 부족하다

금융 문맹은 왜 이렇게 흔할까? 한 가지 이유는 사람들이 충분한 금융 교육을 받지 못해서일 것이다. 기초적인 금융 문해력을 가르치는 고등학교가 늘고 있긴 하지만(2024년에 미국의 캘리포니아주가 고등학교를 졸업하려면 개인금융 수업을 필수로 들어야 하는 26번째 주가 되었다),**9** 이런 수업은 대개 짧게만 이루어지고 복잡한 금융 결정을 내리기에 충분할 만큼의 지식은 주지 못할 가능성이 크다.

고등학교 금융 교육에 예산과 자원을 더 늘려야 한다는 의미일까? 금융 교육가인 우리에게는 매우 솔깃한(그리고 우리의 자기 이익에 부합하는) 결론이겠지만, 금융 시스템의 문제에 완전한 해결책이 되기에는 턱없이 부족하다. 스마트폰, 술, 담배의 악영향에 대한 수많은 정보를 접해서 그것들을 줄이면 왜 좋은지 잘 알고 있는 사람들 모두, 교육과 정보 전달만으로는 왜 불충분한지도 너무나 잘 알고 있을 것이다. 소비자가 인간으로서 가지고 있을 수밖에 없는 취약점을 공급자들이 악용할 유인이 숱하게 존재하는 환경에서, 소비자들은 인간의 생물학적인 한계와 내재적인 성향에 맞서 싸우느라 고투해야 한다. 스마트폰, 술, 담배도 그렇지만, 개인금융에서도 그렇다. 금융 교육의 역할에 대해 9장에서 더 이야기하겠지만, 몇 가지 이슈를 여기에서 간단히 짚고 넘어가기로 하자.

금융 문제를 다루려면 약간의 수학을 해야 하는데, 수학 공포증이 있는 사람에게는 이 사실 자체가 즉각적으로 장벽을 만든다. 기초적인 금융 수학을 할 의지가 있는 사람이라 해도 이를 효과적으로 하려면 도움이 필요한 경우가 많다. 자연스럽게 떠오르는 한 가지 해법은 고등학교 수학 수업에 금융 교육을 포함하는 것일 텐데, 수학 교사는 희소하고 귀해서 대부분의 학교가 효과적인 금융 교육에 필요한 만큼 교사를 충분하게 할당하기를 주저한다.

게다가 고등학생은 성인들을 괴롭히는 금융 의사결정에 아직 직면해 있지 않다. 고등학생이 자신의 생활과는 아직 별 관련이 없는 내용에 흥미를 가지거나 금융 원칙에 대한 추상적인 지식을 장기 기억 속에 단단히 익히리라고 기대할 수는 없는 일이다. 고등학교 금융 교육은 도로 주행 기회는 없이 교실에서만 운전 교육을 받는 것과 비슷하게 여겨질 가능성이 크다. 필기 시험만으로 면허를 딴다면 도로는 여전히 위험한 곳일 것이다. 마찬가지로, 고등학교에서 금융 교육을 받는다 해도 사람들은 여전히 금융에서 위험에 노출될 것이다.

물론 고등학교보다 더 나중 시기에 금융 교육을 받을 수도 있다. 우리는 대학에서 개인금융을 가르치려는 최근의 운동을 강하게 지지한다. 많은 이들에게 대학 시절은 노동 활동을 시작하는 때이기도 하므로 금융 수업 때 배우는 내용에 대한 수용도가 높기 때문이다(특히 가족 중 처음으로 대학에 간 학생들은 자신이 배운 금융 지식을 식구들에게 알려주려는 욕구가 커서 더욱 그렇다). 하지만 대학 교육은 부유한 사람들에게 더 도움이 되는 경향이 크기 때문에, 대학에서의 금융 교육이 개인금융의 불평등 문제를 해결하지는 못한다.

우리는 고용주가 직원에게 금융 교육을 제공하는 방안과 더 고도화되고 복잡한 금융상품에 접하기 전에 금융 교육 이수를 의무화하는 방안도 지지한다. 하지만 교육은 금융 시스템의 구조 개혁이라는 주된 목적을 보완하는 것이어야지 교육 자체가 주가 될 수는 없다. 여기에서 금융 시스템의 구조 개혁은 가계가 직면하는 금융 문제를 단순하게 만드는 방향으로의 개혁을 의미하며, 그렇게 되면 개인금융을 가르치고 배우기도 더 쉬워질 것이다.

금융 교육의 효과성을 저해하는 또 하나의 중요한 어려움은, 새로운 금융상품이 빠르게 나타나면서 금융 교육이 너무 쉽게 낡은 것이 되어 쓸모가 없어디진다는 점이다. 스마트폰 테크놀로지의 혁신처럼 금융 혁신은(오늘날 함께 이루어지고 있는 대표적인 두 혁신이다) 많은 부분이 우리의 지갑을 더 잘 털어가기 위해 대대적으로 이루어지는 디지털 마케팅 투자에서 나온다. 이런 혁신의 속도를 따라잡으려면 평생에 걸친 교육이 필요하고 교육 내용이 지속적으로 업데이트되어야 한다. 그리고 설령 이것이 가능하다 해도 금융 교육을 많이 받은 사람조차 인간의 생물학적인 본성 때문에 잘못된 금융 결정을 내리곤 하는데, 아래에서 조금 더 자세히 알아보기로 하자.

직관에 기대는 금융 의사결정의 위험성

금융 교육을 얼마나 많이 받았는지와 상관 없이, 아니 가장 잘 교육 받은 사람조차, 금융 결정을 내릴 때 직관에 의존하는 경우가 많다. 문제는 인간의 직관이 금융 맥락에는 잘 들어맞지 않는다는 점이다. 지불해야 할 것이 확실하게 알려져 있는 가장 단순한 경우에조차 우리의 직관은 크게 두 가지 방식으로 실패한다.

첫째, 사람들은 숫자의 크기를 자신에게 익숙한 준거점에 대비해서 가늠하는데, 이는 익숙하지 않은 준거점에서 선택을 내려야 할 때 잘못된 판단을 하게 만든다. 가령 싼 물건이 15퍼센트 할인일 경우, 동일한 15퍼센트 할인률이어도 비싼 물건의 경우보다 할인 받는 돈의 액수가 적어서 가치가 더 적다. 하지만 사람들이 늘 이렇게 인식하는 것은 아니어서, 높은 할인율을 내건 싼 물건(하지만 금액으로는 할인액이 미미한 물건)을 열심히 찾아다니면서 낮은 할인률로 판매되는 비싼 물건은 무시하곤 한다. 기업들은 이런 식으로 고객의 의사결정 흐름을 조작하는 데 선수다. 레스토랑들은 "눈 튀어나오게 비싼" 와인을 메뉴의 맨 위에 두어서

와인 가격에 대한 고객의 준거점을 높임으로써 "그냥 비싼" 와인을 사도록 유도한다. 자동차 세일즈맨은 자동차 구입 계약이 맺어지면 곧바로 보험 부가사항, 시트 보호, 심지어는 바닥깔개 같은 것을 추가로 판매한다. 수천 달러, 수만 달러인 자동차 가격 때문에 고객의 준거점이 일시적으로 높게 왜곡된 상황을 이용하는 것이다.[10]

둘째, 금융 계산에는 숫자를 반복적으로 곱해야 하는 것이 많다. 투자 중개사가 다달이 보내주는 명세서를 보면 기존 잔액에 이달의 수익률(가령 4퍼센트[0.04]라고 해보자)을 곱한 금액이 더해져 그달 말의 잔액이 나오고(즉 기존 잔액에 1.04가 곱해진 값이 나온다), 이 과정이 매달 반복된다. 이와 비슷하게, 이자를 갚지 않고 부채를 연장하면 부채 잔액을 계산할 때 "1+이자율"을 반복적으로 곱해야 한다. "반복 곱셈"은, 비율로는 일정하게 증가하지만 절대 액수로는 가속적으로 증가하는 이른바 "지수함수적[기하급수적]" 증가를 일으킨다.

하지만 많은 심리학 연구에서 드러났듯이 "지수함수적" 증가는 사람들이 직관적으로 잘 인식하지 못하기로 악명이 높다. 깨닫지 못하고 있다가 나중에서야 자산 잔액이나 부채 잔액이 익숙한 숫자의 범위를 훨씬 벗어나 불어 있는 것에 크게 놀라곤 한다. 비견할 만한 사례로, 과학 교육을 받지 않은 많은 사람들(정치인도 포함해서)이 코로나19 팬데믹이 정점이었을 때 감염 확산세에 크게 놀란 적이 있다. 확진 사례가 비율로는 대략 일정하게 증가했는데 절대 수로는 가속적으로 증가했기 때문이다. 지수함수적 증가에 대해 잘못된 직관을 가지고 있었다면 어느 순간 코로나19 확산세가 갑작스럽고 예기치 못한 일로 보였을 것이다. 다시 금융의 맥락에서, 금융 플래너들은 투자자에게 복리의 위력을 설명하려 애쓰고 돈을 빌리는 사람에게 부채가 복리로 증가할 때의 위험을 알리려 애쓰지만, 고객이 잘 이해하지 못하는 경우가 많다. 어네스트 헤밍웨이Ermest Hemingway가《태양은 또 다시 떠오른다The Sun Also Rises》에서 묘사했듯이 말이다. "빌이 물었다. 어쩌다 파산하게 된 거야? 마이크가 대답했다. '두 가지 방식으로지. 서서히, 그러더니 별안간.'"[11]

불확실성 하에서 드러나는 인간 직관의 수많은 취약성

많은 금융 거래가 미래 결과값이 불확실하다. 아무도 자신이 얼마나 오래 살지, 얼마나 오래 일할 수 있을지 모른다. 노후 자금 마련을 위해 주식을 사는 투자자는 은퇴 시점에 주가가 얼마일지 모른다(몇십 년 뒤일 은퇴 시점도 불확실하다). 불확실성을 합리적으로 생각하려면 확률을 평가할 줄 알아야 한다.

안정적인 환경에서 충분한 데이터를 관찰한 경우에는 무언가가 이제까지 일어났던 빈도가 미래에 그것이 다시 일어날 확률에 꽤 정확하게 근사한다. 이 수학적 사실은 통계 원리의 토대다. 하지만 입수 가능한 과거 데이터가 적고 환경이 불안정한 상황에서도 과거의 빈도를 미래의 확률에 동일하게 적용하려는 습성 때문에 우리는 이 접근을 잘못 사용하곤 한다.[12] "외삽"을 해서, 짧은 기간의 표본에서 계산한 평균을 미래에 평균적으로 일어날 일에 대한 안정적인 지침으로 여기는 것이다. 하지만 이러한 외삽은 오도의 소지가 있다. 단기간의 표본에서 뽑은 평균은 다시 일어날 가능성이 매우 작은 무작위적 외생 요인의 영향을 받았을 것이기 때문이다. 흔한 사례 하나는 뮤추얼펀드를 운용하는 펀드 매니저의 능력을 최근 3년간의 성과만 보고 판단하는 것이다. 그 성과가 대개는 그가 골랐던 주식에서 예기치 않은 움직임이 있었기 때문에 나온 것인데도 말이다. 이 경우 최근 3년간의 성과는 그의 투자 운용 역량에 대해 제대로 된 정보를 주지 않는다.

더 안 좋게도, 사람들은 자신이 사용하는 표본을 인위적으로 더 줄이곤 한다. 세상이 제공하는 더 긴 기간을 취하지 않고 과거 사례 중 자신이 개인적으로 경험한 부분에만 초점을 맞추는 것이다.[13] 게다가 그 표본은 뇌리에 유독 강하게 각인된 사건들로 왜곡되어 있을 수 있다. 평균과 달라서 두드러지기 때문에 뇌리에 남은 것일 텐데도 말이다. 사람들이 전형적인 결과보다 가령 스포츠 경기에서 언더독이 극적인 역전승을 거두는 경우처럼 두드러진 결과를 과장해 생각하는 경향이 있다는 데는 많은 실증 근거가 있다. 따라서 그런 결과가 일어날 가능성에 도박을 걸 의향이 과도하게 커질 수 있다.[14] 두드러지게 각인되는 종류의 사건은 긍정적인 것일 수도 있고 부정적인 것일 수도 있다. 우리는 드물고 놀라운 질병(가령 에볼라)으로 죽을 확률을 과장해 생각하고 더 일상적인 원인(가령 심장병이나 당뇨)으로 사망할 가능성은 축소해 생각한다.[15] 금융과 관련해서는, 쫄딱 망해서 신용불량자가 된 누군가의 사례를 접하고서 대출 받기를 극도로 두려워하게 될 수 있는데, 두드러지지는 않지만 더 일반적인 현실은 수십억 명의 사람들이 부채 상품을 적절히 활용해서 교육 자금이나 주거 자금을 잘 조달해왔다는 사실이다.

조건부 확률을 계산해야 하는 경우에 문제는 더 복잡해진다. 사건 A가 참이라는 조건이 주어졌을 때 사건 B가 참일 확률을 생각해야 하는 경우를 말한다. 예를 들어 새로운 치료법을 개발하고 있는 스타트업 벤처 기업이 금전적으로 성공을 거둘 확률을 생각해보자. 문제를 단순화하기 위해 새로운 약이나 의료 장비를 개발하는 기업의 가치는 그것이 의료적으로 효과가 있을 경우 10억 달러이고 효과가 없을 경우 제로라고 가정하자. 그리고 과거 데이터로 볼 때 이러한 유형의 새 치료법은 열 번에 한 번 꼴로 성공한다는 것이 꽤 확실하게 알려져 있다고 해보자(성공 확률 10퍼센트). 이제, 과거에 90퍼센트의 확률로 약이나 의료 장비 개발의 결과를 정확하게 예측한 저명한 의료 분석가가 임상 시험의 초기 결과를 보고서 이 치료법이 효과가 있을 것이라고 예측했다고 해보자. 우리는 이 스타트업의 성공 가능성과 금전적 가치를 어떻게 평가해야 할까?

그 분석가가 이전에 90퍼센트의 확률로 맞게 예측했으므로 이 치료법이 90퍼센트, 즉 압도적으로 높은 확률로 성공할 것이고 이 스타트업은 매우 가치가 있을 것이라고, 아마도 가치가 9억 달러(치료법이 성공적일 때의 가치인 10억 달러의 90퍼센트) 가까이 될 것이라고 생각하기 쉬울 것이다. 하지만 이 결론은 오류다. 이 문제를 생각하는 정확한 방법은 그 분석가의 예측 중 얼만큼이 "잘못된 긍정 예측false positive"이 아니라 "올바른 긍정 예측true positive"인지를 따져보는 것이다. 이 분석가는 100개의 스타트업에 대해 예측을 할 때 실패할 스타트업 90개 중 10퍼센트[9개]에 대해 성공할 것이라고 잘못 예측한다. 또한 성공할 스타트업

10개 중 10퍼센트[1개]를 실패할 것이라고 잘못 예측하고 90퍼센트[9개]는 성공할 것이라고 맞게 예측한다. "잘못된 긍정 예측"과 "올바른 긍정 예측" 개수가 동일하므로, 이 분석가가 스타트업이 성공할 것이라고 긍정 예측을 했을 경우 실제 성공 확률은 둘 중 하나, 즉 50퍼센트에 불과하다. 따라서 이 스타트업은 5억 달러보다 높은 가격으로 매수해서는 안 된다. 핵심은, 분석가가 제공한 새로운 정보와 우리가 가지고 있는 과거 데이터(이것은 성공이 매우 드문 일임을 말해준다)에 정확하게 가중치를 부여해서 해석해야 한다는 점이다. 이 분석가의 적중 이력은 우리가 해당 스타트업의 성공 확률을 10퍼센트가 아니라 50퍼센트로 상당히 높여 잡게 해주지만, 의료 스타트업에 대한 과거 데이터를 죄다 내버리고 확률을 90퍼센트로까지 올려잡지는 말아야 합리적이다.[16]

여기에서 직관에 기댄 추론의 문제는 의료 스타트업의 성공률에 대한 과거 정보를 고려하지 않았다는 데 있다. 과거에 의료 스타트업의 성공이 드물었다면, 이 분석가의 예측 정확도 수준에서 그가 성공이라고 예측한 것은 예측 오류 때문일 가능성이 상대적으로 더 크다. 반면 과거에 성공이 많았다면, 이 분석가가 성공이라고 예측한 것은 실제로 전망 있는 투자 기회를 암시할 가능성이 상대적으로 더 크다. 위와 같은 직관적 추론의 오류를 기저율 무시base rate neglect 오류, 또는 대표성 편향representitiveness bias이라고 부른다.[17] 중요한 것은, 새로운 정보를 우리가 기존에 가지고 있는 믿음과 결합할 때는 과거 정보에 현명하게 가중치를 부여해서 새 정보를 판단해야 한다는 점이다. 우리가 이미 가지고 있는 믿음은 오랜 경험과 반복적인 테스트에서 나온 것일 가능성이 크지만, 아무래도 새로운 정보는 그것이 얼마나 놀랍든 간에 시간의 테스트를 통과하지 못할 가능성이 크고 따라서 그에 걸맞은 의구심을 가지고 받아들여야 한다.

개인금융에서 기저율 무시 오류는 잘못된 결정으로 이어지기 쉽다. 지극히 성공적인 소수의 테크 기업이 오랫동안 적자를 감수하다가 나중에 지배적인 시장점유율을 구축한 것을 보고서, 순진한 투자자들은 적자를 보고 있는 모든 테크 기업이 앞으로 크게 성공할 가능성이 굉장히 높다고 생각하기 쉽다. 이제까지 크게 성공한 테크 기업이 매우 드물다는 기저의 확률을 무시하고서 말이다. 적자를 보다가 결국 망하는 기업이 훨씬 많지만 이런 경우는 뉴스에 잘 나오지 않는다.

강화학습의 한계

앞에서 우리는 대개 사람들이 잘못된 추론 모델을 가지고 있으며 금융 문제를 종종 잘못 계산한다고 말했다. 그런데 많은 경우에 사람들은 추론 모델 자체를 가지고 있지 않거나 계산 자체를 하지 않는다. 그보다는, 시행착오를 통해서, 즉 과거에 자신에게 보상을 주었던 행위를 되풀이하고 고통스러웠던 행위를 피하는 식으로 결정을 내린다. 아이가 뜨거운 냄비에 손을 데이면 다음부터는 뜨거운 냄비에 손을 대지 않듯이 말이다. 심리학에서는 이것을 "강화학습reinforcement learning"이라고 부른다. 그렇다면, 금융 문제를 잘못 풀었을 때의 고통을 피하는 데 강화학습을 이용하는 것은 왜 불가능할까?

종종 강화학습은 효과가 있다. 사람에게도 그렇고 알파고 같은 컴퓨터 프로그램에도 그렇다. 2017년에 알파고는 40일 동안 스스로를 상대로 시험 바둑을 두고서 바둑 챔피언이 되었다.[18] 하지만 강화학습은 관련성 있는 경험이 축적되는 만큼만 빠르게 작동할 수 있는데, 금융 맥락에서는 경험의 축적이 위험할 정도로 느릴 수 있다. 가령 집을 사려고 모기지 대출을 받는 것 같은 대규모의 중대한 금융 결정은 자주 일어나는 일이 아니기 때문에 학습할 기회가 많지 않다.

또한 많은 금융 결정의 결과가 오래 지연되었다가 나타나므로, 경험은 유용하기에는 너무 느리다. 1장에서 본 엔론의 전직 공장 관리자 조지 매독스의 사례를 상기해보자. 당시로서는 명백하게 성공적이었던 엔론에 은퇴 자금을 투자했던 많은 엔론 직원들이 그랬듯이, 그는 다각화하지 않은 투자의 리스크를 너무 늦게서야 (2001년에 회사가 갑자기 망해서 사라졌을 때에서야) 깨달았다.

관련된 문제로, 금융 자산의 가격은 무작위적인 수많은 요소에 영향을 받으므로 현명하지 못한 금융 전략도 순전히 운이 좋아서 꽤 오랫동안 성공적일 수 있다. 투자자에게 그 전략을 피하도록 학습시켰어야 할 고통을 유발하지 않은 채로 오랜 시간이 지나가는 것이다. 은퇴 저축을 마이크로소프트 주식에 모두 투자한 "마이크로소프트 백만장자"[마이크로소프트에서 100만 달러 넘는 돈을 번 직원을 부르는 말]들은 엔론에 은퇴 저축을 모조리 넣은 사람과 달리 다각화되지 않은 투자 전략으로부터 어떤 고통도 겪지 않았다. 그래서 한두 개의 주식에 몰아서 투자하는 전략을 피하게끔 학습되지 않았고, 나아가 다른 이들에게도 자신의 성공을 이야기하면서 현명하지 못한 이 전략을 독려하기까지 했을 수 있다. 코인 호황 때 코인 추종자들은 자신의 수익을 뻐기면서 다른 이들도 코인 시장에 들어오라고 부추겼다. 하지만 뒤따라 코인에 발을 담근 사람들은 "가상자산의 겨울crypto winter"[코인 시장에서 거래량이 급감하고 가격이 하락하는 장기 약세장]가 닥쳐 가격이 폭락했을 때 너무나 명백하게 고통을 겪었다.

운은 그것이 능력으로 착각되면 특히 해로운 결과를 낳는다. 앞에서 보았듯이 사람들은 일반적으로 자신의 능력을 과장해서 생각하며, 성공은 자신의 능력 때문이고 패배는 운이 나빴다고 생각한다. 이 현상은 "통제력 착각" 또는 "자기귀인 편향self-attribution bias"이라고 불린다.[19] 일례로, 인도에서 상장 기업에 투자한 수백만 명의 투자자를 대상으로 진행한 최근의 한 연구에서, 주가가 오른 주식에 무작위로 할당된 투자자들이 다른 주식도 더 활발하게 거래한 것으로 나타났다. 이들은 주가가 오른 주식을 운 좋게 배분받은 것이었지만 자신의 투자 능력이 뛰어나다고 믿었다.[20]

더 복잡하게도, 심리적 고통은 손실 자체에 의해서라기보다 손실이 실현되어 체감되는 시점에 촉발된다. 주식이나 주택을 구매 가격보다 낮은 가격에 팔아야 하는 시점처럼 말이다.[21] 언젠가는 회복되리라는 희망을 부여잡고서, 잃고 있는 투자 포지션을 고수하면서 고통을 유예하거나 어쩌면 아예 회피할 수도 있다는 말이다. 많은 실증 근거가 실제로 투자자들이 손절매하고 나오기를 매우 꺼려한다는 것을 보여주었다.[22] 하지만 손실이 나고 있는 자산을 붙들고 있는 것은 기저의 상황을 바꾸는 데 도움이 되지 않고 문제를 미루거나 회피하는 것에 불과할 수 있으며, 현실을 인식하지 않으려 하면서 더 수익성 있는 투자를 새로 시작할 기회를 포기하는 격일지 모른다.

다른 이들에게서 배우는 것의 위험

삶의 많은 영역에서 우리는 다른 이들을 보면서 무엇을 해야 할지 배운다. 익숙하지 않은 푸드코트에 가면 줄이 짧아서 곧바로 먹을 수 있는 매대가 있어도 줄이 긴 매대에 가서 줄을 선다. 다른 사람들의 결정을 정보 원천이자 행동 지침으로 활용하는 것이다.

많은 실증 근거가 금융에서도 사람들이 인간관계망을 통해 학습한다는 것을 보여준다. 친구들이 내리는 결정을 보거나 아니면 단지 그들과 이야기만 해도 그런 학습이 발생한다. 이같은 "동료 효과peer effect"를 알아본 한 연구는 많은 페이스북 친구들이 집 값이 빠르게 오른 동네에 사는 사람은 본인도 집을 사는 경우가 더 많고 집을 살 때 더 많은 돈을 지출하는 경향이 있음을 발견했다.23 또 다른 연구에서는 교사들 중 최근에 모기지 재융자를 받은 동료와 쉬는 시간을 휴게실에서 함께 보내도록 시간표가 설정된 교사들이 본인도 모기지 재융자를 받는 경우가 더 많은 것으로 나타났다.24 이러한 연구는 어떻게 사회학자들이 오늘날 입수 가능해진 대규모 데이터를 활용해 지극히 일상적인 의사결정들까지도 측정할 수 있는지를 잘 보여주지만, 결과 자체는 인간의 사회적 속성을 생각하면 딱히 놀라운 현상은 아니다.

불행히도, 금융에서 사회적 학습은 개인이 자신의 경험을 통해 강화학습을 할 때의 문제를 고스란히 가지고 있고 이에 더해 추가적인 문제도 가지고 있다.[25] 지연된 보상과 손실은 사회적 학습에서도 개인의 강화학습에 못지 않게 큰 문제를 일으킨다. 무작위성도 그렇다. 무작위적인 충격이 종종 다수에게 같은 방식으로 영향을 미치기 때문이다. 구매 능력이 안 되는 집을 과도하게 돈을 빌려서 사는 전략은 집값이 계속 오르는 한은 수익성이 있다. 그리고 주택을 소유한 사람들과 주택 호황기에 이야기를 나누었다면, 높은 확률로 그들은 집을 사길 얼마나 잘했는지 모르겠다며 당신도 최대한 돈을 끌어다가 집을 사도록 독려했을 것이다. 그러다가 주택 가격이 떨어지면 빚이 많은 주택 소유자들은 종종 재정 압박financial distress[채무 이행이 어려워지는 상황]에 처하게 되고, 집을 압류당해 잃을 수도 있다. 하지만 이런 결과가 나타나서 교훈을 얻고 다음 세대에 알려줄 수 있기까지는 오랜 시간이 걸린다.

특히 금융에서 사회적 학습의 한 가지 문제는 사람들이 돈에 대해 이야기하기를 꺼리며 돈에 대해 '정직하게' 이야기하기는 더더욱 꺼린다는 점이다.[26] 오늘날 돈 이야기에 대한 금기는 과거에 있었던 성생활에 대한 금기 중 아직 남아 있는 어느 것보다도 강할지 모른다. 게다가 돈 이야기를 한다 해도 성공을 강조하고 실패는 윤활유를 쳐서 말하는 경향이 크다. 마이크로소프트 백만장자들이 엔론 피해자들보다 더 큰 소리로 말할 것이고 코인 투자자들은 이득을 더 많이 이야기하고 손실은 덜 이야기할 것이다. 여기에서 위험한 부분은, 순진한 사람들이 자신이 듣는 것을 그대로 믿고서 가장 위험한 금융시장에서도 투기로 쉽게 돈 버는 방법이 있다고 생각하게 되는 것이다.

유혹에 저항하기의 어려움

이제까지 우리는 사람들이 무엇을 해야 할지 파악하는 데서 겪는 인지적 곤란을 중심으로 금융의 어려움을 이야기했다. 그런데 무엇을 해야 할지 안다고 해도 실제로 행동을 하는 데 또 다른 어려움이 있다.

중요한 금융 의사결정 중에는 현재의 비용을 먼 미래의 이익에 견주어 지금 무언가를 포기해야 하는 것이 많다. 가령 노후 자금을 저축한다는 말은 한참 나중에나 하게 될 소비를 위해 현재의 지출을 줄인다는 의미다. 또 금리가 하락할 때 모기지를 재융자하면 수년 동안 월 상환금을 낮출 수 있지만 당장 시간과 관심과 수수료를 들여야 한다.

아무리 합리적인 의사결정자라도 현재에 비해 미래는 에누리해 생각하는 법이다. 하지만 합리적이려면 '지금의 비용과 1년 뒤의 이익' 사이의 관계와 '1년 뒤의 비용과 2년 뒤의 이익' 사이의 관계를 일관성 있게는 가늠해야 한다. 즉 합리적이려면 지연의 비용을 지연이 발생하는 시점이 아니라 지연되는 기간의 길이에 따라 가늠해야 한다.

그런데 인간의 뇌는 이런 방식으로 작동하게 되어 있지 않다. 인간의 뇌는 현재의 보상에 특별히 더 가치를 두도록 되어 있다. 현재에 비해 미래는 희미하게만 존재하며, 먼 미래만이 아니라 가까운 미래도 그렇다. 사례는 많지만, 저축에 대한 질문을 주고 뇌 영상을 관찰한 신경과학 연구에서 대표적인 사례를 찾아볼 수 있다.[27] 뇌의 여러 영역 중 자신의 미래를 생각할 때 활성화되는 영역이 **자신이 아닌 타인에 대해** 생각할 때 활성화되는 영역과 동일했다. 미래는 외국이고 현재의 내게 미래의 나는 타인이다. 이는 현재의 보상과 미래의 이득 사이의 교환 관계를 합리적으로 판단하지 못하게 하는 기저의 요인인데, 건전한 금융 관리에는 이 교환 관계에 대한 합리적인 판단이 꼭 필요하다.[28]

현재의 쾌락에 빠지는 경향을 경제학자들은 "현재 중시 편향 present bias"이라고 부른다. 옛 시기의 도덕학자들은 "유혹"에 빠졌다거나 "의지가 박약"하다고 표현했을 것이다. 현재 중시 편향의 중요한 특징은, 미래에는 자신이 지금보다 더 인내심 있게 행동하리라고 기대한다는 점이다. 가까운 미래와 먼 미래 사이의 교환 관계를 현재와 미래 사이의 교환 관계와 다르게 생각하기 때문이다. 성 아우구스티누스가 《고백록》에 적은 유명한 말에서처럼 말이다. "주여, 순결하고 절제하는 삶을 살게 해주십시오. 하지만 아직은 그렇지 않게 해주십시오."[29] 일상에서 볼 수 있는 더 흔한 사례를 들자면, 많은 이들이 다이어트나 운동을 다음 주에 시작하겠다고 하면서 오늘 당장 시작하는 것에는 그러지 않아야 할 변명거리를 찾는다.

현재 중시 편향에 따라 행동을 하는지 여부는 자신에 대해 얼마나 잘 알고 있는지에 달려 있다. 현재 중시 편향을 가진 사람이 자신의 편향을 알고 있으면 장기적 이익을 고려해 인내심을 가지고 행동하게끔 미래의 자신에게 미리미리 제약을 설정해두려 할 것이다. 오디세우스가 부하들에게 돛대에 자신을 묶으라고 해서 세이런 옆을 지나갈 때 유혹에 빠지지 않게 대비해두었듯이 말이다.[30] 돛대에 자신을 묶는 것의 현대판 버전을 "이행장치commitment device"라고 부른다. 이행장치에는 조기 인출에 위약금을 물게 되어 있는 은퇴 저축계좌부터 충동적인 지출을 삼가기 위한 항목별 예산짜기 등 다양한 형태가 있을 수 있다.

이행장치는 그것이 없었을 경우보다 더 인내심 있게 행동하도록 이끌어준다. 하지만 부작용이 있을 수 있다. 조기 인출이 되지 않는 저축계좌는 헤픈 씀씀이에 탐닉하는 것을 막아주지만 정말로 긴급 상황이 발생했을 때도 그 돈을 꺼내 쓸 수 없다는 문제가 있다. 또한 항목별 예산을 너무 엄격하게 운용하면 환경이 달라졌을 때 멍청한 지출을 하게 될 수도 있다. 일례로, 휘발유 가격이 낮아졌을 때 프리미엄 휘발유 판매가 늘었는데, 자동차가 별안간 더 비싼 휘발유를 필요로 하게 되어서가 아니라 사람들이 "휘발유" 항목으로 할당해 놓은 예산에 여유가 더 많이 생겼기 때문이었다. "휘발유" 항목의 남는 돈을 다른 용도로 돌렸더라면 더 나은 지출을 할 수 있었을 텐데 말이다.[31]

이행장치의 장점과 단점이 무엇이든, 현재 중시 편향이 있는 많은 사람들이 자신의 편향을 알지 못해서 이행장치를 사용하지 않는다. 순진하게도 이런 사람들은 미래의 자신이 지금의 자신에게는 없는 (하지만 있으면 좋을) 인내심을 가지고 행동할 수 있으리라고 믿는다. 내일의 나도 오늘의 내가 오늘에 탐닉하는 것만큼 내일의 오늘인 내일에 탐닉하리라는 사실을 무시하고서 말이다. 이런 순진함은 영민한 기업들에 악용될 수 있다. 현재 중시 편향을 가진 순진한 사람은 자신이 앞으로는 규칙적으로 운동을 하리라고 생각하고서 자주 이용해야만 돈값을 하는 비싼 헬스클럽 회원권을 기꺼이 구매하는데, 실제로는 거의 운동하러 가지 않는다.

이런 행동을 잘 아는 헬스클럽은 헬스장이 과도하게 붐비지 않게 하면서도 많은 사람에게 회원권을 팔 수 있다.[32]

간헐적이고 감정적인 금융 의사결정

금융에서 직관에 의존하는 결정의 문제점 목록은 너무 길어서, 금융 의사결정을 향상시키려는 프로젝트는 어디에서 출발해야 할지조차 알 수 없을 만큼 압도적으로 느껴진다. 이런 문제를 보는 유용한 방법 하나는 멀리 서서 큰 틀에서 조망하는 것이다. 전반적으로, 우리의 금융 의사결정은 간헐적이고 감정적이라는 특징을 갖는다.

대부분의 사람들은 금융 행동을 자주 하지 않는다. 고정비용 때문에 그것이 충분히 합당한 경우도 있다. 가령 이사는 비싼 선택이고, 따라서 이사를 너무 자주 하지는 말아야 한다. 하지만 면밀히 주시하고 추적하면서 금융 포지션을 지속적으로 조정하는 것이 가장 좋은 행동인 경우도 많은데, 사람들은 이렇게 하지 않는다. 오랫동안 아무것도 하지 않고 있다가 커다란 변화를 가져올 굵직한 결정을 갑작스럽게 내린다.[33] 아무 것도 하지 않고 있는 기간 동안 금융 문제들이 계속 쌓일 수 있는데, 그다음에 충분한 고려 없이 갑작스럽게 내리는 의사결정은 쌓인 문제들을 해소할 수 없을 것이다.

이런 행동이 나오는 데는 몇 가지 이유가 있다. 대부분의 사람들은 금융 문제를 생각하는 것이 노력이 많이 드는 일이라고 여긴다. 따라서 금융 사안을 계속 주시하면서 업데이트하는 데 들여야 하는 노력과 시간은 가뜩이나 스트레스 많은 인생에 고통스럽고 귀찮은 가욋일로 여겨진다. 현재에 비해 미래를 가볍게 여기고 지수함수적인 증가를 액수가 너무 커지기 전까지는 인식하지 못하기 때문에 금융 의사결정을 미루기도 한다. 그러는 한편, 최근에 투자로 크게 이득을 본 친한 친구의 투자 제안이라든지, 재정 압박에 처한 친지가 도와달라고 부탁을 해왔다든지 하는 경우처럼 인간관계망에서 영향을 받아 갑작스럽게 금융 행동을 하기도 한다.

금융 의사결정이 주로 감정적으로 내려진다는 점은 간헐적이라는 점과 밀접하게 관련이 있다. 미루던 중요한 의사결정을 해야 할 시점이 왔음을 깨달으면 패닉에 빠지기 쉽고, 잘못된 선택을 하기가 더 쉬워진다. 시간 압박이 없을 때도 주택 구매나 모기지 대출처럼 굵직하고 결과가 장기에 걸쳐 나타나는, 그리고 자주 하지 않는 의사결정을 해야 할 때는 아무리 사리 분별을 잘하는 사람이라 해도 전략적으로보다는 감정적으로 생각하기 쉽다. 금융에서는 잘못된 결정이 훨씬 더 심각한 결과를 낳을 수 있기 때문에 더욱 안타까운 일이다. 내게 딱 맞지 않는 집에 당분간 살아야 하는 정도에서 그치지 않는 것이다. 강화학습도 너무나 자주 결과에 대한 합리적 예상보다 감정에 좌우된다. 지금 해야 하는 의사결정이 금전적으로 어떤 결과를 가져올지에 초점을 두기보다 좋은 감정을 주었던 과거의 경험에 더 초점을 두는 것이다.

이제까지 알아본 문제들을 다 합하면, 대체 평범한 사람이 금융 문제를 제대로 다루는 게 가능하기나 한 일인지 비관적인 생각이

들 것이다. 하지만 잘 발달된 금융 시스템이 있는 현대 사회이니만큼 금융 시스템 자체가 사람들을 그런 실패에서 보호해줄 수 있으리라 기대해볼 수는 없을까? 다음 장에서 이 가능성을 살펴볼텐데, 결론은 더 비관적이다. 현재로서 금융서비스 제공자는 우리가 간헐적, 감정적으로 금융 결정을 내린다는 사실을 너무나 잘 알고 있어서 그것을 악용하며, 이는 암울한 결과를 낳는다.

3장

금융 시스템의 부패

현명한 금융 의사결정을 내리는 일은 어렵다. 앞 장에서 보았듯이 인간의 뇌는 현재의 요구를 미래의 필요와 합치시키는 일이라든가 뇌리에 깊게 각인된 사건에 고착되지 않고 차분하게 리스크를 가늠하는 일에 잘 맞게 만들어져 있지 않다.

하지만 우리는 금융 문제를 진공에서 관리하지 않는다. 모든 현대 사회에는 방대한 금융 시스템이 있어서 다양한 금융상품과 그 상품에 대한 수많은 정부를 제공한다. 금융상품과 금융 정보가 이렇게 많으니, 인간의 인지가 가진 취약점을 금융 시스템이 메워주리라는 기대가 높아지기도 한다. 금융상품 제공자들 사이의 경쟁이 진정으로 사용하기 쉽고 간단한 상품을 만들게 해서 사람들을 금융 실수에서 보호해줄 수도 있지 않을까?

이 장에서 우리는 이런 기대가 어떻게 무너지는지 보여줄 것이다. 우리가 인간으로서 겪는 인지적 어려움과 그로 인한 금융 실수는 사실 금융 시스템을 부패시켜 왔다. 많은 금융상품이 미심쩍은 수익, 높은 비용, 불필요한 복잡성으로 우리의 실수를 (고쳐주기는커녕) 악화하고 악용하도록 진화했다. 더 안 좋게도, 어떤 금융 상품은 금융 지식이 적은 사람들에게 피해를 입히면서 금융 수완과 지식이 많은 사람들에게 이득을 준다.

사람들이 이런 결과를 깨달으면서, 현대 경제에서 건전한 금융 시스템이 수행하는 매우 중요한 역할에도 불구하고 많은 이들에게 금융 시스템은 놀랍도록 인기가 없어졌다. 조지 소로스George Soros 같은 금융가들은 황당하지만 위험한(그리고 종종 노골적으로 반유대주의적인) 음모론에서 악당으로 묘사되었다. 또 어떤 이들은 공식 금융 시스템 이용을 아예 단념하고 전통적인 주먹구구식 대안에 의탁하려 하는데, 이는 그들을 더 안 좋은 결과로 몰아넣는다.

이런 마당이니, 〈월스트리트 저널〉의 2021년 광고 카피 "당신의 결정을 믿으세요"는 불행히도 현실적이라기보다 희망사항에 가깝다고 말해야 할 것 같다.

실수와 그 결과

금융 실수의 네 가지 유형

앞 장에서 살펴본 인지적 한계는 여러 방식으로 금융 의사결정을 왜곡한다. 2부의 각 장에서 우리는 대부분의 사람들이 금융 시스템과 상호작용하는 방식을 다달이 소득과 지출의 등락을 어떻게 관리하는지(4장), 어떻게 장기적인 목돈 투자를 위한 의사결정을 하고 이를 조달하기 위해 부채를 관리하는지(5장), 어떻게 리스크와 함께 살아가고 리스크를 관리하는지(6장), 어떻게 노동하는 기간 동안 저축을 해서 노후 자금을 마련하는지(7장)의 순서로 살펴볼 것이다. 하지만 그전에 3장에서, 사실상 이 모든 상호작용에 영향을 미치는 금융 실수의 네 가지 대표적인 유형을 살펴보자.

첫 번째 실수는 금융상품의 이득을 잘못 인식하는 것이다. 드물지만 어마어마한 수익을 주는 투자(가령 복권)는 과장된 희망을 갖게 만들어서 가치가 실제보다 훨씬 높게 인식되는 경향이 있다.[1] 반대로, 매우 긴 수명이 야기하는 재정적 곤란을 피하고 안정적인 노후 생활을 유지하게 해주는 연금상품(먼 미래에 꾸준하고 예측가능하게 현금 흐름이 들어오게 해주는 금융상품)의 이득은 과소평가된다.[2] 금융상품과 서비스에 대한 수요는 사람들이 그것의 수익을 어떻게 '인식'하는지에서 나오는데, '인식'은 객관적인 가치 평가와 매우 다를 수 있다.

이와 밀접하게 관련된 두 번째 실수는 금융상품의 비용을 제대로 이해하지 못하는 것이다. 비용이 익숙하지 않은 단위로(가령 금액으로가 아니라 퍼센트로) 표시되기도 하고, 이런저런 시점에 들쭉날쭉하게 부과되기도 하며, 이런저런 조건에 따라 더 혹은 덜 부과되기도 한다. 많은 사람들이 숫자를 어려워하므로, 종종 그렇듯이 비용이 이득보다 확실할 때조차, 즉 비용이 더 관심을 기울여야 할 중요한 측면일 때조차 비용에 더 명료하게 초점을 두지 못하곤 한다.[3]

세 번째의 흔한 실수는 금융상품을 발품 팔아 비교해보지 않는 것이다. 전자제품이나 신발, 스포츠 용품을 사는 것은 재미있지만 은행 계좌, 모기지 대출, 보험 상품 쇼핑을 즐기는 사람은 거의 없다. 그곳에서 경쟁력 있는 상품을 제공한다는 보장은 없는데도 많

이 들어봤거나 광고를 많이 해서 익숙한 금융회사나 가장 가까운
데 지점이 있어서 피상적으로 편리한 은행을 찾는 경우가 너무나
많다. 이런 실수는 재정에 실질적인 악영향을 일으킨다. 최근의
한 연구에 따르면 미국의 모기지 대출자들이 모기지 중개업자들
을 발품 팔아 비교해보지 않아서 평균적으로 적어도 1,000달러를
더 내고 있는 것으로 나타났다.[4]

네 번째 실수는 금융상품을 구매하고 난 다음에 관리를 잘 하지
않는 것이다. 많은 금융상품이 적절하게 사용될 때만 가치가 있는
요소를 가지고 있다. 예를 들어 미국의 고정금리 모기지는 시장 금
리가 하락할 때 더 낮은 이자율로 재융자가 가능한데도 재융자를
하지 않는 것은 비싼 비용을 치르는 실수다.[5] 다른 한편으로, 장기
생명보험은 가입자가 나이가 들면서 그 보험으로 보장되는 사망
의 위험이 높아지지만 보험료는 대체로 오르지 않고 처음 설정된
대로 유지된다. 이런 경우에 보험료를 미납해 보험 효력이 소멸되
게 하는 것은 매우 비싼 비용을 치르는 실수다.[6]

자본주의를 왜곡하다

첫 번째와 두 번째 실수(금융상품의 이득과 비용을 잘못 인식하는
것)에 금융 시스템이 반응하는 방식은 자본주의를 왜곡한다. 이유
는 단순하며 알기 어렵지 않다. 자본가들은 사람들이 완벽하게 합
리적이고 자신에게 가장 좋은 것이 무엇인지 알고 있을 경우에 발
생할 가상의 수요에 반응하는 것이 아니라 시장에 실제로 형성되
어 있는 수요에 반응한다. 제품에 대한 수요가 사람들이 실제로
얻을 이득이 아니라 얻으리라고 "인식"하는 이득에 달려 있으므

로, 금융 시스템은 이득을 과장하기 쉬운 금융상품을 과도하게 많이 제공하고 이득이 과소평가되는 금융상품은 지나치게 적게 제공하게 된다. 또한 시장 수요가 실제 비용이 아니라 인식된 비용에 영향을 받으므로, 금융 시스템은 숨겨진 비용이 있는 금융상품을 과도하게 많이 제공하게 된다.

이윤을 추구하는 기업은 시장에 실제로 존재하는 수요에 부응할 강한 유인이 있다. 애덤 스미스Adam Smith가 유명하게 말했듯이 "우리가 저녁 밥상을 기대할 수 있는 것은 푸주한과 양조장 주인과 빵집 주인의 너그러움 때문이 아니라 그들이 자기 이익에 관심이 있기 때문이다."[7] 기업들이 품질과 가격을 정확하게 인식하는 명민한 고객들을 놓고 경쟁하는 경우에는 수요가 있는 각각의 품질에서 최대한 낮은 가격으로 제품과 서비스를 내놓게 되므로 시장에 좋은 제품과 서비스가 나올 것이다. 하지만 자기 이익에 관심을 갖는 이 동일한 기업들이 어리숙한 고객의 잘못된 선호에서 생긴 시장 수요에 부응해 상품과 서비스를 공급하려 할 동기도 매우 많다. 노벨상 수상 경제학자 조지 애컬로프George Akerlof와 로버트 쉴러Robert Shiller는 최근 저서에서 이 해로운 행동을 "바보를 노리는 피싱"이라고 묘사했다.[8]

개인금융 시스템에서 드러나는 자본주의의 왜곡은 금융 외의 영역에서도 익히 잘 알려져 있다. 100년 전까지만 해도 의약품 시장은 매우 경쟁이 치열했고 규제가 없었다. 그런데 의약 지식이 발달하고 복잡해지면서, 평범한 사람들이 합당한 치료와 사기성 치료 사이를, 또한 진짜 의사와 돌팔이 사이를 구분하기가 점점 더 어려워졌다. 자유로운 경쟁시장은 생명을 살리는 약이든 가

짜 약이든 시장에 존재하는 수요에 부응하기 때문에 의약품 시
장에 나오는 제품이 꼭 사람들의 건강을 향상시키는 것은 아니
다. 규제가 없던 시절에, 담배는 건강에 좋다고 광고되었다. "최
상의 컨디션을 위해 럭키를 피우세요"라고 말하는 광고도 있었
고(1949년), "L&M 필터는 바로 의사가 처방한 것"이라는 광고도
있었다(1951년).[9] 이 문제에 사회는 의약품 규제를 도입해 대응했
다. 이제는 기본적인 의약품만 시장 수요에 따라 공급이 이뤄지고
(처방전 없이 가게에서 살 수 있는 "오버 더 카운터" 약품), 대부분의 의
약품은 전문 의료인의 처방전이 있어야만 공급된다. 더 최근에는
담배 광고에 엄격한 규제가 도입되었다.[10] 제약업계의 오남용을
완전히 근절하려면 여전히 갈 길이 멀지만, 의약품 규제를 통해
공중보건을 향상시킨 이른 시기의 대응에서 금융도 교훈을 얻을
수 있을 것이다(3부에서 더 자세히 다룬다).

지대와 지대 추구

시장 경쟁이 공급자로 하여금 숨겨진 비용이 있는 나쁜 상품을
어리숙한 고객에게 판매하게 만들 수 있지만, 적어도 경쟁은 고
객에게 제시되는, 그리고 고객이 인식하는 가격을 낮추기는 한다.
하지만 세 번째 실수인 여러 상품을 발품 팔아 비교해보지 않는
실수가 들어오면 이야기가 달라진다.

사람들이 이것저것 비교해가며 알아보기를 꺼리면 금융 기업
은 가격을 올릴 수 있는 여지를 갖게 된다. 명민한 구매자들이 있
는 가설적인 완전경쟁 시장에서는 상품에 비용보다 높은 가격을
매기는 기업이 사업을 지속할 수 없다. 하지만 현실에서 사람들은

그저 익숙한 은행, 익숙한 뮤추얼펀드 회사, 익숙한 보험회사를 고수하는 경향을 보인다. 영국에는 사람들이 은행보다 배우자를 더 잘 바꾼다는 신랄한 농담이 있을 정도다.[11] 고객이 다른 회사 상품으로 갈아타기를 꺼린다는 말은 가격을 올려도 그 회사의 판매량이 생각보다 영향을 덜 받는다는 의미다. 이를 잘 아는 기업은 수요가 약간 줄어드는 것을 감수하더라도 가격을 올려서 더 높은 수익을 올리려 할 수 있고, 실제로 그렇게 한다.

가격을 상품 제공에 들어가는 비용보다 올리고도 시장에서 퇴출되지 않을 수 있는 기업은 "시장 권력"을 가지고 있다고 말할 수 있다. 금융업계에는 시장 권력이 만연해 있고 시장 권력 덕분에 금융 기업은 고객으로부터 수익을 더 많이 뽑아낼 수 있는데,[12] 여러 이유에서 이것은 심각한 문제다.

첫째, 가장 명백한 문제는 금융 기업의 고객들이 금융 기업을 운영하는 사람들보다 대개 금융 지식이 더 적고 소득과 부도 더 적다는 점과 관련이 있다. 시장 권력을 가진 금융 기업이 가격을 경쟁시장 가격에 비해 더 높게 설정하면 덜 부유한 고객의 돈이 더 부유한 금융 기업 운영자에게로 이전된다. 이는 로빈후드가 하는 일과 거꾸로여서, 불평등이 악화된다.[13]

둘째, 가격이 높아지면 어떤 사람들은 금융상품 구매를 줄이게 될 것이고 아예 이용하지 않게 될 수도 있다. 즉 시장 권력은 경쟁시장이었다면 존재했을 수준보다 상품의 공급량을 줄인다. 이것은 경제학자들이 우려하는 대표적인 문제다. 사회에 그것을 상쇄해주는 이득이 없는 종류의 손실일 수 있기 때문이다. 사람들의 잘못된 인식으로 발생한 수요가 존재하는 환경에서 상품의 공급량이 낮다면, 이득을 과장하는 안 좋은 금융상품의 경우에는 나쁜 일이 아닐 수 있지만 이득의 가치가 실제보다 과소평가되어 있는 좋은 상품의 경우에는 사회에 이중으로 악영향을 미친다.

셋째, 고객이 품질이나 가격이 아니라 익숙함, 광고, 브랜드 충성도 등에 기초해 상품을 고를 때, 시장 권력은 기업들이 상품의 질을 높이거나 가격을 낮추는 데 비용을 들이는 게 아니라 고객 충성도를 일구는 데 비용을 들이는 낭비적 형태의 경쟁을 유발할 수 있다. 많은 사람들이 예금 금리가 가장 높은 은행이나 신용카드 금리가 가장 낮은 은행을 고르는 게 아니라 익숙하고 동네에서 많이 본 은행을 고른다면, 은행들은 작은 지점을 여기저기 더 많이 열어서 고객을 끌려고 할 것이다. 그러면 별다른 업무는 하지 않고 단순히 고객 충성도에만 복무하는 은행 지점이 골목마다 들어서게 된다.[14] 낭비적인 경쟁은 군 막사 밖에 급여일대출 대부 기관들이 장사진을 이루고 주택 가격이 호황인 곳에서 부동산 중개업자들이 장사진을 이루는 데서도 볼 수 있다. 가격 경쟁이나 품질 경쟁이 아니라 물리적으로 가까운 거리와 익숙한 관계 구축을 통해 사람들을 끄는, 비용이 많이 드는 영업 활동의 사례다.[15] 이 과정은 기업이 가격을 낮추게 유도하는 건전한 방식으로가 아니라 기업의 비용을 높이는 왜곡된 방식으로 기업의 수익을 줄인다.[16]

경제학에서는 "지대"라는 용어를 부동산을 임차했을 때 내는 임대료라는 일반적인 의미가 아니라 조금 다른 의미로 사용한다. 경제학에서 말하는 지대는 생산자가 비용[경쟁시장에서의 가격]을 초과해서 얻는 수익을 의미하며, 이는 희소한 자원을 장악하고 있기 때문에 가능하다. 고전적인 사례는(일반적인 의미에서도, 경제학

에서의 의미에서도) 희소한 양질의 토지를 사용할 때 땅 주인에게
내는 지대이지만, 더 폭넓게 독점 기업이 시장에서 유일한 공급자
가 되어도 지대를 얻는다. 사실, 어떤 기업이든 시장 권력이 있으
면 고객에게서 경제적 지대를 추출할 역량을 갖게 된다. "지대 추
구"는 공급자들이 지대를 얻을 수 있는 지위를 획득하기 위해 자
원을 쓰는 활동을 일컫는다. 중세 잉글랜드에서는 지대 추구자들
이 국왕을 설득해 봉건적 특권을 하사 받으려 했다. 오늘날에는
정부에 로비를 해서 외국의 경쟁사에 관세를 물리게 한다든지, 이
책의 주제와 관련해서는, 자원을 낭비적으로 지출해서 다른 금융
기업이 더 나은 금융상품이나 서비스를 제공한다는 사실을 모르
는 순진한 고객을 끌어들이려 하는 것이 지대 추구의 사례다.[17]

지대 추구는 한 사람에게서 다른 사람에게로 부를 이전하는 데
자원을 쓰는 것일 뿐 부를 창출하지는 않기 때문에 사회에 손실을
일으킨다. 금융 시스템이 지대 추구에 복무하는 한, 돈을 빌리려
는 사람과 돈을 저축한 사람을 연결하고 리스크를 그것을 가장 잘
다룰 수 있는 사람에게로 분산하며 자본을 가장 생산적인 사용처
로 배분한다는 본래 목적으로부터 멀어지는 쪽으로 시스템이 부
패했다고 말할 수 있을 것이다.

친구 따라 강남 가기

같은 종류의 금융상품을 판매하는 여러 기업을 발품 팔아 잘 비
교해보지 않는 경향은 액티브 펀드와 인덱스 펀드 중 어느 것에
투자할지, 기간제 보험상품과 종신 보험상품 중 어느 것을 선택할
지와 같이 상이한 종류의 금융상품 사이에서 결정을 할 때도 (양상

은 다르지만) 마찬가지로 해로운 결과를 낳는다(각각의 금융상품에 대해서는 2부에서 더 상세히 알아볼 것이다). '친구 따라 강남 가는,' 즉 대안을 두루두루 알아보기보다 지인이나 친지가 먼저 구매해서 많이 들어본 것을 덩달아 구매하는 경우가 많은데, 그러면 더 양질의 상품이 시장에 성공적으로 진입해 입지를 구축하기 어려워진다. 상품을 판매하려면 네트워크 구축이 필요한데, 네트워크가 구축되려면 상품이 이미 판매되었어야 하기 때문이다. 익숙하지 않은 새 상품을 기꺼이 시도하려는 사람은 많지 않을 것이므로 새 상품은 마케팅 비용이 높아지고, 따라서 장점이 더 많은 상품이더라도 시장에 무사히 진입해 경쟁에 참여하지 못할 수 있다.[18]

소매금융 분야의 혁신가들은 특허 보호가 부족해서도 고전한다. 제약업계에서는 치료 효과가 있는 분자를 발명하면 특허로 보호되어 경쟁자가 베끼기 어렵지만, 금융업계에서는 경쟁자가 혁신을 베끼기가 비교적 더 쉽다. 아마 약간만 변화를 주면 기존의 혁신에 대한 어떤 특허 보호도 피해갈 수 있을 것이다. 따라서 금융 혁신가는 새 상품을 알리기 위해 마케팅에 투자할 때 그 돈이 결국에는 경쟁사 고객이 될지도 모르는 사람들에게 정보를 주는 데 쓰이는 격이 될 위험을 감수해야 한다.[19]

이런 문제 때문에, 금융산업의 여타 영역에서는 혁신이 빠르게 일어나고 있는 와중에도 소매금융 영역에서는 고객에게 유익한 상품을 제공하는 건설적인 혁신이 놀라울 만큼 느리다. 이 문제는 다른 나라도 마찬가지여서, 국가마다 널리 쓰이는 금융상품이 다른 경우가 많다. 각 나라의 현재 니즈가 상이해서가 아니라 이런저런 금융상품이 도입된 역사가 저마다 달라서 사람들이 현재 익

숙하게 여기고 널리 사용하는 금융상품도 저마다 다르기 때문이
다. 모기지 시장은 특히 두드러지는 사례인데, 미국인들은 30년
만기 고정금리 모기지를 익숙하게 여기는 반면 캐나다인들은 5년
만기 모기지를, 영국인들은 2년마다 금리가 변동하는 모기지를
익숙하게 여긴다.[20]

더 수완 있는 고객에게 보상한다

흔한 금융 실수 중 네 번째인 금융상품을 구매하고 나서 관리를
소홀히 하는 실수도 금융 시스템의 부패에 일조한다. 초과인출에
수수료를 물리는 은행 계좌나 연체금에 연체료를 물리는 신용카
드 등 몇몇 금융상품은 시간을 들여 작은 글씨까지 꼼꼼하게 읽어
보면서 추가 비용이 발생할 수 있는 경우를 피하는 고객보다 내용
을 잘 이해하지 못하거나 꼼꼼하게 신경 쓰지 않는 고객에게 비용
이 훨씬 더 높아진다. 또한 고정금리 모기지 대출은 금리가 떨어
질 때 재융자가 가능한데, 금리 변동에 신경을 쓰지 않는 사람은
금리가 하락할 때 재빨리 재융자를 하는 사람보다 비싸게 이자를
낸다. 마지막으로, 생명보험은 장기로 유지하는 것이 더 유리한데,
깜빡하고 갱신을 놓친 고객은 비용은 비용대로 내고서도 정작 이
득은 거의 얻지 못한다.

금융상품을 제대로 관리하지 않는 고객은 금융 기업에 쏠쏠한
수익원이다. 따라서 금융 기업으로서는 고객이 이 실수를 피하도
록 정보를 알려줄 유인이 별로 없다. 오히려 고객을 깜깜이로 두
고 쓸데없는 정보만 주려는 유혹이 있다.

금융 기업들이 가격으로 경쟁하는 상황에서(앞에서 언급했듯이

시장 권력이 있으면 가격 경쟁이 매우 약할 수도 있지만 말이다), 금융상품 관리를 잘 못하는 고객에게서 뽑아낼 수 있는 추가적인 수입은 금융 기업이 상품의 구매 시점 가격을 낮출 수 있게 해준다. 가령 초과인출 수수료를 더 많이 물릴 수 있다면 은행들은 계좌를 열 때 내는 수수료를 낮출 수 있을 것이다. 신용카드 연체료를 높일 수 있다면 카드 가입 시에 내는 연회비를 없애거나 연체하지 않을 경우의 카드 대출 이자율을 낮출 수 있을 것이다. 금리가 하락해도 대부분의 고객이 모기지를 재융자하지 않으리라고 예상한다면 은행들은 고정금리 모기지의 이자율을 낮출 수 있을 것이다. 재융자를 하지 않는 고객들이 시장 금리보다 높은 이자율로 이자를 내서 은행에 추가적인 수익원이 될 것이기 때문이다. 보험 가입자 중 많은 수가 나이가 들거나 아프기 전에[즉 보험금 탈 때가 되기 전에] 보험료를 미납해 보험 효력이 소멸되리라는 것을 보험회사들이 안다면 보험료를 낮출 수 있을 것이다. 효력이 상실되면 보험금 청구에 응하지 않아도 되지만 그 고객이 이제까지 낸 보험료는 보험회사 수입으로 남아 있을 것이기 때문이다.

이 모든 것의 결과로, 소수의 주도면밀한 고객이 대부분의 고객은 관리를 어려워하는 복잡한 금융상품을 더 싸게 이용하는 이득을 누린다. 주도면밀하고 금융 지식이 많고 양질의 금융 자문을 받는 고객에게 교육 수준이 낮고 금융을 잘 모르는 고객이 돈을 주고 있는 셈이다. 이 장에서 묘사한 의미에서 '부패한' 금융산업은, 금융에 수완이 있어서 자기 몫을 잘 챙기는 고객에게 유리하게 작동하는 경우가 많다.[21]

금융을 잘 모르는 고객에게서 잘 아는 고객에게로 보상이 이전

되면 건설적인 금융 혁신에 추가적인 장벽이 생긴다. 건설적인 금융 혁신이려면 경쟁사 제품보다 더 나은 제품을 목표로 해야지 단순히 베끼는 것을 목표로 해서는 안 된다. 관리가 쉬운 새 상품을 내놓는 금융 혁신가는 잠재적인 고객에게 그 특징을 설명할 수 있어야 한다. 그런데 금융을 잘 아는 고객은 관리가 쉬운 새 상품보다 기존 상품을 선호한다. 기존 상품이 복잡한 요소들을 잘 관리하는 데 그들이 들이는 노력과 수완에 보상을 주도록 가격이 설정되어 있기 때문이다. 또한 금융 지식이 없는 고객은 또 그들대로 새 상품을 마케팅하려는 기업 입장에서 정보를 알리기가 어렵고 비용이 많이 든다. 게다가 새로이 정보를 알게 된 고객은 더 간단하고 모두가 다룰 수 있는 새 상품을 구매하기보다 (이제 자신은 금융을 잘 아는 고객이 되었으므로) 금융을 잘 모르는 고객으로부터 뽑아내는 돈에서 이득을 얻을 수 있는 기존 상품이 더 낫다고 판단할지 모른다. 이런 상황에서는 아무리 양질이어도 새 상품이 고객을 충분히 끌지 못해 마케팅 비용을 커버하지 못하고 시장에서 퇴출된다.

설상가상: 번들링과 혼동

금융 시스템은 고객의 실수를 이용만 하는 것이 아니다. 실수를 악화하는 상품을 설계하기도 한다. 금융 혁신의 왜곡된 버전이라 말할 수 있을 것이다. 흔한 방법 하나는 단순한 금융상품 여러 개를 번들로 묶어서 고객이 비용과 편익을 비교하거나 서로 다른 금융회사의 상품을 비교해보기 어려운 복잡한 상품으로 만드는 것이다. 단순한 상품도 발품 팔아 알아보기를 꺼릴진대, 복잡한 상품에 직면하면 여러 대안을 비교해보는 일을 아예 포기하게 될지 모르고, 그러면 금융 기업은 수수료를 한층 더 올릴 수 있다.[22] 또한 복잡한 번들 상품은 고객이 꾸준히 관리하기가 더 어렵고 고객이 이해하지 못하는 리스크를 수반하기도 한다.

번들링의 문제를 보여주는 사례 세 가지를 살펴보자. 영국에서는 금융회사들이 1장에서 살펴본 사이먼 시플리 같은 고객에게 지급보증보험 상품을 6,000만 건 넘게 불완전판매한 일이 밝혀져 어마어마한 스캔들이 일었다. 지급보증보험은 예기치 못한 장애나 실직 같은 상황에 처해도 모기지나 신용카드 빚 등 부채의 상환이 끊기지 않도록 신용 계약에 부가하는 보험이다. 1990년대와 2000년대에 많은 은행이 지급보증보험을 신용카드 대출 등 신용 계약과 연계했다. 하지만 지급보증보험이 포함되었다는 사실을 고객에게 말해주지 않는 경우가 허다했고, 따라서 신용 계약을 한 고객은 여기에 포함된 지급보증보험의 비용을 몰랐다. 신용 비용 전체의 25퍼센트에 달하는 경우까지 있었는데도 말이다. 설상가상으로, 많은 지급보증보험 상품이 보장에 제한이 있어서 사실은 보장이 되지 않는 경우가 많았다. 지급보증보험에 대해 알고 있었던 고객도 종종 그 이득을 볼 수 없었다는 의미다. 이에 대해 문제가 제기되면서, 2011년부터 영국 금융 규제 당국은 지급보증보험 불완전판매 피해자에게 은행들이 수십억 파운드를 환불하도록 했다.[23]

인도에서는 2000년대 말과 2010년대 초에 보험사가 생명보험 상품을 비싼 투자상품과 묶어 만든 일종의 변액보험을 1장에서 본 은퇴한 식물학자 비렌드라 팔 케이푸어 같은 사람들에게 판매했다. 이 변액보험은 뮤추얼펀드 구조를 통해 고수익을 약속함으로써 보험상품의 피상적인 매력도를 높이도록 설계되었다. 비렌드라 같은 구매자들은 보험의 비용을 알지 못했고 투자 수익이(심지어 투자 원금까지) 보험료로 빠져나가 잠식되었다는 사실을 나중에서야 발견했다. 어떤 이들은 계약서에 작은 글자로 되어 있는 내용을 놓쳐 피해를 보았다. 거기에는 계약 기간 전체(보통 10~15년가량)에 걸쳐 보험료를 내지 않으면 수익이 줄어들 수 있다는 말이 쓰여 있었다. 고수익의 약속에 이끌린 많은 가입자들이 첫 몇 년은 보험료를 냈지만 장기적으로 꾸준히 납입할 수는 없었고, 따라서 처음에 약속되었던 것보다 훨씬 적은 돈을 받았다(추정된 총 손실액이 수십억 달러에 달한다). 보험을 유지하지 못했기 때문에 납입했던 보험료를 다 날린 것이다.[24]

한국에서는 일반적인 월세 임대차 대신 흔치 않은 금융 계약인 "전세"가 많이 사용된다. 세입자가 집을 임차할 때 집주인에게 목돈을 일거에 전세금으로 낸다. 이 전세금은 계약 기간이 끝나면 돌려받으며, 이자는 없다. 따라서 전세는 세입자가 무이자로 집주인에게 돈을 대출해주는 격이 된다. 아파트 임대차 계약을 무담보 대출 상품과 결합한 것이라고 볼 수 있다. 계약 기간은 일반적으로 2년이고 2년 더 연장할 수 있다. 2010년대에 금리가 하락했고, 이는 동일한 수준으로 사실상의 임대료를 얻으려면 이자 없는 대출[전세금]의 규모가 커져야 한다는 의미였다. 집주인은 이 시스템을 이용해 새로 전세금을 받아 옛 전세금을 갚고 동시에 보유하고 있는 집을 늘렸다. 불행히도, 2022년에 금리가 오르면서 이 과정이 역경로를 타게 되었다. 집주인이 전세금을 내주지 못하는 사례가 속출했고 "빌라왕"이라고 불리던 한 남성이 사망하면서 국제적으로도 뉴스가 되었다. 그는 1,000채 넘는 빌라를 소유하고 있었는데, 그가 사망하는 바람에 수백 명의 세입자가 전세금을 돌려받지 못했다. 기본적으로, 세입자에게 전세의 문제는 별개의 두 금융 활동인 "임대료를 내는 것"과 "담보 없이 돈을 빌려주는 것"이 결합되어 있다는 점이다. 평범한 사람들은 이를 이해하기 어렵고, 부당하게 리스크에 직면하게 된다.[25]

그들은 당신의 이익에 진심으로 관심이 있지는 않다

뮤지컬 〈해밀턴Hamilton〉에서 조연인 왕당파 성향 성직자 새뮤얼 시버리는 혁명가들에 대해 "그들은 당신의 이익에 진심으로 관심이 있지는 않다"고 노래하면서 북미 식민지 사람들이 혁명에 동참하지 않게 설득하려 한다. 많은 사람들이 이 메시지를 귀담아 듣지 않는다.

18세기 정치에서야 어떠했든 간에, 금융상품을 구매하려는 고객들은 그의 메시지를 귀담아 듣는 게 좋을 것이다. 금융 종사자들이 보수를 받는 방식이 그들과 그들의 고객 사이에 이해상충을 일으키는 경우가 많기 때문이다. 그럴 경우 금융 종사자들은 고객의 니즈와 상관없이 자신의 소득을 올려줄 상품을 판매하려 할 것이고, 사실 이는 놀랄 일도 아니다. 주식 중개인은 종종 액티브 펀드를 판매할 때 커미션을 받는다. 따라서 액티브 펀드가 수수료는 높고 성과는 안 좋더라도 고객에게 액티브 펀드를 권한다. 은행 직원은 판매 인센티브 때문에 신규 계좌가 최대한 많이 개설되고 신규 신용카드가 최대한 많이 발급되어야 좋을 수 있다. 그래서, 악명 높은 사례로, 미국의 은행 웰스파고는 고객의 승인도 없이 수백만 건의 당좌계좌와 수십만 건의 신용카드를 신규로 개설해 공분을 일으켰다. 보험 판매원도 자신이 받는 판매 커미션이 높은, 비싼 보험상품을 고객에게 강권하곤 한다.[26]

상업 거래에서, 즉 구매자는 낮은 가격을 원하고 판매자는 높은 가격을 원하는 어느 시장에서라도 이해상충은 흔히 발생할 수 있지만, 금융에서는 많은 사람이 이 사실을 모르고 있는 듯하다. 2010년 EU 집행위원회의 한 보고서에 따르면 유럽의 소매금융상품 구매자 중 40퍼센트가 자신을 담당한 판매자, 중개인, 금융 자문가가 커미션을 받는다는 사실을 모르고 있었다.[27] 고객이 이렇게 잘 모르면 금융 종사자들이 자기 이익을 위해 행동할 유인이 생기고 그렇게 행동하기가 어렵지도 않아진다.

금융 맥락에서 사람들이 이 사실을 잘 모르는 한 가지 이유는 금융 지식이 부족해서다. 금융 지식을 얻으려면 질문해야 하고 자신이 모른다는 사실을 드러내야 하는데, 이는 당황스러움과 수치심을 유발하고 교육 수준이 낮은 사람이 과거에 실수를 해봤을 경우에는 더욱 그렇다.[28] 도덕적으로 올바르지 않은 판매원은 고객이 제대로 읽어보지 않고 서류에 서명하도록 밀어붙임으로써 이러한 감정을 악용하는 법을 잘 알고 있다. 한 피해자는 자신이 거래한 자동차 딜러에 대해 이렇게 말했다.

담당 딜러에게 자동차에 돈을 최대한 적게 쓰고 싶다고 분명하게 말했습니다. 운전을 그리 많이 하지 않고 계약에 부가사항도 원하지 않는다고 했어요… 지금은 할부금을 1년쯤 냈는데, 여러가지 문제와 화나는 상황이 있었습니다… 오늘

재용자를 하려고 했는데 그때 떠밀려서 서명한 계약서에, 그날 직원이 너무 부족해서 시간이 촉박한 채로 떠밀려서 서명을 했거든요(1년 뒤에도 직원은 여전히 부족하더군요), 서비스 계약을 포함해 **수많은** 부가사항이 들어있다는 것을 발견했습니다… 차를 사는 게 이래서는 안 되죠. 이런 식이어서는 안 됩니다.[29]

한 가지 대안은 전문가에게 조언을 구하는 것이다. 하지만 이것은 금융 전문가가 믿을 만한 조언을 한다는 전제, 즉 그들이 자신의 이해관계로부터 자유로운 사람이라는 전제를 깔고 있다. 전반적인 금융 전략을 고민하는 고객에게 자문을 제공하는 금융 자문가들은 바로 이 전제 때문에 보수를 받는 것이므로, 금융 자문 시장에서의 이해상충은 특히나 해롭다.

많은 금융 자문가들이 고객에게서뿐 아니라 금융상품 제공자에게서도 보수를 받는데, 법적으로 "신의성실 의무"(고객의 이익을 자신의 이익보다 우위에 놓아야 할 의무)를 지고 있는 금융 자문가는 일부에 불과하다. 연구들에 따르면 금융 자문의 질은 천차만별이다. 금융 자문가들이 그들에게 기대되는 것처럼 고객 각각의 니즈를 세심하게 살피지는 않는 것으로 보인다. 그보다, 상이한 고객들에게 "일괄적으로" 동일한 포트폴리오를 제안하는데, 인덱스 펀드보다 비용은 비싸지만 성과가 딱히 더 좋지는 않은 포트폴리오인 경우가 많다. 고객마다 포트폴리오를 맞춤형으로 제공하는 경우에도 고객이 원래 가지고 있었던 편향에 부응하는 경향이 있다. 계약을 성사시키려고 금융 자문가가 고객의 편향에 맞춰주기 때문일 것이다. 또한 명백히 부당행위를 하는 금융 자문가도 일부 있는데, 이들 중 많은 수가 노년층과 교육 수준이 낮은 고객층이 많은 지역에서 영업하면서 높은 부당 행위율을 가진 회사에서 일하는 상습범이다.[30]

금융 자문 업계의 문제는 이해상충만이 아니다. 금융 자문가가 무능할 수 있다는 점도 문제다. 소위 '금융 전문가' 직군에는 그들의 자격을 가늠하기에 매우 헷갈리는 알파벳 머릿글자들로 이루어진 온갖 직함이 있는데, 이 중 일부는 공식적인 전문 교육을 거의 받지 않고도 가질 수 있음을 생각하면 더욱 우려스럽다.[31]

공식 금융시장을 기피하고 주먹구구 대안을 찾다

우리는 소매금융의 몇 가지 병폐를 묘사했다. 금융상품 구매자들은 너무나 자주 금융상품의 진정한 비용과 편익을 헷갈려 하고, 그때문에 시장에서 드러나는 고객의 수요가 그들의 진정한 니즈와 연결되지 않는다. 발품 팔아 상품을 비교해보려 하지 않는 경향은 금융 기업이 시장 권력을 갖게 함으로써 마크업과 낭비적인 지대 추구로 가격을 올리게 만든다. 익숙한 금융상품을 선호하는 심리는 금융 혁신을 질식시키고, 사람들이 복잡한 상품을 잘 관리하지 못한다는 점은 교육 수준이 더 낮고 더 가난한 사람에게 피해를 입히면서 금융 지식과 수완이 높은 사람에게 이득을 준다. 또한 주식 중개인, 보험 판매원, 금융 자문가 등 금융 종사자들에 대해 사람들이 갖는 신뢰는 이들이 고객의 이익보다 자신의 이익을 우선하면서 종종 뒤통수를 맞는다.

이러한 문제를 깨달았을 때 금융에 신뢰를 잃고 분노하게 되는 것은 놀랄 일이 아니다.[32] 은행 및 대형 금융기관에 대한 사람들의 신뢰는 최근 몇십 년간 금융 시스템이 복잡해지고 일련의 금융 스캔들이 폭로되면서(일확천금을 준다는 연금 사기꾼뿐 아니라 전직 나스닥 이사회 의장이었던 버나드 메이도프처럼 존경 받는 사람들, 또 영국의 로이즈 은행, 미국의 웰스파고처럼 규모가 큰 소매금융 은행들마저 스캔들을 일으켰다) 크게 훼손되었다.[33] 최근의 한 국제 서베이에 따르면, 신뢰를 못 받기로 금융 기업과 쌍벽을 이루는 소셜미디어 기업을 제외하면 금융 기업은 다른 어떤 종류의 기업보다 신뢰를 적게 받고 있다.[34] 2024년에 미국의 한 건강보험회사 임원이 살해되었을 때, 놀랍게도 이 사건은 대중에게 상당한 공감을 얻었다. 한 조사에서 응답자의 3분의 2 이상이 이 비극에 대해 보험업계의 탓도 있다고 답했다.[35]

금융을 너무나 불신한 나머지 어떤 이들은 공식 금융 시스템을 아예 제쳐놓고 주먹구구식 대안에 의존하려 한다. 이같은 전통 방식을 이용하면 금융을 잘 모른다는 부끄러움을 느끼거나 스스로가 부족한 사람이라고 느끼게 되는 상황에서 도망칠 수 있다. 너무나 멀리 있고 나더러는 오지 말라고 말하는 것 같은 시스템을 다루어야 할 때 느끼게 되는 모멸감 말이다. 이 추세를 두드러지게 보여주는 최근의 사례로는 블록체인 기술과 암호화폐[코인]를 옹호하는 사람들이 "얼굴 없는 금융가들이 쥐락펴락하는 금융 시스템은 사기"라며 코인을 해법으로 제시하는 것을 들 수 있다.

애석하게도, 대개 주먹구구 해법은 공식 금융시장을 이용할 때보다 훨씬 더 안 좋은 결과를 가져오며 공식 금융시장에서 주먹구구 방식으로 넘어간 사람은 프라이팬에서 불로 뛰어든 격이 되기 일쑤다. 이들이 마주하게 되는 위험을 알기 위해 비공식 금융 중 세 가지를 알아보자. 코인보다는 더 전통적인 방식에 초점을 맞추었고, 코인은 8장에서 금융 테크놀로지를 설명할 때 다시 언급할 것이다.

이불 밑에 쟁여두기

직관적으로 많은 사람에게 호소력 있는 대안은 금융 시스템을 이용할 때 직면하게 될 위험에 얽이지 말고 온전히 자기 자신의 자원에만 의존하는 것이다. 이를 위해서는 소득, 건강, 가족의 필요 등과 관련해 안 좋은 충격이 왔을 때 이를 완화하는 데 쓸 수 있는 가치 저장 수단을 찾아야 한다. 가장 기본적으로, 초창기 북미 정착민들이 겨울을 나기 위해 그랬듯이 식품과 필수품을 저장해둘 수 있을 것이다. 오늘날 "생존주의자"들은 지하 창고에 통조림을 쟁여두며, 어떤 이들은 금전 사정이 좋을 때 위생용품과 냉동식품을 잔뜩 사두거나 세일 상품을 잔뜩 구매해 일종의 저축으로 삼는다.[36]

하지만 코로나19가 시작되었을 때 휴지를 사재기한 사람들 모두가 잘 알게 되었듯이, 필요한 것을 물품으로 쟁여두는 데는 명백한 어려움이 있다. 그래서 고대부터도 사람들은 저장이 쉬움과 동시에 안정적이고 거래를 할 때 즉각적으로 확인이 가능한 가치대로 다른 이들이 받아들일 수 있는 물건을 가치 저장 수단으로 삼았다. 귀금속, 특히 금이 그러한 성질을 가지고 있어서 돈의 가장 오랜 형태가 되었다. 현금 화폐는 주화로 먼저 제조되었다. 정부가 귀금속을 작은 표준 규격으로 만들어 가치를 인증한 것이다. 이어서 오늘날 대략 '현금'이라고 불리는 종이 화폐도 등장했다. 금, 보석, 현금 모두 비상 시기를 대비해 이불 밑에 쟁여둘 수 있다.

이불 밑에 쟁여둘 때의 심각한 문제는 안전이다. 금, 보석, 현금 모두 도둑질이나 분실에 취약하다. 수백 년 동안 사람들은 금을 안전하게 보관하려고 종종 땅에 파묻었는데 다시 꺼내는 게 쉬운 일이 아니었다. 17세기 잉글랜드의 유명한 일기 작가 새뮤얼 페피스Samuel Pepys의 일기에는 파묻은 금을 꺼내는 과정에 대한 생생한 묘사가 나온다. 이 일은 거의 재앙으로 끝나며 그는 "불안한 마음에 밤새 잠이 들지 못하고 날이 밝을 때까지 시계만 보며 뒤척였다"고 한다.[37] 오늘날 인도 여성들과 해외 거주 인도 공동체 여성들은 금을 안전하게 가지고 있으려고 몸에 지닌다. 하지만 그 방식으로는 매우 적은 양만 보관할 수 있고 원치 않게 이목을 끌 수도 있다. 인도 공동체를 겨냥한 강도 사건이 많다는 사실이 이를 단적으로 보여준다.[38] 이와 달리, 공식적인 은행의 예금은 대부분의 선진국과 많은 신흥경제국에서 정부의 예금보험으로 어느 정도까지 보호된다.

돈을 이불 밑에 쟁여두는 것의 또 다른 문제는 수익률이 낮거나 마이너스라는 점이다. 현금을 가지고 있으면 이자가 붙지 않고 2022년과 2023년에 많은 이들이 겪었듯이 인플레 때문에 시간이 가면서 구매력이 줄어든다. 금은 인플레 위험을 상쇄할 수 있지만 금의 실질 가치는 변동성이 높고 금광의 발견이나 귀금속 취향의 변화, 중앙은행의 금 보유고 매각과 같은 무작위적 충격에 취약하다. 이와 달리, 은행 계좌에 예치한 돈에는 약간이나마 이자가 붙고 여타의 금융 자산은 이보다도 매력적인 수익을 준다.

현대 경제에서는 현금 사용이 점점 줄고 있기 때문에 돈을 이불 밑에 쟁여두는 행동은 더욱 불리해질 수 있다.[39] 불법적인 거래나 세금 회피를 위한 은밀한 거래에서는 여전히 현금이 선호되는 지불수단이지만 평범한 사람이 급하게 돈을 써야 할 상황에서 현금은 사용이 어려울 수 있다. 또한 범죄에 현금이 쓰이는 것을 막기 위해 정부가 전격적으로 현금 사용을 제약하는 조치를 취할 수도 있다. 2016년에 인도 정부가 갑자기 고액권 폐기 정책을 단행했을 때 하루아침에 인도 현금 중 86퍼센트가 사용이 불가능해졌다.[40]

친지와 지인

공식 금융 시스템에 좌절하고 분노한 가구가 의존하는 두 번째 대안은 비공식적인 인간관계망에서, 즉 친지나 지인에게서 보험, 신용, 투자 기회 등을 얻는 것이다. 공동체 구성원이 금전적으로 서로를 돕고 지원한다는 이상은 매력적으로 들릴지 모르지만 몇 가지 심각한 문제가 있다. 가계의 인간관계망이 클수록 그 가계가 접근할 수 있는 자원도 많아지므로, 인간관계망에 의존하는 비공식 금융은 연줄이 많은 이들에게 더 이득이 되어 사회적 불평등을 악화시킬 수 있다. 이에 더해, 인간관계망은 차별을 통해 자신의 사회적 규범을 부과하려 할지 모른다. 공식 금융 시스템은 인종, 성별, 종교, 성적 지향 등과 금융서비스 제공을 분리하지만 비공식 인간관계망에서는 금융서비스 접근에 장벽을 쳐서 인종, 성별 등 그들이 선택한 무엇으로든 차별적 규범을 적용하고 강요하

는 것을 막을 수 있는 장치가 없다.[41]

인간관계망에 의존할 때의 또 다른 문제는 개별 구성원의 저축 인센티브를 약화시킨다는 점이다. 내가 기껏 저축한 돈을 긴급한 상황에 처한 지인이나 친지가 이자도 거의 내지 않고 끌어다 쓸 것이기 때문이다. 각 구성원은 공동체 내의 다른 사람이 해놓은 저축에 무임승차할 인센티브가 생기고, 궁극적으로 이는 인간관계망 안의 모두를 가난하게 만든다.[42]

인간관계망에 의존하는 방식은 채무불이행을 처리하기도 더 어렵다. 상환 약속이 인간관계망에 속한 대출자의 염치에만 의존할 경우 상환이 무한정 미뤄지기가 너무나 쉽다. 한 인터넷 밈이 이를 잘 포착하고 있는데, 내용은 다음과 같다. "우리나라에서는 당신이 다른 사람에게 돈을 빌려줄 때 그 돈을 왜 돌려받아야 하는지를 당신이 설명해야 한다." 상환이 지연되면(늦게나마 상환이 되기라도 하면 다행이지만) 저축의 수익률이 줄어서 저축 인센티브가 더더욱 약화된다.

반대 쪽 극단에서, 인간관계망은 돈을 못 갚는 사람에게 사회적 배제, 낙인, 심지어는 퇴출을 돈 받아내는 수단으로 쓰기도 한다. 채무불이행에 대한 "사회적 제재"는 지극히 강력하지만 너무나 투박한 도구여서, 본인 잘못이 아닌 이유로 재정 문제에 봉착해 돈을 갚지 못한 사람에게도 삶에 영구적이고 심각한 해를 끼칠 수 있다.[43] 이와 달리, 공식 금융 시스템에서는 일반적으로 파산 절차가 마련되어 있어서, 채권자의 이익을 보호하면서도 채무자가 삶의 다음 단계로 넘어갈 수 있게 허용하는 방식으로 채무불이행을 다룰 수 있다.

인간관계망에 공식성이 부족하다는 사실은 착취 가능성도 불러온다. 돈을 빌리고 받는 조건이 표준화되어 있지 않아서 조건을 외부의 대안들과 투명하게 비교해보기 어렵기 때문이다. 최악의 경우에는 비공식 인간관계망이 사기꾼에게 좋은 타깃이 되기도 한다. 인간관계망을 끌어와서 순진한 구성원들에게 부정직한 영업을 하는 것이다. 가난한 공동체에서 더 심각한 문제이긴 하지만 버나드 메이도프의 일생이 보여주듯이 부유한 사람들 사이에서도 일어날 수 있는 일이다. 메이도프는 미국의 유대인 자선 공동체에서 자신의 지위를 이용해 폰지 사기에 사람들을 동원했다.[44]

사채업자와 고리대금업자

어떤 이들은, 특히 긴급한 상황에 처했을 때는 더더욱, 비공식적인 인간관계망과 공식적인 금융서비스 사이의 회색 지대로 들어간다. 사채업자나 고리대금업자에게 가는 것인데, 이들은 친밀한 인간관계가 없어도 신용에 접근할 수 있게 해주지만 공식 금융 시스템 밖에서 운영되고 규제를 받지 않는다. 여기에 의존하는 것은 돈 문제를 다루는 지극히 위험한 방식이다. 사채업자들은 대개 채무자의 신용 위험을 채무불이행 시에 어마어마한 패널티를 물리는 것으로 상쇄하는데, 매우 위험할 수 있고 목숨까지 왔다갔다 할 수도 있으며 채무자에게 막대한 불안과 스트레스를 유발한다. 게다가 사채업자들은 일반적으로 공식 금융시장에서의 이자율보다 몇 배나 높은 징벌적인 이자율을 매긴다.

그림 3.1이 이를 잘 보여준다. 2017년 인도의 가계 재정에 대한 인도 중앙은행의 자료를 재구성한 것인데, 왼쪽 그래프는 비제도

권 무담보 채무(자산으로 보증되지 않은 부채)의 약 40퍼센트 가까이가 이자율이 제로이거나 거의 무시해도 좋을 만큼 낮음을 보여준다. 이것은 인간관계망을 통한 비제도권 채무다. 하지만 비제도권 무담보 채무의 나머지 60퍼센트는 이자율이 무려 25퍼센트, 40퍼센트, 가장 높게는 60퍼센트에도 달하는 고리사채업자에게 빌린 돈이다. 제도권 금융시장에서의 가장 높은 대출 이자율보다도 훨씬 높다. 오른쪽 그래프를 보면 비제도권 담보 채무(오토바이 등 소유물을 담보로 잡히고 빌린 돈)의 경우 상황이 더 나쁜 것을 알 수 있다. 이 채무는 상대적으로 규모가 더 큰 경우가 많고 채무자가 가령 담보인 오토바이를 타고 야반도주할 수 있기 때문에 회수가 어려울 수 있는데, 이 가운데는 15퍼센트만 인간관계망을 통한 저금리 채무이고 85퍼센트는 징벌적으로 높은 이자율이 매겨진 채무다.

어떤 가구는 사채업자에게 가는 것 외에는 필요한 돈을 마련할 방법이 없을지도 모르지만, 그림 3.1은 만약 자발적으로 이러한 자금 원천을 이용하기로 한다면 매우 비싼 비용을 수반하는 결정임을 말해준다. 또한 사채업자로부터의 대출은 그 돈이 불법적인 행위로 조달한 것일 가능성이 있는 등 또 다른 문제도 있다. 이 경우 돈을 빌린 사람이 돈 세탁의 방조자가 되는 위험에 노출될 수 있다.

금융 시스템과 경제

우리는 개별 가구가 재정 문제를 주먹구구 방식으로 해결하려 할 때 겪게 될 비용과 위험을 강조했다. 하지만 제도권 금융 시스

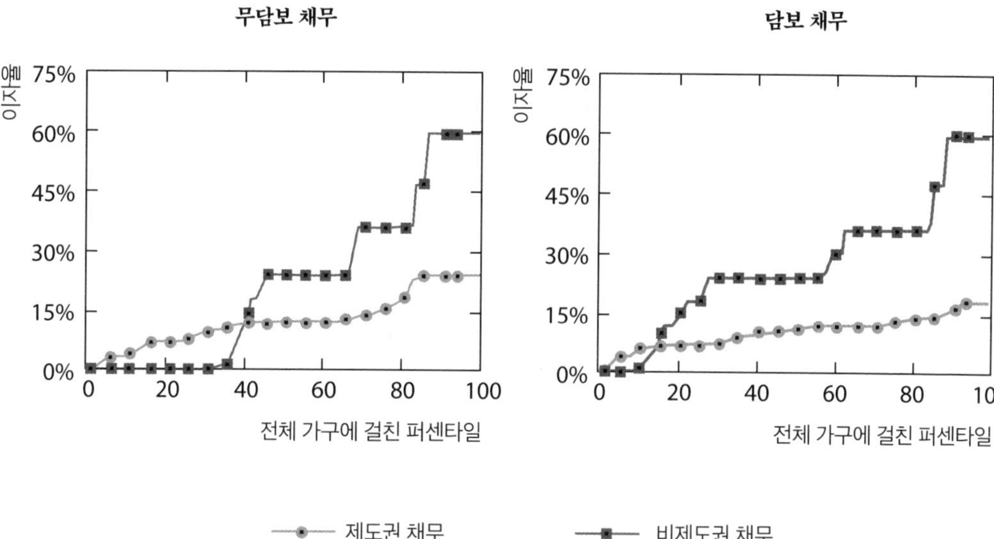

그림 3.1 | 공식, 비공식 채무에 대한 이자율

가로축은 가계 부채를 비용이 가장 낮은 것부터 높은 것까지 전체 가구 중 비중으로 표시한 것이다. 세로축은 제도권 금융시장 채무(흐린 선)와 인간관계망 및 대부업자 등을 통한 비제도권 채무(짙은 선)의 이자율이다. 왼쪽 그래프는 무담보 채무, 오른쪽 그래프는 담보 채무다.

출처: Tarun Ramadorai and the Household Finance Committee, 2017, Indian Household Finance, Reserve Bank of India.

템에 참여하기를 꺼리는 분위기가 널리 퍼지면 개인 수준에서의 위험 외에 더 종합적이고 광범위한 악영향도 발생한다. 공식 금융 시스템에 대한 불신은 사람들이 금융 시스템 참여를 꺼리게 만들고 금융 시스템 발달을 저해한다.[45] 이는 생산적인 기업으로 자금이 흘러가는 것을 막으며, 이렇게 해서 기업과 경제 전체적인 성장을 늦추게 된다.[46]

기업이 투자하고 성장하려면 충분한 신용을 공급할 수 있어야 하는데 원시적인 금융 시스템은 충분한 신용을 제공하지 못하며 신용을 제공하더라도 가장 효율적인 사용처로 배분되지 않는다. 현대 금융시장이 자금을 풀링하고(개인이 혼자 할 수 있는 것보다 훨씬 큰 투자가 가능해진다) 투자 결정을 전문가에게 맡겨 자본이 더 현명하게 배분되도록 하는 데는 이유가 있다. 지난 100~200년간 전 세계 많은 사람들의 삶의 질이 향상된 데는 기술 발달만이 아니라 자금이 관리되는 방식의 발달도 크게 기여했다. 불신이 팽배해지면 사람들의 금융 시스템 참여가 저조해져서 이런 이득을 잃게 된다.

공식 금융 시스템의 여러 문제에도 불구하고, 각자 알아서 주변이나 사채업자에게 의탁하는 방식은 훨씬 심각한 문제들을 야기한다. 금융 시스템 없이 존재하기에는, 우리 사회에 금융은 너무나 많이 필요하다. 해법은 공식 금융시장을 포기하는 것이 아니라 고치는 것이다. 이 책의 3부에서 우리는 더 나은 금융 시스템의 비전을 제시할 것이다. 하지만 금융의 중요한 기능들을 살펴보면서 현재의 오류를 더 상세하게 알아보는 것이 먼저이며, 2부에서 이를 다룬다.

2부

개인금융 시스템의 오류: 영역별 진단

4장

소득과 소비의 등락을 관리하기

개인금융 시스템을 향상시키려면 먼저 개인금융 시스템이 구체적으로 무엇을 하는지부터 알아야 한다. 이에 대한 세부 내용은 너무 방대하고 복잡하다고 느껴져 압도되기 쉬우므로, 우리는 2부를 네 개의 장으로 나누어 구성했고 중요한 공통점들을 강조했다. 4장은 단기 저축과 대출을 통해 일시적인 소득의 등락을 관리하는 법을 다룬다. 5장은 대학 교육과 주거를 위한 대규모 투자에 목돈을 융통하는 법을 다룬다. 6장은 리스크 관리를 다룬다. 더 높은 수익을 위해 의도적으로 어느 정도의 리스크를 감수하는 것, 그리고 보험을 사용해 삶의 여러 리스크를 덜어내는 것 둘 다 포함된다. 7장은 노후를 위해 저축하고 은퇴 이후에 노후 자산을 관리하는 법을 다룬다.

재정 취약성

집을 리노베이션해본 사람이면 다 알겠지만 그런 프로젝트를 할 때는 두 개의 중요한 진실에 직면하게 된다. 첫째, 예산을 상세하게 세우고 꼼꼼하게 감독하지 않으면 프로젝트가 시간 안에 합리적인 비용에서 진행되지 않는다. 둘째, 얼마나 꼼꼼하게 주의를 기울이든 간에 언제나 우연한 사건(미처 몰랐던 누수가 있어서 긴급히 수리를 해야 한다든지, 기반에서 중대한 구조적 문제가 발견된다든지)이 예산이 크게 초과될 상황을 만들어서 "합리적인" 지출의 목표치가 계속 이동한다!

리노베이션은 우리 인생 전체를 보여주는 축소판이다. 일상적인 예산 관리도 그만큼 복잡하며, 가구 소득이 안정적이거나 예측 가능하지 않을 때는 더욱 그렇다. 소득과 지출에 다달이 등락이 있는 경우 생활을 꾸리기가 얼마나 어려운지는 미국의 저소득층 및 중산층 가계에 대한 조나단 머독Jonathan Morduch과 레이철 슈나이더Rachel Schneider의 연구《금융 일기The Financial Diaries》에서 잘 볼 수 있다.[1] 2012년과 2013년에《금융 일기》연구팀은 뉴욕주, 오하이오주와 켄터키주의 이웃한 지역들, 미시시피주, 캘리포니아주에서 약 200개 가구를 추적했다. 각 지역에서 소득이 중앙값보다 낮은 가구들을 대상으로 했으며, 소득과 지출에 대한 양적 데이터도 수집했지만 참여자들이 자신이 겪는 재정상의 고투를 자신의 언어로 설명할 수 있도록 심층 면접조사도 실시했다.

이 연구에서 몇 가지 놀라운 사실이 드러났다. 첫째, 많은 미국인들이, 특히 가난한 미국인들이, 다달이 소득에 등락이 매우 컸다. 즉 소득 변동성이 매우 높았다.[2] 어느 정도였는지 직관적으로 감이 오도록 머독과 슈나이더는 어느 달의 소득이 평균보다 25퍼센트 높으면 "급등"으로, 25퍼센트 낮으면 "급락"으로 구분했는데, 이 연구에 참여한 가구는 평균적으로 매년 두 번의 급등과 두 번의 급락을 경험했고 상당한 가구가 평균보다 자주, 또한 평균보다 심한 급등과 급락을 겪었다.[3]

소득 변동성이 이렇게 큰 데는 많은 이유가 있다. 패스트푸드점 같은 곳의 고용주들은 필요에 따라 직원의 노동 시간을 바꾸는 경우가 잦다. 또 저소득층 가구는 건강에 문제가 생기면 소득이 심각하게 타격을 받는다. 또 다른 주요 원인은 카지노 딜러부터 트럭 타이어 수리공까지 다양한 서비스 직군이 계절적 변동을 탄다는 점이다. 소득 변동성이 가계에 왜 심각한 문제인지를 생각해보기는 어렵지 않다. 참여 가구 중 3분의 2 이상이 소득이 더 높아지는 것보다 더 안정적이 되는 것을 더 바란다고 답했다.[4]

둘째, 《금융 일기》 참가 가구들은 지출도 다달이 등락이 컸다. 지출도 소득과 마찬가지 방식으로 "급등"과 "급락"을 정의했을 때, 이 연구에 참여한 가구들은 평균적으로 매년 두 번의 지출 급등이 있었고 이 중 60퍼센트만이 소득 급등이 있었던 달과 일치했다.[5] 소득 변동성처럼 지출 변동성도 개별 가구로서는 통제할 수 없는 여러 요인에 의해 발생한다. 보험으로 보장되지 않는 예기치 못한 의료비 지출이라든가 자동차나 집의 긴급한 수리처럼 말이다. 또 전달에 내지 않았던 밀린 공과금을 내야 할 때도 있고 내구재를 새로 사야 할 때도 있으며 명절 선물을 사야 할 때도 있고 가족의 결혼처럼 특별한 행사가 있을 때도 있다.

셋째, 많은 가구가 필요 지출이 소득보다 클 경우 그 차이를 메울 수 있는 저축액이 미미했다. 《금융 일기》 연구팀이 추적한 가구들의 저축액 중앙값은 겨우 55달러였다. 예산을 효과적으로 관리하기 위해 어느 정도의 저축이 필요하다고 생각하냐는 질문에 참여 가구들의 답은 중앙값이 5,000달러였는데, 이는 저축액 중앙값 가구가 가지고 있는 실제 저축액의 거의 100배다.[6]

만연한 문제

《금융 일기》 프로젝트는 미국 가구 중 소규모 표본을 대상으로 2010년대 초라는 특정한 시기에 진행한 것이다. 따라서 더 긴 기간이나 전체 인구를 대표한다고 볼 수 있을지 의문을 제기할 수 있을 것이다. 하지만 다른 실증 근거들도 《금융 일기》의 결론을 대체로 뒷받침한다. 응답자에게 지난 몇 달 동안의 소득을 기억해서 대답하게 한 조사들에서도 높은 수준의 소득 변동성이 드러났다.[7] 위기를 성공적으로 헤쳐나간 뒤에는 그 위기를 축소해서 말하는 것이 인간의 본성인데도 말이다. 또한 대규모 서베이에서 많은 미국인이 비상시에 쓸 수 있는 저축액이 매우 적다는 사실도 드러났다.[8] 연준이 실시하는 2021년 가계경제 및 의사결정조사Survey of Household Economics and Decisionmaking에서 미국 가구 중 3분의 1에 약간 못 미치는 정도가 400달러의 긴급 지출을 감당할 자금이 없는 것으로 나타났다.[9] 세계에서 가장 부자 나라인 미국에서 이는 놀랍고 우려스러운 결과다.

《금융 일기》는 각 가정에 개별적으로 영향을 미치는 특수한 충격에 중점을 두었지만 모두에게 동시에 영향을 미치는 시스템적 충격도 있다. 2023년 초에 우크라이나 전쟁의 여파로 전 세계에서 에너지 가격이 급등했고 특히 유럽에 심각한 영향을 미쳤다. 에너지 가격 급등은 이중고를 일으켰다. 사람들이 내야 하는 에너지 요금에 직접적으로 영향을 미친 데 더해 생산과 분배에 에너지를 사용하는 많은 제품과 서비스의 가격이 올라서 간접적으로도 타격이 왔다. 인플레 상승률이 명목임금 증가율을 앞질러서 실질임금이 낮아졌다. 2023년에 진행된 한 서베이는 이것이 영국에서 가난한 가구들의 재정에 어떻게 영향을 미쳤는지 잘 보여준다.[10] 소득 기준 하위 20퍼센트 가구 중 거의 40퍼센트가 지출을 "크게" 줄이기 위해 노력하고 있다고 답했다. 반면, 상위 20퍼센트 중에서는 지출을 "크게" 줄이고 있다고 답한 비중이 20퍼센트에 불과했다.[11] 또한 이 서베이에 따르면 2019년에서 2023년 사이에 "약간의" 혹은 "심각한" 식품 불안정(식사가 자주 부족하거나 끼니를 아예 거르게 되는 경우)이 4배나 높아져서 [응답자의 답변 기준으로] 영국 가구의 30퍼센트 이상이 이런 상태에 처해 있는 것으로 나타났다.[12]

세상에서 가장 부유한 축에 드는 두 나라인 영국과 미국에서도 많은 이들이 들쭉날쭉한 소득과 지출, 그리고 최소한에 못 미치는 저축액을 가지고 삶을 꾸리는 데 고전하고 있다. 가난한 나라에서는 그런 경우가 더 흔하다. 또한 가난한 나라에서는 인구 다수가 여전히 농업 소득에 의존하고 있어서 추가적인 요인이 작동한다. 농업 소득은 날씨에 취약한데, 기후변화로 날씨 위험이 더 잦아졌기 때문이다. 인도의 2017년 가구 서베이 결과 가계의 재정에 영향을 미치는 가장 심각한 사건으로 1) 날씨로 인한 작물 실패나 가축 손실, 2) 입원이 필요한 의료적 응급 상황, 3) 자연재해로 인한 재산이나 농업 장비 및 기타 사업 자본의 손상 등이 꼽혔다. 모두 합해서 이런 사건은 60퍼센트의 가구에 막대한 재정 손실을 일으켰다. 세 가지의 또 다른 중대 사건은 4) 실직으로 인한 소득 상실, 5) 농업 투입 비용의 상승, 6) 시장 여건의 악화였고, 이로 인한 소득 충격은 합해서 25퍼센트 가량의 가구에 재정 손실을 일으켰다.[13]

가계 재정의 취약성을 나타내는 유용한 지표 하나는 수중의 유동 자산으로 일정 기간 동안 긴급한 소비 지출을 충당할 수 없는 가구의 비중이다. 그림 4.1은 세 개의 선진국(미국, 영국, 독일)과 네 개의 개도국(중국, 인도, 태국, 남아프리카 공화국)의 서베이 데이터를 사용해 국가별로 3개월 간 일반적인 지출을 감당할 만한 유동 자산이 없는 가구 비중을 계산한 것이다. 이런 가구는 소득을 잃으면 매우 빠르게 저축을 소진하게 되기 때문에 재정적으로 취약하다. 이 정의로 볼 때, 미국 가구의 40퍼센트가 재정 취약 가구이고 영국은 50퍼센트가 넘는다. 독일은 상황이 좀 낫지만 개도국은 훨씬 안 좋다. 특히 남아프리카 공화국은 90퍼센트 이상의 가구가 재정 취약 가구다.

이렇게 많은 사람이 소득이 들쭉날쭉해서 궂은 시기에 비상금을 자주 헐어야 한다면, 왜 비상 시기를 위한 저축액을 늘리는 사람이 그토록 적은 것일까? 한 가지 이유는 2장에서 보았듯이 수중에 있는 돈을 써버리고 싶은 유혹에 저항하기 어렵다는 점이다. 《금융 일기》에 참여한 많은 사람들이 이 문제를 인지하고 있었고,

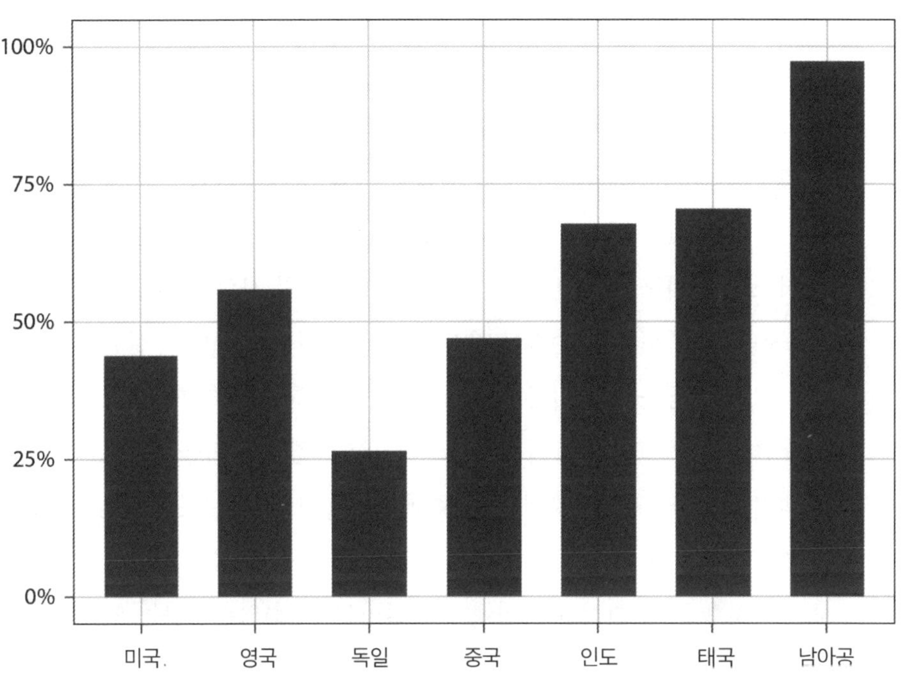

그림 4.1 | 3개월 간의 평균적인 소비를 지탱하기에 충분한 유동 자산을 보유하지 못한 가구 비중

출처: 다음 데이터를 사용해 우리가 직접 계산. 서베이 가중치를 적용했다.
US SCF 2022, UK WAS 2020, EU HFCS 2021, China HFS 2017,
S. Africa NIDS 2017, Indian HFS 2019, Thailand HFS 2017.

다른 동네에 있어서 가기 불편하고 문을 여는 시간이 제한적인 은행을 이용하거나, 수입이 부족한 시기에 생존할 수 있도록 냉동실에 냉동식품을 쟁여두는 등 지출 유혹을 통제하기 위해 기발한 방법을 적용하고 있었다.[14]

이런 전략이 일상적인 유혹을 잘 막아낸다 해도, 선물을 사야 하거나 결혼식 비용을 마련해야 하거나 그밖에 중요한 가족 행사가 있을 때, 혹은 친구나 친척이 위급한 상황인 경우처럼 사회적 기대가 있을 때는 지출을 막기 어려울 수 있다. 가족 행사나 선물이 저소득층 가구에는 불필요한 사치라고 생각할 사람도 있을지 모르지만, 그런 따뜻한 순간이 정신 건강에 가져다주는 매우 실질적인 효과와 공동체의 다른 사람에게 친절한 행동을 할 때 생겨나는 선의를 모르고 하는 말이다. 또한 친절한 행동은 비공식적인 "사회적 보험"의 일환으로서 종종 호혜적으로 보답이 온다.

이런 종류의 사회적 보험은 많은 사람들이 한두 달 정도 어려운 시기에 처했을 때 친지와 지인에게서 빌리는 돈에 의존한다는 의미다.[15] 인간관계망을 통한 비공식적 대출은 대개 빠르게 얻을 수 있고 이자가 없으며 상환 조건이 유동적이다. 비공식적 대출이 가구가 최악의 충격에서도 버틸 수 있게 해주는 완충 기능을 한다는 실증 근거들이 존재한다.[16] 하지만 3장에서 보았듯이 인간관계망에 내포되어 있으면 불이익도 생길 수 있다. 어느 정도 저축을 해놓은 가구는 친지나 지인에게 도와달라는 요청을 받을 위험에 끊임없이 노출된다. 이는 많은 가구가 저축을 꺼리게 만들고, 공동체 전체가 비제도권 대출에 의존하게 되면 그 공동체에는 어느 정도 이상의 자원을 가진 가구가 너무 적어질 수 있다. 또한 흉년이나 감염병처럼 공동체의 많은 사람에게 동시에 영향을 미치는 충격이 닥쳤을 때는 빌릴 수 있는 자원이 고갈될 수 있다.

저축, 대출, 대출금 상환

소득과 지출의 등락을 관리하는 일은 복잡하고 어렵다. 현재의 개인금융 시스템에서 가계는 어떤 전략을 따라야 이 일을 잘 할 수 있을까? 그 전략은 간단하고 실행하기 쉬울까? 아니면 엄청난 수완과 어마어마한 노력이 있어야만 해낼 수 있을까?

저축

때로는 수입과 지출을 맞추기가 지극히 어려울 수 있다. 경제학자들과 금융 플래너들은 건강상의 응급 상황 같은 큰 사건을 논외로 하더라도(이런 사건에 대해서는 이 책의 뒷부분에서 다시 논의할 것이다) 소득과 지출의 일시적인 불일치가 자주 일어난다는 것을 알고 있다. 가계금융 전문가들은 일시적인 소득-지출 불일치를 다루는 가장 좋은 방법은 3~6개월 정도를 버틸 수 있는 유동 자금을 마련해두는 것이라고 말한다. 하지만 말이 쉽지 실행은 어렵다. 유혹을 극복하기 어렵다는 점에 정면으로 봉착해야 하기 때문이다. 쇼핑, 한턱 내기 등 크고 작은 즐거움이 주는 만족은 엄격한 저축 계획을 지키는 만족보다 훨씬 크다. 유혹을 물리치려면 앞을 내다봐야 하고 지출 항목별로 예산을 정해야 한다(가격이 달라지면 항목별 지출 계획을 수정해야 하지만 말이다).[17]

앞에서 보았듯이, 많은 사람들이 유혹에 빠지는 행동을 더 하기 어렵거나 더 비용이 들게 만들어서 억제하기 위해 "이행장치"를 사용한다. 저축의 목적을 엄마에게 말해두거나 엄마에게 내 저축액을 맡기는 것처럼 사회적인 방식일 수도 있고, 소득이 괜찮을 때 냉동식품을 사서 쟁여두는 것처럼 물리적인 방식일 수도 있으며, 조기 인출에 수수료가 발생하는 은행 계좌에 돈을 예치하는 것처럼 금융적인 방식일 수도 있다.[18] 정말로 급히 돈을 써야 할 긴급 상황이 닥쳤을 때는 이행장치가 문제가 될 수도 있지만, 엄격하게 지킬 경우 대개는 계획대로 저축을 하는 데 큰 도움이 된다.

더 섬세한 접근은 이행장치에 자동화 메커니즘을 적용해 의식적인 행동 없이도 저축이 알아서 이뤄지게 하는 것이다. 몇몇 핀테크 회사는 인식하지 못할 정도로 작은 액수를 건건이 저축계좌로 적립해주는 서비스를 제공한다. 영국의 머니박스가 그런 사례인데, 지출이 일어날 때마다 미리 정해둔 소수점 자리 숫자를 올림해서 실제 지출액과의 차액을 저축계좌로 넣어준다. 비상금 마련용 저축이 "은밀하게" 이뤄지게 하는 기술이라고 볼 수 있다. 하지만 여기에서도 이렇게 모은 돈을 정말로 필요한 긴급 상황에 쓸 수 있으려면 긴급 상황이 아닐 때 그 돈을 쓰려는 유혹에 저항할 수 있어야 하고 무엇이 비상금에 손대도 되는 긴급 상황인지를 판단할 때 스스로에 대해 엄격해야 한다.[19]

또 다른 저축 방법은 규칙적인 소득 이외의 소득은 모두 저축한다는 원칙을 세워두는 것이다. 예를 들어 미국에서는 많은 사람들이 4월에 소득세를 환급받는데, 환급 금액을 3개까지 서로 다른 계좌로 나눠서 입금 받을 수 있다. 이것은 비상금에 쓸 자금을 저

축성 계좌에 넣는 이상적인 기회다.[20]

　비상금이 유용할 수 있으려면 안전하게 보관되어야 하고 비상 시에 즉시 사용할 수 있도록 유동적인 형태여야 한다. 즉각적으로 접근할 수 있는 유동성은 긴급 상황이 아닐 때 그 돈을 쓰려는 유혹에 저항하기 어렵게 만들지만, 비상금의 취지 자체를 생각할 때 필수적이다. 비상금에 안전성과 유동성이 최우선순위여야 한다는 것은 명백하지만, 저축한 돈으로 이자를 받는 것은 언제나 좋은 일이며 비상금 용도로 저축한 돈도 마찬가지다. 하지만 많은 이들이 안전성, 유동성과 수익성을 동시에 달성하는 데 실패한다.

　한편에서, 어떤 사람들은 비상금을 금리가 제로인 당좌계좌나 금리가 매우 낮은 은행의 저축계좌에 넣어둔다. 그런 계좌에 넣어둔 돈은 안전하고 유동성도 있지만 이자를 거의 혹은 전혀 주지 않는다. 이는 은행에 상당히 수익성 있는 "저원가성 예금 영업 기반deposit franchise"을 제공한다. 그 자금을 다른 이들에게 빌려주고 이자를 받지만 예금자에게 주는 돈은 거의 없기 때문이다.[21]

　다른 한편에서, 어떤 사람들은 반대의 실수를 한다. 정부가 보상하는 예금보험이 적용되지 않거나 경기가 안 좋을 때 파산할 수도 있는 곳에서 광고하는 고금리 유혹에 빠지는 것이다. 2000년대 중반에 아이슬란드의 한 민간 은행이 영국에서 연이율이 6퍼센트가 넘는 온라인 저축 상품 "아이스세이브Icesave"를 판매했다. 그런데 이 은행이 2008년 10월에 파산했고, 정부가 이 상품의 예금자에게 뭐라도 보상을 하는지가 한동안 불확실했다.[22] 더 최근에는 규제를 받지 않는 코인 중개기관들이 고금리를 약속하며 "스테이블코인"에 돈을 넣으라고 부추겼다. 스테이블코인은 미국 달러로 고정 가치를 유지하도록 되어 있지만, 그런 약속에도 불구하고 투자자들에게 큰 피해를 입히면서 파산하는 경우가 종종 발생했다.[23]

양극단에 빠지지 않는 중용의 방법은 정부가 예금보험을 제공하는 온라인 은행의 저축계좌나 머니마켓 계좌에 돈을 넣어 안전하게 투자함으로써 이자를 받는 것이다. 미국의 단기 금리가 약 5퍼센트로 이전 15년에 비해 상당히 높았던 2023년이나 2024년 같은 해라면 이자가 상당한 액수일 수 있다.

이러한 논의는 개인금융의 다른 많은 영역에서와 마찬가지로 저축에도 금융 지식이 중요함을 말해준다. 이 경우에는, 비상금 용도의 자금에 대해 이자를 얻을 수 있는 안전한 기회와 정작 가장 돈이 필요한 순간에 돈을 날릴 수 있는 부적절하고 위험한 투자를 분간하기 위해 금융 지식이 필요하다.[24]

대출

비상금이 없거나 소진되었다면 그다음 선택지로는 무엇이 있을까? 소득의 상실에 대해 사실상 "보험"을 들어놓아서 소득 상실이 소비 충격으로 이어지는 정도를 완화하는 방법들이 있다.[25] 어떤 것은 공식 금융 시스템을 전혀 활용하지 않는다. 일례로 많은 나라가 실업 급여의 형태로 소득 상실 시에 어느 정도 지원을 제공한다("수급자"[영국에서는 실업 수당자on the dole라고 표현한다]라는 말이 비하적인 의미로 쓰이기도 하지만 말이다). 일자리를 하나 더 얻거나 은퇴를 미뤄서 소득을 늘릴 수도 있다. 친지나 지인에게 돈을 빌리거나, 규제가 약한 미국의 급여일대출부터 범죄적인 남미의 코타-아-고타 대부업자, 말레이시아와 싱가포르의 사채업

자 아롱Ah Longs 등의 사채를 빌리기도 한다.[26]

친지나 지인에게 빌리는 것은 생각보다 비용이 적지도 않고 편리하지도 않을 수 있다. 이런 부채는 상당한 사회적 의무를 수반하며 장기적인 낙인을 유발하기도 하는데, 급전이 필요한 사람은 돈을 빌리는 시점에 이런 점들을 잘 생각하지 않는다. 이런 부채는 "비공식적"이므로 롤오버가 쉬워서 감당 불가능한 액수로 불어나기도 한다. 하지만 필요할 때 삼촌이 너그럽게 빌려주신 단비 같았던 돈이 명절 가족 모임 때 "돈 떼어 먹은 신용 불량 조카" 딱지가 붙은 채로 참석해야 하는, 훨씬 달갑지 못한 상황으로 이어지기도 한다.[27] 그리고 3장에서 논했듯이 사채업자에게 돈을 빌리는 것은 직접적으로 위험을 초래하기도 하며, 설령 물리적으로는 아니라 해도 적어도 재정적으로 큰 위험을 초래한다.

반대로, 은행과 공식적인 신용 계약을 맺는 것은 종종 사람들이 두려워하는 것보다 쉽다. 많은 사람들이 은행을 신뢰하지 않아서, 자기 확신이 낮아서, 서류 작업이 너무 복잡할 것이라고 생각해서, 혹은 이 이유들 모두 때문에 은행에 가기를 꺼린다. 여기에 더해, 공식적인 신용 계약에 수반되는 조건과 조항들을 이해하기 어려워서 은행에 가기를 더욱 꺼리게 된다. 작은 글자로 된 세부 조항들이 시장 상황이나 채무자의 상황이 달라질 때 매우 중요할 수 있기 때문에 이는 심각한 문제다.

관료제적 요구사항에 주눅들지 말고 공식 신용 시스템을 알아보라고 조언하기는 쉽다. 하지만 저축의 경우와 마찬가지로, 이러한 좋은 조언은 유혹과 정면으로 충돌한다. 이 경우에 "유혹"은 불편하고 하기 싫은 일을 밍기적거리면서 미루려는 유혹이다. 미루기는 긴급 자금을 빌리는 데서 특히 해로울 수 있다. 대출을 감당 가능한 비용으로 얻을 수 있느냐의 관건은 그 대출이 필요해지기 전에 미리 신용 한도를 마련해 두었느냐이기 때문이다. 폭풍이 왔을 때 사다리를 올라가려 하지 말고 비오기 전에 지붕을 고쳐두어야 한다. 그렇게 하는 한 가지 방법은 자신이 이용하는 금융기관과 이미 맺고 있는 거래 관계를 활용하는 것이다. 당좌계좌나 저축계좌를 이미 가지고 있는 은행에서 위기 때 쓸 수 있게 긴급 신용 한도를 미리 정해두는 방법이 있다. 이것은 대륙 유럽 국가들처럼 은행 위주의 금융 시스템을 가진 나라에서 저렴하게 신용에 접할 수 있는 주된 원천이다. 미국의 경우에도 핀테크 대출업체들이 이런 신용을 점점 더 많이 제공하고 있다. 하지만 애석하게도 이 역시 하위중산층 가구보다 부유층 가구가 더 쉽고 즉각적으로 이용할 수 있다.

미국이나 영국처럼 신용카드가 널리 사용되는 나라에서 쓸 수 있는 전략은 하나 이상의 신용카드를 만드는 것이다. 하지만 이 전략은 위험할 수 있다. 핵심은, 감당 불가능한 충동적 지출은 하지 않으면서 편리한 지불 수단으로서 카드를 신중하게 사용하는 것이다. 공과금, 의료비, 신용카드 대금 등을 꼬박꼬박 잘 내면 좋은 신용 이력을 쌓을 수 있다. 신용평가 회사가 신용 점수를 매길 때 종합적으로 사용될, 돈 관리에 대한 책임감을 말해줄 수 있는 이력을 쌓는 것이다. 신용 점수는 금융기관이 돈을 빌려줄 때 대출 이자율과 신용 한도를 정하는 데 중대한 영향을 미친다.[28] 돈이 필요할 때 신용 점수가 높으면 합리적인 이자율로 돈을 빌리기가 더 쉬워서 도움이 된다. 미국의 소비자금융보호국Consumer Financial Protection Bureau 보고서에 따르면, 2020년에 프라임 등급(신용 점수 660점 이상) 대출자들은 평균적으로 신용카드 빚에 12퍼센트의 이자를 냈는데 서브프라임"이나 "딥 서브프라임"(신용 점수 620점 이하)인 대출자들은 20퍼센트의 이자를 냈다.[29] 이 동전의 다른 면은, 신용 점수가 애초에 그 사람이 유리한 금융 환경에 있었다는 사실을 반영한다는 것이다. 따라서 과거에 운이 안 좋았던 사람이 새로이 불운에 직면했을 때 신용 이력이 안 좋아서 대출에서 또 다시 불이익을 얻는 도착적인 결과로 이어지기도 한다.

이에 대해 몇 가지 전망 있는 혁신이 존재한다. 금융 테크 기업들이 새로운 유형의 신용을 제공하고 있는 것이다. 핀테크 앱 "데이브Dave"는 예산 관리 도구를 소액의 단기 신용 및 긱 이코노미에서의 일자리 기회에 대한 정보와 함께 제공한다. 지출 패턴을 분석해주는 테크놀로지는 돈을 빌리는 쪽뿐 아니라 빌려주는 쪽에도 도움이 된다. 유흥비 같은 어떤 종류의 지출은 이후에 발생할지 모를 금융 문제를 예측할 수 있게 해주기 때문이다. 역으로, 신중한 지출 이력은 대출자가 미래의 대출에 더 유리한 조건을 얻을 수 있는 근거 자료가 된다.[30] 돈을 빌려주는 쪽이 빌리려는 사람의 과거 지출 이력을 볼 수 있다면, 더 높은 신용 등급을 얻는 데 필요한 전통적인 신용 이력이 없어도 신용 위험을 줄일 수 있고 더 낮은 금리를 적용할 수 있다. 하지만 온라인 결제 앱은 내재적으로 프라이버시 침해의 문제가 있어서(뒤에서 살펴볼 것이다), 값싼 신용의 대가로 프라이버시를 일부 포기해야 할지 모른다.

어떤 종류의 신용이건 채무자는 신용의 비용을 잘 알아야 한다. 신용 비용에 대한 표준적인 지표는 퍼센트로 표시한 연이율이다. 해당 채무를 1년간 보유하고 있을 때 내야 할 이자율을 말한다.[31]

연이율은 은행들이 제공하는 대출 상품들 사이에, 또는 신용카드들 사이에 비교가 가능하다. 급여일대출 등 여러 형태의 단기 신용 비용도 연이율로 비교할 수 있다. 일반적으로 따라야 할 원칙은 연이율이 가장 낮은 돈을 빌리는 것이다. 금액이 작더라도, 가령 급여일대출로 2주간 300달러를 빌리고 20달러를 이자로 낸다고 해도 연리로 계산하면 너무 높은 비용일 수 있다. 연리가 185퍼센트나 되는 것이다![32] 이 놀라운 숫자는 급여일대출이 간단하고 편리하지만 막대하게 비싼 대출임을 말해준다.

급전이 필요한 사람은 종종 신용의 비용보다 신용에 접할 수 있는 속도에 관심을 갖는다. 그리고 비용을 연이율로 환산해 공개하도록 의무화한 법이 있지만 일부 부정직한 대부업체들은 사람들의 실수를 부추긴다. 미국 소비자금융보호국에 올라온 한 사례는 온라인 대부업체와 있었던 일을 이렇게 묘사했다. "그 회사가 내 대출을 승인하고 내가 상환 계획과 이자율을 살펴보았다는 최종 확인을 하기도 전에 내 계좌에 돈이 들어왔습니다. 50퍼센트의 이율이었대도 저는 받아들였을 것입니다. 하지만 685퍼센트의 이율은 전적으로 부적절하고 범죄적입니다. 이렇게 높은 줄 알았다면 저는 절대로 받아들이지 않았을 것입니다."[33]

신용 비용을 가늠하는 데 연이율을 알아보는 것은 좋은 출발점이지만 그것만으로는 충분하지 않다. 단기 신용을 제공하는 곳들은 종종 추가적인 수수료를 물리며, 따라서 많은 채무자들에게 비용이 연이율보다 훨씬 높아진다. 예를 들어 신용카드는 대금 중 일정 금액이 결제되지 않을 경우 연체 수수료가 붙는다. 미국 소비자금융보호국에 따르면 2020년에 신용카드 수수료가 프라임 등급 채무자들에게는 신용 비용을 [채무 잔액 대비] 1퍼센트 가량 추가로 높이고 서브프라임 채무자들에게는 5퍼센트 이상 추가로 높이는 것으로 나타났다.[34] 현재의 개인금융 시스템이 기울어진 운동장임을 보여주는 또 다른 사례다.

더 놀라운 사례로, 예금자에게 초과인출[마이너스 통장]을 허용하는 은행들 대부분이 잔액이 마이너스가 되기 시작하면 마이너스 잔액에 대한 이자뿐 아니라 거래 건당 고정 수수료까지 매긴다. 미국 은행들은 오랫동안 이런 식으로 건당 35달러의 수수료를 매겼다.[35] 은행 고객이 이 사실을 모르면 은행 직불카드로 소액 거래를 여러 번 할 경우 35달러씩을 여러 번 내게 될 수 있다. 심지어 어떤 은행은 고객의 하루 중 거래 순서를 임의로 바꾸어서 수수료 수입을 늘리기도 했는데, 언뜻 들리는 것보다 더 심각한 행태다. 어느 고객이 어느 날 오전에 50달러어치를 두 차례 구매했고 그날 오후에 액수가 큰 임대료를 냈을 경우, 은행은 임대료를 더 먼저 차감할 수 있다. 그러면 초과인출이 되고 그날의 거래 3건 모두에 각각 35달러씩의 수수료를 물릴 수 있다. 원래의 순시대로라면 맨 마지막에 발생한 거래[임대료]에만 35달러를 물려야 하는데도 말이다.[36] 현재는 거래 순서를 바꾸는 술수의 사용이 줄었다. 학계와 규제 당국이 면밀히 감시하고 있는 덕분이다. 그리고 2024년 초에 소비자금융보호국에서 초과인출 수수료에 상한을 두는 새로운 규제안을 제시했다.[37] 그렇더라도, 초과인출 수수료의 역사는 단기 대출을 받을 때 모든 관련 비용을 다 고려하지 못하는 채무자들이 직면하는 위험을 잘 보여준다.

부채 상환

긴급 상황이 발생해 빚을 냈다면 그다음에 할 가장 중요한 일은 빚 진 기간을 최대한 빨리 줄이는 것이다. 급여일대출처럼 지극히 높은 연이율을 가진 돈을 1회성으로 소액 빌렸을 경우, 빨리만 갚는다면 관리가 가능하다. 하지만 고금리 대출을 반복적으로 받으면 감당 불가능한 부채 부담으로 금세 이어질 수 있다.

부채의 덫에 빠지는 것은 두려운 일이지만 채무자가 적절히 취하기만 한다면 상황을 완화할 수 있는 방법이 있다. 첫 번째로 꼭 해야 할 일은 회피하지 말고 문제에 직면하는 것이다. 하지만 많은 이들이 자신의 재정 상황에 대해 생각하기를 감정적으로 힘들어 한다. 그러고서는 찰스 디킨스Charles Dickens의 소설 속 만년 채무자인 등장인물 윌킨스 미코버처럼 "무언가가 꼭 나타나줄 것"이라는 희망에 절박하게 매달린다.[38] 이런 태도를 가진 채무자는 채권자의 닦달에 직면하는 것이 두려워 우편물이나 전화가 수도 없이 와 있는 것을 무시한다. 실제로 채권자들은 무시무시하게 압박을 가한다. 최근 미국 소비자금융보호국에 다음과 같은 민원이 올라왔다. "딱 하루만 밀려도… 하루에 세 번씩 개인 전화로 전화를 하기 시작합니다. 이런 일이 35번도 넘게 있었습니다. 전화를 받지 않으면 무서워 보이는 사람들 한 무리를 대동하고 집 앞에 와서 겁을 주면서 돈 언제 갚을 거냐고 합니다. 이들의 전략이 어디까지 가나 보려고 일부러 한두 번 지불을 미뤄본 적이 있었어요. 그랬더니 대출 받을 때 "참고인" 란에 적었던 전화번호로 전화를 하더라고요."[39] 애석하게도, 회피는 일을 더 꼬이게 만들 뿐이다.

그다음 순위로 해야 할 일은 (물론 소득을 올리려 노력하는 것에 더해) 지출을 최대한 많이, 최대한 빨리 줄이는 것이다. 지출을 빨리 줄일수록 소득을 덜 극단적으로 줄여도 된다. 하지만 많은 사람들이 지출 변화를 마지막 순간까지 미룬다. 가령 실업 수당이 다 없어질 때까지 계속 쓰다가 그제서야 지출을 줄인다. 실업 수당이 아직 나오고 있는 동안 이후 상황을 예측하고 미리 허리띠를 졸라매지 않고 말이다.[40] 우리는 시간의 시험을 거치고 살아남은 좋은 조언들, 개인금융 조언서마다 수없이 되풀이 해서 나오는 조언들을 따르는 게 쉬운 일이 아님을 잘 알고 있다. 우리가 3부에서 제시할 정책은 인간 본성을 바꿀 수 있으리라고 계속 가정하기보다 사람들이 이렇게 어려운 선택을 해야만 하도록 몰아가는 시스템을 고치기 위한 노력이다.

채무자가 마침내 부채를 계속 늘리는 것이 아니라 줄이기 시작할 수 있게 되면, 어느 부채부터 갚을지를 잘 선택하는 것도 중요하다. 전체 이자 비용을 최소화하고 부채의 덫에서 최대한 빨리 빠져나오는 방법은 연이율이 높은 순서로 갚는 것이다.[41] 지극히 타당한 조언이지만, 많은 사람들이 이렇게 하지 않는다. 어떤 사람은 모든 부채를 동일한 금액씩 갚거나 채무 잔액 규모의 비율대로 갚는다["밸런스 매칭"].[42] 어떤 이들은 채무액이 작은 것부터 갚는다. 빚의 개수를 줄였다는 만족감을 줄 수 있기 때문이다. 어떤 사람은 다른 카드 대금을 먼저 갚느라고 또 다른 카드에 지불해야 할 최소 금액을 지불하지 않아서 연체료를 문다. 먼저 갚은 카드 대금이면 다른 카드의 최소 금액을 충분히 낼 수 있었는데도 말이다. 모두가 비용을 추가로 유발하는 실수이고 특히 마지막 실수는 소액의 연체에 카드사가 매기는 연체료가 사실상 매우 높은 이자율에 해당하기 때문에 더욱 그렇다.

가지고 있는 빚의 연이율을 줄일 수 있는 법을 알아보는 것도 유용하다. 한 가지 방법은 이전된 잔액에 더 낮은 이율을 매기는 신용카드로 갈아타는 것이다. 이를 "밸런스 트랜스퍼[잔액 이전]"라고 한다. 밸런스 트랜스퍼는 부채 비용을 줄이는 데 효과가 있지만, 여기에서도 세부 약관을 잘 읽는 것이 중요하다. 새 신용카드가 처음에는 낮은 금리인 것 같아도 한두 달 뒤에 금리가 빠르게 올라갈 수 있고 예전 카드에서 이전되어온 잔액에 낮은 금리를 적용해주면서 새 카드로 지출을 할 때는 높은 금리를 매기는 경우도 많기 때문이다.43 또 다른 방법은 [대출 관리 지원 회사] 론 서비서loan servicer를 찾아가 상환 일정을 조정하는 '개인 워크아웃'이 가능한지 알아보는 것이다(일시적으로 연이율을 줄이는 효과가 있다). 마지막으로, 기존 부채를 모두 갚고 하나의 새 부채로 대체하는 '채무 통합'을 할 수도 있다. 매력적인 방법으로 들리긴 하지만, 안타깝게도 채무 통합 서비스의 수수료가 비싼 경우가 많고, 때로는 채무 통합 상담사들이 채무자에게 파산 보호를 신청하라고 조언하는 것 외에는 별다른 서비스를 해주지 않으면서 수수료를 받는데, 이는 채무자가 더 싸게 직접 할 수도 있었을 일이다.

"빚진 상태"에 있다는 것은 금전적인 문제만이 아니다. 심리적으로도 큰 부담이고 가정 생활에도 악영향을 미칠 수 있다. 채권 추심자들에게 시달림을 당할 수도 있다. 1977년 이래로 미국에서는 공정채권추심법Fair Debt Collection Practices Act에 의해 채권 추심이 엄격하게 규제되고 밤에 전화로 독촉하거나 일터로 연락하거나 법적 행동을 취하겠다고 공갈 협박을 하는 것은 위법이지만,

험악한 추심 행위는 여전히 너무나 흔하고 앞에서도 보았듯이 소비자금융보호국에 접수되는 민원 중에서도 상당 비중을 차지한다. 또 다른 민원 사례를 소개하면 다음과 같다. "그들은 하루에도 여러 차례 나에게 연락을 합니다. 채무가 없는 제 부모님에게도 연락을 합니다. 이모에게도요. 오늘은 부모님 회사에도 연락을 했더라고요. 그들은 나와 가족들을 괴롭히고 있습니다."[44] 변호사나 비영리 기구가 채권자에게 법적으로 금지된 추심 행위가 무엇인지 고지한다면 이럴 때 채무자에게 도움이 될 것이다.[45]

부채의 덫에서 벗어나는 데 쓸 수 있는 최후의 수단은 개인 파산이다. 이 제도는 채무자가 금융 문제를 처리하는 동안 약간의 보호를 제공한다. 어떤 나라는 개인 파산 제도를 이용하기가 조금 더 용이하고 어떤 나라는 그렇지 않다. 이를 테면 미국이 독일보다 개인 파산 제도 이용이 더 용이하다. 하지만 미국에서도 몇 가지 이유로 이 과정이 쉽지는 않다. 아이러니하게도, 채무자는 법원에 개인 파산 신청 수수료와 변호사 비용 약 2,000~3,000달러를 내기 위해 유동 자금이 필요하다. 채무자가 주거외 그밖의 개인 자산을 채권자로부터 어디까지 보호할 수 있는지 규율하는 법은 복잡하고 주마다, 또 나라마다 크게 다르다. 미국에서는 파산 관리인(판사 또는 관재인)이 채무 경감액을 정할 재량이 있는데, 흑인 채무자들에 대해 인종적 편견에 기반한 결정을 내린다는 우려스러운 실증 근거가 있다.[46] 마지막으로, 개인 파산은 신청자의 신용 점수에 7~10년간 부정적인 영향을 미친다. 그 이후에야 신용 점수에서 개인 파산 부분이 제외된다.

이런 단점이 있지만, 개인 파산은 감당 불가능해진 부채 부담을 경감할 수 있다. 개인 파산에 수치심이나 사회적 낙인이 결부되어 채무자가 개인 파산을 활용하지 못하게 되어서는 안 된다. 파산 변호사와의 최초 상담은 일반적으로 무료이며, 채무자가 진행 과정을 잘 이해하고 의사결정을 하도록 도울 수 있다.

앞에서 논의한 저축과 대출 전략에서와 마찬가지로, 빚을 잘 갚는 방법도 복잡하다. 우선 고통스러운 문제에 직면해야 하고, 그것을 미루지 말고 다루어야 한다. 또한 차분하고 명료한 사고가 필요한데, 이는 상황이 좋을 때도 어려운 일이고 재정 압박에 처한 상황에서는 더욱 어려운 일이다. 저축과 대출에서도 그랬듯이, 채무를 상환할 때도 금융 시스템에 금융 지식이 적은 사람을 노리는 덫이 더 적고 금융 시스템이 더 단순하다면 더 좋을 것이다.

이 장에서 우리는 만연한 재무 취약성 문제를 드러냈다. 우리는 대부분의 사람들이 소득이 일시적으로 떨어지거나 예기치 못한 지출이 필요할 때를 감당하기에 저축액이 부족하다는 점을 살펴보았다. 또한 사람들이 저축을 하고 돈을 빌리고 빚을 갚을 때 직면하는 여러 어려움을 알아보았다. 유혹에 저항하는 것의 어려움과 보기보다 비용이 훨씬 높을 수 있는 복잡한 금융상품이 야기하는 문제도 보았다. 개인금융의 위험한 풍경을 이같이 상세히 알아보는 것은 3부에서 논의할 제언의 토대다. 3부로 넘어가기 전에 사람들의 일생에서 매우 중대한 금융 의사결정들에 내재된 위험을 살펴보면서 현재의 풍경을 조금 더 알아보자.

5장

교육과 주거용 목돈 마련하기

현대 경제에서 살아가려면 장기적인 영향을 미치는 굵직한 의사결정을 해야 할 때가 있다. 대표적인 두 가지가 대학 진학과 주택 마련이다. 이 장에서 우리는 대학 교육 및 주택 구입 자금과 관련한 의사결정에 영향을 미치는 요인과 자금 마련의 난관을 알아보면서, 현재의 금융 환경에서 이런 결정이 얼마나 복잡한지 드러내고 이를 이후에 제시할 개혁안의 토대로 삼을 것이다.

인생의 굵직한 의사결정들

대학 교육과 주택 마련에 대한 금융 의사결정은 몇 가지 중요한 면에서 유사하다. 우선 둘 다 상당히 개인적이다. 많은 이들에게 대학 교육은 경제학적 분석의 범위를 넘어서는 이득을 가져다준다. 예술, 문학, 음악을 더 잘 이해하게 될 수 있고, 다양하고 상이한 견해에 노출되면서 도덕률이 도전 받기도 하며, 다양한 집단의 사람들과 평생의 친구가 될 수도 있다. 비슷하게, 어떤 주택에 사는지도 소유자에게 매매 가격으로 요약될 수 없는 기쁨을 줄 수 있다. 어떤 이는 그 지역의 학교에 높은 가치를 부여하고 어떤 이는 친지들과 가까이 사는 것에 높은 가치를 부여하며 어떤 이는 자연 경관이 좋은 곳이나 밤 문화를 즐기기 좋은 곳에 높은 가치를 부여한다. 우리는 대학과 주택 의사결정의 경제적 측면에 초점을 맞출 것이지만, 다른 요인들도 작용하고 있다는 것을 잘 알고 있다.

두 번째 유사점은 대학 학위와 주택 소유 모두 목돈이 들고 한 덩어리로 구매해야 한다는 것이다. 값이 더 싼 학교와 더 비싼 학교가 있고 더 작은 집과 큰 집이 있고 더 감당 가능한 가격대의 동네와 더 비싼 동네가 있지만, 대학 학위를 4분의 3만 갖거나 집을 4분의 3만 소유하는 것은 의미가 없으며, 대부분의 사람들에게는 둘 다 최소 비용이 소득에 비해 상당하다. 부유한 집안 출신이거나 정부가 보조를 해주는 학자금이나 주택 자금을 받을 수 있는 행운의 소수를 제외하면 대학 교육과 주택 마련을 위해 빚을 내야 한다는 의미다. 경제학자들의 표현으로는 "레버리지"를 사용해야 한다. 빚이 있으면 소득이 들쭉날쭉할 때 꾸준히 유지하기 어려울 수 있는 고정 상환 부담이 생기므로, 레버리지는 채무자의 리스크 노출을 높이게 된다. 소득이 줄 경우 부채 상환을 맞추려면 지출을 크게 줄여야 할지도 모른다.

그렇더라도 많은 이들에게 대학 교육이나 주택 마련과 같은 큰 투자는 할 가치가 있다. 문제는, 어떻게 그 투자를 비용과 리스크를 최소화하면서 합리적으로 할 것인가다. 불행히도, 현재의 개인 금융 시스템은 이에 대한 어려움을 가중하는 방식으로 설계되어 있다. 금융 시스템의 많은 면이 대규모 투자 의사결정을 촉진하는 게 아니라 더 어렵게 만들고 있는 것이다.

대학 교육과 주택 마련은 한 가지 중요한 면에서 다르다. 대학 교육의 가치는 그 사람의 머릿속에 저장된다. 즉 임대를 할 수 없고(일단 습득하면 되돌려줄 수 없으므로), 채무를 갚지 않았을 때 채권자가 압류할 수도 없다. 교육 자금을 대출해준 쪽은 채무불이행 시 대출받은 사람의 소득에 대해서만 권리 주장을 할 수 있다. 금융 용어로 말하면, 교육비 부채는 담보로 보증이 되지 않는다. 이와 달리, 주택은 임대를 할 수 있는 고정 자산이다(실제로, 세를 놓을 것이냐 자가 거주를 할 것이냐는 주택과 관련해 내려야 할 큰 의사결정 중 하나다). 그리고 주택 자금 대출에서는 채무불이행 시 모기지 제공자가 집을 압류할 수 있으므로 주택 가치가 담보가 될 수 있다. 비슷한 액수일 경우 일반적으로 담보가 있는 채무가 무담보 채무보다 값이 싸다. 채권자가 채무자의 채무불이행에 대해 추가적인 보호를 받기 때문이다. 교육 자금 대출이 무담보 채무라서 비용이 높아지는 문제를 완화하기 위해, 많은 나라가 학자금 대출에 보조금을 지급한다. 동시에 상환금을 직접 징수하거나 개인 파산 절차에 들어가더라도 학자금 대출은 채무 탕감을 거의 받을 수 없게 해 상환을 강제함으로써 학자금의 채무불이행 자체를 어렵게 만들기도 한다.[1]

대학 교육

얼마나 많이? 그리고 어떤 교육을?

현대 경제에서 삶을 꾸려가는 데 교육은 결정적으로 중요하다. 선진국에서 초등교육과 중등교육은 모든 아동에게 공공 자금을 통해 무상으로 제공되지만, 대학 교육을 받는 것은 개인의 자율이고 많은 나라에서 전체 혹은 일부 비용을 학생이 내야 한다. 신흥 경제국에서는 중고등학교 교육도 가정에서 비용을 내야 한다.[2]

대학 교육은 당사자에게 상당한 이득을 준다. 앞에서 언급했듯이 개인의 경험과 관련된 비금전적 이득도 있지만 대졸자가 더 높은 소득을 올린다는 데서 나오는 경제적 이득도 크다. 대학 교육이 주는 경제적 보상이 어느 정도인지 알아보는 간단한 방법 하나는 고등학교까지만 나온 노동자와 대학을 나온 노동자의 소득 중앙값을 비교해보는 것이다. 미국 노동통계국Bureau of Labor Statistics 데이터로 계산했을 때, 2020년 1분기 현재 고등학교까지만 나온 사람의 연소득 중앙값은 4만 달러였고 대학을 졸업한 노동자는 연소득 중앙값이 3분의 2나 더 높은 6만 6,000달러였다.[3] 대졸 노동자가 얻는 소득 프리미엄은 다른 나라들에서도 비슷했다. 하지만 최근 영국에서는 대졸자 수가 늘면서 대학 교육의 소득 프리미엄이 줄어드는 추세이며 특히 런던 외 지역의 노동시장에서 더욱 그렇다는 우려가 일고 있다.[4] 대졸자는 애초에 그 사회에서 능력이 더 뛰어난 사람들임을 의미하므로 대학 교육의 이득이 없었더라도 더 많이 벌 수 있었을 것이니 인과관계가 아니라는 지적이 있을 수 있다. 이것을 통계적으로 보정하기가 쉽지는 않지만, 믿을 만한 추정치들에 따르면 대졸자가 누리는 소득 프리미엄의 상당 부분은 대학 교육과 소득 사이의 인과적 요인으로 설명 가능하다.[5]

대학 교육이 주는 경제적 이득은 대학 교육을 받는 데 들어가는 비용과 견주어 생각해야 한다. 대학 교육의 비용은 상당히 크다. 미국의 기숙형 명문 사립대학에서 전일제로 공부할 때 명목 총비용(수업료, 기타 비용, 주거비 등), 즉 "스티커 가격"은 연간 7만 달러다. 거주하는 주의 주립대에서 공부하는 학생도 (주립대가 더 경제적으로 운영되고 주정부의 지원도 받긴 하지만) 총비용이 연간 3만 달러나 된다. 이 비용을 4년 내내 들여야 학위를 받을 수 있고, 졸업을 못하고 중간까지만 교육을 받은 경우에는 대학 교육으로 장래에 얻을 수 있는 금전적 이득이 훨씬 적다. 미국의 기숙 대학 모델이 다른 나라에 비해 유독 비싸긴 하지만, 대학의 교수진, 직원, 건물은 본질적으로 비용이 많이 들며, 이는 "무료"로 대학 교육을 제공하는 세계의 다른 곳들에서는 상당한 공공 투자와 더 높은 세금의 형태로 비용이 치러진다는 의미다.

나행히, 많은 가구가 대학 교육 비용을 정부와 대학 자체가 제공하는 재정 지원을 통해 크게 경감할 수 있다. 미국의 경우 연방 정부는 재정 보조가 절실히 필요한 예비 입학생들에게 "펠 그랜트 Pal Grant"를 제공하고, 자금이 넉넉한 사립대학들은 대부분의 학생에게 상당한 재정 보조를 해주기 때문에 전체 스티커 비용을 고스란히 내는 집은 부유한 가정뿐이다.[6] 영국에서도 자녀가 있는 학생이나 가구 소득이 낮은 학생에게 학비 보조금, 장학금, 상금 등을 지원해서 많은 가구가 전체 명목 비용보다 상당히 적은 돈을 내며, 뒤에서 보겠지만 대학 학자금 명목일 경우 매력적인 조건으로 돈을 빌릴 수 있다.

대학 진학이 투자 가치가 있는 일인지 결정하려면 졸업 후 생애에 걸친 노동 기간인 40여 년 동안 더 높은 소득을 얻을 가능성이 크다는 점을 고려해야 한다. 미국에서 대학 졸업생은 (중앙값을 기준으로 할 때) 소득이 연간 2만 6,000달러 더 높아진다. 대학별, 전공별로 소득을 알아보려면 미국 정부가 취합해 '대학 스코어 카드College Scorecard' 웹사이트에서 공개하는 정보가 유용하다. 제때 졸업하고 졸업 후 중앙값 정도의 소득을 올린다고 가정했을 때 대학별, 전공별로 대학 교육이 가져다줄 향후 수익을 계산할 수 있다.

그림 5.1은 평균적으로 대학 교육이 가져다주는 수익이 상당히 높음을 보여준다.[7] 가장 수익이 낮은 경우는 스티커 비용 전체를 다 내고 사립대학을 다닌 경우인데, 이 수익도 사립대학 전체 평균으로 연 3퍼센트나 된다. 인플레를 조정한 실질 수익률이 이 정도라는 것은 꽤 매력적이고, 학자금 대출의 평균적인 실질 이자율보다 높다. 일반적으로 재정 보조를 받아 사립대학을 다니거나 전체 비용을 다 내더라도 주립대학에 다닌 사람에게는 대학 교육의 수익률이 더 높아서, 평균 수익률이 연 6.5퍼센트나 된다. 가장 수익률이 높은 경우는 학비 보조를 받아 주립대학을 다닌 경우로, 평균 수익률이 연 9퍼센트가 넘는다. 게다가 이 숫자는 졸업생의 전체 노동 기간 중 첫 20년만 잡은 것이기 때문에 이 숫자들 모두 작게 잡은 것이라고 생각해야 한다.

평균적으로는 대학 교육의 수익이 높지만 개별적으로 보면 어

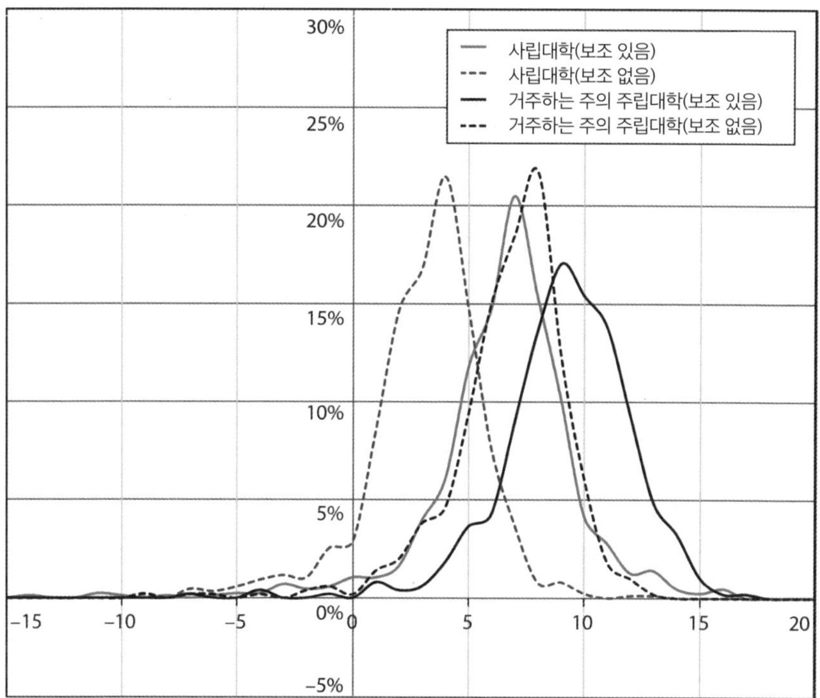

그림 5.1

사립대학(흐린 선)과 주립대학(짙은 선)의 교육 실질 수익률(연간으로 환산, 20년 기간으로 계산)을 스티커 비용 전체를 다 냈을 경우(점선)와 평균적인 순비용을 냈을 경우(실선)로 나누어서 분포를 표시했다. 주립대학은 해당 주 거주민이 자기 주 주립대학에 갔을 때의 학비를 기준으로 했다. 수익률은 급여 데이터 제공 및 컨설팅 업체인 "페이스케일 Payscale"의 데이터로 계산했다.

출처: 페이스케일 데이터를 사용해 우리가 직접 계산.
Payscale, "College ROI report," 2024, https://www.payscale.com/college-roi.

떤 특정한 학생이 향후 얻을 수 있는 수익을 낮추는 몇 가지 요인이 존재한다. 첫째, 그림 5.1에서 보듯이 학교에 따라 차이가 크다. 학교별로 수익률 분포를 보았을 때 왼쪽 꼬리 쪽에 있는 학교들은 교육의 수익이 학자금 부채 비용보다 낮고 몇몇 극단적인 경우에는 마이너스다. 따라서 학생들로서는 "안 좋은 거래"를 피하는 것이 매우 중요하다.

대학들은 이제까지의 취업 성과를 광고하지만 내용이 꼭 정확하지는 않은 경우도 있다. 인도에서는 2015년 이후 사립대학 수가 두 배 이상이 되었고 등록 학생수는 세 배 이상이 되었다. 하지만 휘황찬란한 브로셔가 말하는 내용은 오도의 소지가 클 수 있다. 벵갈루루에 있는 명문 사립대학의 한 졸업생은 이렇게 불만을 표했다. "그들은 이곳이 최고의 대학이고 95퍼센트가 취업을 했다고 했지만 현실은 매우 달랐습니다. 나와 같이 입학한 학생 대부분은 알아서 길을 찾아야 했습니다."[8]

더 큰 인간관계망을 가지고 있거나 대대로 정규 교육을 많이 받은 부유한 가구는 대학마다 질이 어떻게 다른지에 대해 더 나은 정보를 가지고 있을 수 있다. 또한 이들은 엄격한 선별 과정을 거치는 명문 대학 입시에 자녀를 준비시키려 할 동기가 더 클 것이다(입시 준비에 일종의 "군비 경쟁"이 일어서 아이들에게 심각한 정신심리적 영향을 미칠 수 있지만 말이다). 미래 소득 면에서 수익률이 높은 대학을 선택하고 그 입시에 성공하는 것은 부유한 사람들이 그렇지 못한 사람들보다 유리한 또 하나의 영역이다.[9]

졸업 후 수익률에 영향을 미치는 두 번째 요인은 전공 분야다. 평균적으로 수익률이 높은 분야는 고소득 직종으로 이어지기 쉬운 경영, 컴퓨터과학, 경제학, 공학 등이고, 임금은 높지 않지만 고용 안정성이 높은 간호학 등도 수익률이 높다. 반면 교육학, 심리학, 사회복지학 등은 수익률이 상대적으로 낮다.[10] 많은 학생들이 전공을 선택할 때 비경제적 요인을 우선하지만 경제적 요인도 고려사항에 포함시켜야 한다.

셋째, 그림 5.1이 나타내는 높은 수익률은 제때 졸업한 경우만이다. 졸업에 시간이 오래 걸렸거나 학위를 받지 못하고 그만두었을 경우에는 이 그래프에서 보는 것보다 비용 대비 수익률이 훨씬 낮다. 미국에서는 특히 흑인과 히스패닉 학생들이 이 문제를 많이 겪는다. 제때 졸업하는 비중이 백인 학생들보다 상당히 낮기 때문이다.[11] 대학들이 졸업할 가능성이 높은 학생들만 합격시키지 않았겠냐고 생각할지 모르지만, 선발형 대학은 자격이 안 되는 지원자를 떨어뜨리더라도 몇몇 비선발형 대학은 입학 시 선별을 하지 않고 제때 졸업할 가능성이 낮더라도 등록을 하도록 독려한다. 따라서 학생들은 가고자 하는 학교, 학과에서 자신이 얼마나 학업을 잘 따라갈 수 있을지 현실적으로 평가해야 한다.

종합하면, 예비 대학생과 가족들은 그리스 신화에 나오는 스킬라와 카리브디스처럼 양쪽에 도사리고 있는 두 개의 실수를 피해야 한다. 한편으로, 스티커 가격이 높은 명문 대학에 지원하는 것을 두려워하지 말아야 한다. 부유하지 않은 가족은 스티커 가격보다 상당히 낮은 금액을 내며(뒤에서 더 상세히 설명할 것이다) 좋은 조건으로 학자금을 빌릴 수도 있다. 다른 한편으로, 학생은 학업을 따라갈 수 있는 학교에 가야 하며 대학 선택과 전공 선택의 경제적 함의를 고려하는 것도 중요하다.

안타깝게도 많은 사람들이 둘 중 하나의 실수를 하며, 스킬라와 카리브디스 모두 많은 피해자를 만든다. 한편에서는 많은 가정이 스티커 비용 전체를 다 내야하는 줄로 대학의 비용을 잘못 생각한다. 상당한 재정 보조를 받아서 훨씬 낮은 비용을 낼 수 있는데도 말이다. 재카리 블리머Zachary Bleemer와 바시트 자파르Basit Zafar의 연구에서 가구들은 4년제 사립대학의 순비용을 50퍼센트나 높게 추정했고 4년제 주립대학의 순비용은 85퍼센트나 높게 추정했다.[12] 이러한 오해는 잠재적 학생을 겁을 주어 쫓아버리게 되는데, 대학의 자금 시스템에 덜 익숙한 가난한 가정과 소수자 집단의 학생들에게 더욱 그렇다. 이들은 4년제 대학에 들어가서 학업을 할 능력도 있고 자금도 충당할 수 있는데도 지레 겁을 먹고 2년제 커뮤니티칼리지를 가거나 대학 교육을 아예 포기하며, 그때문에 미래의 수익 전망에서 손해를 본다.

다른 한편에서는, 학생들이, 그리고 이번에도 특히 가난한 가정이나 흑인 또는 히스패닉 가정의 학생들이 그곳에서 공부를 무사히 마치기에는 준비가 되지 않은 학교에 들어간다. 2016년에 〈보스턴 글로브〉의 한 탐사보도는 이 덫에 빠져 고전하는 보스턴 젊은이들의 사례를 보도했다. 재스민 존슨은 2009년에 고등학교를 졸업하고 대학에 등록했는데 2년 뒤에 재정 문제로 학교를 그만두었다. 그리고 전일제로 일하면서 다른 학교로 옮겼는데, 일과 학업을 병행하느라 고전했다. 그는 2016년에도 여전히 두 개의 일자리에서 일하면서 다시 옮긴 세 번째 학교에서 학위를 받으려 애쓰고 있었고 6만 5,000달러의 빚이 있었다.[13]

현재의 개인금융 시스템에서 많은 면이 그렇듯이, 평생에 영향을 미치는 중대한 의사결정이 마땅한 정도보다 훨씬 더 어렵다. 게다가 아직 우리는 대학 교육 비용을 마련하기 위해 어떻게 부채를 조달할지는 이야기하지도 않았다.

학자금 마련

재정 보조를 받더라도 대부분의 가정은 학비를 낼 돈이 부족하기 때문에 어느 정도는 돈을 빌려야 한다. 미국 연방정부는 대규모의 학자금 대출 프로그램을 운영해서 매력적인 금리로 담보 없이 신용을 제공한다. 대학생의 40퍼센트 정도가 학자금을 빌려 교육 자금을 대고 미국 성인의 25퍼센트가 여전히 갚아야 할 학자금 대출 잔액이 있다(평균 3만 5,000달러 정도다). 최근 가계 부채 중 학자금 부채의 비중이 증가해 2019년에 10퍼센트가 넘었다.[14]

그림 5.1이 보여주는 대학 교육의 높은 수익률은 평균적인 학생이라면 학자금 대출을 받는 것이 합리적인 재정 전략임을 말해준다. 2023년 미국의 학부생 연방 학자금 대출은 명목 이자율이 5.5퍼센트, 인플레율을 조정한 실질 이자율로는 2퍼센트에서 2.5퍼센트 사이 정도였는데,[15] 대학 교육의 평균적인 수익률은 거의 모든 대학에서 이 수준을 쉽게 능가한다. 즉 평균적인 대졸자는 대학을 안 나왔을 경우에 비해 졸업 후에 더 높은 소득으로 학자금을 갚고도 남는다.

학자금 대출을 받을 때 주된 우려 하나는 졸업 후에 평균만큼 벌지 못할 가능성이다. 모든 대졸자가 중앙값만큼 버는 것이 아니기 때문이다(말그대로 "중앙값"은 절반의 사람들이 그것보다 못 번다는 의미다). 또 어떤 사람들은 졸업하는 데 시간이 더 걸리는데, 그러면 추가로 빚이 쌓인다. 최악은 졸업을 못해서 소득을 올려줄 학위는 없는데 빚만 갖게 된 경우다. 소득이 불충분하면 학자금 대출 상환을 연체하게 되는데, 이자가 누적될 때의 상환 부담 규모를 대출자가 제대로 이해하지 못할 경우 문제는 더욱 악화된다.[16] 최근 미국 소비자금융보호국에 신고된 한 민원 사례는 다음과 같았다.

> 학자금 대출이 어떻게 작동하는지 잘 몰라서 정부의 학자금 대출을 받은 뒤에도 도움이 더 필요했고 [학자금대출조합Student Loan Marketing Association에] 알아보라는 조언을 들었습니다. 부모님 두 분 다 각기 다른 대출에 연대 보증을 서셨어요… 지금은 부모님과 관계가 소원해졌습니다. 부모님의 신용 점수가 이 부채 때문에 망가지고 있기 때문입니다… 돈을 갚고 싶지만 이자율이 너무 높아서 최소한의 상환을 한다 해도 이자가 융자 잔액을 높이게 됩니다. 3만 달러를 빌렸는데 이제 거의 7만 달러가 되었습니다. 이 부채는 이제 부실채권 상각 처리 절차에 들어가 있습니다. 그들은 내 부채를 감당 가능하게 조정할 방법에 대해 나와 이야기하기를 포기했고, 그들이 어떻게 돈을 받아내고 내 부모님의 신용 점수도 지킬 수 있을지를 더 이상 나와 이야기하지 않습니다. 이것이 내 삶을 온통 잡아먹은 것 같습니다. 나는 도움이 필요합니다.[17]

안타깝게도 이러한 문제는 커뮤니티칼리지나 영리 학교들에서, 또 인종적 소수자 학생들 사이에서 너무나 흔하다.[18] 앞에서 언급했듯이 학자금 부채는 개인 파산 시 탕감되는 경우가 드물기 때문에 학자금 대출을 상환하지 못하는 문제는 특히 더 심각할 수 있다.

소득이 충분치 않을 때 발생할 상환 위험을 제한하는 합리적인 방법은 소득 수준에 연계되는 상환 플랜을 이용하는 것이다. 소득이 낮으면 소득이 높을 때보다 상환액이 적어진다. 이런 제도에는 종종 소득 기준값이 있어서 소득이 그것보다 낮으면 상환을 아예 하지 않아도 된다. 영국과 호주 같은 나라들에서는 소득 연계 상환이 기본설정으로 되어 있다. 미국에서는 당사자가 별도로 그것을 선택해야 하는데 필요 이상으로 절차가 복잡하다. 다양한 조건의 다양한 상환 플랜이 있는데다 학생은 상환 플랜을 선택하기 위해 반드시 론 서비서와 상담해야 한다.[19] 하지만 론 서비서는 정부가 지정한 민간 기업일 뿐이고 군이 좋은 서비스를 제공할 경쟁 압력을 받고 있지 않기 때문에 학생이 잘 상의해서 좋은 선택을 내리기가 어려울 수 있다.

소득 연계 상환 플랜이 대출자가 [상환액을 계속 낮게 유지하기 위해] 저소득 일자리에 머물려 할 유인을 만듦으로써 열심히 일해서 커리어를 발달시킬 때 갖게 될 금전적 보상을 줄이게 되지 않을까 우려할 수도 있을 것이다. 하지만 실증 근거들을 보면, 그런 효과는 미미하며 대출자가 스타트업에서 일하거나 창업을 하는 것처럼 리스크가 있고 인생의 나중에서야 보상이 오는 커리어를 선택할 수 있게 해주는 긍정적인 효과로 상쇄된다는 것을 알 수 있다. 소득 연계 상환 플랜이 소득이 낮은 경력 초창기를 버티는 데 도움을 주고 스타트업의 모험이 잘 되지 않을 때의 손해를 정부가 분담하게 해주는 것이다.[20] 이런 제도가 있어서 소득이 충분치 않을 때 대출금 부담의 위험으로부터 상당히 보호받을 수 있는데도, 많은 학생들이 학자금 대출을 종류 불문하고 아예 받지 않으려 하는 불합리한 모습을 보인다. 영국에서는 너무나 자주, 그리고 무척 도움이 안 되게도, 학비를 인상하면 장래의 소득 연계 부채 상환액이 늘어나게 되어서 무조건 학생들을 "배신"하는 격이라고 주장하는 정당들이 이 이슈에 계속 불을 지핀다.[21]

학자금 부채의 두 번째 문제는 우대 금리로 빌릴 수 있는 금액에 일반적으로 상한이 있다는 점이다. 이를 감안하면, 대학 자금을 어느 정도는 미리 저축해두는 것이 좋을 것이다. 미국에서는 투자 소득에 대해 세금이 면제되는 학자금 저축계좌인 "529 플랜" 등을 사용할 수 있다.[22] 학자금 대출 한도보다 더 많은 자금이 필요할 경우 연방정부는 부모에게 학부모 융자인 "디렉트 플러스 론"도 제공한다. 단, 이 융자는 소득이 아니라 신용 이력만을 조건으로 하기 때문에 저소득층 부모가 무심코 과도한 액수를 빌린 뒤 상환에 어려움을 겪게 될 수 있다. 정부 외에 민간에서 제공하는 학자금 대출도 있고 때로는 금리가 더 낮다. 하지만 이러한 대출은 상환이 소득에 연계되지 않아서 소득에 등락이 있을 때 발생하는 위험을 온전히 져야 한다.

마지막으로, 주택 자본(집을 구하기 위해 빌린 융자 잔액을 집의 가치에서 뺀 것)을 통해 유리한 조건으로 추가적인 대출을 받을 수 있다. 다음 절에서 논의하겠지만, 모기지 시장은 사람들이 집 사는 돈을 빌릴 수 있게 해줄 뿐 아니라 여타의 지출에 쓸 자금을 융통할 수 있게도 해준다. 물론 모기지 대출도 조심스럽게 사용해야 하지만, 대학 교육은 가정이 할 수 있는 가장 좋은 투자 중 하나이므로 주택 자본을 이 목적에 자금원으로 사용하는 것은 종종 합리적인 결정이다.

주거와 모기지

주거의 재정적 중요성

많은 이들에게 소유 자산 중 가장 값 나가는 자산은 살고 있는 집이다. 두 개의 그래프로 주거의 재정적 중요성을 알아볼 수 있다. 그림 5.2는 자산 유형과 부채 유형별로 가계의 전체 자산 대비 비중과 부채 대비 비중을 세 개의 선진국(미국, 영국, 독일)과 네 개의 신흥경제국(중국, 인도, 태국, 남아프리카 공화국)에 대해 나타낸 것이다.

그림 5.2의 위쪽 그래프는 세 개의 선진국에서는 가구 자산 중 거의 40퍼센트를 부동산이 차지하고 중국, 인도, 태국에서는 60퍼센트 이상을 부동산이 차지한다는 것을 보여준다. 아래쪽 그림은 세 개의 선진국과 중국에서 전형적인 가구의 부채 중 모기지 부채가 가장 큰 비중을 차지한다는 것을 보여준다.

하지만 집을 꼭 소유하지 않아도 그 집에 거주할 수 있다. 세를 살 수도 있는 것이다. 그림 5.2는 세입자(이들은 부동산을 소유하고 있지 않은 경우가 많다)와 주택 소유자(이들은 집의 상당 부분을 소유하고 있다)를 모두 합해 평균낸 것이라서 주택을 '소유'할 때 주택

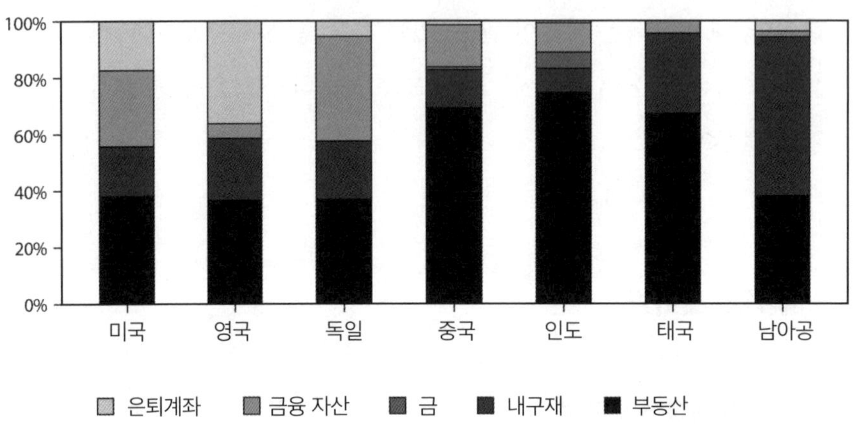

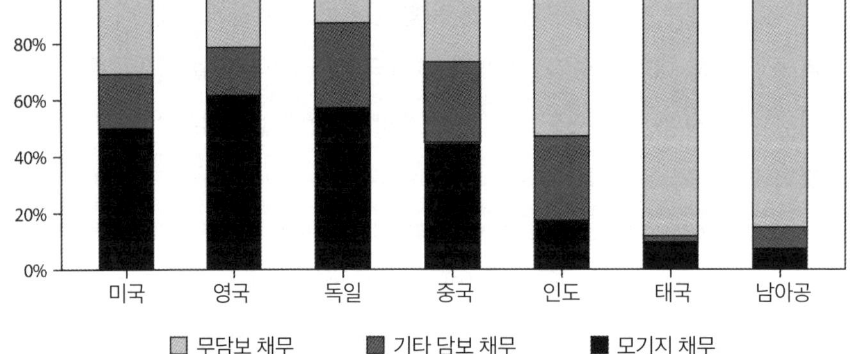

그림 5.2 | 세 선진국과 네 신흥시장국 가구의 자산과 부채

평균 비중을 계산할 때 더 가난한 가구와 더 부유한 가구가 같은 가중치를 갖도록 가중치를 적용했다. 위쪽 그래프는 자산이며 부동산(주로 주택)이 짙은 색으로 표시되어 있다. 아래쪽 그림은 부채이며 모기지 채무가 짙은 색으로 표시되어 있다.

출처: 다음을 토대로 우리가 직접 계산.
미국 SCF 2022, 영국 WAS 2020, EU HFCS 2021,
중국 HFS 2017, 남아프리카 공화국 NIDS 2017, 인도 HFS 2019, 태국 HFS 2017.

이 차지하는 재정적 중요성이 과소평가 되었을 것이다. 그림 5.3으로 이 부분을 알아볼 수 있는데, 소유한 총자산에 따라 주택 등 서로 다른 자산의 비중이 어떻게 달라지는지 보여준다.

그림 5.3에서 부동산(점선)은 폭넓은 중산층(가구 자산 분포에서 35퍼센타일부터 90퍼센타일 사이) 가구의 자산 중 50퍼센트가 넘는다. 미국에서 이 광범위한 중산층에는 주택 소유자가 인구 비례보다 많은데, 주택은 그들에게 가장 커다란 자산이고 어떤 것보다도 중요한 자산이다.[23]

주택 구입

집을 사는 결정은 명백히 어떤 사람이 일생 중에 내리는 가장 중요한 결정 중 하나이므로, 어떤 요인을 의사결정에 지침으로 삼아야 할지, 또한 금융 시스템은 합리적인 결정을 촉진하기에 얼마나 적합하게 되어 있는지 알아볼 필요가 있다.

첫 번째 고려할 점은 매매 시장에 나오는 매물이 임대 시장에 나오는 것과 종종 다르다는 점이다. 단독주택은 여러 면에서 손상에 노출되므로 꼼꼼한 유지보수가 필요한데, 주인이 직접 살고 있지 않을 경우 유지보수를 잘하기가 어렵다.[24] 따라서 단독주택은 소유자가 자가로 거주하는 경우가 압도적으로 많다. 반면 아파트의 경우 큰 구조물을 유지보수 해야 하는데 소유자가 여럿이면 조율하기 어렵기 때문에 하나의 소유자가 건물 전체를 소유하고 각 호실을 임대하는 경우가 많다[각 호실을 별도의 소유자가 소유하는 한국의 아파트와는 다른 개념이다].[25] 이를 고려하면, 도시의 아파트 건물에 살고 싶은 사람은 세를 사는 편이, 교외의 가족 단위 단독

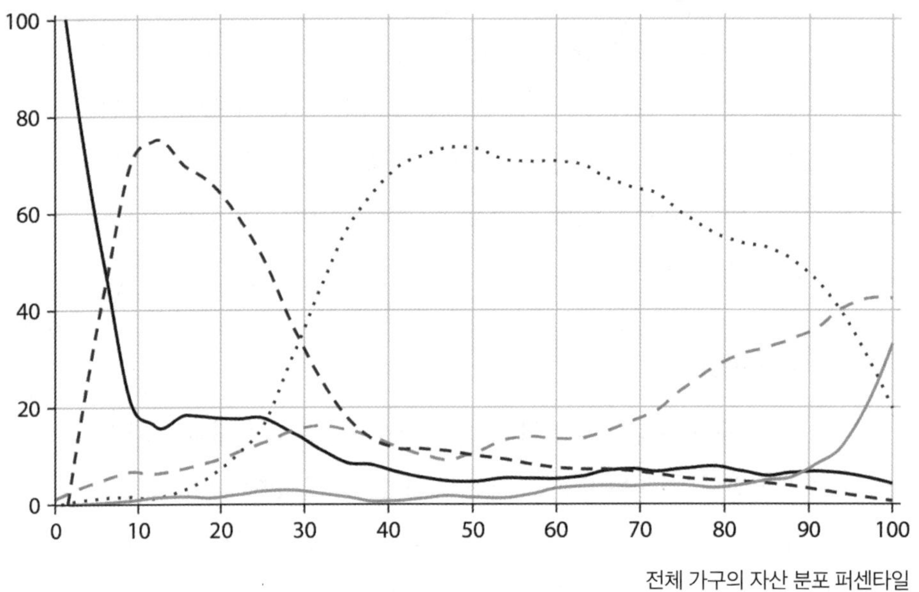

그림 5.3 | 자산 범주별 가구 총자산 대비 비중.

가로축은 미국 전체 가구를 자산 분포에 따라 자산이 가장 적은 쪽부터 가장 많은 쪽으로 나열했다. 각 퍼센타일에서 가중평균 비중은 서베이 가중치를 사용해 계산했고 분포는 LOESS로 평활화했다.

출처: 2022년 소비자금융조사 자료를 토대로 우리가 직접 계산.

주택에 살고 싶은 사람은 그 집을 구매하는 편이 나을 수 있다. 좋은 학교, 편리한 대중교통 등이 있는 좋은 동네의 주택일 경우에는 더욱 구매가 나을 수 있다. 주택 유지보수 일에 대한 취향(집 관리를 좋아하는가 싫어하는가), 집 주인이 부과하는 제약에 대한 인내 정도, 이웃이 일상생활에 미치는 영향 등도 주택을 소유할 것이냐 아니냐를 결정할 때 고려요인이다.

두 번째로 고려할 점은 거래 비용이 놀랍도록 비싸다는 사실이다. 대개 미국에서는 중개인이 주택 가치의 5~6퍼센트를 수수료로 뗀다. 모기지 대출 수수료 등 법적인 비용도 있는데, 이것이 추가로 1~2퍼센트를 차지한다. 영국에서는 부동산 중개인이 일반적으로 주택 가치의 3퍼센트를 떼고 가치 산정 수수료, 법무 처리 비용, 측량 수수료 등을 더하면 추가로 적어도 1퍼센트가 더 든다. 또 많은 정부가 취득세격인 인지세를 의무적으로 부과한다. 런던에서는 평균적으로 약 3퍼센트의 취득세가 나오는데 집값이 비쌀수록 급격하게 높아진다. 뭄바이에서는 취득세 관련 비용이 장부상 주택 매입 가격의 6퍼센트에 달힌다. 거래 비용이 이렇게 높으면, 한두 해 뒤에 다시 이사해야 할 가능성이 높은 사람은 매입보다 임차로 거주하는 것이 낫다. 관련된 또 한 가지 고려 지점은, 주택을 소유하면 거주자가 미래의 임대료 상승에서 보호되므로 거주지에서 쫓겨날 위험에 대해 사실상의 보험 역할을 한다는 점이다. 하지만 어차피 곧 이사할 사람이라면 자가 소유를 할 때 누리게 되는 이런 종류의 보험은 그리 가치가 없을 수 있다.[26]

세 번째로 고려할 점은 모기지 대출을 얻어 집을 사는 경우 부채를 잘 감당할 수 있도록 충분히 안정적인 소득이 있어야 한다는 점이다. 학자금 대출과 달리 모기지 대출금 상환액은 코로나19 때와 같은 매우 이례적인 경우에만 소득 연계가 가능하다.[27] 대개는 대출자의 소득이 낮아지면 지출을 급격하게 줄어야 하고, 그마저 불가능한 최악의 경우에는 집을 압류당할 수 있다.[28] 압류된 주택이 매각되면 그 돈은 우선 모기지 대출을 변제하는 데 들어가므로, 그 주택을 소유했던 사람은 매각 가격이 모기지 대출 잔액보다 높아야만 얼마간이라도 돈을 건질 수 있다. 하지만 압류당한 집은 종종 낮은 가격에 팔리기 때문에, 일반적으로는 원래 소유자가 냈던 계약금의 전부 또는 일부를 잃게 되고 강제로 이사를 가야 하는 트라우마와 신용 점수가 장기적으로 훼손되는 등의 피해도 입게 된다.[29] 실증 근거들에 따르면 미국 주택 소유자 중 흑인과 히스패닉들이 백인에 비해 주거 투자에서 더 낮은 수익률을 보이는데, 압류로까지 이어지는 재정 압박의 위험이 더 높기 때문인 것으로 보인다.[30]

이상이 주택을 구매하려는 사람이 중요하게 고려해야 할 점이라면, 고려하지 **말아야** 할 것은 무엇일까? 한 가지는, 집값이 오르리라는 기대, 혹은 희망이다. 많은 이들이 자신이 살고 있는 집의 최근 시세로 외삽을 하거나 다른 곳의 주택 호황에서 덕을 본 지인의 낙관에 영향을 받아서 주택 가격의 움직임을 예측할 수 있다고 믿는 듯하다. 하지만 주택 가격의 움직임은 극도로 예측하기 어렵고, 평범한 사람은 예측을 시도하지 말아야 한다.[31]

더 현명한 접근은 여러 나라에서, 또 장기적으로, 주택이 주식 투자 수익보다 그리 많이 낮지 않은 수준의 괜찮은 평균 수익률을 가져다주었다는 실증 근거들을 보는 것이다.[32] 이런 정보가 알려주는 바로, 전형적인 이자율로 모기지 대출을 얻기에 충분할 만큼 좋은 신용 이력이 있는 경우 주택 구입은 일반적으로 좋은 투자다. 단, 역사적으로 주택 투자 수익의 대부분은 집값이 올라서가 아니라 임대를 놓아서 올린 것이었다는 사실을 기억해야 한다. 따라서 주택 구입이 좋은 투자가 되려면 소유자가 세입자로부터 임대료를 받을 수 있거나, 자가 거주의 경우에는 임대료를 내고 세를 살았더라면 냈어야 할 임대료를 저축함으로써 이득을 볼 수 있어야 한다.[33] 집을 사서 비워두거나 자신의 거주에 필요한 것보다 큰 집을 사는 것은 그 집의 구매에서 얻을 수 있는 소득의 전체나 일부를 내다버리는 것이나 다름없다. 수익을 내다버리면서 높은 수익률을 기대한다면 어불성설일 것이다.

모기지 대출

주택 구입에서 나오는 수익은 구입을 위해 빌린 돈의 비용과 비교해야 한다. 비용이 너무 높으면 대출 받아 집을 사는 사람이 주택 투자로 수익을 올릴 수 없다. 그렇다면, 어떻게 해야 가장 비용이 낮은 모기지를 찾을 수 있을까?

개인금융의 다른 부분에서와 마찬가지로 첫 번째 핵심 원칙은 발품을 팔아야 한다는 것이다. 너무나 많은 사람들이 추가적인 비교를 해보지 않고 그저 자기 동네의 은행에 가거나 온라인에서 본 광고를 선택하는 바람에 과도하게 비싼 비용을 낸다. 2018년에 소비자금융보호국에서 진행한 조사에 따르면 미국 모기지 대출자의 거의 절반이 자신에게 가장 처음 제시된 모기지를 그냥 선택하는 것으로 나타났다. 하지만 대출자에게 제시된 가장 좋은 조건의 모기지와 가장 안 좋은 조건의 모기지 사이에는 50bp[0.5퍼센트포인트]의 이자율 차이가 있었고, 평균적인 모기지 대출자는 가장 낮은 이자율을 선택했더라면 그가 선택한 모기지에 비해 연간 300달러를 아낄 수 있었다.[34] 또한 광고에 많이 등장한 모기지는 불필요하게 비싼 모기지인 경우가 많다.[35] 이에 더해, 많은 나라에서 모기지 제공 업체들의 가격 표시 방식이 너무 복잡해서 문제를 악화시킨다. 고객이 여러 모기지의 가격[이자율]을 비교해보기 어려워지기 때문이다.[36]

매력적인 이자율로 대출을 얻으려면 좋은 신용 점수와 상당한 보증금이 있어야 한다. 대출자의 신용 점수가 나쁠수록, 또 대출자의 소득 및 주택 크기 대비 모기지 융자액의 규모가 클수록 이자율은 올라간다. 따라서 신용 이력이 좋고 보증금으로 쓸 자금이 충분하도록 미리 신중하게 준비를 해두었어야 유리하다. 하지만 역시 개인금융의 다른 많은 부분에서와 마찬가지로, 가장 유리한 조건은 부유한 사람들에게 더 많이 해당되기 쉽다. 세계 곳곳에서 집값이 올랐을 때 많은 주택 구매자들이 집값 중 더 많은 비중에 자금을 대기 위해 더 큰 액수의 모기지 대출을 받아야 했고, 이는 가계 부채 증가와 대출자들이 내야 할 모기지 이자율 상승에 중요한 요인이었다.

모기지 금리는 시장 금리에 맞추어 달라지는지(변동금리ARM), 모기지 기간 내내 고정되어 있는지(고정금리FRM)에 따라서도 다르다. 일반적으로 어느 시점이든 단기 이율이 장기 이율보다 낮으므로 변동금리 모기지의 초기 금리가 고정금리 모기지의 초기 금리보다 다소 낮다. 하지만 변동금리 모기지의 이자율은 이후에 시장 금리가 오르면 같이 올라가서 고정금리보다 비싸질 수 있다. 고정금리 모기지가 더 일반적인지 변동금리 모기지가 더 일반적인지는 나라마다 상당히 다르다. 영국에서는 거의 모든 모기지의 금리가 한두 해 뒤에 변동된다. 반면 미국에서는 30년까지도 되는 전체 기간 내내 금리가 고정된 것이 많다.[37]

ARM과 FRM이 둘 다 사용되는 나라에서는 세 가지 경우에 ARM이 더 유리할 수 있다. 금방 이사할 예정이면 초기 이자율에 주로 관심이 있고 장기에 걸쳐 이자율을 고정하는 것이 주는 이득에는 관심이 적을 것이다. 이사할 때 모기지를 상환하고 새 모기지를 얻어야 할 것이기 때문이다. 둘째, 가능한 한 큰 집을 사기 위해 있는 돈 없는 돈 다 끌어서 집을 사는 생애 최초 주택 구입자는 초기 이자율을(따라서 초기 상환액을) 낮추고 싶을 것이다. 더 큰 집을 살 수 있도록 모기지 금액을 최대한 늘리기 위해서일 수도 있고 소득에서 월 상환액을 제하고 여윳돈을 조금 더 가질 수 있기 위해서일 수도 있다. 이런 사람들은 가령 차차로 [직장 연차가 올라가] 소득이 더 높아지리라고 예상해서 나중에 금리가 오를 위험을 감수할 의향이 있을 것이다. 세 번째 경우는 젊은층의 경우와 좀 다르다. 때때로 부유한 중년 가구가 충분한 금융 자산이 있을 경우 싸게 레버리지를 확보해 투자하는 전략으로 ARM을 이용하기도 한다. 주택 자금 자체를 위해서는 가지고 있는 금융 자산을 팔면 훨씬 더 적은 액수만 모기지 대출을 받아도 될 텐데 말이다.[38] 대조적으로 FRM으로 빌리는 사람들은 모기지를 장기로 유지하고자 하는 사람이고 금리가 오를 때 대출 상환에 추가로 쓸 수 있는 금융 자산이 없어서 월 상환액이 늘지 않게 하는 데 방점을 두는 사람이다.

이같이 다양한 모기지 선택의 패턴은 합리적인 경제적 고려를 반영한다. 하지만 늘 그렇듯이 필요한 경제적 계산을 얼마나 잘하느냐가 중요하다. 대개 평범한 사람들은 그런 계산을 어떻게 해야 할지에 지침을 거의 받을 수 없고 광고에 쉽게 영향을 받으며 친지나 지인의 모기지 선택에 크게 좌우된다. 특정 개인의 모기지 선택은 객관적 환경만으로 예측하기 어려우며, 이는 여타 요인들의 중요성을 말해준다. 즉 사람들이 어떻게 모기지를 선택하느냐에는 금융경제학자들이 중요하다고 생각하는 요인들과는 관련이 없는, 설명되지 않는 암흑물질이 많다.

대출자들이 흔히 하는 실수 하나는 자신이 모기지 금리의 장기 추이를 예측할 수 있다고 믿는 것이다. 금리가 오르리라고 믿는 대출자는 고정금리 모기지를 선택해 금리를 오늘 수준에 묶어두고 싶을 것이고 금리가 내리리라고 예상하는 대출자는 변동금리로 빌리고 나중에[금리가 내렸을 때] 고정금리로 재융자하려 할 것이다. 하지만 이런 전략은, 금융 기업이 모기지 금리를 채권 수익률에 기초해 정하며 따라서 모기지 금리가 가장 금융 지식이 많고 전문적이고 미래를 내다보는 채권시장 투자자들에 의해 결정된다는 사실을 무시하는 것이다. 고정금리든 변동금리든 시장에서 제시되는 금리는 이미 금리에 대한 양질의 예측을 반영한 것이므로 평범한 모기지 대출자가 금리의 향후 움직임에 베팅해 "채권시장을 이길" 수 있으리라고 기대해서는 안 된다. 집을 살지 말지 결정할 때 집값의 추이를 예측하려 하는 것이 무용하듯이, 모기지를

선택할 때 금리의 추이를 예측하려 하는 것도 무용하다.[39]

모기지 재융자

모기지 대출을 얻었다고 끝이 아니다. 모기지 대출은 "받고 나서 그냥 잊어버리면 되는" 것이 아니며, 면밀하게 주시하면서 자신이 가장 낮은 이자를 내고 있는지 수시로 확인하고 리스크 노출을 관리해야 한다. 이 원칙을 세 가지 사례로 알아보자.

첫째, 많은 국가에서 처음에는 낮은 이자율이 적용되고 한두 해 뒤에 이자율이 훨씬 오르게 되어 있다. 초기의 낮은 이자율을 "티저" 이자율이라고 하는데, 고객을 유혹하는 미끼가 되기 때문에 이렇게 부른다. 대출자의 신용 점수가 좋다면 가장 좋은 전략은 티저 기간이 끝났을 때 새 티저 이자율이 있는 새 모기지로 갈아타는 것이다. 하지만 많은 사람들이 재융자 타이밍을 놓치거나, 주택 가격 하락, 티저 기간 동안 신용 점수 하락 등의 이유로 재융자가 안 되어서 티저 기간이 끝나고 오랫동안 높은 이자율을 낸다.[40]

둘째, 일반적으로 고정금리 모기지는 대출자가 언제든지 새로 모기지를 얻어서 그 돈으로 채무액 액면가를 상환하고 새로 융자를 받을 수 있다. 재융자는 금리가 원래의 모기지 대출을 받았을 때보다 하락했을 경우에 유리하다. 하지만 재융자를 하려면 새 모기지를 얻는 데 수수료를 내야 한다. 따라서 재융자는 낮아진 이자율의 이득이 수수료 지출보다 클 때만 합리적이다. 모기지 금리가 매우 예측 불가능하게 움직인다는 점을 생각할 때, 조금 더 기다리면서 금리가 한층 더 하락할지 두고 보는 것이 더 유리할 수 있다.[41]

재융자의 최적 타이밍이 언제인지는 모기지 금리와 대출자의
상황(모기지 금액, 이사할 가능성 등)에 따라 다르다. 평범한 사람은
물론이고 심지어는 경제학자도 이상적인 재융자 타이밍을 알아내
기란 쉬운 일이 아니다. 관련된 수많은 요소를 넣어서 복잡한 계
산을 해야 한다. 석유와 가스 회사들이 새로운 유정 굴착의 최적
타이밍이 언제인지 계산하는 것이 어려운 것과 비슷하다. 이를
전제로 하되, 일반적인 지침으로 삼을 수 있는 어림법 하나는 현
재 시장 모기지 금리가 원래 모기지 금리보다 1.5~2퍼센트포인
트가량 더 낮을 때는 재융자를 해야 한다는 것이다. 재융자 시기
를 놓치거나 신용 점수나 주택 가격이 낮아져서 재융자가 불가
능하면 새로이 가능해진 이자율보다 높은 이자율로 이자를 내게
된다.[42]

셋째, 미국의 모기지 시장에는 재융자 결정이 더 중요해지는 독
특한 특징이 있다. 미국에서는 대출자들이 약간 더 높은 이자율에
동의함으로써 클로징 비용을 커버할 돈을 추가로 빌릴 수 있다(또
는, 반대로 클로징 시점에 추가로 돈을 내서 이자율을 낮출 수 있다). 추
가로 빌린 액수('포인트'로 나타낸다)는 모기지 대출의 액면 금액은
변동시키지 않고 이자율만 변동시킨다. 대출자가 포인트를 받는
대신 더 높은 금리를 내기로 했다면, 그 더 높은 금리에서 벗어나
기 위해 재융자를 해야 할 추가적인 이유가 생긴다. 하지만 그렇
더라도 역시 재융자 시기를 놓치는 사람이 많다.[43]

모기지 관리가 복잡하다는 것은 적어도 두 가지 면에서 심각
한 문제다. 첫째, 일반적으로 모기지를 잘못 관리하는 사람은 효
율적으로 재융자하는 사람보다 교육 수준과 소득 및 자산 수준이

낮은 사람들이다. 1장에서 살펴본 "미즈 리치와 미스터 벙커"의 차이가 현실에서 펼쳐지게 되는 것이다. 우리가 덴마크에서 수행한 연구에 따르면, 2009~2017년 사이 교육 수준이 가장 낮은 사람들은 재융자를 최적으로 했더라면 아낄 수 있었을 모기지 이자 비용의 절반 이하밖에 절감하지 못한 반면, 교육 수준이 가장 높은 사람들은 재융자를 최적으로 했을 경우 아낄 수 있었을 금액의 4분의 3을 절감했다. 이와 비슷한 규모의 차이가 소득이 가장 낮은 20퍼센트와 가장 높은 20퍼센트 사이에서도 발견되었다.[44] 이 패턴은 미국에서도 나타난다. 모기지 재융자를 최적 시점보다 늦게 하는 것은 이자율이 하락할 때 흑인과 히스패닉 모기지 대출자들이 평균적으로 백인 대출자들보다 모기지 이자를 많게는 50bp[0.5퍼센트포인트]나 더 내게 되는 이유 중 하나다.[45] 앞에서도 강조했듯이 모기지 재융자의 최적 타이밍을 알기는 어렵다. 전문적으로는, "리얼 옵션real option"을 계산해야 하는 문제인데, 이것은 경제학자들 사이에서도 어렵기로 악명이 높다. 그러니 금융을 잘 모르는 사람들이 고전하는 것은 이상한 일이 아니다.[46]

둘째, 재융자를 하지 않으면 즉각적으로 대부 기관에 현금을 추가로 이전하는 격이 된다. 대부 기관이 이 수익의 일부를 갖긴 하겠지만 사업을 위해 경쟁도 해야 하므로 대출자에게 제시하는 호가 이자율을 낮추려 할 것이다. 그러면 금융 지식이 가장 많고 수완이 좋은 대출자들이 교육 수준이 낮고 더 가난한 대출자의 실수에서 이득을 얻게 된다.[47] 우리는 과연 이것이 우리의 개인금융 시스템을 조직하는 가장 좋은 방법인지 물어야 한다.

이사, 강제 재융자, 락인

금리가 오를 때는 이전의 고정금리 모기지가 새 모기지보다 싸므로 새 모기지로 재융자하면 불리하다. 미국에서는 다른 집으로 이사하려면 살던 집의 모기지를 다 갚고 새 집에 대해 새로 모기지를 받아야 한다. 따라서 사람들은 금리가 오를 때 이사를 꺼린다. 이러한 "락인lock-in" 문제가 2022년과 2023년에 두드러지게 나타났다. 장기간 낮고 안정적이던 30년 만기 고정금리 모기지 이자율이 3퍼센트에서 7퍼센트로 갑자기 올랐기 때문이다.

락인은 주거시장과 노동시장에 심각한 문제를 일으킨다. 기존 집에 예전 금리로 고정금리 모기지를 가지고 있을 경우, 예를 들어 집을 줄여 이사를 가려 했을 노년의 주택 소유자가 그 집에 그대로 눌러 있게 되고 따라서 시장에 매물이 덜 나오게 된다. 매물 부족은 예를 들어 아이가 있어서 더 넓은 집이 필요한 다른 사람들이 더 적합한 집으로 이사를 가지 못하게 만든다. 주택 거래량이 급감하고, 주택 가격은 계속 비싸다. 집을 긴급하게 사야 할 사람, 그래서 사고자 하는 집의 기존 집주인이 입게 될 모기지 손실을 기꺼이 보상해줄 의사가 있어서 거래를 협상할 수 있는 사람만 집을 살 것이기 때문이다.[48] 아이러니한 사실은, 3부에서 설명할 몇 가지 수단이 있으면 락인은 충분히 피할 수 있는 불필요한 문제라는 점이다.

모기지 상환

모기지와 관련해 생각해야 할 마지막 질문은 언제 어떻게 상환할 것인가다. 변동금리이든 고정금리이든 전통적인 원리금 분할 상환 모기지는 대출자가 원금을 차차로 갚아서 만기(15년, 20년, 30년 등)가 되었을 때 모두 상환하게 되어 있다. 이 구조는 많은 주택 소유자들이 노후 자금으로 삼을 부를 쌓기에 좋다. 하지만 최근에는 많은 나라에서 일정 기간 동안은 이자만 갚으면서interest-only, IO 원금 액수를 그대로 유지하다가 나중에 원금을 갚는 방식의 인기가 높아지고 있다.

은퇴 저축을 다루는 장에서 더 자세히 이야기하겠지만, 우리는 IO 모기지가 소득이 빠르게 증가하는 성인기의 초기에 유용할 수 있다고 생각한다(젊은 시기보다 생애의 더 나중에 원금을 갚기가 더 쉬울 수 있다는 점에서 그렇다). 그리고 대출자가 주택을 팔 가능성이 큰 은퇴 시기에도 그렇다(주택을 팔면 남은 부채를 갚을 자금이 생긴다). 하지만 소득이 피크인 시기에 있는 사람에게는 위험하다. 은퇴 시기를 대비해 저축액을 늘려야 할 시기에 빚을 그대로 두고 가처분 소득을 늘리려는 유혹이 생기기 때문이다. 또한 모기지 기간의 나중 시기에 어떤 일이 벌어지는지도 생각해야 한다. 어떤 IO 모기지 대출은 대출 발생 뒤 10년 정도가 지나고서부터 분할 상환하게 되어 있는데, 이때부터 월 상환액이 갑자기 늘어난다. 어떤 IO 모기지 대출은 만기에 한꺼번에 갚도록 되어 있어서 대출자가 다시 모기지를 얻어야 하는데, 그때 대출자가 재정 압박에 처해 있거나 금융시장이 경색되어 있다면 채무불이행 상황에 놓이게 될 수 있다.

마지막으로, 주택 소유자가 재정 압박에 처해 있다면 너무 크고 지출을 많이 해야 하는 집의 소유권을 유지하느라 고전하기보다 채무불이행을 하는 것이 나을 때도 있다.[49] 주택이 압류되면 모기지 채무를 모두 불식시켜주는 미국의 몇몇 주에서는 더욱 그렇고, 대출자가 주택이 압류, 매각된 뒤에도 여전히 채무를 지는 경우에도 집을 포기하면 생활비 줄이는 것이 더 쉬워질 수 있고 개인 파산 절차를 이용해 채무 부담을 경감할 수 있을지도 모른다.[50]

이 장에서 우리는 모기지 부채가 갖는 중요성 및 모기지 부채와 관련된 어려움을 살펴보았다. 모기지는 대부분의 사람들에게 가장 비중이 큰 채무다. 모기지 대출자는 소득이나 주택 가격에 연계되지 않는 상환 의무를 가지고 있기 때문에 리스크도 상당하다. 게다가 모기지는 복잡해서, 처음에 받을 때도, 이후에 금리와 대출자의 상황이 바뀔 때도, 관리를 잘 하려면 정교한 의사결정이 필요하다. 우리는 모기지 시스템을 단순화하면 모기지 대출자들에게 크게 이득이 되리라고 생각하며, 이에 대해서는 3부에서 더 자세히 다룰 것이다.

6장

리스크와 함께 살아가기

인생을 살면서 리스크를 피할 수는 없다. 앞에서 다달이 소득과 지출이 무작위적으로 등락하는 위험과 빌린 돈으로 목돈을 마련해야 할 때 장기에 걸쳐 노출되는 위험을 이야기했다. 하지만 금융시장은 투자상품을 통해 신중하면서도 수익성 있는 방식으로 리스크를 감수할 수 있는 기회와 보험상품을 통해 자동차 사고나 자연재해처럼 비금융적 사건이 일으키는 막대한 금전적 위험을 덜어낼 수 있는 기회도 많이 제공한다. 이 장에서 우리는 보험상품과 리스크가 있는 투자 상품을 현명하게 구매해 금융 생활을 더 잘 영위할 수 있는 방법을 알아볼 것이다. 하지만 현재의 개인금융 시스템이 소비자들로 하여금 잘못된 리스크를 지고 엉뚱한 리스크를 덜어내며 둘 다에 대해 너무 많은 비용을 지불하도록 유도한다는 점도 지적할 것이다.

위험 자산 투자

리스크를 어떻게 생각할 것인가

경제학에는 리스크를 합리적으로 생각하는 데 사용할 수 있는 간단한 이론틀이 있다. 이 이론틀은 사람들이 돈을 쓸 때 가장 절박한 필요부터 지출하고 다음에 그보다 덜 긴요한 필요에 지출하며 마지막으로 사치재에 지출한다는 관찰에서 출발한다.[1] 추가적인 돈 1달러를 지출할 때 얻는 이득(경제학 용어로 '한계효용')은 점점 작아진다. 추가적인 지출이 점점 덜 긴요한 필요를 충족시키기 때문이다. 이를 경제학에서는 '지출에 대한 한계효용이 체감한다'고 표현한다. 연장선에서, 지출 여력을 결정 짓는 "부"의 한계효용이 체감한다고도 말할 수 있다.

리스크가 있는 자산은 투자자의 부를 증대시켜줄(따라서 지출 여력을 늘려줄) 가능성이 있다. 하지만 투자가 잘못되면 부가 잠식될 가능성도 있다. 부를 쌓는 것의 한계효용이 체감하므로 부가 추가로 쌓이는 이득에서 오는 효용은 같은 크기의 금전적 손실이 유발하는 고통보다 작다.[2] 따라서, 이득과 손실의 확률이 같고 그 크기도 같다면 위험을 감수하지 말아야 한다. 리스크는 손실보다 이득의 확률 또는 크기가 클 때만 고려할 가치가 있다. 다른 말로, 투자자는 평균적으로 양[플러스]의 보상을 제공할 때만 그에 수반되는 리스크를 감수할지 말지 고려해야 한다. 공정한 동전을 던져서 앞면이 나올 때 얻는 것이 뒷면이 나올 때 잃는 것보다 클 때만 말이다.

어떤 사람의 한계효용이 어느 만큼씩 감소하는지는 그 사람의 위험 선호도를 재는 척도가 된다. 경제학 용어로는 "위험 기피 성향"의 척도가 된다(이 책에서 우리는 "위험 선호도"라는 말보다 금융 업계에서 더 흔히 쓰이는 "위험 기피 성향"이라는 말을 사용하고자 한다. 리스크가 그 자체로는 바람직한 것이 아니어서 그것과 함께 오는 수익이 있을 때만 고려할 가치가 있기 때문이다). 어떤 이들은 사치재보다 필수재가 훨씬 더 중요해서 극단적으로 위험 기피적이 되며, 지출이 증가할 때 한계효용이 급격하게 감소한다. 어떤 이들은 사치재에 부여하는 가치가 필수재만큼 높고 리스크를 거의 걱정하지 않는다. 위험 기피적인 사람일수록 리스크를 덜 감수하려 할 것이다. 리스크를 감수하면 평균적으로 양의 수익률을 얻을 수 있다 해도 말이다. 뮤추얼펀드 회사나 금융 자문 회사는 설문으로 각 고객의 위험 기피 성향을 측정해 "보수적," "보통," "공격적" 등으로 고객의 투자 성향을 분류한 뒤 그 고객의 투자 포트폴리오를 그의 위험 선호 혹은 기피 정도에 맞추고자 한다.[3] 이 이론틀은 위험 기피 성향의 개인적인 차이에 따라 각자의 선택이 크게 달라질 가능성을 인정하지만, 그럼에도 모두에게 공히 적용되는 원칙을 몇 가지 생각해볼 수 있다.

참여하라!

극단적으로 위험 기피적인 사람도 투자할 돈이 있다면 양의 보상이 있는 리스크를 **어느 정도는** 감수해야 한다. 즉 평균적으로 양의 수익을 낸다면 모든 사람이 적어도 어느 정도의 위험 자산을 구매해야 한다. 가령 여윳돈을 모조리 저축계좌에 넣어두기보다 뮤추얼펀드에 넣어서 주식을 일부 구매할 수 있을 것이다. 왜 그렇게 해야 하는가? 리스크의 크기가 매우 작으면 작은 이득의 한계효용과 작은 손실의 한계[비]효용이 사실상 동일하기 때문에, 두 한계효용[혹은 한계효용과 한계비효용] 사이의 미세한 차이는 평균적으로 양의 수익률을 올리는 투자가 가져다줄 이득의 크기나 확률이 더 크다는 점으로 상쇄되고도 남는다. 리스크의 크기가 작을 때 한계효용 체감의 효과는 무시해도 좋을 만큼 미미하다. 언덕의 비탈을 기어가는 개미가 기울기는 알더라도 전체 곡률은 바로 인근만 봐서는 알 수 없는 것과 마찬가지다. 전체 곡률은 더 광범위하게 탐험해보아야만 알 수 있다. 요컨대, 양의 평균 수익률을 가진 모든 리스크는 그 리스크의 크기가 충분히 작다면 반드시 매력적이어야 한다.

주식이 은행 계좌나 머니마켓 펀드 같은 단기 안전 자산보다 높은 수익을 준다는 데는 많은 실증 근거가 있다.[4] 이러한 실증 근거를 생각할 때 거의 모든 사람이 주식을 소유하고 있으리라고 예상할지 모르지만(신중한 사람이라면 주식 투자 '액수'가 적을 수는 있겠지만 말이다), 현실은 매우 다르다. 가난한 사람들 사이에서는 주식 참여율(주식 보유자 비중)이 매우 낮고, 상당한 자산을 가진 사람들 사이에서도 주식 참여율은 놀랄 만큼 낮다.

그림 6.1은 미국의 주식 참여율이 매우 저조함을 보여준다. 가로축은 가구들을 총자산(부채를 제하지 않은 것)에 따라 나타낸 것으로, 왼쪽에서 오른쪽으로 가면서 가구가 소유한 총자산이 늘어난다. 세로축은 자산 유형별로 총자산 분포의 각 퍼센타일에 해당하는 사람 중 몇 퍼센트가 그 자산에 투자했는지를 나타낸다. 왼쪽에서 오른쪽으로 갈수록, 즉 가구가 소유한 총자산이 많아짐에 따라 자산 유형별 참여율이 달라진다. 그래프 맨 위의 짙은 실선

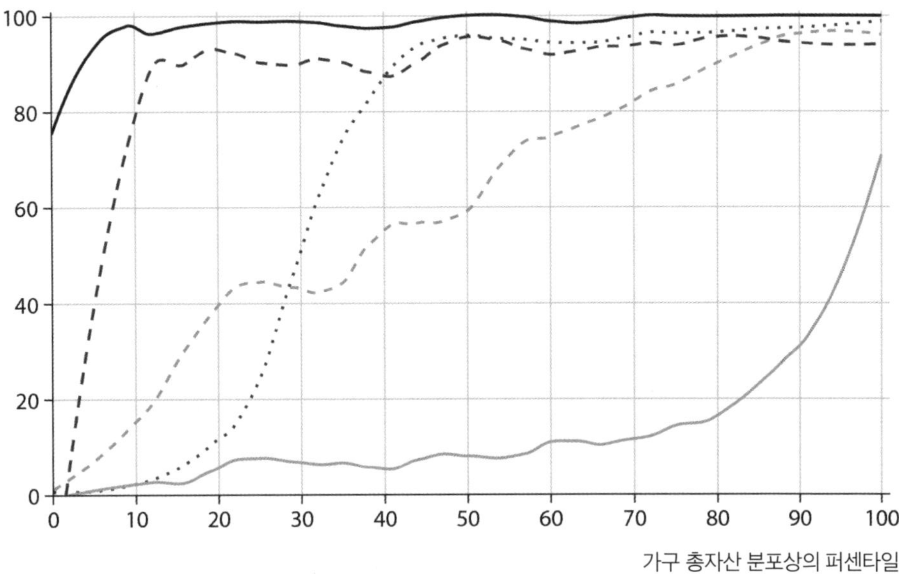

그림 6.1 | 자산 유형별 참여율(그 자산을 보유하고 있는 가구 비중)

총자산 퍼센타일별로 나타냈다(가로축에서 맨 왼쪽이 가장 가난한 가구, 맨 오른쪽이 가장 부유한 가구다).
각 퍼센타일의 가중 평균 비중은 조사 가중치를 적용해 계산했고 분포는 LOESS로 평활화했다.

출처: 다음을 토대로 우리가 직접 계산. 2022 US Survey of Consumer Finances

은 가난한 가구들이 은행 계좌 같은 안전 자산부터 보유하기 시작한다는 것을 보여준다. 가구 총자산 분포의 10퍼센타일에 있는 비교적 가난한 가구 중에서도 95퍼센트 이상이 안전 자산은 적어도 어느 정도 가지고 있다. 미국처럼 은행 시스템에 폭넓게 접근 가능한 선진 경제국에서 이는 놀라운 일이 아닐 것이다. 짙은 긴 점선은 부가 증가하면서 가구가 획득하기 시작하는 두 번째 자산이 차량임을 보여준다. 총자산 분포에서 10퍼센타일에 있는 가구 중 80퍼센트, 15퍼센타일에 있는 가구 중 90퍼센트가 차량을 소유하고 있다. 옅은 짧은 점선은 부동산 소유를 보여주는데, 총자산 하위 3분의 1 가구 중에서는 드물지만 상위 절반의 가구 중에서는 90퍼센트 이상이 부동산을 소유하고 있다.[5]

옅은 긴 점선은 주식 보유 가구 비중을 나타낸다. 개별 주식 종목에 직접 투자한 경우와 금융 중개사의 계정이나 퇴직 계좌를 통해 뮤추얼펀드에 참여한 경우 모두를 포함한다. 주식 참여율은 다른 그래프들과 모양이 사뭇 다르다. 왼쪽에서 오른쪽으로 가면서 꾸준히 올라가긴 하지만 느린 속도로 올라간다. 50퍼센타일(총자산 분포상의 중앙값)에서도 60퍼센트밖에 되지 않고 70퍼센타일에서도 80퍼센트가 약간 넘는 정도다.

주식을 소유하면 양의 수익률을 얻을 수 있고 아무리 위험 기피적인 사람이라도 양의 보상이 있는 리스크를 적어도 어느 정도는 감수해야 합리적이라면, 주식 소유율은 왜 이렇게 낮을까? 한 가지 이유는 중개 회사에 계정을 개설하는 것 등 주식을 보유하려면 해야 하는 여러가지 번거로운 일들 때문일 것이다. 여기에는 고정 비용이 드는데, 투자할 돈이 100달러나 200달러 정도뿐인 가난한 사람은 안전하고 유동성 있는 비상금을 마련하는 데 중점을 두어야 해서(4장 참고) 주식 소유가 그리 가치 있지 않을 수 있다. 사실, 가난한 사람에게는 고정비용을 제하고 나면 주식 수익률이 마이너스가 되기도 한다.

고정비용 때문이라는 설명은 소득 하위 10~20퍼센타일 정도에 있는 사람들에 대해서는 수긍이 가는 설명이지만 자산 분포상에서 중간쯤에 있는 사람들도 주식 참여율이 낮다는 사실은 설명하지 못한다. 금융 자산이 이 정도 되면 중개 회사에 계정을 여는 데 들어가는 비용이 예상 수익에 비해 작고, 다음 장에서 보겠지만 이들 대부분이 고용주가 제공하는 은퇴 계좌를 통해 주식에 편리하게 접근할 수 있기 때문이다.

사람들이 주식을 잘 소유하지 않는 두 번째 이유는 이미 주식시장의 등락에 따라 변동하는 소득이 있어서일 것이다. 월가에서 일하는 사람이나 주가가 오를 때 큰 보너스를 받는 사람, 또 개인 사업체를 소유하고 있는데 회사 수익이 주식시장의 호황, 불황과 함께 변동하는 사람 등이 이 경우에 해당될 것이다. 이들은 소득이나 수익이 주식시장의 움직임에 영향받으므로 주식시장 리스크를 이미 간접적으로 지고 있는 셈이다. 하지만 그림 6.1을 보면 자산 분포에서 중간 정도 퍼센타일의 가구들도 주식 참여율이 낮은데, 이에 대한 설명이 되기는 어렵다. 중간 정도 퍼센타일의 가구 중에서는 주식시장 리스크와 연동되는 소득을 가진 사람이 적기 때문이다. 그림 6.1의 옅은 실선은 개인 사업체를 소유한 가구 비중을 보여주는데, 여기에서 알 수 있듯이 개인 사업체 소유는 가장 부유한 가구들에나 해당되는 이야기다.

그렇다면, 어느 정도의 금융 자산과 안정적인 소득을 가진 사람들도 주식시장에 잘 참여하지 않는 것은 주식 소유에 대해 인지적, 심리적 장벽이 있기 때문이라고 보아야 한다. 주식 소유의 장점을 모를 수도 있고, 어떤 주식을 살지, 감수해야 할 리스크를 어떻게 가늠할지 등을 잘 몰라서 주식을 사기가 꺼려질 수도 있다. 이러한 불안은 주식 계좌 개설을 가로막는 추가적인 심리적 비용이 되며, 금전 비용보다 훨씬 클 수도 있다.[6] 따라서 개인금융 시스템을 고치려는 노력의 일부는 중개 회사에 계좌를 열고 주식시장에 투자하는 데 들어가는 고정비용을 줄이는 데 쓰여야 하고, 여기에는 사람들이 주식 투자 과정에서 직면하는 불안, 번거로움, 관료제적 절차 등을 줄이려는 조치도 포함되어야 한다.

수익성 있는 리스크 감수를 가로막는 또 다른 심리적 장벽은 손실을 볼 때 느끼는 감정적 고통이다. 경제학이 사용하는 합리적인 이론틀에서는 필수재 지출을 줄여야 할 정도로 손실이 커지기 전까지는 손실이 의사결정에 영향을 미치지 말아야 하고 작은 손실과 작은 이득은 거의 대칭적으로 취급되어야 한다. 언덕에서 바로 주변을 가늠하는 개미처럼 말이다. 하지만 현실에서 사람들은 본전 생각이 너무 나서 작은 손실만 발생해도 과도하게 후회한다. 음흉한 금융가 고든 게코가 주인공으로 나오는 영화 〈월스트리트〉에서 그의 대사가 이를 잘 보여준다. "나는 손실이 싫어. 손실보다 내 하루를 더 많이 망칠 수 있는 건 없지."[7] 이러한 습성은 투자 계정의 잔고를 자주 확인하는 경우 더 문제가 될 수 있다. 짧은 기간 중에는 손실이 이득만큼 자주 일어나기 때문이다. 단기적인 등락을 압도하고 평균적으로 플러스 수익이 실현되는 데는 시간이 걸린다. 그런데 매일 계좌를 확인하면서 손실이 날 때마다 고통을 느낀다면 수익이 실현되기까지 인내심 있게 기다리기가 너무 힘들 것이고, 주식 소유를 포기하거나 주식시장에 진입 자체를 안 하려 할 수 있다.[8]

아이러니하게도, 주식을 소유하지 않은 사람 중 어떤 이들은 "재미 삼아" 도박을 한다. 카지노 게임은 카지노 사업장과 조세 당국이 일정 몫을 떼가고 나면 투자자에게 기대 수익이 마이너스다. 하지만 카지노는 화려한 외관과 승리의 작은 기회들을 제공하면서 부자가 될 수 있다는 꿈을 팔아 고객을 유혹하는 데 선수다. 소규모의 잦은 손실이 일으키는 고통을 무디게 하기에 충분한 만큼의 만족을 던져주면서 말이다.[9] 재미야 있을지 모르지만 도박은 부를 쌓는 길이 아니고 중독되면 쉽게 재정적 파멸로 이어진다. 다른 맥락에서도 그렇듯이, 여기에서도 인간이 내재적으로 가지고 있는 심리적 성향은 수익을 추구하는 사업체가 돈을 잘 뽑아갈 수 있는 조건을 만든다. 특히 애초에 돈이 별로 없고 금융 지식이 적은 사람들에게서 말이다.

우리는 주식에 투자해서 이득을 볼 수 있는 사람 중 많은 수가 주식 투자를 하지 않고 있으며 리스크 관리 방법에 대한 지식의 부족이 주식시장 참여를 가로막는 장애물임을 살펴보았다. 그렇다면, 주식 투자의 리스크를 최소화하는 것은 실제로 어느 정도나 어려운가?

다각화는 공짜 점심이다

리스크가 있는 투자를 통해 부를 쌓으려면 주어진 리스크 수준 대비 최대로 높은 수익을 추구해야 한다. 따라서 투자의 질을 평가하는 데 사용할 수 있는 좋은 지표 하나는 기대되는 보상을 주어진 리스크 수준 대비 비율로 나타내는 것이다. 경제학에서는 변동성의 전형적인 규모를 알기 위해 통계에서 사용하는 표준편차로 리스크를 측정한다. 어떤 투자가 얼마나 성공적이었는지 가늠하기 위해 경제학자들은 노벨상 수상자인 윌리엄 샤프William Sharpe의 이름을 딴 "샤프 지수Sharpe Ratio"를 사용한다. 그 투자가 이제까지 보인 평균 수익률(무위험 자산 수익률보다 얼마나 높은 초과 수익률을 얻었는지로 표시)을 그 투자의 리스크를 나타내는 척도인 수익률 표준편차로 나눈 값을 말한다. 높은 샤프 지수를 얻는 투자자는 자신이 감수하는 리스크를 평균 수익률로 충분히 보상할 수 있으며, 더 공격적으로 투자해야 한다.[10]

어떻게 하면 높은 샤프 지수를 얻을 수 있을까? 핵심은 다각화다. 단일대오로 움직이는 것이 아니라 어느 정도 독립적으로 움직이는 여러 위험 자산들을 결합하는 것이다. 각각은 샤프 지수가 낮더라도 여러 자산을 섞어 다각화된 포트폴리오로 결합하면 어느 시점에 어느 하나의 자산에 무작위적인 변동이 발생하더라도 그 변동은 반대 방향으로 움직이는 다른 자산들로 상쇄되고, 각 자산의 평균적인 양의 수익률은 [상쇄되지 않고] 합산된다. 그 결과, 포트폴리오 전체는 개별 자산보다 샤프 지수가 높아진다. 경제학자들은 "공짜 점심은 없다"는 암울한 말을 하기로 악명이 높지만 여기에서는 더 즐거운 이야기를 들을 수 있다. 다각화는 비용 없이 리스크를 줄여주기 때문에 정말로 공짜 점심이다. 다각화는 "달걀을 한 바구니에 담지 말라"는 격언의 현대판 실천이다.[11]

이 일반 원칙에 숫자를 대입해보자. 21세기의 첫 20년간 미국의 전형적인 개별 주식의 연간 수익률 표준편차는 60퍼센트였던 반면, 가치 가중치를 적용한 미국 전체 주식의 인덱스(포함된 회사들의 주식시장 가치에 비례해 투자한 인덱스)는 표준편차가 그것의 3분의 1 수준인 20퍼센트 미만이었다.[12] 무작위로 고른 개별 주식의 기대 수익이 시장 전체와 동일하므로, 미국 시장 인덱스의 샤프 지수는 전형적인 개별 주식 샤프 지수의 세 배 이상이다. 미국 시장 인덱스에서는 무위험 자산 이자율보다 6퍼센트포인트가 높은 평균 수익률에 대해 0.3 정도의 샤프 지수를 얻을 수 있지만, 개별 주식의 샤프 지수는 0.1도 안 될 것이다.[13]

전에는 부유한 사람이 다각화의 이득을 누리기가 더 쉬웠다. 부자들은 많은 종류의 주식을 살 수 있는 반면 소액밖에 없는 투자자는 한두 개 회사 이상의 주식을 사기 어렵기 때문이다. 하지만 최근에는 뮤추얼펀드, 상장지수펀드ETF 등이 생겨서 모든 투자자가 다각화를 할 수 있게 되었다. 현대 금융의 위대한 승리 중 하나다. 안타깝게도, 일부 투자자들은 이 이득을 누리지 않고 계속해서 개별 종목에만 좁게 집중한다.

사람들이 다각화를 잘 하지 않는 이유 중 하나는 익숙함을 안전함으로 착각하기 때문이다. 자신이 아는 회사 주식을 보유하는 것이 여러 주식들이 담긴 바구니를 보유하는 것보다 안전하다고 생각하는 것이다.[14] 이 실수는 1장에서 본 전직 엔론 직원 조지 매독스의 슬픈 사례처럼 은퇴 자산을 자신이 다니는 회사 주식에 모두 투자해 위험을 배가하는 경우 더욱 안타깝다. 앞으로의 봉급과 은퇴 자산을 같은 회사에 두는 것은 달걀을 하나의 바구니에 담는 극단적인 사례다. 불행히도, 아무리 익숙한 회사라도 주식이 갑자기 가치를 잃을 수 있다. 엔론 투자자들이 엔론의 회계 부정 스캔들이 터졌을 때, 혹은 보잉 투자자들이 737맥스 기종의 안전 문제가 불거졌을 때 뼈저리게 알게 되었듯이 말이다.

많이 들어보았거나 잘 알려진 회사의 피상적인 익숙함에 의존하기보다는 광범위하게 다각화를 하는 것이 더 낫고, 자기 나라 주식시장만이 아니라 여러 나라 주식시장에 분산하는 것이 더 낫다. 다각화는 주식 외에 다른 위험 자산군까지 더 확대할 수도 있다. 대학 기금과 국부펀드는 지난 몇십 년 동안 상장 주식뿐 아니라 사모펀드와 부동산 등 다양한 자산군으로, 또한 각 자산군 내에서도 가령 여러 업종과 지역에서 크고 작은 상장 기업들을 두루 포함하는 식으로 투자를 다각화해 좋은 성과를 거두었다.[15]

우리는 가구들도 이렇게 해야 한다고 생각한다. 하지만 생각만큼 쉬운 일은 아니다. 일례로, 은퇴 저축 상품은 비슷비슷한 뮤추얼펀드를 여러 개 제시해서 투자자가 돈을 각각에 나누어 넣을 때 다각화를 한 것 같은 착각을 줄 수 있다. 혹은 자신이 받을 수수료에 동기부여된 중개인들이 범위가 좁은 해외 주식 인덱스를 비용이 많이 드는 옵션으로 "헷징"한 투자상품을 강권할지 모른다. 헷징으로 리스크를 줄여준 것처럼 보이지만 수익 면에서 커다란 숨겨진 비용을 가지고 있다.[16] 이런 사례는 사람들에게 단순하고 잘 다각화된 투자상품을 지속적으로 제공하는 것이 매우 필요함을 말해준다.

과거의 수익은 미래의 결과를 보장하지 않는다

주식에 투자해야 한다고 주장하기 위해 우리는 장기 통계를 강조했다. 하지만 많은 사람들이 이와는 다른 방식으로 기대치를 형성한다. 장기 통계가 아니라 자기 자신의 최근 경험에 기초하는 것이다. 여러 설문조사에서, 많은 투자자들이 자신이 가지고 있는 주식의 가격이 최근에 올랐으면 주식시장에 대해 더 낙관적이 되는 것으로 나타났다.[17] 또한 사람들은 자신이 개인적으로 경험한 주가 움직임에 특히 많은 가중치를 둔다. 최근에 주식시장 성과가 좋았을 경우, 더 이전까지의 긴 기간을 기억하고 있는 나이 든 투자자보다 젊은 투자자가 더 낙관적이었다. 반대도 성립한다. 최근에 주식시장이 안 좋았을 경우 이전의 호황을 기억하고 있는 나이 든 투자자들이 더 낙관적이었다.[18]

다른 종류의 자산에 대한 연구이긴 하지만, 사람들의 기대가 자신의 경험뿐 아니라 지인의 경험에서도 영향을 받는다는 실증 근거도 있다. 동일한 지역에 사는 사람들을 대상으로 페이스북 데이터를 이용한 한 연구에서, 페이스북 친구들이 주택시장이 호황인 지역에 많이 사는 사람일수록 페이스북 친구들이 주택시장에서 덜 긍정적인 경험을 한 사람에 비해 자신도 집을 구매할 가능성과 집 구매에 더 많은 돈을 지출할 가능성이 큰 것으로 나타났다.[19]

자신의 최근 경험을 외삽하는 것은 좋은 방법이 아니다. 재무 실적 공시 자료를 보면 "과거의 수익은 미래의 결과를 보장하지 않는다"는 말이 꼭 나온다. 일부 자산시장의 가격 변화는 단기적으로는 지속되는 경향이 있지만("모멘텀"이라고 부르기도 한다), 장기적으로는 자산 가격이 되돌아가는 경향을 보인다. 예를 들어 미국 주식시장에서 어느 시점에 회계이익에 비해 주가가 높으면 (경기조정 주가수익비율Cyclically-Adjusted Price Earnings Ratio, CAPE 로 측정한다) 장기적으로는 수익이 낮아지는 경향을 보였다. 주가가 오르면 일반적으로 CAPE가 높아지는데, 이는 주가가 그 회사의 회계적 수익성에서 점점 더 괴리된다는 의미다. 이러한 주가 상승 뒤에는 대개 주가가 차차로 다시 떨어지고 투자자들의 수익도 낮아진다. 그림 6.2에서 이 효과를 볼 수 있다. 미국 주식시장의 CAPE 비율(실선)과 이후 10년간 실현된 실질 수익률(점선)이 표시되어 있는데, 20세기에 들어선 이래 이 두 선은 서로 반대 방향으로 움직이는 경향을 강하게 보였다.[20]

한 가지 이유는, 최근 경향만 보고 과도하게 낙관적으로 기대를 형성해 순진한 추론을 한 투자자들의 행동이 자산시장을 과열시켜 주가를 지탱 불가능한 수준으로 밀어올리기 때문일 것이다.[21] 몇 가지 이유에서 이런 투자자들은 궁극적으로 돈을 잃는다. 이들은 비쌀 때 자산을 사고 따라서 평균보다 낮은 수익률을 올린다. 또한 자신의 포트폴리오를 몇몇 과열된 자산에 몰아넣어 구성하기 때문에, 다각화를 통해 위험을 줄이지 못한다. 그리고 가격이 떨어지기 시작하면 주식시장에 신뢰를 크게 잃어서 최악의 매도 타이밍에 주식을 매도하곤 한다. 간헐적이고 감정적인 의사결정의 안타까운 사례다.[22] 지극히 인간적인 이 경향은 자신이 받을 커미션으로 동기부여된 중개업자들과 낙관에 불타는 투자자에게 고평가된 자사 주식을 판매하려고 혈안이 된 기업들에 악용되기 딱 좋고, 이는 호황과 불황의 사이클을 증폭시킬 수 있다.[23]

액티브 투자의 강철 법칙

투자는 마치 경쟁 스포츠 같아 보일 수 있다. 하지만 대부분의 경쟁 스포츠와 달리 모든 선수에게 평균적인 결과를 얻을 기회를

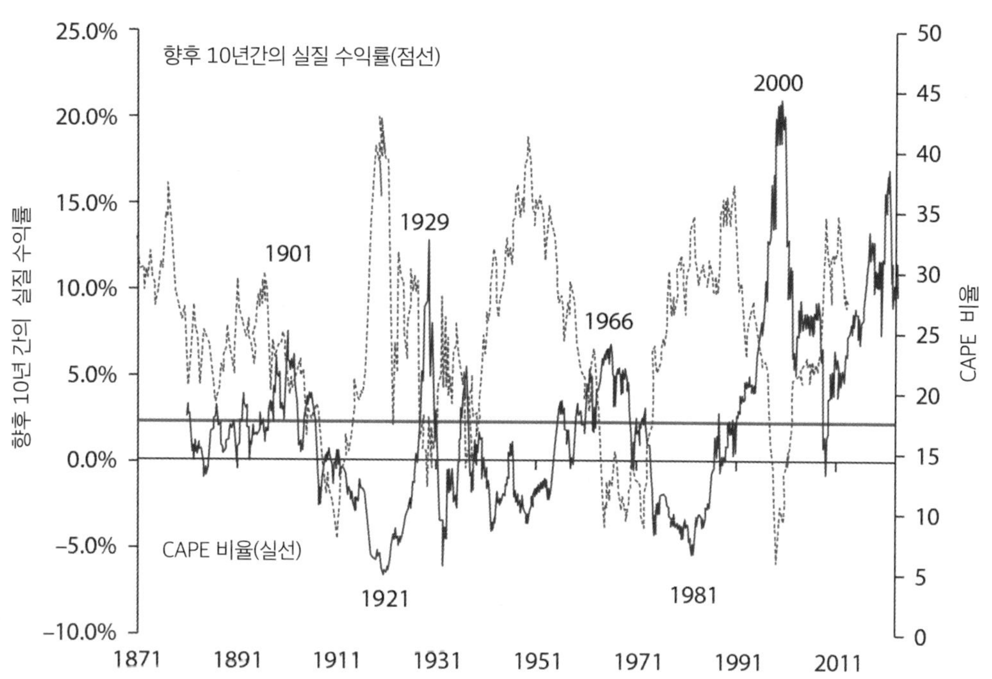

그림 6.2 | 경기조정 주가수익비율[CAPE 비율]과 향후 10년 간의 실질 수익률

출처: 로버트 쉴러의 웹사이트(http://www.econ.yale.edu/~shiller/data.htm)

제공한다. 존재하는 모든 자산이 포함된 가치 가중 인덱스를 구매해 보유하기만 하면 되는 것이다. [시장의 평균 수익률을 따라가는]이 전략을 "패시브 투자"라고 부르며, 여기에서 이탈하는 전략을 "액티브 투자"라고 부른다. 모든 선수가 투자한 돈에서 평균적인 1달러의 수익률은 가치 가중 인덱스의 수익률과 정확히 같다. 어떤 투자자가 액티브 투자로 1달러를 얻는다면 다른 어떤 액티브 투자자가 1달러를 잃어야 한다는 의미다(이에 더해, 액티브 투자자들은 거래 비용도 들여야 하는데 이는 손실을 늘리고 수익을 줄인다). 이 불가피한 수학적 사실은 액티브 투자의 강철 법칙이라고도 불린다.[24]

대개 사람들이 자신의 성공을 실패보다 잘 기억하고 지인이나 고객에게 실패보다는 성공을 이야기하기 때문에, 이 법칙은 간과되기 쉽다. 자신의 능력에 대해 과도하게 낙관적인 인간의 본성도 여기에 일조한다. "모든 여성이 강하고 모든 남성이 미남이고 모든 아이가 평균 이상"인 가상의 마을 레이크 워비콘 사람들처럼 말이다.[25] 인도에서 진행된 한 실험 연구가 이러한 성향을 잘 보여주었는데, 신규 발행된 주식을 추첨을 통해 투자자들에게 무작위로 배분했더니 자신이 받은 주식이 올랐을 때 이 행운을 자신의 투자 역량이 뛰어나서라고 잘못 해석했다.[26] 하지만 거래 비용을 들이면서 액티브 투자를 하는 투자자는 강철 법칙에서 돈을 따는 쪽이 아니라 잃는 쪽에 있게 될 가능성이 크다. 과거의 한정된 경험에서 외삽해 기대를 형성하거나 잘 알려지지 않았던 회사의 주가를 우르르 몰려가 띄우는 밈 주식 투자자의 군중 행동에 합류하는 경우에는 수익 전망이 더욱 안 좋아진다. 밈 주식 투자가 재미

는 있을지 몰라도 평균적으로 그 군중에 속한 사람에게 수익을 가져다주지는 않는다.[27]

수익은 불확실하지만 수수료는 확실하다

평범한 사람이 직접 액티브 투자를 해서 돈을 벌 수 없다면, 뮤추얼펀드 매니저에게 그 일을 맡기면 어떨까? 몇몇 펀드 매니저들이 시장 인덱스보다 성과가 좋은 주식을 잘 고른다는 실증 근거가 있긴 하다.[28] 하지만 대형 뮤추얼펀드 회사에서 일하는 펀드 매니저들 중에서도 가장 뛰어난 펀드 매니저에게 맡긴다 해도, 그들이 가져다주는 추가적인 성과만큼 고객에게 자산 운용 수수료를 물리기 때문에 고객인 소매 투자자 몫으로는 아무 것도 떨어지지 않는다.[29] 경제학자가 보기에 이는 놀랄 일이 아니다. 자산 운용 능력은 높은 가격(높은 수수료)을 부를 수 있는 희소한 자원이고, 투자할 돈이 약간 있는 개인은 시장에 희소한 것을 아무 것도 내놓지 않으니 액티브 투자 펀드 매니저에게 자신의 자산을 맡기는 데 대해 보상을 기대하지 말아야 할 것이기 때문이다.[30]

더 안 좋게도, 많은 액티브 투자 뮤추얼펀드가(특히 중개인들이 판매하는 것일 경우) 상당한 판매 및 운용 수수료를 물리기 때문에 고객으로서는 패시브 인덱스 펀드에 투자했을 경우보다 훨씬 낮은 수익을 얻게 된다. 모닝스타Morningstar 순위처럼 널리 쓰이는 뮤추얼펀드 순위 평가 시스템은 과거 성과와 수수료 정보 둘 다를 사용해 뮤추얼펀드의 순위를 매긴다. 하지만 과거 성과에 너무 많은 가중치를 두고(그런데 과거 성과는 미래의 결과에 대한 예측력이 별로 없다), 수수료에는 너무 작은 가중치를 둔다.

유럽과 아시아에서 개인 투자자들 사이에 인기 있는 구조화 상품structured product은 다각화된 주식 포트폴리오를 시장 하락 시의 손실 한도 보장과 결합한 것인데, 가령 기저의 포트폴리오 가치가 떨어져도 투자한 원금을 모두 보장받을 수 있게 설계하는 식이다. 이런 보장은 보수적인 투자자에게 주식 투자를 시작할 용기를 주지만, 구조화 상품은 종종 지극히 비싸고 고객이 받을 돈을 산정하는 규칙이 너무 복잡해서 상품 설계자가 진정한 비용을 감추기가 쉽다.[31] 구조화 상품을 평가할 때도 수수료를 면밀히 살피는 것이 매우 중요하며, 뒤에서 살펴보겠지만, 오남용을 막기 위해 규제가 중요한 역할을 해야 한다.

종합하면

위험 자산 투자를 논한 이번 절에서 우리는 주의를 면밀히 기울이지 않는 투자자가 빠지기 쉬운 실수를 살펴보았다. 폭넓게 다각화하고 수수료가 낮다면 위험 자산에 투자하는 것이 명백히 바람직하지만, 너무나 많은 투자자들이 지나치게 집중되고 위험한 포트폴리오에 높은 수수료를 낸다. 그러니 리스크가 있는 시장을 아예 피하려는 사람들이 있는 것도 충분히 이해는 간다. 하지만 이들은 저축한 여유 자금에 대해 너무 낮은 수익밖에 얻지 못한다. 더 나은 개인금융 시스템은 리스크를 다각화한 투자상품을 낮은 비용으로 제공해야 하고 금융 지식이 가장 부족한 투자자에게도 참여할 용기를 줄 수 있어야 한다.

보험

리스크가 있지만 수익성 있는 투자 기회를 논하면서, 우리는 평범한 사람들이 불확실한 미래의 결과를 생각하기가 얼마나 어려운지 이야기했다. 그런데 사랑하는 사람의 사망, 소득 창출 능력에 영향을 미치는 질병이나 부상, 화재나 홍수 등의 자연재해와 같은 재앙적인 사건의 위험을 가늠할 때는 어려움이 한층 더하다. 이런 사건에 직면할 가능성은 작고 예견하기 어려우며 아무리 사려 깊은 사람이라도 커다란 불의의 사건이 어떻게 삶의 경로를 돌이킬 수 없게 바꾸게 될지 시간을 들여가며 꼼꼼히 그려보는 것은 인간의 본성에 맞는 일이 아니다.

그렇지만 이런 사건에도 대비를 하는 것이 현명하다. 한 가지 방법은 비상금을 저축해두는 것이지만, "비상 상황"을 너무 느슨하게 정의해서 비상금에 너무 자주, 너무 일찍 손대고 싶은 유혹에 저항해야 하는데, 앞에서 언급했듯이 이러한 충동에 꾸준히 저항하는 것은 거의 불가능하다. 특히 소득이 불규칙히게 들쭉날쭉하면 정말로 재앙적인 상황이 오기 전에 비상금이 고갈되기 쉽다. 또 아무리 원칙을 세워 저축을 한다 해도 비상금 저축액이 목표치에 도달하기 전에 사고가 나서 새 차를 사야 하는 등 긴급 상황이 닥칠 수 있다. 그리고 주 부양자의 사망과 같은 긴급 상황은 아무리 철저하게 저축을 하는 사람이라 해도 모은 돈을 다 고갈시킬 만큼 재정에 큰 타격을 줄 수 있다. 비상금이 다 떨어지면 어려운 시기를 당장 버티기 위해 긴급 신용을 빌려야 할 텐데, 재정 압박에 처해 있는 사람에게 신용은 어마어마하게 비쌀 수 있고, 신흥시장국의 많은 사람들처럼 비공식 사채업자의 돈을 빌릴 때는 더욱 그렇다.

이 지점에서 생각해야 할 것이 보험이다. 보험사에 미리 보험료를 불입함으로써 긴급 상황이 발생했을 때 목돈의 보험금을 청구할 수 있는 권리를 갖는 금융 계약을 말한다. 보험은 금융의 가장 중요한 기능 중 하나다. 하지만 평범한 가구가 보험을 사용하는 데는 몇 가지 문제가 있고, 이 또한 오늘날의 개인금융 시스템이 가진 부적절성을 드러낸다.

보험을 어떻게 생각할 것인가

경제학에서 리스크를 분석할 때 사용하는 일반적인 이론틀을 보험에도 적용할 수 있다. 보험은 사람들이 우선순위가 낮은 사용처에 지출할 수 있을 만큼 돈이 충분한 평상시에서 꼭 필요한 지출에 집중해야 하고 매 지출에 들어가는 돈에 높은 가치가 부여되는 비상 시기로 자원을 이전해주기 때문에 가치가 있다.

보험상품을 가늠할 때 기준이 되는 개념으로 "보험수리적 공정성actuarially fair"이라는 것이 있다. 보험 가입자들이 드문 비상 상황이 발생했을 때 받게 될 목돈의 평균적인(!) 금액이 이들이 다달이 내는 소액의 보험료를 합한 것과 정확히 같아지는 수준의 보험료를 보험수리적으로 공정한 보험료라고 부른다.[32] 보험수리적으로 공정하게 보험료가 책정된 보험은 구매자에게 매우 매력적이므로 만약 그런 보험상품이 있다면 위험 기피적인 사람은 위기 상황이 발생해도 지출이 보험으로 다 보전되어서 자산 손실이 전혀 없도록 이런 보험을 충분히 많이 구매해야 한다.

하지만 아쉽게도 이는 현실적이지 않다. 현실에서 보험료는 늘

보험수리적으로 공정하지 않다. 한 가지 이유는 보험사들이 보험금 청구를 처리하는 비용, 보험 사기를 걸러내는 비용과 같은 운영 비용을 충당할 수 있어야 하기 때문이다.[33] 이 때문에 보험료가 보험수리적으로 공정한 수준에서 몇 퍼센트 정도 올라가게 되는데, 이것을 마크업이라고 부른다. 경제학의 표준적인 이론틀에 따르면, 마크업이 있는 경우 사람들은 "부분 보험"을 구매해야 한다. 위기 상황이 발생했을 때 부를 100퍼센트 다 지키지는 못하는 것이다. 이때 줄어들 부의 크기가 마크업에 비례하도록 해야 하는데, 어느 정도의 기울기로 비례하게 할 것이냐는 그가 리스크를 얼마나 잘 감내하는 사람인지에 따라 다르다. 마크업이 올라가면 모두가 보험을 덜 구매해야 하지만, 위험 기피 성향이 큰 사람이 위험 기피 성향이 낮은 사람보다는 보험을 많이 구매해야 한다.

개별 가입자에게 보험료가 보험수리적으로 공정하지 않아 보이는 또 한 가지 이유는, 가입자 각각은 그 보험을 구매하는 평균적인 가입자와 자신이 얼마나 다른지 알지만 보험사는 알 수 없다는 데서 나온다. 보험사는 특정한 개인이 평균적인 사람과 얼마나 다른지 알아내거나 확인할 수 없다(알아낸다 해도, 규제 때문에 아마도 그 차이에 따라 보험료를 차등적으로 매길 수 없을 것이다). 자신에게 병이 있다는 것을 아는 사람은 평균적인 사람을 기준으로 매겨진 건강보험료가 보험수리적으로 공정한 수준보다 싸다고 여길 것이다. 자신이 평균적인 사람에 비해 이례적으로 건강하다는 것을 아는 사람은 동일한 건강보험료가 보험수리적으로 공정한 수준보다 비싸다고 여길 것이다. 보험을 얼마나 구매할지를 각자가 자유롭게 선택한다면, 병이 있는 사람이 건강한 사람보다 건강보험을 훨씬 많이 구매할 것이고 보험사가 가입자들로부터 받는 보험료는 지급해야 할 보험금을 충당하기에 충분치 않게 될 것이다.

이 문제는 "역선택adverse selection"이라고 불리는데, 보험사들은 이를 해결하기 위해 사람들이 구매할 수 있는 보험의 양에 제한을 둔다. 부분 보험만 제공하는 한 가지 방법은 지급받을 수 있는 보험금에 상한을 두는 것이다. 또한 가입자의 손실이 어느 정도에 도달하기 전까지는 보험금을 지급하지 않기로 함으로써(보험금이 나오기 전에 본인이 부담해야 할 자기부담금을 미국에서는 "디덕터블deductible", 영국에서는 "익세스excess"라고 부른다) 보험사는 비용을 가장 많이 일으킬 법한 고객에게 노출되는 정도를 제한할 수 있다. 보험사가 서로 다른 자기부담금을 가진 보험상품들을 제공할 경우, 자기부담금이 높은 보험상품이 일반적으로 더 싸다. 자기부담금이 높은 보험이 위험이 낮은 사람들에게 더 매력적일 것이고 이들에게는 평균적으로 더 낮은 보험금이 나가게 될 것이기 때문이다.

보험에 들어 있으면 사람들이 손실을 피하거나 줄이려는 노력을 게을리하게 될지 모르는데, 부분 보험은 이 문제도 완화할 수 있다. 보장 수준이 높은 보험에 가입된 자동차 소유주는 가벼운 접촉 사고는 걱정을 덜 할지 모르고 더 싼 수리점에 가기보다 더 편리한 수리점에 가려 할지 모른다. "도덕적 해이moral hazard"라고 불리는 이 문제는, 현실에서 완전 보험이 거의 존재하지 않는 또 하나의 이유이자 낮은 자기부담금을 가진 보험이 더 비싸지는 또 하나의 이유다.

작은 리스크 말고 큰 리스크에 보험을

종합하면, 보험에 대한 표준적인 조언은 큰 리스크에 대해 보험을 들라는 것이다. 얼마나 큰 리스크가 큰 리스크인가? 보험에 들지 않을 경우 손실될 부의 비율(본인의 위험 기피 정도를 감안해 보정)이 보험료의 마크업보다 클 것으로 예상되면 보험에 드는 게 좋은 '큰 리스크'다.[34] 가령 세탁기가 고장날 리스크는 전체 자산에 비해 작은 리스크다. 게다가 이 리스크에 대해 손실을 보전해주는 상품(연장 보증extended warranty 서비스 등)은 마크업이 높은 경향이 있다. 회사 입장에서 청구를 처리하는 운영 비용이 세탁기의 가치에 비해 크기 때문이다.[35] 아무리 위험 기피적인 사람이라도 연장 보증이 거기에 들여야 할 비용만큼의 값어치를 할 가능성은 낮다.

큰 리스크는 거의 언제나 보험에 드는 게 좋지만, 얼마나 많이 구매할 것인가에서 중요한 결정을 내려야 한다. 보험을 더 많이 구매하면(이를 테면 자기부담금을 낮추는 방식으로), 위기가 왔을 때 손실되는 부의 비중을 줄일 수 있지만 비례적인 수준보다 높은 보험료를 내게 된다. 자기부담금이 낮은 보험을 선택했다는 점이 역선택과 도덕적 해이라는 경로를 통해 그들의 리스크 프로필에 대해 보험사에 정보를 주기 때문이다. 앞에서 언급했듯이, 적절한 보장 수준은 위기가 발생했을 때 부의 몇 퍼센트가 소실되게 할지를 (구매자의 위험 기피 정도에 따라 조정한 뒤) 마크업과 같아지게 하는 것이다. 마크업을 알아내려면, 보험수리적으로 공정한 보험료와 위기 발생 시 보험사가 지급해야 할 보험금의 차이를 계산해야 한다. 설명만 들어도 손사래가 쳐지듯이, 평범한 사람에게 이것은 두렵도록 복잡한 수학적 계산의 또 하나의 사례다.

현실에서 사람들이 정말로 이렇게 계산을 하고 있을까? 보험업계에는 "보험은 구매하는 것이 아니라 판매당하는 것"이라는 말이 있다. 사람들이 보험의 필요성을 직관적으로 잘 이해하지 못하기 때문에 판매하는 쪽에서 설득을 해야 한다는 의미다. 사실, 연장 보증은 비교적 판매하기 쉽다. 설득이 제품을 새로 구매하는 시점(가령 세탁기를 사는 시점)에 이루어지기 때문이다. 구매자의 준거점이 제품의 가격 때문에 일시적으로 높아져서 새 세탁기나 자동차 등의 가격에 비해 연장 보증 비용은 객관적으로는 비싸더라도 비싸게 느껴지지 않을 수 있는 것이다.

큰 리스크에 대해 사람들은 두 가지 실수 중 하나를 저지르곤 한다. 어떤 사람은 큰 리스크에 대해 보험을 전혀 들지 않아서 재앙적인 결과를 초래할 수 있는 위험에 아무런 보호 없이 자신을 노출시킨다. 이 실수는 가난한 사람들 사이에서 더 흔하다. 이들은 보험상품에 덜 익숙하고, 당장 내야 하는 보험료를 낼 돈이 없다.[36] 아이러니한 점은, 가진 부가 적으면 어떤 리스크이든 그 사람의 부에 더 높은 비중의 손실을 입힐 수 있다는 점이다. 따라서, 사실 가난할수록 더 열심히 보험에 가입해야 한다.

다른 한편으로, 어떤 사람은 자기부담금이 낮은 비싼 보험을 고집한다. 비싸기도 하고 자기부담금이 낮은 보험과 높은 보험이 있을 때 이 둘이 지급하는 보험금의 차이는 이 둘의 자기부담금의 차이(기껏해야 100~200달러를 넘지 않을 것이다)보다 클 수 없기 때문에 사실상 작은 리스크에 대해 보험을 드는 격인데도 말이다.[37] 이런 행동의 한 가지 이유는, 위기가 왔을 때 자기부담금을 내기 위해 비상금을 헐기를 꺼리는 심리일 것이다(하지만 자기부담금이 높은 보험상품에 가입하면 불입해야 할 보험료가 낮아서 비상금을 더 많이 저축할 수 있다). 비상금 자체를 마련해두지 못했기 때문에 자기부담금이 낮은 상품을 선택하는 것일 수도 있다. 혹은 보험료가 "받는 것 없이 돈만 내는 것"으로 느껴져서, 보험료도 냈는데 자기부담금까지 내야 한다는 사실을 받아들이지 못하는 것일 수도 있다.[38]

몇몇 극단적인 경우에는, 자기부담금이 낮은 보험보다 자기부담금이 높은 보험이 금전면에서 '확률적으로 우세'한데도 많은 사람들이(특히 미국의 건강보험 시장에서) 자기부담금이 낮은 보험을 구매한다.[39] "확률적 우세"는, 손실액이 얼마이든 상관없이, 자기부담금이 낮은 보험이 자기부담금이 높은 보험 대비 지급하는 추가적인 보험금이 자기부담금이 낮은 상품에 가입하기 위해 추가적으로 내야 하는 보험료보다 **언제나 적다**는 의미다[이 경우 자기부담금이 낮은 상품이 확실하게 열등한 상품이다]. 최근에 미국의 대학 종사자들을 대상으로 수행한 대규모 연구 결과, 이 실수는 저소득 노동자들 사이에서, 그리고 교수들보다는 교직원들 사이에서 더 많았다. 대학의 저소득 종사자들은 자기부담금이 낮은 건강보험을 구매하는 바람에 그렇지 않았을 경우에 비해 연봉의 5퍼센트를 더 내고 있었던 반면 고소득 종사자들은 연봉의 1퍼센트만 더 내고 있었다.[40]

자기부담금이 낮은 보험에 가입하는 실수가 저소득, 저학력 직원들에게서 더 흔하긴 하지만 교육 수준이 높은 사람도 종종 헷갈리곤 한다. 이 책의 저자 중 한 명인 존은 그가 재직하는 하버드의 교수 모임에서 많은 동료 교수들이 학교가 자기부담금이 높은 건강보험을 독려하는 데 분개했던 것을 기억한다. 당시 교무담당 부총장이었고 저명한 보건경제학자인 앨런 가버Alan Garber는 그 건강보험 상품이 합리적으로 설계되어 있고 가격이 매력적이라는 점을 교수들에게 납득시키지 못했다. 이런 사례가 있지만, 건강보험 상품들 사이에서 선택을 잘못 내리는 실수는 불필요하게 복잡한 개인금융 시스템이 가난한 사람들에게 더 크게 악영향을 미치는 또 하나의 사례다.[41]

종합하면, 사람들의 보험상품 구매 결정은 성공회 기도서Book of Common Prayer에 나오는 다음의 참회를 연상시킨다. "우리는 해야 할 일을 하지 않고 내버려두었고 하지 말아야 할 일을 했습니다." 문제는 사람들이 늘 너무 많은 보험이나 너무 적은 보험을 구매한다는 점이 아니라 자신의 객관적인 필요에 맞게 구매하지 않는다는 점이다.[42]

장기 보험과 효력 상실

인생에서 봉착하게 되는 심각한 리스크 중 어떤 것은 시간이 가면서 점점 더 커진다. 이를 테면 나이가 들면서 건강이 악화되면 사망 확률이 높아지고, 그러면 생명보험의 가치가 더 커진다. 하지만 그의 건강 상태를 보험사가 안다면 보험료가 비싸질 것이다.

서서히 드러나는 리스크는 평범한 리스크보다 관리하기가 더 어렵다. 한 가지 문제는 사람들이 이런 위험의 심각성을 제대로 가늠하지 못한다는 점이다. 많은 연구 결과가 사람들이 끔찍하지만 드물게 발생하는 갑작스런 사망 원인(교통사고나 자연재해처럼 머리에 곧잘 떠오르는 것)은 과대평가하고 오랜 시간에 걸쳐 사망

가능성이 점점 높아지는 사망 원인(심장병처럼 머리에 곧잘 떠오르지 않는 것)은 과소평가함을 보여준다.[43] 이는 보험 수요가 극적인 사건 쪽으로 치우치게 하고 일상적이지만 궁극적으로 더 심각한 리스크는 간과되게 만든다.

두 번째 문제는 서서히 드러나는 리스크에 대해서는 1년씩만 보장되는 단기 보험으로 적절하게 보호될 수 없다는 점이다. 10년 동안 병이 점점 심해지다가 10년째 해에 사망하는 경우, 1년마다 보험에 가입한다면 뒤로 갈수록 보험료가 비싸지다가 감당할 수 없는 정도가 될 것이고 정작 사망 시점에는 보험에 들어 있지 않을 수 있다. 이에 대한 해법은 아직 건강할 때 '장기' 보험을 드는 것이다. 실제로 생명보험은 대개 보험 만기가 길고(때로는 종신이다) 전체 기간 동안 처음에 미리 정한 액수의 보험료를 낸다.

장기 보험의 월 보험료는 일반적으로 전체 보험 기간 내내 평평하거나 아주 완만하게 올라간다. 보험 기간 중 초기에는 보험사 쪽에 수익성이 있다. 보험 가입자가 비교적 건강하기 때문이다. 하지만 보험 기간 중 후기에는 가입자가 나이가 들고 병이 생기게 되므로 보험사에 손실이 난다. 이 구조는 보험사가 역선택을 막는 데 도움이 된다. 건강한 보험 가입자도 전체 보험 기간 중 나중 시기에는 보험에 들어 있는 것이 유리해지므로 보험료를 계속 낼 유인이 있기 때문이다.

이런 보험료 구조의 문제는, 장기 보험을 들어놓고 중간에 보험료 납부를 중단할 경우 보험의 효력이 상실되어 큰 손해를 보게 된다는 점이다. 그 가입자는 지불하는 보험료보다 이득이 적은 초기에만 보험에 들어 있고 정작 보험에 들어 있는 것이 유리해지는 후기에는 보험에 들어 있지 않은 상태가 된다. 이런 사례는 놀라울 만큼 흔하다. 2021년에 발표한 한 연구에서 대니얼 고틀리엡Daniel Gottlieb과 켄트 스메터스Kent Smetters는 미국에서 1990~2010년 사이에 78퍼센트의 생명보험이 만기 전에 효력이 상실되었음을 발견했다.[44]

보험료를 내지 않고 방치해 효력이 상실되게 하는 사례가 이렇게 많은 데는 몇 가지 이유가 있다. 하나는 소득과 지출의 등락이 클 경우에 생기는 일반적인 어려움이다. 궂은 해에는 보험료를 내는 게 사치로 보이기 쉬워서 보험 보장을 포기하면서 지출을 아끼려고 할 것이다. 또 한 가지 이유는 단순히 보험료 납부를 깜빡하는 것이다. 고틀리엡과 스메터스의 연구에 따르면 보험 효력이 상실된 사람들의 3분의 1이 갱신을 깜빡했고 보험 효력이 상실되었다는 사실 자체를 모르고 있는 경우도 있었다. 이유가 무엇이든, 사람들은 자기에게 그런 일이 생기리라는 것을 잘 예상하지 못한다. 보험에 새로 가입하는 많은 사람들이 자신이 보험료를 내지 않아 보험 효력이 상실될 가능성을 실제로 나중에 그렇게 되는 정도에 비해 훨씬 작게 예상한다.

효력 상실이 많으면 보험사 입장에서는 비용이 낮아진다. 효력이 상실되었으니 보험금이 나가지 않아도 되기 때문이다. 이렇게 얻는 이득으로 생명보험사들은 고객 경쟁에서 우위를 점하기 위해 보험료를 낮춘다. 보험에 가입했으나 효력이 상실될 사람들이 그렇지 않은 사람들에게 보조금을 주는 격이다. 보험료를 내지 않아 효력이 상실되는 사람들이 주로 소득이 들쭉날쭉한 사람들이라면, 이들은 대체로 금융 지식이 더 적은 사람들이기도 하다. 따라서 이는 현재의 금융 시스템이 불평등을 악화하는 또 하나의 경로가 된다. 더 가난하고 금융 지식과 수완이 적은 사람에게서 더 부유하고 금융 지식과 수완이 많은 사람에게로 자원을 옮기게 되는 것이다.

보험 의무 가입, 번들링, 상품 비교

보험에 의무적으로 들게 되어 있는 경우도 많다. 모기지 제공자는 대출자가 주택보험에 들어 있을 것을 요구한다. 주택이 모기지 대출의 담보이므로 화재 등 손상 위험에서 보호되어야 하기 때문이다. 마찬가지로, 자동차 등록 기관은 일반적으로 차량 소유자가 적어도 다른 운전자나 다른 차량에 우발적으로 손상을 입히는 경우에 대비해(대인, 대물 배상) 보험에 들어 있을 것을 요구한다.

원칙적으로 우리는 보험 가입 의무화에 반대하지 않는다. 모두가 의무적으로 들어야 하므로 가장 리스크가 큰 사람들만 보험에 가입하게 되는 역선택 문제를 없앨 수 있다. 하지만 의무 보험에 여타의 금융상품이 번들로 결합되면 문제가 발생한다. 번들링은 그 안에 포함된 개별 상품의 가격을 알기 어렵게 만들기 때문에 금융회사가 순진한 고객에게 금융상품을 강매하기 더 쉽다. 극단적으로는 대규모 오남용으로 이어지기도 한다. 유명한 사례로, 1장에서 본 영국의 지급보증보험 불완전판매 사건이 있는데, 신용카드사와 은행들이 신용 계약에 보험을 결합했다. 하지만 사람들은 보험이 결합되어 있는 줄 몰랐고, 숨겨진 보험의 존재를 알았다 해도 보험금 수령 조건이 되지 않아 정작 보험금을 청구할 수 없었다. 피해자들의 오랜 민원 제기와 소송 끝에 카드사와 은행들은 피해를 본 소비자에게 많은 액수를 환불해주어야 했다. 2021년 4월 현재 환불된 액수가 380억 파운드에 달한다.[45]

우리는 보험상품이 번들링되지 말고 언제나 개별적으로 판매되어야 한다고 생각한다. 보험 가입이 의무적일 때도 그렇다. 그리고 소비자들은 가장 가격이 좋은 보험상품을 적극적으로 알아보고 고르도록 독려되어야 한다. 개인금융의 다른 영역에서도 그렇듯이 보험도 제공하는 회사마다 가격에 상당한 차이가 있다. 최근에 막대한 보험금이 청구되어 큰 돈이 나가야 했을 경우, 보험사는 줄어든 자본금을 메우기 위해 보험료를 올리는 경향이 있다.[46] 이에 더해, 어떤 보험사는 보험금을 비교적 청구되는 즉시 내어주는 반면 어떤 곳은 "지연하고 부인하라" 전략을 따른다.[47] 그런데도 많은 사람들이 너무 복잡하고 회사마다 다른 용어와 약관을 이해하기 어렵다고 생각해 발품 팔아 알아보기를 싫어한다. 투자상품처럼 보험상품도 단순해야 하고 표준화되어야 한다. 그래야 개인별로 특수한 리스크를 풀링해 분산하고 리스크를 감당할 준비가 가장 잘 된 사람들에게 배분하는 경제적 기능이 이루어질 수 있다.

7장

안정적인 노후를 준비하기

세상에 태어난 아기는 스스로를 돌볼 수 있게 되기까지 여러 해 동안 돌봄이 필요하다. 그리고 삶의 마지막에 다가갈 때 다시 한 번 외부의 도움에 의존해야 한다. 인간 조건의 이 특징은 스핑크스의 수수께끼("하나의 목소리를 가졌으되 아침에는 네 발로, 오후에는 두 발로, 밤에는 세 발로 걷는 것이 무엇이냐?")가 이미 고대 신화에 등장하는 데서 볼 수 있듯이 오래고 익숙한 것이다.[1]

스핑크스 수수께끼의 현대적 버전으로, 생애의 중간 시기인 성인기에 갖는 소득 창출 능력을 활용해 생애 이른 시기의 교육 및 주거 비용과 생애 후기의 노후 자금을 어떻게 댈 것인지 질문해 볼 수 있을 것이다. 소득은 생애의 중간 시기에 집중되는데 지출이 필요한 일은 생애 전체에 퍼져 있기 때문이다. 경제학에서는 이것을 '생애 주기 문제'라고 부른다. 5장에서 우리는 생애 초기에 해야 할 지출에 자금을 마련하는 전략을 알아보았다. 이 장에서는 은퇴 이후에 필요한 자금을 마련하는 문제를 살펴보자.

늘어난 수명과 줄어든 자녀 수

오늘날에는 사람들이 전보다 오래 살기 때문에 노후 자금 마련이 매우 중요한 문제다. 식생활, 위생, 의료 등의 개선으로 전 세계에서 기대수명이 크게 늘었다. 1950년에서 2020년 사이에 평균 기대수명은 유럽에서 15년 가까이 늘었고 미국에서는 17년, 아프리카에서는 25년, 아시아에서는 무려 32년이나 늘었다.[2]

기대수명 증가와 나란히 출산율이 감소했다. 지난 세기 중반에는 전 세계적으로 여성 한 명이 평균 5명을 낳았는데 오늘날에는 이 숫자가 2.5명으로 절반 수준이 되었다. 선진국은 더 낮아서 2명이 채 안 되고 아프리카에서만 여전히 4명이 넘는다.[3] 이러한 인구학적 변화에는 여성의 교육 기회 확대, 현대적인 피임법 발달, 아동사망률 감소, 주거 비용 증가, 가구 소득 증가(아동의 노동에 가족의 생계가 달려있지 않게 되었다) 등 다양한 요인이 영향을 미쳤다.

기대수명이 늘고 출산율이 줄면서 세계의 인구 구조가 극적으로 달라졌다. 그림 7.1의 "연령 피라미드"가 이 변화를 잘 보여준다. 연령 피라미드는 어느 시점에 생존해 있는 사람들의 인구 구조를 보여준다. 중앙의 짙은 피라미드는 1950년의 인구 구조인데, 성인 대비 어린 아이들이 많아서 바닥이 매우 넓고 노인 인구가 적어서 꼭대기가 좁다. 색이 중간 정도로 옅은 것은 1980년이고 가장 옅은 것은 2020년이다. 전체 면적은 총 인구가 증가하면서 늘었지만 모양이 뭉툭해졌는데, 젊은 층 대비 노인 인구가 더 많이 증가했다는 뜻이다. 세계 인구는 증가세가 완화되다가 금세기 말이면 감소세로 역전될 것으로 보이지만 인구 구조의 뭉툭화

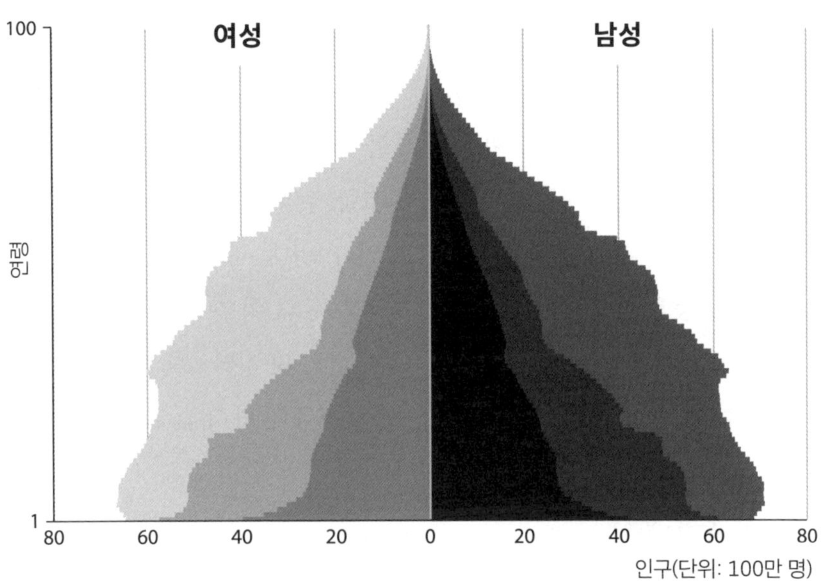

그림 7.1 | 세계 인구 피라미드

세로축은 유년부터 노년까지 서로 다른 연령 집단을 보여준다. 가로축은 해당 시점에 생존해 있는 남성(오른쪽)과 여성(왼쪽)의 수를 나타낸다. 각각의 곡선은 20세기와 21세기의 서로 다른 연도다.

출처: Department of Economic and Social Affairs,
"World Population Prospects 2024," United Nations, https://population.un.org/wpp/

추세는 계속 이어질 것으로 보인다.

고령화에 더해 가족 구조도 달라졌다. 젊은 식구와 함께 사는 노인 수가 줄었고 더 많은 성인이 미혼이거나 소규모 핵가족을 꾸리고 있다. 아동 돌봄과 노인 부양 둘 다에서 전통적인 자금 마련 방식이 달라져야 한다는 의미다.

전통 사회에서는 성인이 나이가 들어 더 이상 노동을 하지 않는 시점이 되면 같이 사는 젊은 가족이 그를 부양했다. 이 시스템은 현재도 세계의 많은 곳에서 유지되고 있다. 현대 사회에서는 젊은층이 노년층을 부양하는 시스템이 조세를 통해 이루어진다. 현재의 노동 인구에게 과세해서 은퇴한 사회구성원 및 기타 도움이 필요한 사람에게 직접 지급하는 것이다. 이러한 "부과 방식pay as you go" 연금은 전통 방식을 가족 단위에서 사회 전체 단위로 확장한 것이라고 볼 수 있다.

대부분의 나라가 "부과 방식"을 어느 정도는 사용하지만 은퇴 인구 대비 노동 인구가 줄면 이 시스템은 재정 압박에 처할 수 있다. 그림 7.1에서 보았듯이, 전 세계적으로 인구 피라미드가 점점 더 뭉툭해지면서 이 문제가 많은 곳에서 현실화되고 있다.4 공적 연금이 종종 "확정 급여defined benefit"를 약속하므로, 정부들은 시스템을 유지하기 위해 현재의 노동자들이 내는 돈을 늘리고 수급자가 받는 연금 액수를 줄여야(가령 연금 개시 연령을 늦추는 식으로) 했다.

공적 연금이 제공하는 가장 기본적인 수준의 소득은 노후에 중산층의 생활 수준을 누리기에 불충분한 경우가 많다. 예를 들어 미국에서 2000년에 태어난 사람 기준으로 사회보장 대체율(노동하던

기간의 평균 소득 대비 사회보장 급여액 비율)은 저소득층의 경우에
는 50퍼센트가 넘지만 소득이 사회보장세 부과상한선(2024년에
16만 8,600달러였다)보다 높으면 20퍼센트 정도밖에 되지 않는다.

부과 방식 연금처럼 현재의 노동 인구로부터 은퇴 인구로 소득
을 직접 이전하는 방식이 아닌 방법으로는 정부나 개인이 금융 자
산을 적립해 거기에서 수익이 창출되게 한 뒤 그 수익을 현재 노
년층의 노후 소득으로 지급하는 방식이 있다. 이 방식에는 두 가
지 유형이 있다. 하나는 자산을 정부나 고용주(민간 기업과 지방 정
부도 포함)가 대규모 기금으로 보유하고 이 기금을 운용해 은퇴자
에게 확정된 액수의 급여를 지급하는 것이다. 개인의 관점에서 보
면, 확정 급여 연금은 단순히 미래 소득 지급에 대한 약속이다. 이
는 확정 급여 연금 수령자가 그 급여가 현재 젊은 노동자가 기여
하는 돈에서 나오는지, 연금 기금의 운용 수익에서 나오는지 신경
쓸 필요가 없다는 의미다. 다만, 두 경우 모두 약속된 급여가 안정
적으로 지급될지에는 신경을 써야 하고 따라서 연금 지급을 궁극
적으로 보장하는 곳의 재무 안정성에 관심을 기울여야 한다. 최근
미국에서는 주 정부와 지역 정부가 확정 급여 약속을 지킬 수 있
느냐에 대해 심각한 우려가 일고 있다.[5]

두 번째 유형은 개인이 은퇴 저축계좌를 개설해 여기에 불입된
자산을 운용하고 보유하는 확정 기여defined contribution 형태다.
(매 시점의 시장 가치를 산정할 수 있는 있지만) 정해진 액수의 소득
흐름이 일정하게 보장되는 것이 아니기 때문에 확정 기여는 확정
급여와 매우 다르다.

최근 확정 급여형에서 확정 기여형으로 이동하는 추세가 꾸준

히 나타나고 있다. 미국의 경우 50년 전에는 고용주가 제공하는 연금이 일반적으로 확정 급여형이었는데 현재는 거의 모두 확정 기여형이다(중요한 예외는 주 정부와 지방 정부 공무원의 연금이다). 미국 소비자금융조사에 따르면 1980년대 말에는 젊은 가구(가장의 나이가 35~44세 사이)의 절반 가까이가 확정 급여형 연금을 보유하고 있었는데 2010년대 중반에는 이 숫자가 20퍼센트가 채 되지 않았다. 다른 나라들에서도 비슷한 경향이 발견된다. 호주는 확정 기여형 추세로 더 먼저 이동한 나라인데, 1992년에 고용주가 제공하는 확정 기여형 연금 시스템을 수립했다.

이러한 변화의 한 가지 이유는 고용주의 관점에서 볼 때 직원들에게 확정 급여형 연금을 약속하면 관리가 어려운 장기 부채를 갖게 된다는 점이다. 확정된 액수를 지급하려면 고용주는 충분한 액수의 자산을 떼어놓아야 한다. 하지만 리스크 없는 안전 자산으로 운용한다고 해도 먼 미래에는 가치가 불확실하기 때문에 간단한 일이 아니다. 연금 자산이 약속된 급여를 지급하기에 충분하지 않아지면 고용주는 부족분을 자신이 메꿔야 한다. 게다가 연금을 지급해야 할 기간이 얼마가 될지도 불확실하다. 사람들이 더 오래 살아서 더 오랜 기간 연금을 지급해야 하면 고용주의 위험 노출이 높아진다. 이렇게 리스크가 있다 보니 기업들이 본연의 사업에 집중하지 못하고 자산 운용사처럼 행동하게 된다.

확정 급여형이 줄어드는 또 하나의 이유는 고용 속성의 변화다. 과거에는 좋은 구조의 연금을 가질 수 있다는 것이 한 회사에 오래 다니게 할 유인의 하나로 작용했을 것이다. 하지만 이제는 한 회사에 평생 다니는 것이 일반적이지 않으므로, 기업들은 직원이 금방 그만둘지도 모르는데 미래에 오랜 기간 은퇴 급여를 보장하는 구조의 연금을 제공할 이유가 적어졌다.

확정 급여형에서 확정 기여형으로 이동하면 고용주는 압박이 완화될 수 있지만 노동하는 가구들은 추가적인 부담을 갖게 된다. 가구들은 고용주가 운용하는 은퇴 계정에 참여할지, 별도의 방식으로 자신의 미래를 대비할지 결정해야 한다. 소득의 얼마를 노후를 위해 저축할지, 은퇴 자산 운용은 어떻게 배분하는 것이 가장 좋은지, 모아둔 자산을 은퇴 이후에 언제 어떻게 헐어서 쓸지도 자신이 직접 결정해야 한다. 일하고 가정도 꾸리느라 가뜩이나 바쁜데다 먼 미래의 불확실한 결과들을 두고 복잡한 선택을 내리는 일에 익숙하지 않은 너무나 많은 가구가 이러한 결정을 잘못해서 노후의 삶의 질에 중대하고 장기적인 피해를 입곤 한다.

이 어려움이 이 장의 주제다. 우리는 합리적인 노후 자금 의사 결정의 주요 원칙을 설명하고, 현실에서 가구들이 실제로는 노후를 어떻게 대비하고 있는지 실증 근거들을 검토할 것이다. 이를 통해 현 시스템의 문제점을 드러내고 이를 시스템 개선 방법에 내한 이후 장들의 토대로 삼을 것이다.

은퇴 저축

세제 혜택이 있는 은퇴 계좌

은퇴 자산은 수년 동안, 아니 종종 수십 년 동안 투자되므로 수익률이 얼마인지가 은퇴 시의 자산 가치에 큰 차이를 가져올 수 있다. 1달러를 연 실질 수익률 1퍼센트로 30년간 투자하면 실질 가치가 1.35달러인데 실질 수익률이 3퍼센트이면 2.42달러가 되고 5퍼센트이면 4.32달러가 된다. 복리의 위력 때문에 은퇴 저축자는 자산 운용 수수료나 세금 등으로 인한 수익률 손실을 최소화하는 것이 매우 중요하다.

대부분의 국가가 자본 소득(금융 투자에서 받는 이자나 배당금 등)에 과세를 하기 때문에, 세금은 은퇴 저축자들이 세심하게 신경 써야 하는 부분이다. 조세는 저축에 대한 수익률을 낮추고 저축자의 세 부담을 늘린다. 봉급 전체를 다 지출하는 사람은 봉급에 대한 소득세만 내지만 일부를 저축하는 사람은 봉급 전체에 대해 소득세를 낸 뒤 그중 저축한 금액을 투자했을 때 나오는 새로운 수익에 대해서도 세금을 낸다.

자본 소득 중 세금으로 줄어드는 부분은 인플레가 있으면 더 커진다. 과세될 때 자본 소득이 명목 금액으로 정의되기 때문이다. 인플레율이 3퍼센트이고 명목이자율이 5퍼센트일 경우 저축자의 세전 실질수익률(명목수익률에서 인플레율을 제한 것)은 2퍼센트다. 하지만 명목수익률이 5퍼센트인데 40퍼센트 세율로 과세가 된다면 5퍼센트의 60퍼센트인 3퍼센트만 받게 된다. 여기에서 인플레율 3퍼센트를 제하고 나면 세후 실질수익률은 제로다. 인플레로 화폐의 실질 가치가 잠식되어서 명목수익률과 실질수익률이 다른데 자본소득세 체제는 이를 반영하지 않고 모든 명목 수익률이 실질적인 수익인 것처럼 과세하기 때문에 생기는 문제다.

많은 나라가 자본 소득에 대한 과세가 은퇴 저축자들에게 어려움을 야기한다는 사실을 알고 있어서 이를 해소하기 위해 세제 혜택이 있는 은퇴 계좌를 만들었다. 자본소득세를 회피하려는 부유한 투자자를 돕는 격이 되지 않으면서 평범한 은퇴 저축자에게 도움이 될 수 있도록 세금 우대 은퇴 계좌는 넣을 수 있는 돈의 액수에 상한이 있고 어떤 상황일 때 그 돈을 인출할 수 있는지에도 제약이 있다. 세금 우대 은퇴 계좌에는 크게 두 종류가 있는데, 영국과 미국 모두에 둘 다 존재한다. "전통적인" 은퇴 계좌는 계좌에 돈을 넣을 때 세금 혜택이 주어진다(영국에서는 고소득 가구로 갈수록 혜택이 크게 줄어든다). 기본적으로 세전 소득이 불입되는 것이다. 하지만 나중에 인출할 때 그 사람에게 해당하는 소득세율로 과세된다. 이와 달리 미국의 로스Roth 계좌와 영국의 개인저축계좌Investment Savings Accounts, ISA는 세후 소득을 불입하는 대신 인출 시점에 세금이 면제된다.

로스/ISA 계좌는 특히 젊은 사람들에게 중요한 장점이 있다. 돈이 들어올 때 세금을 내고 돈이 나갈 때는 세금을 내지 않으므로, 누진세 시스템에서 향후 자신에게 적용될 세율이 높아질 가능성이 있는 젊은 가구에 유리하다. 또한 과세가 먼저 이루어지기 때문에 은퇴 저축자들이 훗날 그 돈을 인출할 때 내야 할 미래의 세금을 고려하지 않고도 자신의 은퇴 자산을 나머지 자산과 직접적으로 비교할 수 있다. 로스/ISA 계좌는 인출에 대한 제약도 없어서 위기가 닥쳐 비상금이 필요할 때 유동성이 더 즉각적으로 보장된다.[6]

은퇴 계좌를 이용할 수 있는지는 나라마다 다르고 각 가구의 사정에 따라서도 다르다. 미국의 큰 민간 기업들은 직원에게 401(k) 계좌를 제공한다. 이것 외에 개별적으로 개인은퇴계좌Individual

Retirement Accounts, IRA도 따로 만들 수 있다. 401(k) 계좌는 재직 중인 회사가 이용하는 401(k) 플랜 제공자와 합의된 투자 선택지만 제한적으로 제공하는 반면, IRA는 투자 선택지가 더 광범위하고 유연하다. 하지만 401(k)는 불입 금액 한도가 훨씬 높다.[7] 401(k)를 제공하는 회사에 다니는 사람은 은퇴 저축에 세제 혜택을 최대한 많이 받기 위해 401(k) 계좌에 참여하는 것이 좋다.

세금 우대 계좌가 있을 때 은퇴 저축자들이 되도록이면 그것을 이용해야 하는 이유는 알기 어렵지 않지만, 정부가 사람들에게 은퇴 저축을 독려하기 위해 조세 인센티브를 사용해야 하는 이유는 근거가 이보다 약하다. 중대한 우려 하나는 조세 인센티브의 세제 혜택을 잘 알고 그에 따라 행동하는 사람은 부유한 사람일 가능성이 크기 때문에 이러한 세제 혜택이 불평등을 심화한다는 점이다. 또한 부자들은 세제 혜택으로 저축을 늘리는 것이 아니라 이미 가지고 있는 자산을 과세되는 계좌에서 비과세 계좌로 옮기기만 할지도 모른다. 덴마크의 은퇴 저축 시스템에 대한 한 연구에서, 추가적으로 1달러의 저축을 더 독려하기 위해 덴마크 정부가 포기해야 하는 조세 수입이 100달러로 추산되었으며 그 추가적인 저축의 대부분은 이미 노후를 잘 준비하고 있는 부유한 사람들이 하는 것으로 나타났다.[8] 이러한 문제가 있음을 간과하지 않으면서, 우리는 이 책의 뒷부분에서 평범한 사람들에게 은퇴 저축을 독려할 수 있는 여러 방법을 알아볼 것이다.

정부가 은퇴 계좌에 세제 혜택을 주기로 일단 결정했다면, 로스/ISA 방식이 전통적인 방식보다 유리한 면이 있다. 국가 전체적으로 은퇴 자산의 잔액이 더 낮아서(세금이 이미 제해졌으므로) 이를 운용하는 자산 운용업계가 매기는 수수료 총액이 줄어든다. 이에 대해서는 이 책의 뒷부분에서 더 자세히 알아볼 것이다.

노후를 위해 얼만큼을 저축해야 하는가

한 사람이 노후를 위해 얼만큼을 저축해야 하는가는 다양한 요인에 영향을 받기 때문에 계산하기가 쉽지 않다. 가장 중요한 요인은 노동하는 기간과 은퇴 후의 기간(이것은 다시 은퇴 연령, 기대 수명, 노동 시작 연령 등에 따라 다르다), 소득 수준(사회보장 등 공적 연금이 누진적이기 때문에 가난한 사람들이 불입액 대비 많은 급여를 받는다), 노후에 유지하고 싶은 지출 수준("대체율replacement rate"이라고 부르며 은퇴 이후에 노동 시기 소득 대비 어느 정도의 지출 여력을 유지하고 있는지를 의미한다), 은퇴 저축에 대해 원하는 수익률(조세 인센티브, 금리, 본인의 위험 기피 정도에 따라 다르다. 위험 기피 정도가 낮으면 더 높은 평균 수익률을 기대할 것이다) 등이다.

미국에서 많이 언급되는 일반 원칙은 매년 세전 소득의 10~15퍼센트를 은퇴를 위해 저축하라는 것이다(저수득층은 10퍼센트, 소득이 높을수록 15퍼센트 가까이). 어떤 사람이 45년간 노동을 하고 은퇴 이후 20년을 살며 목표로 하는 소득 대체율이 90퍼센트(은퇴 후의 지출 여력이 노동 시기에 비해 10퍼센트 낮아짐)라고 가정하고 계산을 해보자. 현재 중위 소득에 적용되는 조세와 사회보장 급여를 적용하고 실질 수익률은 보수적으로 0이라고 잡았을 때, 위에서 말한 정도의 저축률이라면 저축액이 은퇴 시점에는 6년어치 소득 정도, 은퇴 전 15년 시점에는 4년어치 소득 정도를 쌓는 데 충분할 가능성이 크다. 이것은 어림으로 계산한 것이고 조너던 스키너

Jonathan Skinner가 더 정교한 계산을 했는데, 여기에서도 은퇴가 다가올 때 가지고 있어야 할 목표 저축액으로 비슷한 숫자가 나왔다.[9] 이 숫자들을 고려해, 널리 찬사받는 호주의 연금 제도는 2000년대에 9퍼센트였던 불입률을 2025년부터 12퍼센트로 올리기로 했다.[10]

우리는 이 표준 조언에 두 가지를 덧붙이고자 한다. 첫째, 고용주가 401(k)에 매칭으로 불입해줄 경우 직원들이 자신의 불입액에 대해 누릴 수 있는 수익이 매우 높아진다. 공짜 돈이나 다름 없으므로 매칭 한도만큼 최대한 활용하는 것이 좋다.

둘째, 어떤 사람은 성인기 초기에는 소득이 낮고 이후에 소득이 피크를 친다. 대학 교육을 받고 전문직에 진입하는 사람들이 특히 그렇다. 그렇다면, 소득이 낮은 시기에는 은퇴 저축을 미뤘다가 이후에 더 공격적으로 저축해서 메꾸는 것이 합리적일 수 있다. 세제 혜택이 있는 은퇴 저축을 경력의 초기에 이용하지 못하고 나중에 연봉이 올라갔을 때 상당액을 써버리지 않고 저축할 수 있는 자기규율이 필요하다는 단점이 있지만, 노동 시기 전체에 걸쳐 지출을 부드럽게 조정하는 데는 효과적인 전략이다.[11]

사람들은 충분히 저축하고 있을까

노후를 대비하기에 사람들의 저축액이 충분한지는 미국에서 지속적으로 제기되는 우려이고, 확정 기여형 연금의 규모가 큰 다른 나라들에서도 그렇다. 보스턴 칼리지 은퇴연구센터Center for Retirement Research의 연구를 토대로 한 그림 7.2의 그래프는 우려해야 할 이유를 보여준다. 조사에 참여한 미국 가구의 연령대별 연평균 소득 대비 자산 평균의 비율을 나타낸 것으로, 각각의 선

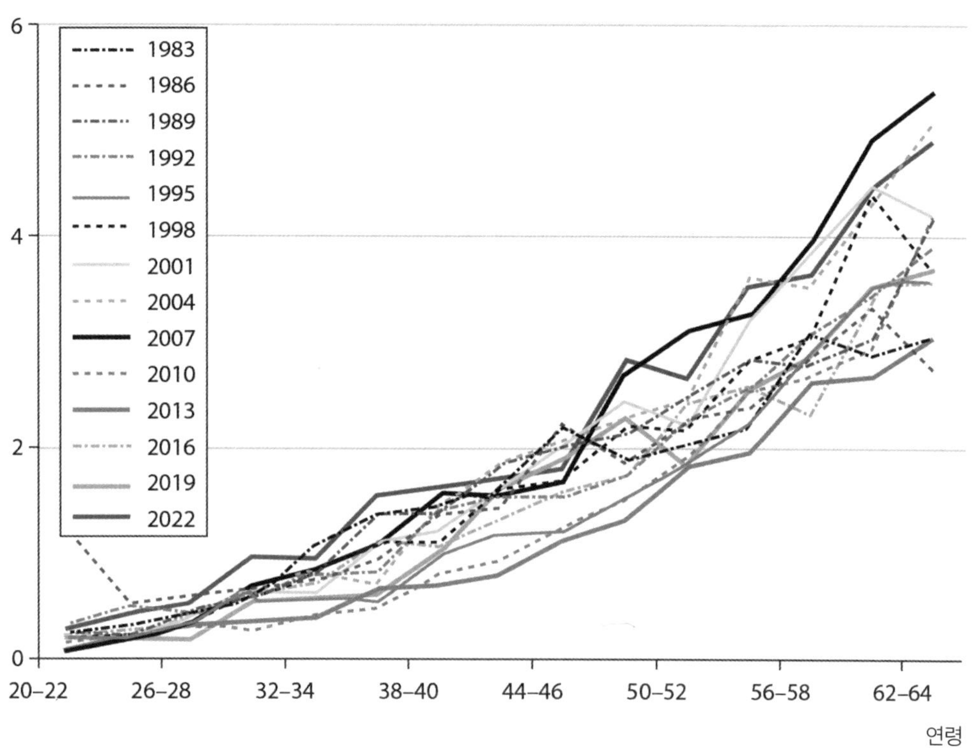

그림 7.2 | 연령별, 시기별 미국 가구의 평균 자산-소득 비율

가로축은 미국 소비자금융조사 참여 가구들을 연령대에 따라 분류한 것이다. 각 선은 조사 연도를 나타낸다. 자산은 은퇴 저축에 포함된 것과 포함되지 않은 것을 모두 포함한 금융 자산과 주택 자본(모기지 부채를 제하고 난 주택 가치)을 포함한다.

출처: Yimeng Yin, Anqi Chen, and Alicia H. Munnell, "The National Retirement Risk Index: An update from the 2022 SCF." 다음의 데이터를 사용했다. Survey of Consumer Finances, 2024, (https://crr.bc.edu/the-national-retirement-risk-index-an-update-from-the-2022-scf/).

은 조사가 수행된 연도다.

그림 7.2에 보이는 선들은 모두 우상향한다. 은퇴 저축도 포함해서 일반적으로 가구의 자산이 점점 더 축적된다는 의미다. 모기지를 차차 갚아나가고 집의 더 많은 비중을 소유하게 되면서 주택 자본도 점점 더 많이 보유하게 된다. 후반부에 기울기가 약간 더 가팔라지는 경향이 있는데, 은퇴에 대비해 더 적극적으로 저축을 하고 모기지 상환금이 이자보다 원금을 갚는 데 더 많이 쓰이기 때문이다. 또한 이 선들은 높이가 다른데(특히 오른쪽 부분에서 그렇다), 주식시장과 주택시장의 등락을 반영한다. 2007년이나 2022년 같은 해에는 직전 시기에 주가와 주택 가격이 올랐기 때문에 소득 대비 자산 비율이 높았고, 특히 투자에서 자본 이득을 더 많이 얻었을 고高연령대가 가구가 그랬다. 주가와 주택 가격이 하락했던 2013년 같은 해에는 이와 반대의 현상이 벌어졌다.

자산 수익률이 높고 낮은 해들을 평균 내보면 자산-소득 비율은 은퇴 시점인 60대 중반 연령대 가구에서 4 이하이고 그보다 15년 이른 50세에는 2.5 정도밖에 안 된다. 위에서 언급한 추천 비율보다 상당히 낮고, 이는 많은 가구가 은퇴 준비를 제대로 하지 않는다는 의미다. 시장 여건이 좋았던 2022년에도 평균적인 자산-소득 비율은 목표치보다 낮았다.

은퇴연구센터는 은퇴 저축이 충분치 않은 가구 비중을 알아보기 위해 소비자금융조사 데이터로 더 상세한 분석을 수행했다. 사회보장 급여, 확정 급여형 연금, 확정 기여형 계좌와 그밖의 저축계좌에서 축적한 부 등에서 나오는 은퇴 이후 소득이 은퇴 시점 지출의 90퍼센트가 되지 않는 가구의 비중으로 국가은퇴위험

지수National Retirement Risk Index, NRRI를 정의했을 때, 평균적인 해에 미국 가구의 절반 정도가 위험 가구인 것으로 나타났다(2021년과 2022년에 주가와 주택 가격이 올라서 2022년에는 은퇴위험지수가 39퍼센트로 낮아지긴 했다).[12] 영국도 비슷하게 우려스럽다. 재정연구소Institute of Fiscal Studies의 면밀한 연구에서 현재 영국의 민간 영역에 고용된 노동자 중 40퍼센트 이상이 은퇴 시점 지출 수준의 67퍼센트를 커버하는 데 필요한 은퇴 저축을 가지고 있지 못할 것으로 예측되었다.[13]

사람들의 은퇴 저축이 충분치 못한 데는 여러 이유가 있다. 우선, 소득 분포의 바닥쪽 사람들은 노동하는 기간에 기본적인 필요를 충족하기에도 소득이 부족해서 저축을 거의 할 수 없다. 다행히 미국의 사회보장 시스템이 누진적이어서, 소득 수준이 낮을 때 대체율을 높게 적용해 저소득층 사람들을 보호한다.

또 다른 이유는 더 많이 저축할 수 있는 유리한 기회를 사람들이 잘 이용하지 못하는 것이다. 어떤 사람은 회사가 제공하는 연금 저축계좌에 참여하지 않는다. 최근에는 많은 회사가 "자동가입-옵트아웃"(자동으로 가입을 시키고 원하지 않을 경우 나갈 수 있게 하는 것) 은퇴 계좌를 운영하고 있다. 이는 일괄적으로 가입시키는 것이 아니라 원하는 사람만 가입하게 하는 '옵트인'과 대비되는 방식이다. 자동가입-옵트아웃 방식을 쓰면 참여율을 높일 수 있지만 효과성에 한계도 있다. 자동가입 시 기본으로 설정되어 있는 저축률이 낮아도 많은 직원들이 설정된 그대로 받아들이기 때문에 저축을 상대적으로 적게 하게 될 수 있고 어떤 경우에는 알아서 선택했더라면 저축했을 정도보다 저축액이 낮아지기도 한다. 그렇다고 기본설정 저축률을 높이면[월급 중 당장 쓸 수 있는 돈이 더 적어지게 되므로] 옵트아웃을 선택해서 은퇴 저축을 아예 안 하는 직원이 많아질 수 있다. 최근 영국 노동연금부의 서베이에서 한 응답자는 연금 불입금 인상을 어떻게 생각하느냐는 질문에 이렇게 한탄했다. "'이러다 파산하겠네, 대체 어디에서 비용을 더 줄일 수 있단 말이야?'라고 생각했습니다. 이미 스카이[케이블 텔레비전]도 중지했고 유선[전화]도 없앴어요. 그런데 나더러 뭘 하라고요?"[14] 또한 사람들은 차차로 나이가 들면서, 특히 직장을 옮길 때, 401(k) 불입금을 줄이거나 새 직장이 은퇴 저축을 자동가입으로 설정하지 않은 경우 옵트인을 하지 않음으로써 처음의 저축 효과를 상쇄하는 방향으로 행동하기도 한다.[15]

주택 자본도 은퇴 시기에 중요한 소득원이 될 수 있지만, 은퇴 전에 사용하지 않았어야 가능한 이야기다. 전통적인 분할 상환 모기지에서는 은퇴 시기 즈음에 모기지 부채의 전부, 혹은 대부분을 갚게 되어 상당한 주택 자본이 생긴다. 하지만 2차 융자 기회가 많아지고 저금리 시기에 재융자와 홈에퀴티 론이 유혹적일 수 있어서(21세기의 첫 20년 동안 전 세계적으로 저금리가 일반적이었다) 주택 자본 형태의 저축 규모가 줄어드는 경향이 나타났다.[16]

어떤 사람들은 금융 시스템을 불신해서 은퇴 계좌에 저축하기를 꺼리고 노후를 주먹구구식 해법으로 대비하려 한다. 영국 노동연금부의 저소득층 가구 대상 서베이를 보면 두 가지 응답이 특히 우려스럽고 이 문제에 많은 시사점을 준다. 하나는 떠들썩했던 연기금 파산 사례를 들면서 이렇게 말하는 것이다. "나라가 연금을 정말로 잘 관리할 수 있다고 생각하지 않습니다. 내가 아는 어떤 사람은 연금에 돈을 꽤 많이 넣었다가 상당히 잃었어요. 거의 10년이 되었는데 아직도 해결이 안 됐대요." 다른 하나의 우려스러운 응답은 표준적인 연금이 아닌 방식을 찾는 것을 정당화하면서 이렇게 말하는 것이다. "아주 아주 먼 미래에나 연금을 받게 될 나 같은 사람에게는 지금 돈을 유용하게 사용하는 것이 인플레 등으로 예측 가능하지 않은 미래에 쓰겠다고 돈을 떼어놓는 것보다 나은 것 같아요. … 그래서 나는 돈을 유동 자산에 넣고 이렇게 저렇게 굴리는 게 좋습니다. … 코인에 약간 투자했고 주식에도 투자했어요."[17]

알기 어려운 결과

중요한 질문은 사람들이 노후 안정성과 관련해 자신이 내리는 금융 의사결정이 가져올 결과를 이해하고 있느냐다. 소비자금융 서베이에는 자신이 어느 정도나 노후 대비가 되어 있다고 생각하는지 묻는 항목이 있는데, 2019년에는 약 3분의 1이 자신이 노후 대비가 되어 있지 않다고 답했다. 국가은퇴위험지수기 절반 징도였던 것에 비해 훨씬 낮은 것이다. 그리고 우려를 표시한 사람 중 44퍼센트는 실제로는 꽤 대비가 잘 되어 있었고, 자신감을 보인 사람들 중 42퍼센트는 실제로는 노후가 위험했다.[18]

이 결과는 사람들이 노후 안전성을 판단하는 데 필요한 이질적인 정보들을 잘 처리하지 못한다는 사실을 말해준다. 어떤 사람은 주택을 소유하고 있지만 모기지가 여전히 큰데도 자신의 주택 자본을 과대평가하고, 어떤 사람은 주택 자본이 많은데도 그것으로 노후의 지출을 충당할 수 있을 가능성을 과소평가한다. 또 어떤 사람은 급여 개시 연령을 늦추면 받을 수 있는 사회보장 급여액이 올라간다거나 본인 사망 시 부부가 각자 받던 사회보장 급여 중 더 높은 급여가 생존 배우자에게 지급된다는 등의 사회보장 내용을 잘 모르고 있을 수 있다.[19]

개인금융의 다른 영역도 그렇듯이 은퇴 저축도 너무 복잡해서 이해하기 어렵다. 해법의 일부는 일하는 시기 중에 노후를 대비해 내리는 결정이 어떤 결과를 가져올지를 더 잘 알리고 소통하는 것이겠지만, 은퇴 저축 시스템 자체를 더 단순하게 만드는 일도 필요하다.

은퇴 자산의 배분

우리는 은퇴 저축에서 매력적인 실질 수익률을 얻는 것이 매우 중요하다고 강조했다. 특히 충분한 확정 급여 연금이 부족한 많은 사람들에게 그렇다. 세금 우대가 있는 은퇴 계좌를 이용해 조세 부담을 최소화하는 것은 이를 위한 첫걸음이지만 이것만으로는 충분하지 않다. 은퇴 저축자는 은퇴 자산을 어떤 투자처에 배분할지 결정하는 어려운 문제를 회피하지 말아야 하고 자산운용사에 지급되는 수수료에 면밀히 신경 써야 한다.

자산 배분과 관련해 흔히 하는 두 가지 실수를 6장에서 이야기한 바 있다. 첫째, 리스크가 있는 자산 시장에 들어가지 않는 것은, 유의미한 저축액이 있으면 아무리 보수적인 사람이라도 더 높은 평균 수익률을 올리기 위해 적어도 어느 정도의 리스크를 감수해야 하기 때문에 실수다. 둘째, 개별 종목에 집중된 포트폴리오를 가지고 있는 것은, 다각화된 포트폴리오보다 높은 수익률을 올리지는 못하면서 더 큰 리스크에 노출되기 때문에 실수다. 이 두 가지 실수는 누가 해도 문제이지만 은퇴 저축자에게는 특히 안 좋은 결과를 초래할 수 있다.

노후에 안정적인 소득 흐름을 가지려면 오랜 기간 동안 자산을 축적해야 한다. 저축계좌나 머니마켓펀드는 단기적으로는 안전하다. 알려진 명목 이자율을 지급하고 단기에는 인플레율을 비교적 확실하게 알 수 있어서 실질 수익률을 꽤 정확히 예측할 수 있기 때문이다. 하지만 장기적으로는 이자율과 인플레율 모두 변동하기 때문에 머니마켓 투자의 실질소득이 줄어들 수 있다. 1990년대 말과 2000년대 말이 그런 경우였는데, 이렇게 되면 단기 저축성 계좌만 가지고 있는 은퇴자는 소득이 충분치 않아질 수 있다. 1장에서 우리는 플로리다의 과부 루스 퍼트남의 사례를 보았다. 루스는 돈을 모두 머니마켓에 넣고 거기에서 나오는 이자로 살아가려 했지만 금리가 하락해 이자 소득이 줄면서 생활비를 충당하기 위해 가진 것들을 내다팔아야 했다.

리스크가 작도록 은퇴 자산을 보수적으로 배분하려면 미 재무부가 발행하는 물가연동채TTPS나 영국 정부가 발행하는 물가연동채inflation-indexed gilt처럼 인플레에 연동된 장기 채권이 포트폴리오에 포함되어야 한다. 단기적으로는 가치가 불안정하지만 장기에 걸쳐 안정적으로 실질 소득이 들어오므로 장기 투자로는 안전하다.[20]

더 높은 수익률을 위해 주식시장 리스크를 감수하고 주식에 투자하려 할 때, 은퇴 저축자들은 자기가 다니는 회사의 주식을 사려는 유혹을 종종 받는다. 가장 익숙한 회사이기도 하거니와 많은 회사가 직원의 헌신을 높이기 위해 회사 주식을 보유하도록 독려하기 때문이다. 회사가 잘 운영되어 주가가 오르고 있다면 자기가 다니는 회사의 주식을 사려는 유혹은 더 클 것이다.[21] 하지만 6장에서 보았듯이 회사의 운영이 문제에 처했을 때는 두 배로 고통을 겪는다. 일자리도 잃고 바로 그때 은퇴 저축의 가치도 잠식될 수 있는 것이다. 1장에서 본 조지 매독스처럼 엔론 직원들에게 이런 일이 벌어졌다. 자기가 다니는 회사의 주식은 회사가 가격 할인 등 후한 인센티브를 제공할 때만 은퇴 자산 포트폴리오에 포함해야 하고 이 경우에도 많은 비중으로는 포함하지 말아야 한다.

은퇴 자산을 배분할 때, 가장 극단적인 실수를 피하는 것과 노동하는 기간 전체에 걸쳐 현명한 투자 전략을 따르는 것은 다른 문제다. 다행히 사람들의 결정을 더 쉽게 만들어주는 금융상품이 많이 개발되어 있다. 가령 미국에서 인기가 높아지고 있는 뮤추얼펀드의 일종인 목표일 펀드Target Date Fund는 401(k)에 기본으로 설정된 자산 배분 옵션에 대개 포함되어 있다.[22] 목표일 펀드는 주식과 장기채권 들을 포함해 다각화된 포트폴리오로 구성되어 있으며, 미리 정해진 가중치에 따라 주식 비중과 채권 비중을 주기적으로 조정하기 때문에 시장에 등락이 있어도 자산 배분이 비교적 안정적으로 유지된다. 가중치 자체도 투자자가 나이가 들고 목표일에 가까워짐에 따라 점진적으로 조정된다. 목표일은 은퇴 시점 즈음일 텐데, 이 시점에 가까워질수록 주식 가중치는 낮아지고 채권 가중치는 높아진다.

이같은 자산 배분 전략은 왜 좋을까? 장기 자산을 강조하는 이유는 장기간에 걸쳐 안정적으로 소득이 나와야 할 필요성 때문인데, 실질 금리가 불안정할 때 머니마켓보다는 채권과 주식이 이 목적을 더 잘 충족한다. 금리가 하락할 때는 채권 가격이 올라서 저금리로 인해 소득이 감소하지 않게 보호한다. 비슷하게, 6장에서 보았듯이 주식의 경우 장기 수익률이 하락할 때 주가는 반대 방향으로 움직이는 경향이 있으므로 장기 수익률이 낮을 때 소득 흐름이 받는 타격이 완화된다.[23]

이에 더해, 목표일 펀드는 젊은 사람의 경우 미래의 수익 창출 능력이라는 형태로 채권과 성격이 유사한 자산을 이미 보유하고 있다는 점을 감안한다. 수익 창출 능력은 "임금"의 형태로 안정적인 수입을 가져다주는데, 이것을 채권 수익이 들어오는 것에 비견할 수 있다. 임금은 완전히 안전하지는 않지만 대부분의 사람들에게는 금융 자산보다 안전해서, 암묵적으로 장기 채권을 보유한 것으로 생각할 수 있다.[24] 빙하의 95퍼센트가 수면 아래에 있듯이 미래의 수익 창출 능력은 눈에 보이지 않지만 젊은 사람이 가진 자원을 생애에 걸쳐 안정화하는 효과가 있다. 나이가 들어가면서 사람들은 수익 창출 능력을 금융 자산으로 변환한다. 이 말은, 나이가 들수록 포트폴리오에서 채권 비중을 높여야 실질 은퇴 소득의 전반적인 안정성을 유지할 수 있다는 의미다.[25]

많은 장점이 있지만, 목표일 펀드가 완벽한 것은 아니다. 일부 펀드는 조심성을 너무 강조한 나머지 가입자가 젊은 시기에도 고정 소득 자산에 너무 높은 가중치를 둔다. 어떤 펀드는 액티브 자산을 운용하는 데 높은 수수료를 물리는데 사실 운용 성과가 높지도 않다. 또 목표일 펀드는 투자자의 나이에 따라 자산 배분을 달리하긴 하지만 투자자가 이미 달성한 자산-소득 비율은 고려하지 않는다. 하지만 이 비율은 연금 개시일, 불입 이력, 소득 변화, 금융시장의 성과 등에 따라 달라지며, 은퇴 자산 배분에 고려되어야 한다.[26] 사용하기 쉬우면서도 정교한 은퇴 저축 투자 상품을 제공하려면 분명히 더 개선될 여지가 있다. 하지만 미국에서 현재 이용 가능한 목표일 펀드조차 은퇴 자산 투자에 충분히 사용되고 있지 못한 것이 현실이다.

노후 생활

노후를 위해 저축을 하는 데만 어려움이 있는 것이 아니다. 은퇴 시점에 도달하면 저축은 이제 멈추지만 새로운 어려움에 직면한다. 생활 수준을 유지하기에 필요한 지출을 충당하기 위해 은퇴 자산을 어떻게 현금화해 사용할지 결정해야 하는 것이다.

연금 퍼즐

노후에 대해 가장 단순한 접근은 모아놓은 돈을 일정 속도로 꺼내 쓰면서(얼마씩 꺼내 쓸 것인지는 해놓은 투자의 기대 수익이 높으냐 낮으냐에 따라 다를 것이다) 그 소득 흐름이 사망 시까지 지속되기를 바라는 것인데, 이 전략의 문제는 남은 수명이 얼마인지가 불확실하다는 점이다. 어떤 이들은 일찍 사망해서, 미리 썼어도 좋았을 돈이 상당히 남게 된다. 어떤 이들은 오래 사는 행운을 누리지만, 모아 놓은 재산으로 감당 가능한 것보다 오래 살 수도 있어서 의학 발달에서의 좋은 뉴스가 개인의 재정에서는 안 좋은 뉴스가 되기도 한다. 아래에서 상세히 살펴보겠지만, 의료 기술이 발달하고 개인의 건강 행동이 달라지면서(주목할 만하게, 흡연의 감소 등) 많은 이들이 예기치 않게 긴 수명을 누리게 됨에 따라 "장수 위험"이 연금 제공 회사와 생명보험사에 중대한 어려움으로 떠올랐다.

개인은 개인 연금 상품을 구매해 이 문제를 해결할 수 있다. 구매자가 오늘 돈을 맡기면 연금 제공 회사가 평생 동안 연금을 지급해주는 금융 계약을 말한다. 개인 연금은 로마 제국 시기부터 있었고, 보험회사들이 널리 판촉하고 있으며 경제학자들도 강하게 지지한다. 연금상품은 금융 자산을 확정 급여형 연금으로 바꾸어 얼마나 오래 사느냐와 상관 없이 평생 예측 가능한 소득 흐름이 생기게 하는 방법이다. 보험회사들은 일반적인 금융 투자 수익보다 높은 수익을 얻어서 생존한 연금 구매자에게 연금을 지급할 수 있다는 사실을 알고 있다. 연금 가입자 중 일부는 일찍 사망할 것이므로 그들에게 지급되었을 연금이 생존한 가입자에게로 갈 수 있기 때문이다.

이렇듯 보험회사가 연금 가입자에게 더 높은 소득을 갖게 해줄 수 있는데도 개인 연금 시장은 놀랍도록 작다. 경제학자들은 이 현상을 "연금 퍼즐"이라고 부른다.[27] 수요가 왜 이렇게 적은지에 대해 여러 가설이 있고 각각 어느 정도의 진실을 담고 있을 것이다. 사회보장과 확정 급여형 연금이 고령 시기에 대해 이미 어느 정도의 소득을 보장하므로, 사회보장에 주로 의존하는 가난한 사람들과 액수가 큰 확정 급여형 연금을 가지고 있는 사람들은 개인 연금 시장에 들어오지 않을 수 있다. 또 어떤 사람들은 예기치 못한 의료비 지출이나 장기적인 돌봄 비용이 생길 때를 대비해서, 혹은 자신이 죽었을 때 자녀에게 유산을 남겨주고 싶고 특히 자신이 일찍 죽으면 더 많은 금액을 남겨주고 싶어서 자신의 금융 자산에 대해 완전한 통제력을 갖기를 원한다.[28]

개인 연금은 가격에 상당한 마크업도 있다.[29] 보험회사들은 역선택, 즉 상대적으로 건강한[더 오래 살] 사람들이 개인 연금을 구매할 가능성을 우려한다.[30] 이에 더해, 보험회사들은 특정한 연령대인 사람이 사망할 위험이 전적으로 개인 고유의 특징만이 아니라 의료 발달이나 라이프스타일 변화 등으로 코호트 전체적으로 변동한다는 것도 알고 있다. 가령 효과적인 치료법이 개발되어 수명이 길어지면 보험회사 입장에서는 연금을 더 오래 지급해야 해 비용이 크게 높아질 위험이 있으므로 지급해야 할 연금액을 현재 가치로 환산한 것보다 높게 마크업을 붙여 위험을 미리 상쇄하려 한다.

개인 연금을 구매할지 말지 결정할 때 이런 점들을 중요하게 고려해야 하긴 하지만, 실증 근거를 보면 노후 자산의 상당 비중을 연금화하는 것은 여전히 좋은 생각이다. 연금화를 통해 얻을 수 있는 초과 수익률은 마크업을 감안하더라도 상당히 높을 수 있어서, 개인 연금 가입자는 연금 수입의 일부를 비상금 용도나 상속 용도로 다시 저축할 수 있다.[31]

앞에서 살펴본 인간 행동의 내재적인 편향도 사람들이 개인 연금을 매력 없다고 느끼게 만들 수 있다. 어떤 이들은 수익률이 언제 사망하는지에 따라 달라지므로 개인 연금이 위험한 투자라고 생각할지 모른다. 하지만 이는 개인 연금을 극단적으로 오래 살 경우에 대한 보험으로 보아야 한다는 점을 이해하지 못한 것이다.[32] 또 어떤 이들은 자신의 돈을 보험회사에 맡기기보다 직접 운용하면 더 높은 수익을 올릴 수 있으리라고 생각할지 모른다.[33] 또한 많은 사람들이 보험회사를 믿지 못해서 먼 미래에 돈을 받겠다고 보험회사에 목돈을 맡기기를 꺼린다. 영국의 서베이에서 앞에서 인용한 응답자가 나타낸 공적 연금에 대한 의구심과 비슷하다. 이런 불신을 극복하려면 보험회사를 엄격하게 규제하고 이런 규제를 대중에게 잘 소통하는 일이 꼭 필요하다.

금리가 낮으면(더 일반적으로, 금융 자산의 수익률이 낮으면) 추가적인 문제가 발생한다. 보험회사가 연금 가입자에게서 받은 돈을 운용해 높은 수익을 올릴 수 없기 때문에 처음에 넣는 돈에 비해 연금 소득이 낮아지는 것이다. 사람들은 금리 하락이 연금 소득의 현재 가치에 미치는 영향을 잘 모를 수 있고, 따라서 연금이 과도하게 비싸다고 잘못 생각할 수 있다.

이럴 때 좋은 전략은, 연금 지급이 곧바로 개시되지 않고 몇 년 후부터 시작되는 거치식 연금을 구매해 처음에 내야 할 돈을 줄이는 것이다. 연금 개시 시점이 늦어지면 몇 가지 경로를 통해 초기 비용이 낮아진다. 우선, 연금을 지급해야 할 시점이 오기 전에 보험회사가 그 돈을 투자할 수 있다. 연금 가입자가 개시일이 되기 전에 사망할 수도 있다. 또한 연금 개시일이 늦어지면 개시일 기준 가입자의 기대여명이 줄어든다. 거치식 연금 구매는 작은 리스크보다 큰 리스크에 보험을 들어야 한다는, 6장에서 살펴본 원칙의 또 다른 사례다. 이 경우에, 큰 위험은 '매우 오래 살 위험'이다.

종합하면, 개인 연금 시장은 평범한 사람들이 전문가들의 좋은 조언과 반대되는 행동을 하면서 자신에게 유리한 결정을 내리지 않는 또 하나의 영역이다. 고령까지 장수할 때 발생할 재정적 결과에 대비한 보험을 사람들이 충분히 들지 않는 상황을 개선하려면 무의미하게 조언을 되풀이하기보다 구조적인 개혁이 필요하다.

노후 시기의 주거

소유자가 실거주하는 주택은 은퇴 자산으로서 몇 가지 바람직한 특징이 있다. 주택 자본에서 나오는 소득, 즉 소유자가 암묵적으로 자기 자신에게 내는 임대료에는 과세가 되지 않는다. 그리고 주택을 '소유'하고 있으면 자신이 사는 동네의 '임대료'가 오르더라도 타격을 입지 않는다. 물가연동채가 사람들이 실제로 사용할 수 있는 실질 금액의 흐름을 예측하기 쉽게 해주듯이, 주택도 실거주 소유자에게 주거 서비스라는 예측 가능한 형태의 보상을 준다.

하지만 사망 시까지 집을 소유하면 매우 가치 있는 자산을 유산으로 남겨줄 수는 있어도 주거 이외의 소비에 주택 자본을 평생 사용할 수 없게 된다. 소유한 집을 자녀에게 물려주고자 하는 열망이 강한 사람도 있지만, 어떤 사람들은 주택 자본을 금융 자산으로 변환해 "하우스 푸어" 처지를 피하고 싶어한다.[34]

물론 그 집을 팔고 작은 집으로 줄여가거나, 요양 시설, 임대 주택 등으로 옮겨 갈 수도 있다. 하지만 사망 시까지 자신의 집에서 살고 싶다면 금융적인 해법이 있는데, 바로 역모기지다. 주택을 담보로 장기에 걸쳐 일정 금액을 꾸준히 지급해주는 계약을 말한다. 역모기지 제공 회사는 그 대가로 나중에 그 주택 자본에 대한 청구권을 갖는다. 주택 소유자는 이사를 가거나 사망하기 전까지는 대금을 갚지 않아도 되며, 이사나 사망 시에 역모기지 잔액만큼 갚으면 된다. 주택 소유자의 상속인이 잔액을 갚기에 충분한 돈이 없다면 그 주택을 팔아서 매각 대금으로 역모기지를 상환하면 된다.[35] 주택 매각 대금이 역모기지 잔액보다 많으면 주택 소유자의 상속인이 차액을 갖고, 주택 매각 대금이 역모기지를 다 갚기에 충분하지 않으면 역모기지 제공 회사가 그만큼 손실을 떠안고 주택 소유자의 상속인은 아무 것도 빚지지 않는다.

개인 연금도 그렇듯이 역모기지도 은퇴자들 사이에서 활용도가 놀랄 만큼 작다. 소비자금융보호국의 한 연구에 따르면 2011년에 자격이 되는 주택 소유자 중 3퍼센트도 안 되는 사람들만 역모기지를 가지고 있었다.[36] 한 가지 이유는 역모기지가 홈에쿼티 론보다 금리가 비싸서 사람들이 지나치게 비싸다고 여기기 쉽기 때문일 것이다.

어느 정도는 맞는 말이다. 역모기지를 노인들에게 판촉하는 데는 돈이 많이 든다. 노인들은 익숙하지 않은 금융상품의 복잡성에 의구심이 많고 이제까지 경험한 바로 볼 때 역모기지 제공 회사들이 가격을 마크업하기에 충분한 시장 권력을 가지고 있기 때문이다.[37] 여기에 공격적인 판촉 전략까지 합세하면 사람들이 역모기지를 좋아하기가 더 어려워진다. 미국 소비자금융보호국에 접수된 한 민원은 이렇게 묘사하고 있다. "모기지 회사에서 계속해서 전화를 하고 문자를 보내서 부모님 집에 대해 역모기지를 승인하도록 기어이 내 서명을 받아내더군요. 나는 모기지 회사 사람이 처음에 전화했을 때 관심이 없다고 말했어요. 그런데 하루에 여섯 번이나 전화를 하더라고요. 문자에 "수신 거부"를 한 다음에도 문자를 계속 보냈고요. '당신이 후회하지 않도록 이 정보를 다 귀기울여 듣기를 기도한다'더군요. 왜 내가 요구하지도 않은 괴롭힘이 허용되어야 합니까? 그들은 이런 짓을 그만두어야 합니다."[38]

이런 문제도 있지만, 주택의 가치가 아무리 떨어져도 역모기지 업체가 주택의 가치보다 많은 돈을 회수하지는 못한다는 점을 사람들이 잘 모르는 것 같다.[39] 또한 자신의 주택 가치를 과도하게 낙관적으로 잡는 경향도 있는 듯하다. 특히 노인들은 종종 주택 유지보수를 잘 하지 못해서 매각 시의 가격이 떨어지기 쉬운데도 그렇다.[40] 역모기지 시장은 모기지 제공 회사들이 내리는 현실적인 평가와 주택 소유자들이 갖고 있는 낙관적인 믿음 사이에서 난항을 겪는다. 이 차이 때문에 주택 소유자에게 역모기지가 너무 비싸 보일 수 있는 것이다.

또한 역모기지는 사용자나 가족이 계약 조건을 오해해 부정적인 언론 보도에 시달리기도 한다. 미국 소비자금융보호국에 접수된 한 민원은 그러한 오해의 안타까운 결과를 보여준다. "어머니가 소유하신 주택에 대해 역모기지를 받았습니다. … 지난 해에 어머니가 돌아가셨어요. 어머니가 돌아가신 이후 저는 그 집에 계속 살고 있습니다. [모기지 제공 회사에] 연락해서 그 사실을 알렸어요. 계약서에 상속인 누구라도 보험을 유지하고 세금을 내는 한 계속 거주할 수 있다고 되어 있거든요. 저는 그렇게 했습니다. … 그런데 그들은 주택에 대해 전체 금액을 상환하라고 했어요. 저는 그럴 돈은 없어요. 저는 고정 소득을 가지고 있을 뿐이 거든요…. 그런데 그들은 한몫에 목돈을 요구하고서 돈을 못내면 집을 압류할 수 있다고 합니다. 그리고 압류한 집을 매각해 수익 을 얻습니다."[41]

우리는 역모기지 시장도 개선이 필요한 개인금융의 또 한 가지 영역이라고 생각한다. 주택 자본은 중요하고 노후 자금으로서 덜 활용되고 있는 자원이다. 주택을 담보로 돈을 빌릴 수 있어야 하고 노년층과 그 가족들이 이해하기 쉽게 간단하고 투명한 방식으로 가능해야 한다. 미국의 많은 곳에서 저소득층 노인을 지원하는 '재산세 이연' 같은 제도가 좋은 사례다. 노인인 주택 소유자는 주택에 대한 재산세를 이사나 사망 시까지 내지 않고 이연시킬 수 있다. 이사나 사망 시에 주택을 매각한 돈으로 재산세를 내면 된다(지방 정부의 자금 조달 비용과 연동된 미리 정해진 이자율로 이자를 함께 내야 한다).

모든 단계에 덫이 있다

우리는 과도하게 복잡한 은퇴 저축 시스템에 대해, 그리고 고용주가 제공하는 은퇴 계좌에 참여할지, 은퇴 저축을 얼만큼씩 하고 자산 배분을 어떻게 할지, 노후 시기에 은퇴 저축에서 생활비를 어떻게 빼서 쓸지 등을 결정할 때 금융 지식이 적은 사람이 빠지기 쉬운 덫에 대해 논의했다. 노후 자금에 대해 오늘 내리는 결정은 미래에 오랫동안 고통스러운 영향을 미칠 수 있고, 그때가 되면 고치기 위해 할 수 있는 일이 별로 없을 수 있다. 그리고 노인들이 재정 압박에 처하게 되면 궁극적으로 다른 납세자들에게 부담이 돌아간다. 이러한 문제들에 대한 구체적인 해법을 3부에서 알아보자.

3부

판을 재설계하자:
해법

8장

테크놀로지의 약속과 위험

이제까지 우리는 개인금융의 문제점을 드러내면서 개인금융 시스템에 대해 매력적이지 않은 그림을 제시했다. 또한 우리는 오늘날 개인금융 시스템의 불완전성이 결백하거나 무해하지 않다고 이야기했다. 이 시스템은 인간의 취약성을 악용하고 자원을 낭비하며 부의 불평등을 심화하고 금융에 대한 사람들의 불신에 일조한다.

그렇다면 우리는 여기에서 어디로 가야 할까? 이 문제를 어떻게 더 나은 방향으로 해결할 수 있을까? 3부는 더 나은 금융 시스템을 짓기 위해 정부가 취할 수 있는 정책을 다룬다. 테크놀로지의 역할에 대한 논의로 8장을 시작해, 테크놀로지가 막대하게 긍정적인 잠재력을 갖지만 잘못 사용되어 개인금융의 문제들을 증폭할 수도 있음을 지적할 것이다. 블록체인 기술의 놀라운 혁신이 개인 투자자들에게 위험한 코인 투기를 불러온 것이 그런 사례다. 금융 테크놀로지 규제에 적용되어야 할 원칙과 금융 테크놀로지의 위험을 통제할 수 있는 방법을 8장에서 다룬다.

9장은 정부가 개인금융 시스템을 관리하고 지원하기 위해 개입할 수 있는 방법을 살펴본다. 우리는 유명한 "넛지" 접근(살짝 찔러주거나 기본설정 옵션을 둠으로써 바람직한 행동을 은근슬쩍 유도하는 것)보다 조세 인센티브, 가격 상한, 그리고 몇몇 금융상품에 대해서는 판매 제한과 같은 더 강한 개입이 필요함을 강조할 것이다. 또한 이러한 정책 도구들을 사용할 때의 우선순위도 제시할 것이다. 9장에서 문제를 고치는 교정적인 조치를 논했다면, 10장은 긍정적인 미래 금융 시스템의 지향을 제시한다. 더 단순하고 사용하기 쉬운 금융 시스템, 금융 지식을 정교하게 갖추고 있지 못한 평범한 사람들의 이익을 보호하는 금융 시스템이 바로 그 지향이다. 또한 구체적으로, 우리는 모든 사람이 사용할 수 있고 금융시장에 처음 진입한 입문자들에게 자연스러운 첫 번째 선택지가 되어야 할 금융상품들의 꾸러미인 "금융 입문자 키트"를 설계하는 데 지침이 되어야 할 원칙을 논의할 것이다.

테크놀로지는 해법이자 문제

공공선을 위한 핀테크: 무한한 가능성으로 … 그 너머로!

개인금융의 문제들에 대해 더 나은 테크놀로지 활용은 명백한 해법처럼 보인다. 오늘날 나와 있는 테크놀로지 도구들은 이미 인상적이고 계속 빠르게 향상되고 있다. 생성형 인공지능 혁명과 대형언어모델LLM의 등장은 경제 생활의 많은 영역에서 서비스 제공을 완전히 뒤바꿀 수 있다고 약속하며, 개인금융

영역이야말로 그 대대적인 교란의 여건이 무르익은 듯 보이기도 한다.[1]

금융 테크놀로지, 줄여서 "핀테크"는 오늘날 그 어느 때보다도 접근이 쉽다. 개인용 컴퓨터 시절을 시작으로 인터넷의 도래는 '기술적 연결'의 과정을 촉발했고 휴대전화로, 가장 최근에는 스마트폰으로 넘어오면서 그 과정이 훨씬 더 가속화되었다. 그림 8.1이 보여주듯이 오늘날에는 가장 가난한 나라들에서도 거의 인구 수와 비슷한 수의 휴대전화가 사용되고 있다.

인터넷에 연결된 장치들은 수많은 흥미로운 혁신을 가능하게 해준다. 주식 포트폴리오의 가치를 실시간으로 알아볼 수도 있고 원하는 집을 "가상으로 돌아다녀볼" 수도 있다(공간이 특히 귀했던 코로나19 팬데믹 동안, 직접 가서 보지 않고도 집을 구매할 수 있었다). 하지만 테크놀로지 혁신에서 금융이 얻을 수 있는 이득은 모바일 기기가 도처에서 사용되어 접근성을 높여주는 수준을 훨씬 넘어선다. 핀테크가 그렇게 커다란 약속을 제시할 수 있는 이유는, 그것이 해결을 돕겠다고 자처하는 기저의 오랜 문제들 덕분이다.

그중 하나는 1장에서 설명했듯이 어떤 금융상품이라도 그것을 제공하려면, 혹은 금융서비스를 효과적으로 사용하려면 부담해야 할 고정비용이 가난한 사람들에게는 너무 클 수 있다는 점이다. 비교적 소액인 거래에서는 고정비용이 상당한 비중일 수 있다. 핀테크가 기대를 모으는 한 가지 이유는 금융 기업과 사용자 모두에게 고정비용을 극적으로 줄여줄 잠재력이 있다는 점이다.

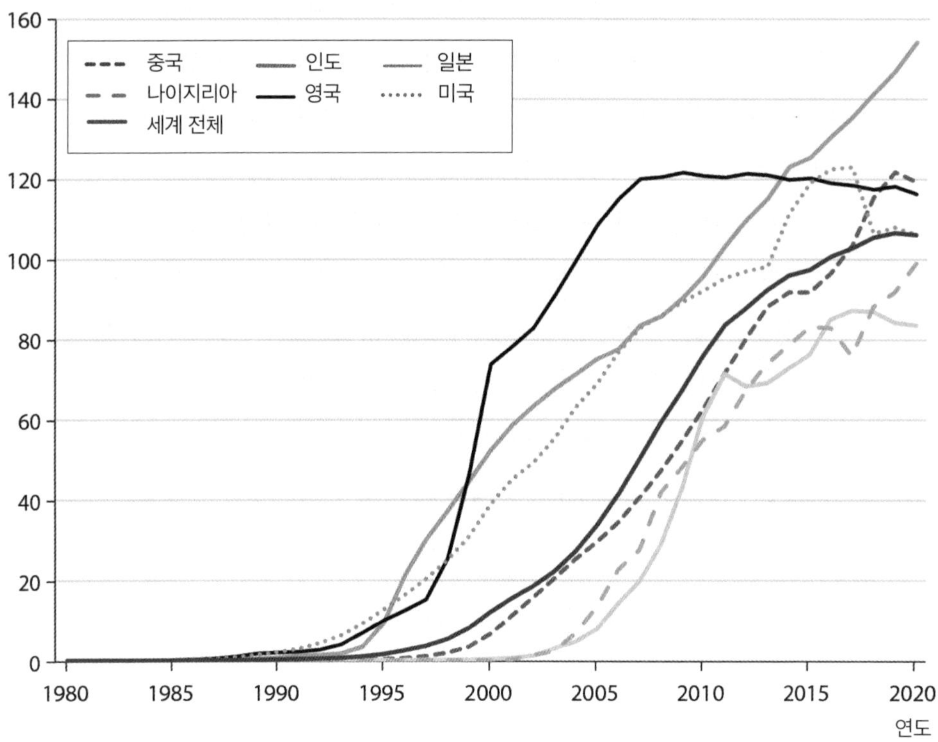

그림 8.1 | 휴대전화 가입률

출처: https://data.worldbank.org/indicator/IT.CEL.SETS.P2

사용자들에게는 핀테크가 금융을 어렵고 무섭고 시간을 잡아 먹는 일로 만드는 "번거로움 요인hassle factor"을 줄여준다. 서류 작업? 은행이 동영상 통화로 당신에게 간단한 표준 질문 몇 가지만 하면 된다. 본인 인증? 신분증을 들고 셀카를 찍어 올리면 된다.2 보험 견적을 기다린다고? 여행자 보험이나 주택 보험 같은 표준적인 보험이라면 당신이 입력한 정보로 소프트웨어를 돌려서 보험료를 쉽게 뽑아볼 수 있다.

금융서비스 기업에는 핀테크가 시간이 많이 드는 관료제적 절차를 자동화해 고정비용을 줄여줄 수 있다. 보험으로 예를 들면, 보험회사는 인공지능을 사용해서 개인 구매자가 직관적인 질문에 대해 대화형으로 내놓는 반응을 그의 위험 감수 성향에 맞는 보험상품 설계에 필요한 정보로 빠르게 변환할 수 있을 것이다. 미래 세계의 가상 시나리오가 아니다. 미국 보험사 레모네이드Lemonade는 이미 이 모델을 사용하고 있는데, 절차를 단순화하고 비용을 줄여서 효과를 보고 있으며 시가총액으로 회사 가치가 10억 달러를 돌파했다.3

핀테크의 두 번째 이점은 개인별 맞춤화를 가능하게 해준다는 것이다. 표준적인 금융상품의 고정비용을 줄일 수 있었듯이 개별 고객의 니즈에 맞게 상품을 맞춤형으로 구성하는 것도 더 낮은 비용으로 할 수 있다. 개인금융의 여러 영역에서 이미 저비용으로 맞춤형 서비스가 제공되고 있다.

일례로 이제 수백만 명이 버튼 하나만 눌러서 단기 신용의 상환 패턴을 원하는 대로 선택할 수 있다. 이를 테면 선구매 후결제buy-now-pay-later, BNPL 신용은 소매 상품을 구매하기 위해 단기 자금을 빌리는 데 즉시 이용할 수 있으며 소비자가 여러 할부 옵션 중에 선택할 수 있다. 스웨덴 핀테크 회사 클라나Klarna가 이런 서비스를 제공하는 대표적인 기업이다.[4] 또 다른 사례로, 개인 재무 상황과 리스크 감수 성향을 스마트폰으로 챗봇과 상담할 수 있다고 생각해보라. 챗봇이 구체적인 투자 제안을 해주거나 더 좋게는 당신의 은행 계좌에서 자동으로 돈을 인출해 당신의 니즈에 가장 잘 맞는 구조화 상품 포트폴리오에 투자해준다고 생각해보라. 친절한 "로봇 자문"이 당신에게 딱 맞는 해법을 찾아준다면 의사결정의 복잡성이 그렇게 무시무시해보이지 않을 것이다. 로봇 자문 사업은 급속하게 성장하고 있으며 영국의 추산에 따르면 주식시장에 본인이 직접 전략을 세우고 의사결정해서 투자하는 투자자[DIY 투자자]의 5분의 1 이상이 이러한 서비스를 이용하고 있는 것으로 보인다.[5]

쉬운 접근, 낮은 고정비용, 개인별 맞춤화의 이점을 결합해, 전화로 즉시 이용할 수 있고 초과인출 수수료 등 수수료가 없으며 월급 수표가 청산을 거쳐 이틀 뒤에나 이체되는 것이 아니라 곧바로 들어오고 신용 이력이 없더라도 테크놀로지가 당신의 예금, 소득 이력, 지출 패턴을 분석해주어서 수수료와 이자가 없는 현금 선지급 서비스를 이용할 수 있다고 생각해보라. 데이브닷컴의 사용자들이 이런 서비스의 이득을 이미 누리고 있다.

핀테크가 줄 수 있는 세 번째 이득은 금융상품들을 비교하는 어렵고 시간이 많이 걸리는 과정을 간소화해주는 것이다. 이것은 제공사들 사이에 유익한 경쟁을 촉발할 수 있고 고객에게 비용을 더 낮추어줄 수 있다. 영국의 비교 웹사이트 컴페어 더 마켓Compare the Market, 미국의 너드 월릿Nerd Wallet, 인도의 폴리시 바자르 Policy Bazaar, 일본의 카카쿠닷컴kakaku.com은 소비자들이 자신에게 적합한 자동차 보험, 건강보험, 생명보험을 빠르게 비교할 수 있게 해준다. 이런 웹사이트 중 많은 곳이 가격이 떨어지거나 그밖에 여건이 달라지면 맞춤형으로 소비자들에게 알림을 보내주어서, 소비자는 귀찮은 일을 최소화하면서도 빠르게 비용이 더 낮은 다른 회사의 상품으로 갈아탈 수 있다.

이 책의 범위를 벗어나지만 테크놀로지의 혁신이 가장 빠른 금융 영역을 꼽으라면 아마도 결제 시스템일 것이다. 최근에 생겼거나 크게 바뀐 결제 시스템의 사례로는, 은행의 내부 계좌, ACH 송금이나 전신 송금, SWIFT와 같은 은행간 결제 시스템, M-PESA 등 모바일 뱅킹 플랫폼, 젤Zelle이나 벤모Venmo와 같은 개인 거래 서비스, 중국의 알리페이와 텐센트의 QR코드 기반 결제 시스템, 인도의 통합결제인터페이스UPI 기반 하이테크 전자결제, 그리고 물론 암호화폐 등이 있다. 흥미롭게도 결제 테크놀로지는 신흥시장국에서 더 빠르고 효과적으로 도입되고 있다. 많은 선진국이 가지고 있는 기성 시스템의 제약이 덜하기 때문일 것이다.

이렇듯 테크놀로지는 개인금융 시스템의 상당 부분을 빠르게 변모시키고 있다. 핀테크는 가용한 상품을 늘리고 개인 맞춤형으로 제공하며 유용한 금융상품을 폭넓은 가구들에 낮은 가격으로 제공하는 데서, 또 그밖에도 막대한 가능성이 있다. 우리도 개인금융의 이러한 발달에 매우 관심이 많다. 하지만 기술 혁신에 따라오는 위험도 상당하다. 어떤 위험은 유망할 수 있는 금융상품에 은밀히 스며들기도 한다. 유익하지만 오남용되면 해로울 수 있는 수많은 테크놀로지와 마찬가지로, 핀테크도 "양날의 칼"이다.

핀테크의 위험: 가짜 예언자를 조심하라

"테크놀로지적 개인금융 유토피아" 비전에 혹하기 쉽지만 테크놀로지가 만병통치약이 아니라는 점을 단단히 염두에 두어야 한다. 아이작 아시모프Isaac Asimov의 소설 《파운데이션Foundation》의 등장인물 살보 하딘이 말했듯이 "원자 블라스터는 좋은 무기다. 하지만 그것은 양쪽 모두를 가리킬 수 있다."[6] 테크놀로지는 놀라운 이득을 줄 수도 있지만 현재의 금융 시스템에 존재하는 최악의 특징을 더 증폭하는 데 사용될 수도 있다.

핀테크의 첫 번째 문제는 인간의 취약성을 타깃으로 삼는 데 활용될 수 있다는 점이다. 가령 도박을 촉진하고 투자 성과를 맹목적으로 추종하게 하며 충동 구매를 유도할 수 있다. 이를 잘 보여주는 사례로 '로빈후드'가 있다. 테크 기반 저비용 주식 중개 서비스 회사인 로빈후드는 일반 투자자들에게는 중개 수수료를 물리지 않지만 주문흐름판매paymemt for order flow를 통해 시장조성자들에게 리베이트를 받는 방식으로 수입을 얻는다. 시장조성자들은 정보가 부족한 고객들의 주문을 체결해주고 호가 스프레드를 얻어 수익을 올린다. 로빈후드는 거래가 성공적으로 체결되면 사용자의 스크린에 애니메이션으로 색종이 장식을 터트렸다. 사용자들의 거래 경험을 "게임화"한 것인데, 더 많은 거래 흐름을 일으켜 시장조성자에게 판매하기 위해서였을 것이다.

다행히, 엄청난 비판이 쏟아지고 매사추세츠주 규제 당국이 소송 절차에 나서면서 색종이 장식 터트리던 것은 이제 사라졌다. 매사추세츠주 규제 당국은 "경험 없는 투자자를 끌어들이는 [로빈후드의] 공격적인 전술이 고객의 심리를 조작하는 게임화 전략"이라고 지적했다.[7]

핀테크 회사들은 사람들이 비교 사이트 등에서 검색을 할 때 맨 위에 나오는 한두 개의 검색 결과만 보는 경향이 있다는 사실을 잘 알고 있다. 이 명당 자리를 누가 차지할지는 종종 경매로 정해지기 때문에 꼭 가장 좋은 제품을 제공하는 곳이 아닐 수도 있다. 검색 결과 순서가 경매가 아니라 모종의 규칙에 의해 정해진다 해도 그 규칙이 소비자들에게서 잘못된 결정을 촉진할 수 있다. 일례로 중국에서는 뮤추얼펀드를 추천하는 모바일 앱이 펀드들을 최근 성과 순서대로 보여준다. 사람들은 자연히 목록의 위쪽에 있는 것을 사게 되는데, 이는 최근 한두 달의 성과에 기초해 펀드를 결정하는 것이고 도움이 되지 않는 '성과 추종'을 부추긴다.[8]

선구매 후결제 신용 또한 고객의 소득 프로필에 따라 맞춤형 지불 솔루션을 제공할 수도 있지만 충동적인 온라인 지출을 촉진할 수도 있다. 경제학자 마르코 디 마지오Marco Di Maggio, 에밀리 윌리엄스Emily Williams, 저스틴 카츠Justin Katz가 실사용자 1,000만 명의 패널 데이터를 보유한 미국의 한 데이터 분석 업체에서 데이터를 받아 조사한 결과, 선구매 후결제 신용으로 결제한 지출이 이 방식이 이용 가능한 제품 범주들에서 상당히 증가한 것으로 나타났으며 이는 단순히 선구매 후결제 서비스가 유동성 제약을 완화해주었다는 점만으로는 설명되지 않았다. 이 논문에 따르면, 이러한 유형의 신용이 제공되면 유동성 제약이 없었던 소비자마저 선구매 후결제로 지출이 가능한 제품들로 소비가 옮겨가며 전반적으로 소비 지출이 늘어난다.[9]

핀테크의 두 번째 문제는 핀테크 회사들이 목표로 하는 특성을 갖는 상품과 서비스를 만들기 위해 개인정보를 수집한다는 것이다. 사람들의 다양한 니즈를 충족하는 맞춤형 상품과 서비스를 제공할 수도 있지만 개인정보를 통해 가격에 덜 민감하고 비교해보기를 귀찮아하는 고객이 누구인지를 알아내 이들에게 높은 가격을 제시할 수도 있다. 이는 금융 지식과 수완이 적은 사람들이 개인금융 시스템에서 불이익을 얻게 되는 또 하나의 경로다. 이같은 영업 행태를 "감시 가격 설정surveillance pricing"이라고 부르는데, 최근 미국 연방거래위원회가 규제를 부과하기 위해 조사에 들어갔다.[10]

핀테크 기업들은 자사의 개인정보 보호 정책을 가리키면서 자신이 개인정보를 어떻게 사용하는지, 또 사용자에게 어떻게 동의를 얻는지 이야기하지만, 소비자들은 동의와 고지 내용에 거의 관심을 거의 기울이지 않으며 금방 까먹는다. 기업들은 "모든 쿠키 수집에 동의"와 같이 클릭 한 번으로 모든 항목에 한꺼번에 동의할 수 있는 버튼을 만들어서 소비자들의 무심한 행동을 부추긴다. 이 책의 저자인 우리도 기다란 개인정보 보호 지침이 나오면 스크롤을 내려 복잡한 내용들을 건너뛰고서 하려고 했던 일을 바로 클릭해 들어간다. 안타깝게도, 우리가 포기한 데이터는 기업이 우리의 니즈를 더 잘 충족하게도 하지만 우리의 취약성을 악용하게도 한다. 타룬과 공저자인 앙투안 우트윌러Antoine Uettwiller, 앙스가르 월터Ansgar Walther는 미국 기업의 개인정보 보호 정책을 방대하게 수집해 분석했는데, 가장 길고 복잡한 개인정보 보호 정책을 가진 기업들이 쿠키를 이용해 소비자 데이터를 수집할 가능성이 가장 컸다. 기다랗고 복잡한 개인정보 보호 지침은 순진한 소비자가 자신의 데이터가 책임감 있게 사용되리라고 안심하게 만드는 가림막에 불과할뿐, 그러한 개인정보 보호 지침을 가진 곳이 오히려 소비자 데이터의 사용에 대한 몇몇 항목에서 점수가 더 낮았다.[11] 금융 기업들은 접근 권한을 얻기 쉽지 않은 민감 데이터를 획득하려는 강한 유인이 있으며, 프라이버시 침해로 수없이 비판을 받아왔다. 프라이버시 침해는 고객의 건강 데이터와 위치 데이터를 획득하려는 유인이 강한 보험회사들에서 특히 많이 벌어진다.[12]

어떤 이들은 고객이 싸고 편리한 금융서비스를 위해 프라이버시를 포기할 때 자신이 무엇을 포기하는지 정확히 알고 있다고 주장할지 모른다. 하지만 "프라이버시의 역설"에 대한 많은 연구가 고객들이 프라이버시 보호를 강하게 원한다고 말하면서도 그 열망과 배치되는, 즉 프라이버시를 희생하는 행동을 계속해서 한다는 점을 보여주었다. 이는 즉각적인 유혹이 있을 때 신중한 고려에서 나온 원칙을 고수하기가 어렵다는 일반적인 문제를 드러낸다.[13] 중국의 P2P 대출 시장은 프라이버시의 역설이 일으키는 고통스러운 결과를 잘 보여주는 사례다. 이 분야의 몇몇 기업은 대출자가 가장 자주 전화 통화를 하는 사람의 연락처를 제공하면 곧바로 대출을 승인해준다. 연체 때 공개적으로 망신을 주는 방식은 채무불이행 가능성을 크게 낮추지만 이러한 계약 관계에 들어가기로 할 때 발생하게 될 인간적인 비용은 상상을 초월할 것이다.[14]

핀테크의 세 번째 문제는 전통적인 금융의 오남용을 막기 위해 진화해온 규제를 핀테크가 앞질러간다는 점이다. 뒤에서 더 자세히 이야기하겠지만, 대표적인 사례는 "[탈중앙화된] 분산금융"[디파이DeFi]이다. 블록체인 기술을 사용해, 규제가 적용되는 대형 금융기관에 의존하지 않고 금융상품을 설계하고 금융 영업을 할 수 있다. 디파이 기관들은 기존 금융의 기능을 모방한다. 이를 테면 암호화폐 거래는 주식 중개인과 주식 거래인 둘 다의 크립토 버전이라고 말할 수 있다. 하지만 평범한 투자자들에게는 디파이 기관이 그것과 동일한 기능을 하는 전통 금융기관보다 더 위험하다는 것이 우리의 주장이다. 블록체인 코드가 한 번 작성되면 조작이 불가능할지는 모르지만 평범한 사람들이 읽고 이해할 수 없고 법원이 개입하기도 어려우며 사기나 오남용에 대해 상식적인 해법을 강제하기도 어렵다. 아이러니하게도, 암호화폐가 촉진하는 사용자 프라이버시는 심각한 위험을 일으킨다. 신원을 감추기 쉬워서 사기꾼을 추적하기가 지극히 어렵기 때문이다.[15] 이런 문제를 인식하고서, 늦게나마 2022년 이후로 디파이 규제 움직임이 일고 있다.[16]

시대에 뒤떨어진 규제의 문제를 보여주는 또 다른 사례는 예금보험이다. 미국의 경우 연방 차원에서 예금보험이 도입된 것은 대공황이던 1933년이며, 지금도 은행 규제의 견고한 일부다. 이 제도는 은행이 파산하더라도 예금자에게 그가 예금한 돈을 일정 한도까지 보장해준다(현재 미국에서는 25만 달러까지이고 영국은 8만 5,000파운드까지다). 모든 국가의 60퍼센트 이상, 고소득 국가의 80퍼센트 이상이 명시적으로 예금보험 제도를 두고 있다.[17] 주노파이낸스Juno.finance나 요타닷컴yotta.com 등 코인을 사고 팔 수 있는 새로운 핀테크 서비스의 사용자들은 이곳에 예치하는 돈이 예금보험이 적용되어서 미국 달러로 예금하면 안전하게 보호된다는 광고를 자주 접한다. 하지만 2024년에 핀테크 예금자들의 돈 1억 달러 이상이 공중에 붕 뜨는 일이 벌어졌고 예금보험은 여기에 효력이 없었다. 이 테크놀로지 체인을 통해 자금이 전통 은행인 이볼브 뱅크에 예치되었다면 그 돈은 [파산 시] 예금보험으로 보호되지만, 예금보험법은 그 체인을 통해 최종 수탁 기관까지 들어가지 않은 자금으로도 보호가 확대되도록 충분히 업데이트되지 않았다. 그런데 이 체인의 연결고리 중 하나인 뱅킹 소프트웨어 회사 시냅스Synapse가 파산하면서 돈이 이볼브 뱅크로 들어가는 경로가 교란되었다.[18]

이와 관련된 핀테크의 네 번째 문제는 테크놀로지가 금융 지식과 금융 수완이 많은 대규모 투자자들이 소액 투자자들을 염두에 두고 만들어진 제도적 혜택을 더 쉽게 이용할 수 있도록 만들어서 불평등이 심화된다는 점이다. 예금보험은 보장 한도가 25만 달러까지여서 소액 예치자를 은행 파산 시에 보호하고, 그보다 큰 금액을 예금하는 사람은 여전히 은행의 안전성과 건전성을 잘 살펴야 할 유인이 있다. 그런데 테크놀로지는 부유한 예금자들이 납세자의 돈으로 정부가 보증하는 이 제도에 쉽게 접근하게 해준다. 큰 자금을 예금보장 한도 이내 금액의 여러 덩어리로 나누어 여러 은행에 효율적으로 분산할 수 있기 때문이다. 이런 식으로 핀테크는 전설 속 로빈후드가 했던 일을 거꾸로 한다. 은행 파산 시에 납세자인 더 가난한 사람들이 훨씬 더 부유한 대규모 투자자들을 구제하게 되는 것이다.

다섯 번째 문제는 핀테크가 금융에서 차별금지법을 훼손한다는 것이다. 알고리즘으로 신용을 할당하면 특정한 인종에는 신용이 제공되지 않을 수 있고 명시적인 인종 정보가 없어도 기존의 사회적 격차를 강화할 수 있다.[19] 테크놀로지는 내재적으로 공정하고 인간의 편견이 없을 것 같지만 알고리즘을 훈련할 때 쓰인 데이터가 담고 있는 편견이 알고리즘에 의해 영속화될 수 있다. 인공지능의 빠른 발달에 대해 EU 집행위원회 경쟁 담당 집행위원 마그레테 베스타거Margrethe Vestager는 더 눈길 끌고 더 널리 보도된 '인간의 소멸'보다 '차별'이 AI가 제기하는 더 큰 위험이라고 말한 바 있다.[20]

분산금융과 코인 롤러코스터

금융의 문제가 거대 금융 기업에서 나온다고 생각하는 사람들은 최근에 발달하고 있는 대안에 매력을 느낀다. 탈중심화된 금융 테크놀로지[분산 금융], "디파이" 말이다. 하지만 우리는 빠르게 성장하는 이 영역이, 유용할 수도 있을 금융 테크놀로지가 전통적인 금융의 오남용을 막기 위해 발달되어온 규제를 앞질러가면서 문제를 일으키는 대표적인 사례라고 본다.

분산금융은 블록체인 기술에 토대를 둔 금융을 통칭하는 말로, 여기에서 만들어지는 디지털 분산원장은 모든 참여자의 동의로 유지되며 한 번 만들어지면 조작될 수 없다. 분산원장은 공개적으로 접근 가능한 기록이어서 개별 금융기관이 가지고 있는 기록에 의존하지 않고도 금융서비스가 가능하다. 스스로 실행하는 코드인 '스마트 계약'이 블록체인에서 돌아가면서 상호 동의된 조건에서 자동으로 거래를 생성한다. 따라서 금융 중개 회사에의 의존성이 한층 더 줄어든다. 분산원장 제공자들은 서로 경쟁하는데, 이들이 만드는 복잡하고 방대한 토큰이나 코인이 특정한 블록체인에서, 혹은 여러 블록체인을 아울러 거래의 매개로 쓰인다.

분산금융을 좋아할 이유는 많고 테크놀로지를 통해 기성의 거대 금융 기업이 가진 시장 권력을 줄일 수 있는 잠재력도 분명히 있다. 하지만 분산금융에도 많은 위험이 있다는 사실을 잊으면 안 되며, 특히 암호화폐와 관련해 위험이 크다.

첫 번째 위험은 암호화폐 보유 자체부터 시작해서 블록체인에 접근하려면 본인 인증을 할 수 있는 개인 키를 사용해야 한다는 점과 관련이 있다. 개인 키를 분실하거나 도난당하면 자산을 영구적으로 잃게 된다. 고대에 금을 잃어버리거나 도둑 맞으면 찾을 방법이 영원히 없었듯이 말이다. 몇몇 아찔한 이야기가 실제로 존재한다. 웨일스에 사는 제임스 하웰스James Howells는 노트북에 음료를 쏟고 나서 개인 키가 들어 있는 하드 드라이브를 실수로 내다버리고 말았다. 한두 해 뒤에 그는 잃어버린 7,500비트코인이 수억 달러 가치가 된다는 것을 알게 되었고 그후 헛되이

몇 년을 웨일스의 도시 뉴포트 당국에 처음에는 하드 드라이브를 버린 매립장을 수색할 수 있게 해달라고 요청하면서, 다음에는 소송을 하면서 보냈다. 최근에는 마지막 시도로 매립지 전체를 사겠다고 제안하기도 했다. 스티븐 토머스Stefan Thomas의 사례도 있다. 그도 비슷한 양의 비트코인이 있었는데 그것이 담긴 개인 키를 암호화된 USB에 넣어두었다. 이 USB는 암호를 10번 잘못 입력하면 자동으로 파괴되는데, 이미 8번을 잘못 입력한 상태다.[21] 비트코인을 잃어버린 사람의 애통함은 17세기에 땅에 파묻은 금을 꺼내려다 낭패를 본 새뮤얼 페피스의 애통함을 연상시키지만, 규모가 훨씬 더 크다.

코인을 직접 보유하는 것이 불편하고 위험하다는 것을 깨달은 사람들은 더 편리한 접근을 위해 코인 거래소와 같은 중개소로 눈을 돌린다. 하지만 여기에 두 번째 위험이 있는데, 이 거래소들이 거의 규제를 받지 않으며 종종 파산한다는 점이다. 파산할 경우 고객들은 담보나 보증이 없는 상태에서 파산한 금융기관의 채권자가 된다. 가장 유명한 사례는 2022년 11월 FTX의 파산이지만 그보다 앞서 여러 건의 사례가 있었고, 파산한 기업인이 종적을 감추는 경우도 있었다. 남아프리카 공화국의 쌍둥이 형제 아미르 카지Ameer Cajee와 라에스 카지Raees Cajee가 그런 사례인데 2021년 4월에 아프리크립트 거래소에 있었던 30억 달러어치 비트코인과 함께 사라졌다.[22] 기존의 금융에 대한 사람들의 불신 덕에 그보다 훨씬 덜 믿을 만한 사람들이 금융 사업을 할 수 있게 되었다니, 아이러니한 일이다. 비트코인처럼 규모가 큰 코인들은 규제가 되는 상장지수펀드ETF 형태로 증권거래소에서 거래되면서 어느 정도 위험이 완화되었지만, 훨씬 더 많은 잘 알려지지 않은 암호화폐들에는 여전히 리스크가 있다.

세 번째 위험은 코인이 너무나 변동성이 크고 너무나 투기적인 투자라는 점 자체다. 비트코인 등장 때부터 2024년 초까지 비트코인 가치의 등락을 나타낸 그림 8.2가 이를 잘 보여준다. 코인의 가치는 궁극적으로 그것의 기반인 블록체인에서 이루어지는 경제 행위의 양에 달려 있는데, 이 행위는 예측이 어렵다. 분산금융이 더 널리 퍼지느냐, 블록체인들끼리 경쟁을 하느냐, 이런 저런 나라에서 코인 규제가 이루어지느냐처럼 불확실한 미래의 수많은 전개 상황에 달려 있기 때문이다. 향후의 전개 상황에 대한 루머에 코인 가격이 급등락할 수 있다. 2021년에 코인 가격이 급등했다가 2022년에 급락하고 2024년에 다시 급등한 것은, 많은 코인 투자자들이 "죽도록 버텨야hold on for dear life, HODL" 한다고 믿는 것과 달리 코인이 안전하게 가치를 보관해주는 매개가 아니라는 교훈을 주었어야 마땅하다.

마지막으로, 스마트 계약이 조건들에 반응해 코드를 자동으로 실행시킨다는 개념은 매우 매력적으로 들리지만, 평범한 사람들은 코드를 살펴보고 모니터링하면서 그것이 자신이 원하는 거래를 하게 할 수 있는 기술적 교육이 부족하다. 스마트 계약이 기술에 더 능통한 사람들에게 악용되어 순진한 투자자들이 돈을 잃게 만드는 허점을 갖게 되기는 너무나 쉽다.[23] 이런 면에서, 2021년 여름에 런던에서 코인 거래 플랫폼 코인베이스의 광고 문구 "수백만 명의 영국인이 크립토를 알고 있습니다. 당신은 어떻습니까?"는 슬프게도 아이러니하다.

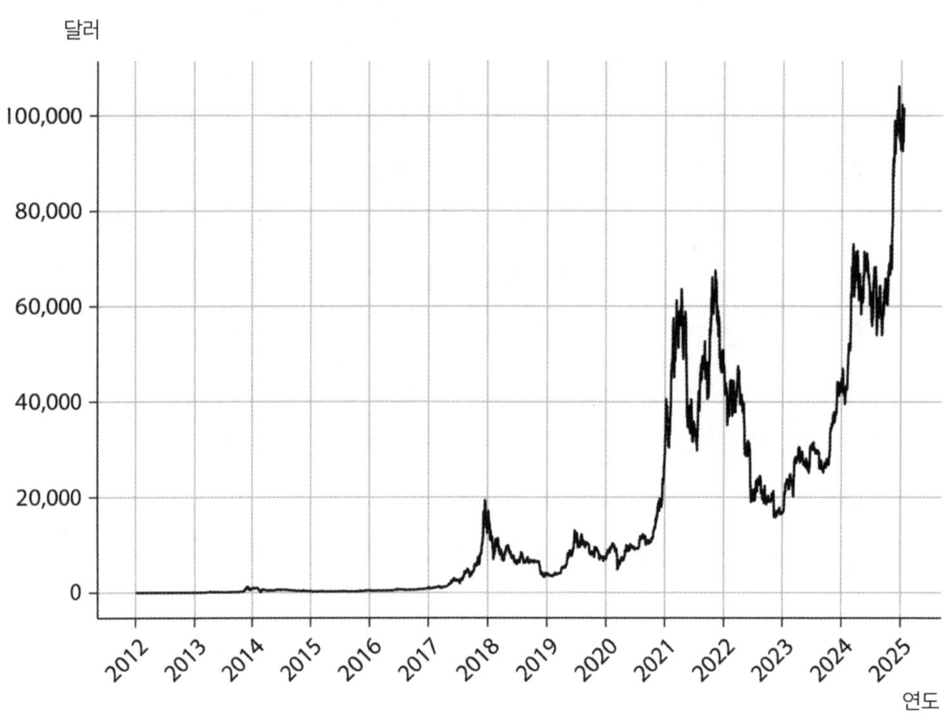

그림 8.2 | 비트코인 등장 이후 비트코인 가격 추이

출처: www.tradingview.com. 2025년 1월 17일에 접속함.

코인이 전통적인 금융을 제대로 누리지 못하던 사람들에게 더 호소력이 있다는 사실은 특히나 안타까운 일이다. 미국에는 흑인들을 공식 금융시장에서 배제해온 암울한 역사가 있다. 19세기부터도 사기와 관리 부실로 '자유민 저축은행Freedman's Savings Bank'[남북 전쟁 이후 해방 노예들의 금융 활동을 위해 세워진 저축은행]이 파산하면서 새로이 자유민이 된 흑인들이 예금한 돈을 날리는 일이 있었다. 20세기에는 은행들이 흑인 동네에는 신용을 제공하지 않는 "레드라이닝[인종 소수자가 많이 거주하는 지역에 금융서비스를 제공하지 않는 차별적 관행]으로 흑인들이 차별받았다. 21세기에는 "역-레드라이닝"[저소득층이나 소수 민족이 거주하는 지역에 고금리 대출이나 부적절한 금융상품을 집중적으로 제공하는 행태]으로 흑인들이 더 비싸고 더 부적합한 금융상품을 더 많이 사용하고 있다.[24] 코인도 흑인들이 특히 열정적이다. 한 조사에 따르면 흑인의 25퍼센트가 2022년에 코인을 보유하고 있었는데 백인은 이 숫자가 15퍼센트였다.[25] 암호화폐는 르브론 제임스LeBron James나 스파이크 리Spike Lee 같은 유명인을 통해 공격적으로 흑인들에게 마케팅되었다. 흑인은 코인이 정부에 의해 규제되고 있다고 믿는 비율이 백인의 두 배였다.[26] 이것은 전통적인 금융에 대해 그들이 갖고 있는 충분히 납득할 만한 의구심이 흑인을 오히려 더 위험하고 착취적인 시장으로 가게 만든 슬픈 사례다.

탈중앙화된 금융은 사용자에게만 위험을 일으키는 것이 아니라 사회 전체에도 위험을 일으킨다. 빠르게 결제 수단이 되고 있는 비트코인 등 암호화폐는 불법 거래와 범죄적 행동을 촉진한다. 따라서 결제 수단으로 코인을 촉진하는 것은 도덕적인 이유에서 삼가야 마땅하다. 악명 높은 "실크로드"는 다크웹에서 총기, 약물, 아동 포르노 등을 거래하는 온라인 마켓플레이스인데 비트코인으로만 거래가 가능하다. 이 웹사이트 자체는 폐쇄되었지만 코인을 이런 종류의 활동에 거래 수단으로 삼는 사례는 늘고 있다.[27] 아이러니하게도, 유로폴에 따르면 코인의 심한 변동성이 범죄적 거래 수단으로서 코인이 사용되는 것을 어느 정도 제약하고 있다. 범죄자들이 자신이 보유한 장기 자산 가치에 코인의 급등락이 미치는 악영향을 명민하게 인식하고 있기 때문이다![28]

또 한 가지 중요한 이슈가 있다. 비트코인 거래를 포함한 많은 디파이 거래가 "채굴자"들에 의해 기록되고 모니터링되어야 하는데, 이들은 블록체인을 확장하는 데 막대한 컴퓨팅 파워를 사용하고 암호화폐 보유로 보상을 받는다. 여기에 필요한 컴퓨팅은 어마어마한 양의 전기를 사용하는데, 미국 에너지정보국에 따르면 2023년에 미국 전기 소비의 적어도 0.6퍼센트, 많게는 2.3퍼센트를 차지한 것으로 추산된다.[29] 기후변화에 대응하기 위해 세계 에너지 시스템을 재생 에너지로 전환해야 하는 이 시점에 이렇게 막대한 자원 비용은 우려스럽다.

현재의 과열된 환경에서 블록체인 기술과 암호화폐의 경이에 우려를 표하면 러다이트라는 비난을 받기 쉽다. 우리는 분산원장 기술이 금융 시스템의 기능을 향상시킬 수 있는 잠재력에 낙관적이다. 입증 가능한 조건들이 충족되면 자동으로 거래가 체결되는 스마트 거래 같은 것이 그렇다. 하지만 현재와 같은 형태로서의 암호화폐가 유용하리라는 데는 회의적이다. 현재로서 암호화폐는 순진한 투자자들에게서 그들이 어렵게 번 돈을 떼어가는 데서만 매우 효율적인 것으로 보인다.

위험을 통제하면서 이득을 얻는 법

사회적으로 어떻게 새로운 테크놀로지의 위험을 제한하면서 이득을 실현할 수 있을까? 한 가지 해법은 "규제 샌드박스"를 사용해 새 상품을 소비자 중 일부에게만 먼저 제공하고 규제 당국이 면밀하게 살펴본 뒤 더 폭넓은 인구에게는 그다음에 내보내는 것이다. 그러면 비용과 이득 둘 다를 명백하게 볼 수 있고 해당 기술이 가진 "알려지지 않은, 알려지지 않은 것unknown unknowns[모르고 있다는 사실조차 몰랐던, 완전한 미지의 위험]"을 발견할 수 있다. 규제 당국과 연구자가 협력해, 1차로 서비스를 제공할 소비자를 무작위로 정한 뒤 아직 그 서비스가 제공되지 않은 대조군과 결과를 비교해볼 수 있을 것이다. 이 접근은 규제가 어디에서 어떻게 실패할 가능성이 있는지를 증거에 기반해 파악하기에도 좋다.

이미 전 세계에서 70개 이상의 규제 샌드박스가 발동이 예정되었거나 시행 중이며 이 중 약 70퍼센트가 테크놀로지 도입으로 금융 사용자 확대에 상당한 득을 볼 잠재력이 있는 신흥시장국에서 진행되고 있다.[30] 우리는 이같은 '혁신의 안전 공간'에 대해 낙관적이며 영국의 샐러리파이낸스Salary Finance 같은 좋은 사례들이 있어 고무적이다. 2018년 7월에 금융행위감독청의 규제 샌드박스에 들어온 샐러리파이낸스는 급여 연계 대출 플랫폼으로, 직장인이 소득을 전통적인 월 단위가 아니라 원하는 빈도로 받을 수 있게 해준다. 2023년까지 샐러리파이낸스는 약 8억 파운드의 채권을 성공적으로 발행했다.[31]

하지만 규제 당국이 규제 샌드박스에 자금을 지원할 때는 자칫 기존의 규제 자원을 잡아먹어서 개인금융의 다른 중요한 부분을 면밀히 살펴야 할 당국의 역할에 구멍을 만들지 않도록 조심해야 한다.[32] 또한 우리는 샌드박스에서 승인된 혁신을 세상에 본격적으로 내놓을 때 시범 기간을 연장해야 한다고 생각한다. 도입되는 범위가 커지면 예상치 못한 결과가 나올 수 있기 때문이다. 마지막으로, 주택 구입, 모기지 대출 등 비용과 이득이 긴 기간에 걸쳐 나타나고 규모가 큰 의사결정을 위한 상품과 서비스에 대해서는 규제 샌드박스 사용에 신중해야 한다.

샌드박스를 사용할 수 없는 금융 기술은 어떤 규제 원칙으로 접근해야 할까? 한 가지 좋은 원칙은 복잡한 최적화를 시도하는 제품보다 간단한 과정을 향상시키는 제품을 먼저 받아들이는 것이 더 안전하다는 점이다. 예를 들어 기존의 은행 시스템이 사용하는 것과 비슷한 정보를 사용해서 빠르게 신용을 배분하는 핀테크 알고리즘이나 인덱스 투자 포트폴리오를 알고리즘 기반으로 저렴하게 제공하는 자산 운용 상품은 절차를 더 빠르고 효율적이게 만든다. 하지만 복잡한 금융적 제약이 있는 고객들을 위해 맞춤 포트폴리오를 최적화하거나 새로운 금융상품을 설계하는 것은 훨씬 복잡한 문제인데, 이를 해결해준다고 약속하는 핀테크 제품은 더 경계하면서 보아야 한다.

두 번째 원칙은 규제 당국이 핀테크 상품이 인간 심리를 조작하는 징후에 주의를 기울여야 한다는 것이다. 그리고 당국의 조사가 발동될 수 있는 요건이 광범위해야 한다. 가령 새로운 핀테크 금융상품이 유독 가시적인 다량의 광고와 함께 갑자기 인기를 끈다면 조사 발동 요건으로 삼을 수 있을 것이다. 이 책 저자 중 한 명인 존 캠벨은 그같은 광고의 한 사례를 생생하게 기억한다. 2021년 여름에 런던 지하철 에스컬레이터 옆에 붙어 있던 포스터 광고였는데, 코인 투기에 대한 그 광고는 이렇게 말하고 있었다. "도지가 그리우세요? 플로키가 있습니다. Flokiinu.com." 도지코인은 원래 비트코인의 장난 같은 대안으로 만들어졌고 의도적으로 풍부하게 공급되었다. 플로키 이누 암호화폐는 일론 머스크Elon Musk의 강아지 이름을 딴 것이다. 두 암호화폐 모두 "밈 코인"이며, 그것의 가치는 블록체인 거래에서 그것이 갖는 유용성이 아니라 사람들이 느끼는 매력도에 달려 있다.[33] 조사 결과 과도한 게임화의 증거가 나왔거나, 구매와 사용을 부추기기 위해 또래집단 사이의 비교를 촉진하는 전략이 사용되고 있거나, 투명하지 않은 수수료가 매겨졌거나, 사용자의 탈퇴가 과도하게 어렵다면, 규제 당국이 개입해야 한다.

셋째, 핀테크 회사가 개인정보를 어떻게 사용하는지 면밀히 살펴야 한다. 데이터 프라이버시 기준을 세심하게 마련해야 하고 민감한 금융 데이터, 그리고 특정 고객층을 타깃으로 가격을 설정하거나 상품을 판매할 수 있게 하는(심지어는 보험회사가 특정한 사람들을 배제할 수 있게 하는) 금융 데이터를 전문적으로 감시하는 독립적인 프라이버시 규제 기관이 필요하다. 또한 우리는 사용자의 '동의'에 기반하는 현재의 데이터 프라이버시 시스템이 아닌 대안을 연구할 필요가 있다고 생각한다. 현재의 방식은 "프라이버시 역설"이라고 불리는 현상 때문에 효과가 많이 떨어진다. 합리적인 대안으로, 데이터 주체가 개인 데이터 오남용 사건을 겪었을 경우 권리 침해에 대한 법적 행동을 개시할 수 있도록 구속력 있는 법률로 프라이버시 권리(공정한 보상을 받을 권리나 개인정보의 확실한 삭제를 요구할 권리 등)를 입법화하는 것 등을 생각해볼 수 있다.[34]

넷째, 우리는 알고리즘에서 작동하는 차별이 매우 우려스럽다. 하지만 가령 신용 점수 산정 알고리즘에 공정성을 코드로 삽입하는 방식은 바람직하지도 않고 가능하지도 않다고 본다. 그보다는, 알고리즘이 효율적인 신용 배분을 위해 가용한 모든 정보(현재 제약되고 있는 연령, 인종, 성별에 대한 정보도 포함해서)를 최대한 제약 없이 사용해 신용 점수를 산출하게 하되, 부정적인 영향을 받는 집단들에는 적절하게 보상할 수 있는 체계를 별도로 마련하는 방식이 더 좋다고 생각한다. 이 "두 단계" 시스템은 가용한 모든 정보를 활용해 신용을 배분한다는 점에서, 그리고 정부가 보상 체계를 설계할 때 구체적인 재분배 목적을 명시적으로 드러낼 수 있다는 점에서, 더 효율적이고 투명할 것이다. 이는 정보의 사용을 금지하는 현재의 시스템과는 다르다. 현재의 시스템은 사회가 활용 가능한 상충적 교환 관계를 명료하게 보지 못하게 시야를 왜곡할 수 있다.[35]

마지막으로, 우리는 핀테크를 너무 많이 도입하는 것만큼이나 너무 적게 도입하는 것도 문제라고 생각한다. 새로운 테크놀로지를 기피하는 사람들은 핀테크에 강하게 의존하는 종류의 금융 시스템에서 배제될 위험이 있다. 또 어떤 사람들은 테크놀로지가 복잡해서 핀테크 금융상품이 이용하기 어려우리라고 지레 겁을 먹어서 그것을 잘 다루는 사용자보다 적은 이득을 누릴지 모른다. 이 문제는 기술을 불신하거나 이해하기 어려워하거나 혹은 단순히 기술에 익숙하지 않은 고연령층 가구, 주류 언어를 사용하지 않는 가구, 그밖에 사회적으로 불리한 처지인 가구에 평균보다 높게 영향을 미칠 것이다. 또 어떤 사람들은 은행 지점 등 옛 방식의 대면 접근이 빠르게 디지털 상호작용으로 대체되는 환경에서 심각하게 뒤로 밀려날 수 있다.[36] 우리는 정부와 규제 당국이 자금을 지원해서 완전하게 디지털화된 개인금융 시스템으로의 전환이 더 부드럽게 이뤄지도록 해야 한다고 생각한다. 가령 쓰이기만 한다면 안전하고 효과적일 자동화 솔루션을 인간 금융 자문가가 (그 솔루션에 영향을 미치지는 않으면서) 고객에게 '설명'해주는 방식을 합리적인 접근 방법 중 하나로 생각해볼 수 있을 것이다. 로봇 자문이나 알고리즘 기반 포트폴리오 운용과 같은 복잡한 해법일 경우에는 더욱 그렇다.[37]

결론적으로, 우리는 신중하게 사용한다면 개인금융이 테크놀로지에서 많은 것을 얻을 수 있으리라고 믿는다. 전직 연준 의장 폴 볼커Paul Volcker는 현금자동지급기[ATM 기계]가 현대 금융 혁신의 최고봉이라고 회의적으로 말한 바 있지만, 이미 우리는 그 시절로부터 멀리 와 있다.[38] 우리가 해결해야 할 과제는 핀테크가 우리의 통제를 벗어나지 않게 하면서 그것의 이득을 실현하는 것이다. 테크놀로지는 차체를 강화한 다음에야 적용할 수 있는 터보차저와 같다. 테크놀로지만으로 문제를 해결할 수 있다고 믿기보

다는, 개인금융 시스템의 근본적인 작동을 고치려는 노력을 먼저
배가하고 그다음에 새 테크놀로지를 도입해야 한다. 사실 우리는
금융 시스템을 더 야심차게 재설계해야 하는데, 이것이 다음 장의
주제다.

9장

'넛지' 말고 '쇼브'

이 장에서 우리는 개인금융 시스템을 개선하기 위해 의도적이고 집합적인 행동이 필요하다고 주장하고자 한다. 우리는 이를 "쇼브shove"[세게 밀치기] 전략이라고 부른다. 정부의 권한과 권력을 사용해 금융상품의 오남용을 억제하고 더 나은 금융상품 개발을 장려하는 것이다.

일단 준비 작업으로, 정부가 가장 기본적으로 제공해야 할 금융 인프라와 금융 교육을 개략적으로 설명하고, 이어서 정부가 투명한 정보 공개를 강제함으로써 금융 정보의 흐름을 개선할 수 있는 방법을 살펴볼 것이다. 여기에서 우리는 정보 공개 의무화가 종종 도움이 되지만 개인금융 시스템 문제의 해결책으로 충분하기에는 한참 못 미친다는 점을 강조할 것이다. 또한 우리는 살짝 찔러주는 '제안'이나 '자동설정' 옵션을 제공함으로써 좋은 결정을 은근슬쩍 유도하는 동시에 사용자가 적극적인 의사결정을 하고자 할 때는 자동설정에서 쉽게 이탈할 수 있게 허용하는 "넛지" 접근방식을 검토할 것이다. 매우 인기 있는 이 접근은 사람들이 가지고 있기 마련인 관성을 활용하며, 주어진 기본설정을 원하지 않는 사람은 원하는 다른 안을 쉽게 선택할 수 있기 때문에 큰 피해나 왜곡을 일으키지 않는다는 매력적인 특징이 있다. 하지만 우리는 넛지가 약한 약에 불과하며 개인금융 시스템의 문제를 해결하기에 충분할 수는 없다고 주장할 것이다.

우리는 금융 시스템에 더 강력한 정부 개입이 필요하다고 생각한다. 금융 시스템을 살짝 "찔러주는[넛지]" 것이 아니라 "세게 밀치는[쇼브]" 것이 필요하다. 우리는 정부가 조세 인센티브, 가격 상한, 특정 금융상품에 대한 판매 제한 등을 통해 가계와 금융서비스 제공자의 인센티브와 그들의 행동을 지배하는 규칙을 어떻게 바꿀 수 있는지 설명할 것이다. 우리는 이 접근이 전체 금융 시스템에 광범위한 신의성실 의무를 부과해 금융기관이 고객의 최선의 이익에만 부합하게 행동하도록 의무화하는 방식이나 금융서비스를 정부가 직접 제공하는 방식보다 바람직하다고 주장할 것이다. 또한 우리는 단순히 사람들의 관성을 활용하는 데서 그칠 것이 아니라 정부가 더 강력한 정책 도구를 사용해 사람들이 행동 편향을 극복하게 하고, 금융산업에서 시장 권력을 억제하며, 이해 상충을 식별 및 단속하고, 어렵고 복잡한 금융 의사결정을 자동화한 금융상품 개발을 장려해야 한다고 제안한다.

기본: 인프라와 교육

금융 인프라

정부의 기능 중 하나는 가계와 기업이 공동의 자원으로서 의존하는 기본 인프라를 제공하는 것이다. 금융 맥락에서, 이 인프라에는 개인과 법인을 명확하게 식별할 수 있는 기술, 개인 간에 자원 이전을 가능하게 하는 화폐 시스템, 계약을 해석하고 집행하는 법률 시스템, 금융 자산 및 부동산 자산의 소유권을 기록하는 등기소 등이 포함된다. 이런 시스템은 경제가 돌아가는 데 매우 중요하다. 우리는 더 잘 작동하는 개인금융 시스템으로 나아가기 위해 꼭 필요한 단계로서 이러한 인프라의 강화를 강하게 지지한다.

에스토니아의 칩앤핀chip-and-PIN[신용카드에 전자 칩을 내장해 사용자가 서명 대신 비밀번호 입력으로 신원을 증명하게 하는 시스템] 신분증이나 인도의 생체인식 "아다르" 신분증 같은 안전한 디지털 신원 확인 시스템을 갖춘 국가는 신원 도용 위험을 줄이고 시민, 기업, 정부 간에 이루어지는 많은 거래와 상호작용을 간소화할 수 있다.[1]

투자자를 보호하는 법률 시스템은 금융 지식이 별로 없는 소액 저축자뿐 아니라 대규모 장기 투자 프로젝트의 자금 조달도 지원할 수 있다. 각국 법률 시스템의 역사적 기원으로까지 거슬러 올라가는 이러한 보호의 국가 간 차이는 오늘날 각국의 금융 및 경제 발전 수준과 밀접하게 관련이 있다.[2]

소유권 등기는 판매자의 자격에 대한 불확실성이나 의구심 없이 주식, 주택 등의 자산을 거래할 수 있게 해줌으로써 구매자 입장에서 시간과 비용이 많이 드는 실사의 필요성을 없애준다. 또한 신용 등록은 과거의 상환 이력을 확인해 현재의 상환 이행 가능성을 평가하는 데 사용할 수 있으므로 간편하고 효율적인 신용 흐름을 촉진할 수 있다.[3]

복잡한 현대 경제는 빠르고 정확하고 비용이 적게 드는 결제 인프라에도 크게 의존한다. 아직 탈중앙적 방식으로는 결제가 성공적으로 제공되지 않고 있으며 여전히 공공 결제 인프라에 의존하고 있다. 많은 암호화폐들이 가치가 높아지고 있긴 하지만 암호화폐는 여전히 거래 체결에 비용이 많이 드는 방식이고 거래 액수가 소액일 때는 더욱 그렇다.[4]

양질의 금융 인프라가 경제 발전을 촉진하는 것은 사실이지만, 가장 부유한 국가가 꼭 가장 좋은 금융 인프라를 갖추고 있는 것은 아니다. 기성의 시스템이 최신 기술의 채택을 방해할 수도 있다. 새 기술이 상당한 이점을 가지고 있다는 증거가 있더라도 "바닥판을 다 뜯어고치는" 작업이 매우 어려울 수 있기 때문이다.[5] 특히 미국은 신분증 시스템, 결제 시스템, 소유권 등기 등이 다른 많은 나라들보다 뒤쳐져 있다. 미국의 신원 확인은 구식이고 불안정한 사회보장번호에 의존한다. 페드와이어Fedwire를 통한 미국의 은행 간 이체는 느리고 비용이 많이 드는 편이며, 2023년에야 페드나우FedNow 서비스가 도입되어 비로소 가장 좋은 국제 표준을 따라잡기 시작했다. 또한 미국의 소유권 등기는 주택 구매자들이 모호한 소유권 등기로 인한 법적 분쟁으로부터 자신을 보호하기 위해 보험사에 별도 수수료를 지불해야 할 정도로 중앙 관리가 되어 있지 않고 빠르게 접근하기 어렵다.[6] 미국 교통 인프라의 결함은 다들 알고 있지만, 미국 금융 인프라에 개선이 많이 필요하다는 점에 대해서는(특히 신분증 시스템의 업데이트가 필요하며 표준화된 형태로 즉시 접근 가능한 디지털 등기소도 마련되어야 한다) 사람들의 인식이 그리 높지 않다.[7]

금융 교육

초등교육과 중고등 학교 교육은 정부가 책임지고 담당해야 할 핵심 영역이다. 글로벌 금융위기 이후 고등학교 교육 과정에 금융 문해력을 포함시키는 사례가 늘고 있으며, 영국은 2013년에 이를 의무화했고 미국에서는 2024년에 캘리포니아주가 금융 문해력 과정을 고등학교 졸업에 필수 과목으로 넣은 미국 내 26번째 주가 되었다.[8]

금융 문해력 교육의 효과를 측정하기 위한 시도가 많은 연구에서 이루어졌다. 널리 인용된 2022년의 한 논문은 메타 분석으로 수많은 연구 결과를 결합해 더 정확하게 요약했는데,[9] 금융 문해력 향상을 위한 교육적 개입은 금융 의사결정에서 다른 영역에서의 교육 효과와 비견할 만한, 작지만 측정 가능한 효과를 내는 것으로 나타났다.

금융 교육이 '어떤 방식으로' 제공되는지도 굉장히 중요하다. 수업 시간의 양과 교사 교육도 중요하지만 커리큘럼의 수준이 어떠해야 하는가의 문제도 있다. 많이 쓰이는 방식은 소득 창출, 지출, 저축 등 활동별로 구성된 기능적이고 실용적인 교육이다.[10] 이런 종류의 금융 문해력 수업은 더 광범위한 사회 과목 교과 내용에 포함될 수 있다.

또 다른 방식은 금융 교육을 고등학교 수학 과목과 통합하는 것이다. 거듭제곱, 수열, 급수, 지수함수, 확률과 통계의 유용성과 같은 수학 개념을 가르칠 때 금융과 관련된 예제를 사용하는 것이다.[11] 이렇게 더 개념적인 접근은 일부 학생이 깊이 있는 이해를 통해 새로운 금융 상황에서도 배운 내용을 적용할 수 있게 해주지

만, 또 다른 일부 학생을 뒤로 밀려나게 할 위험도 있다.[12]

우리는 고등학교에서의 금융 교육이 중요하다고 생각하며, 이를 의무화하려는 세계 각지의 움직임은 고무적이다. 하지만 실용적인 요소와 개념적인 요소 사이의 적합한 균형이 무엇인지에 대해서는 아직 결론내릴 수 없으며 더 많은 연구가 필요하다. 또한 우리는 대학에서 개인금융을 교육하는 최근의 추세도 환영하며 우리 자신도 그런 교육을 하고 있다.[13] 이 모두를 전제로 하되, 우리는 금융 교육이 앞에서 살펴본 개인금융의 문제점에 충분한 대응이 되리라고는 생각하지 않는다. 고등학교에서 아무리 좋은 금융 수업을 받았어도 성인이 되어 실제로 중요한 금융 의사결정을 내려야 할 때가 되면 배운 기억이 가물가물해졌을 것이다. 금융에서의 빠른 기술 혁신이 고등학교 때 배운 간단한 어림 규칙을 낡은 것이 되게 만들었을 수도 있다. 또한 규제를 회피하는 복잡한 금융상품이 공격적으로 마케팅될 가능성이 있고(실제로도 그렇다) 이는 기본적인 금융 수학을 배운 사람들의 역량을(때로는 고급 수학을 배운 사람들의 역량도) 쉽게 압도할 수 있다.[14]

금융 정보의 흐름을 올바르게 이끌기

금융 시스템은 금융상품의 약관, 가격, 이용자의 경험 등에 대해 방대한 정보를 생성한다. 금융서비스 업체는 일상적인 영업 활동에서 이런 정보를 자연스럽게 생성하거나 획득하지만, 그들의 동기는 투명하고 효율적인 시장을 촉진하는 방식으로 정보를 공유하는 것이라기보다 고객을 끌어오고 유지하는 데 활용하는 것이다. 따라서 평범한 사람들에게 도움이 되도록 금융 시스템을 개선하기 위해 정부가 할 일 중 하나는 이런 정보가 투명하게 공개되고 생산적인 방향으로 흐르게 하는 것이다.

소비자에게 정보를 공개하기

명백한 방법 하나는 고객이 금융상품의 주요 기능을 잘 이해하고 다른 상품들과 쉽게 비교할 수 있도록 금융서비스 업체가 표준화된 형식으로 정보를 공개하게 하는 것이다. 일례로 미국에서 신용카드를 발급할 때 함께 제공해야 하는 "슈머 박스Schumer Box"를 들 수 있다. 이 법안을 발의한 미국의 뉴욕주 출신 상원의원 찰스 슈머Charles Schumer의 이름을 딴 것으로, 신용카드 회사들이 구매 대금 결제, 현금 인출, 잔액 이전 등의 금리와 연체 수수료, 환불 수수료, 해외 구매 수수료 등의 상세한 정보를 표준화된 형식으로 고객에게 반드시 제공하도록 의무화하고 있다.

이와 같이 표준화된 정보 공개 양식을 도입하려는 유용한 움직임이 있지만, 금융서비스 업체는 그런 정보로부터 소비자의 주의를 돌리려는 유인이 있다. 가령, 고객이 우편으로 받는 신용카드 명세서 봉투에, 얇은 종이에 못 생긴 검정 글꼴로 인쇄된 슈머 박스 문서와 광택 나는 잡지 용지에 컬러로 인쇄된 고가의 휴양지 사진이 함께 들어 있어서 신용카드 비용에 대한 정보보다 신용카드로 지출할 수 있는 제품이나 서비스가 소비자의 주의를 더 끌 수 있다.[15]

정보 공개가 유용하려면 소비자가 정보를 이해하는 데서의 이러한 장애물을 없애야 한다. 정부는 금융 기업들이 사용자가 쉬이 무시하게 되는 지루하고 세밀한 인쇄물을 만들지 말고 금융 정보를 직관적이고 이해하기 쉽게 표시하도록 의무화해야 한다.

예를 들어 신용 비용을 공개하는 데 사용되는 단위를 생각해 보자. 대부분의 국가에서 규제 당국이 선호하는 표준 방식은 대출 비용이나 투자 수익률을 연이율 형태로 공개하는 것이다. 연이율은 대출이 1년 동안 지속될 경우 발생할 이자 비용을 말한다. 미국에서 연이율 표시 의무화는 소비자금융 보호의 가장 오래된 형태 중 하나로, 1968년 진실대출법으로까지 거슬러 올라간다. 이후 1980년대에 슈머 박스 등 신용카드 정보 공개 의무화에도 적용되었다. 여기에서도 진실대출법의 틀을 따라 정보를 연이율로 표시하도록 하고 있다. EU의 소비자 신용 관련 법도 연이율로, 그리고 상품 간 비교가 가능하게 표준화된 방식으로 정보를 공개하도록 의무화하고 있다.[16] 연이율로 표시하면 각기 다른 만기를 가진 대출 상품도 일관성 있게 이자 비용을 볼 수 있기 때문에, 가령 은행 계좌의 초과인출을 통한 현금 조달이 급여일대출을 받는 것보다 이자율이 훨씬 낮다는 사실을 분명하게 알 수 있다. 하지만 연이율 단위 정보 공개가 좋은 출발점이긴 해도 몇 가지 면에서 사람들이 쉽게 이해할 수 있는 비용 공개라 하기에는 부족하다.

우선, 흔히 사람들은 달러, 파운드, 루피 등 화폐 금액 단위로 돈 문제를 생각한다. 예산, 은행 계좌 명세서, 신용카드 잔액, 지갑 속의 돈 등을 생각하는 단위가 바로 화폐 금액이다. 경제학

자들은 금리로 표시된 것을 달러 금액으로 변환하는 데 훈련
이 되어 있지만, 많은 사람들에게는 이것이 놀라울 정도로 어
렵고 특히 대출이나 투자의 기간이 1년이 아닌 경우에는 더욱
그렇다.[17]

　게다가 많은 경우에 이자는 신용 비용의 일부에 불과하다. 대
부 기관이 이자와 별도로 여러가지 수수료를 추가로 물릴 수 있기
때문이다. 계좌가 마이너스 통장이 될 때 은행이 물리는 초과인출
수수료가 그런 사례다. 이같은 고정 수수료는 건건이 부과되므로
초과인출 수수료 비용을 다 합하면 마이너스 계좌에 적용되는 비
교적 작은 연이율에 비해 상당한 금액이 될 수 있다. 마찬가지로,
신용카드 대출자는 이자율보다 훨씬 높은 연체 수수료를 물게 될
수 있다.[18] 더 장기적인 시각에서 보면, 오늘 빌리는 돈이 미래의
이자 비용에 미칠 영향도 중요하게 고려해야 한다. 예를 들어, 신
용카드 연체는 많게는 6개월까지 잔액에 패널티 이자율을 추가로
붙이게 된다. 또한 매번의 대출은 신청 시에 단기적으로 대출자의
신용 점수를 낮추는 경향이 있는데 이는 다시 미래의 신용 비용을
높일 수 있다.

　종합하면, 사람들이 신용 비용을 더 잘 알 수 있도록 슈머 박스
에서 시작된 노력을 긴급히 업데이트해야 한다. 신용카드만이 아
니라 다른 금융상품들에 대해서도 신용 비용을 알고 가용한 여러
상품을 비교해 볼 수 있도록 말이다. 또한 우리는 이자 비용을 화
폐 금액으로 표시하는 것이 올바른 접근이라고 생각한다. 1회성
대출이든 분기나 1년 등 표준 기간마다 롤오버가 되는 경우든 마
찬가지다. 수수료도 화폐 금액으로 표시되어야 하고 어떤 경우에

수수료가 붙는지(신용카드 대금 연체나 은행 계좌에 초과인출을 발생시키는 거래 등)가 명확하게 설명되어야 한다. 이에 더해, (그들이 평균적으로 대출을 가진 기간이 어느 정도였는지와 어느 경우에 수수료를 물었는지와 함께) 과거 대출자들이 평균적으로 낸 비용을 알려주는 것도 유용하다. 더 낫게는, 자신의 기본 정보를 가지고 사용자가 대략적으로 비용을 계산해볼 수 있는 온라인 계산기를 제공하는 방법도 있다.[19] 우리가 제안한 접근법의 한 사례로, 최근에 이스라엘에서 진행된 모기지 시장 개혁은 일부 모기지에 대해 사용자가 내야 할 총 이자 금액, 첫 달 상환액, 가장 높은 월 예상 상환액, 대출 기간 전체에 걸쳐 내야 할 총 금액 등 이자율 외에 추가로 정보를 공개하도록 의무화했다.[20]

효과적인 금융 시스템을 위해 정보 공개는 필요하지만 그것만으로 충분하지는 않다. 공개된 정보를 읽고 용어를 이해하려면 적어도 어느 정도의 금융 지식이 필요한데, 많은 사람들이 금융 지식이 부족하고 (8장에서 논의한 개인정보 관련에서도 그랬듯이) 지식이 있어도 정보를 들여다보는 데 시간을 잘 쓰지 않는다. 한 달 동안 90개 소프트웨어 기업의 웹페이지를 방문한 4만 8,000명을 대상으로 진행한 연구에 따르면 "사용자 동의"의 내용을 1초 이상 살펴보았다고 답한 사람은 1,000명 중 두 명꼴에 불과했다.[21] 전문가라고 다르지도 않다. 이 책의 저자인 우리도 "전체 동의"라고 표시된 박스를 서둘러 클릭하고 앱이나 온라인 서비스에 곧바로 가입하는 경우가 많고, 법률에 대한 경제적 분석으로 유명한 리처드 포스너Richard Posner 판사도 모기지 대출을 받을 때 방대한 문서를 "읽지 않고 서명했다"고 말한 적이 있다.[22]

소비자에게 정보를 알리는 데 또 하나의 어려움은 사람들이 그 정보를 얻기 위해 자신의 개인 정보를 직접 입력해야 할 때 발생한다. 미국에서 2011년에 도입된 법에 따르면 대학은 가정이 소득, 대학의 재정 보조 등에 따라 교육의 순비용을 알 수 있도록 온라인 계산기를 의무적으로 제공해야 한다. 하지만 불행히도, 온라인 계산기는 사용하기 어려운 경우가 많고 세금 환급과 같은 정보가 필요해서 저소득층이나 교육 수준이 낮은 가정을 쉽게 위축시킬 수 있다. 반대로 [학생의 가정이 직접 자기 정보를 입력하지 않고] 대학이 '평균' 학비를 알려주는 것은 그리 유용하지 않을 수 있다. 개별 가정은 평균보다 더 내거나 덜 낼 것이기 때문이다. 웰슬리 대학의 교육 경제학자 필립 르빈Phillip Levine이 제시한 합리적인 해법 하나는 현재의 학비 계산기가 요구하는 수준의 상세한 가구 정보를 입력하지 않고도 각 가구가 자신의 기본적인 재정 정보만을 사용해 자신이 내야 할 학비를 대략 가늠해볼 수 있게 하는 것이다.[23] 우리도 이 접근을 강하게 지지한다.

다른 기관에 정보를 공유하기

제공된 정보를 소비자가 이해할 수 없을 경우, 한 가지 대안은 금융 기업이 다른 기관이나 정부가 처리할 수 있도록 기계 판독이 가능한 표준화된 형태로 정보를 공유하게 하는 것이다. 리처드 세일러Richard Thaler와 윌 터커Will Tucker는 이 같은 "스마트 정보 공개"가 상품 간 비교를 지원하는 "선택 엔진choice engines" 소프트웨어의 발전을 촉진하는 방법이 될 수 있다고 주장했다.

금융 버전의 익스피디아Expedia나 카약Kayak이라고 생각할 수 있을 것이다.[24] 인도의 개인금융 관련 정부 위원회들도 특히 보험회사가 보험금 청구 처리 방법을 공개하는 것과 관련해 유사한 권고안을 발표했다.[25] 이러한 방식에는 많은 장점이 있지만 진전이 더딘데, 한 가지 이유는 사람들이 금융 영역에서는 선택 엔진이 제공하는 제안들을 판별하기가 여행 사이트에서 항공권을 비교 검색해 예매하는 것보다 훨씬 어렵기 때문일 것이다. 대부분의 사람들에게 개인금융의 근본적인 어려움은 스마트 정보 공개를 통해 완화될 수는 있을지언정 해소될 수는 없다.

금융 기업이 다른 기관에 정보를 공유한다 해도, 그 정보를 계속 업데이트하면서 정보의 질을 계속해서 높게 유지하려는 인센티브가 꼭 있는 것은 아니다. 정보의 질이 잘 관리되지 않기로 악명 높은 영역 하나가 미국의 신용 기록이다. 신용 기록은 신용 점수를 계산하는 데 사용되고 따라서 사람들이 신용에 접근할 수 있는 정도와 신용 비용에 크게 영향을 미친다. 그런데 많은 사람들이 자신의 신용 보고서 내용을 알지 못하고 오류가 있다는 사실을 발견한다 해도 수정에 어려움을 겪는다. 잘못된 정보를 수정하는 과정은 금전적, 감정적으로 막대한 부담과 스트레스를 일으킨다. 한 피해자는 이렇게 언급했다.

내 신용 보고서에서 사기성 계좌를 없애려고 몇 개월이나 시도했습니다. … 그 계좌는 식구 중 한 명이 만든 것이었어요. 저는 식구들과 같은 주이긴 하지만 아주 먼 곳에 살고 있고 완전히 다른 온라인 제공업체에 계좌를 가지고

있습니다. 에퀴팩스는… 지난 몇 달 동안 내 신용 점수를
낮추었습니다. 내 신용 보고서에는 어떤 부정적인 기록도
없으며 모든 것이 최신 상태입니다. 나는… 참전 군인이고
집을 사기 전에 신용을 최대한 높이려고 노력하는 중입니
다. 에퀴팩스는 내 삶에 부정적인 영향을 주고 있습니다.
이 문제가 해결되어서 내 삶을 잘 이어갈 수 있었으면 좋
겠습니다.[26]

애석하게도 이것은 굉장히 흔한 문제다. 미국 연방거래위원
회가 2012년에 수행한 연구에 따르면, 1,001명의 소비자 중 26
퍼센트가 신용 보고서 세 건 중 적어도 한 건에서 중대한 영향
을 가져올 수도 있을 만한 내용 오류가 있는 것을 발견했다. 또
한 1,001명 중 21퍼센트는 신용 정보 기관에 이의를 제기해 한
번 이상 신용 보고서를 수정했고, 1,001명 중 13퍼센트는 보고서
가 수정되어 신용 점수가 올라갔으며, 1,001명 중 5퍼센트는 신
용 점수가 수정되면서 신용 위험 등급이 히향 조정되었고 따라
서 대출을 받을 때 이자율이 더 낮아질 수 있게 되었다.[27] 더 일
반적으로, 신용 보고서는 미국 소비자금융보호국에 접수된 소비
자 민원의 상당 부분을 차지하며, 최근에는 특히 더 그렇다. 그
림 9.1에서 이를 잘 볼 수 있다. 정부는 신용 보고서 작성에 높은
기준을 요구해야 하며 그밖의 소비자 정보에 대해서도 높은 품
질 기준을 요구해야 한다.

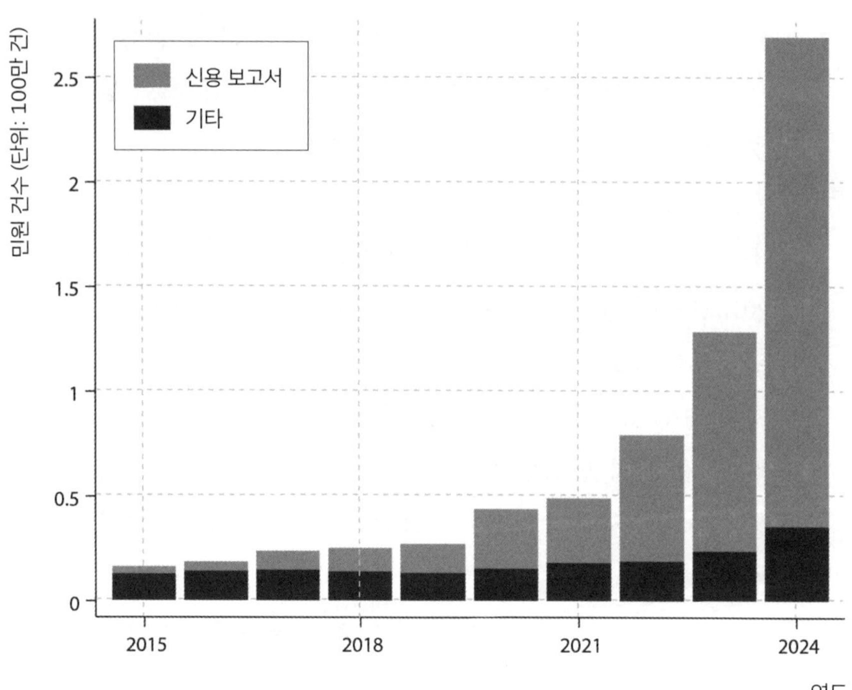

그림 9.1 | 미국 소비자들이 소비자금융보호국에 신고한 민원. 2015-2024년

출처: 다음을 토대로 우리가 직접 계산했다.
Consumer Financial Protection Bureau Consumer Complaints Database.
2024년 4월에 접속함.
https://www.consumerfinance.gov/data-research/consumer-complaints/.

넛지로는 충분치 않다

감정, 유혹, 인지적 한계 때문에 사람들이 자신에게 득이 되는 대로 행동하지 못한다면, 환경을 조작해서 더 좋은 결과를 유도하는 것은 가능하지 않을까?

이 접근의 가장 유명한 사례는 "넛지" 전략이다. 좋은 선택지를 "제시"하거나 그것을 "기본설정"으로 두는 가벼운 개입을 통해 사람들이 적극적으로 의사결정을 하지 않고도 자연스럽게 좋은 안을 택하게 유도하는 것이다. 제시되는 안이나 기본설정으로 되어 있는 안이 아닌 다른 것을 선택하고 싶은 사람은 자유롭게 그렇게 하면 된다. 하지만 제시된 안이나 기본설정으로 되어 있는 안을 별 생각 없이 받아들이는 사람도 합리적인 결과를 얻을 수 있다. 리처드 세일러와 캐스 선스타인Cass Sunstein은 2008년 《넛지 Nudge》에서 이 전략을 제시하면서 이 전략에 "넛지"라는 이름도 붙였다. 그들에 따르면, 이 전략의 기저에 있는 철학은 "자유주의적 후견주의"다. '후견주의'인 이유는 사람들에게 무엇이 좋을지를 정부가 판단하기 때문이다. 그럼에도 '자유주의적'인 이유는 사람들이 그것을 거부할 자유가 있고 어떤 상품에 대해서도 정부가 과세 권력을 사용해 시장 가격을 바꾸거나 정부 권한을 사용해 특정 상품에 대한 접근을 제한하지는 않기 때문이다.[28]

바람직한 안을 '제시'하는 전략은 사람들이 무엇을 해야 할지에 대해 강한 견해를 가지고 있지 않을 때, 그리고 조언에 열려 있을 때 효과적이다. 바람직한 안을 '기본설정'으로 두는 전략은 많은 사람들이 금융 의사결정을 하기 싫어하고 웬만하면 가장 편한

길을 가려 한다는 속성을 활용한 것이다. 가장 잘 알려진 사례는 신입 직원이 입사와 동시에 회사의 은퇴 계좌에 자동 가입되게 하는 것이다. 이 은퇴 계좌는 대개 높지 않은 수준의 불입률과 다각화된 자산 배분으로 설정되어 있다. 초창기 연구들에서 이 전략은 신규 직장인들 사이에서 은퇴 계좌 참여율을 많게는 85퍼센트까지로도 올릴 수 있는 것으로 나타났다. 은퇴 계좌에 자동 가입시키지 않는 회사 직원들에 비해 취업 6개월 뒤 은퇴 계좌 참여율이 두 배였고 취업 3년 뒤에도 기본설정 은퇴 계좌가 없는 경우보다 은퇴 계좌 보유율이 상당히 높았다.[29]

넛지는 규제 당국과 정책 결정자들에게 매우 인기가 있다. 2010년에 영국 정부는 이 개념을 정책 결정의 여러 영역에 폭넓게 적용하기 위해 "넛지 팀"이라고도 불리는 행동 통찰팀 Bahavioral Insights Team을 만들었다. 2015년에 미국 정부도 평가 과학실Office of Evaluation Sciences을 설립했다. 2019년에 인도 경제수석실에서 매년 펴내는 중요한 정책 문서인 인도경제서베이는 넛지 해법이 어떻게 인도의 경제 정책 설계에 지침을 줄 수 있을지 설명하는 데 한 챕터를 통째로 할애했다. 2010년 말에 전 세계에 200개의 넛지 팀이 활동하고 있었다.[30]

유익한 결과를 내기도 했고 명백히 정책에서 수행하는 역할이 있긴 하지만, 넛지 접근에는 한계가 있다. 우선, 넛지의 이득은 과장된 면이 있다. 총 2,300만 명을 포괄하는 126편의 무작위 표본 연구 논문을 분석한 한 메타연구 결과, '현실 세계에서' 넛지 전략의 효과는 학계의 '실험 연구에서' 보고되었던 수준의 4분의 1 가량에 불과한 것으로 나타났다. 실험 연구에서 넛지 전략이

눈길 끄는 결과를 냈을 때 학술지에 게재되는 경향이 컸기 때문일 것이다.[31]

"제시" 방식은 특히 효과가 미미한 것으로 보인다. 일례로 금융위기 이후 통과된 미국의 2009년 신용카드책임공개법Credit Card Accountability Responsibility and Disclosure Act, CARD Act으로 의무화된 "제시" 방식의 넛지 전략을 들 수 있다. 이 법은 신용카드 발급자가 소비자에게 3년 안에 빚을 다 갚으려면 매달 얼마를 갚아야 하는지 알려주도록 의무화했다. 사람들이 다달이 최저 금액만 갚지 말고 '제시된' 액수를 갚아서 더 빠르게 빚을 없애게끔 유도하려는 의도였다. 하지만 안타깝게도 실증결과는 (3년 만에 다 갚을 수 있게 '제시된' 금액대로 상환한 사람도 일부 있긴 했지만) 사람들의 부채 부담에 매우 작은 영향밖에 미치지 못한 것으로 나타났다.[32] 영국에서 시도된 이보다 더 적극적인 넛지 전략(이것도 '제시' 방식이었다)도 신용카드 부채를 줄이는 데 미미한 정도의 효과밖에 내지 못했다.[33]

이보다 더 강한 형태의 넛지인 '기본설정' 방시조차 궁극적으로 우리가 바라는 결과를 내는 데는 효과가 미미했다. 기본설정 방식의 고전적인 사례는 은퇴 계좌인데, 적어도 두 가지의 문제가 효과성을 떨어뜨린다. 첫째, 기본설정 불입률(소득 중 얼마를 퇴직 계좌에 넣을지)이 너무 높으면 사람들은 기본설정 안을 거부하고 '옵트아웃'을 택한다. 하지만 기본설정 불입률이 너무 낮으면, 자동 가입이 아니어서 자신이 직접 가입했더라면 더 높은 불입률을 정할 수 있었을 사람들이 기본설정을 그냥 받아들여 낮은 불입률로 저축을 하게 된다. 기본설정이 존재한 탓에 저축액이 낮아지는 결과를 갖게 되는 것이다.

둘째, 연구자들이 기본설정 옵션이 있었던 직장인과 그렇지 않은 직장인들의 은퇴 계좌 가입률이 시간에 따라 어떻게 달라지는지 알아본 결과, 초기에는 인상적인 차이가 발견되지만 이 차이는 차차 사라지는 것으로 나타났다. 초기에는 자신의 회사에 기본설정 은퇴 계좌가 없어서 가입하지 않았던 사람들도 나이가 들면서 은퇴 저축에 참여하는 경향을 보였고 이제까지 저축하지 않은 것을 따라잡기 위해 더 공격적으로 저축했다. 반대로, 처음에 자신의 회사에 기본설정 은퇴 계좌가 있어서 가입했던 사람들 중 이후에 직장이 바뀔 때는 은퇴 계좌에 가입하지 않는 경우도 있었다.[34] 전반적으로, 기본설정 방식을 통해 은퇴 저축 가입률을 높이는 전략에 대해 일었던 초기의 환호와 열정은 상당히 과장되었던 것으로 보인다.

넛지가 은퇴 계좌 참여율을 높이는 데서도 고전하고 있는 마당이니 다른 목적에서는 효과를 내기가 더욱 만만치 않을 것이다. 회사가 자기 직원들의 노후 안정성에 관심을 갖고 은퇴 계좌를 기본설정으로 두어 직원들을 가입시키려 하는 경우는 많지만, 다른 맥락에서는, 가령 금융서비스 제공자들이 고객을 상대할 때는 고객이 기본설정 안을 받아들이지 **않게** 유도하려 할 유인이 있을 수 있다. 2010년에 미국은 은행이 고객이 계좌를 개설할 때 "초과인출 보호"라는 부가 서비스를 얹고자 할 경우 반드시 고객의 동의를 받도록 의무화했다. "초과인출 보호"는 계좌 잔고보다 많은 금액도 결제할 수 있게 한 것을 부르는 미사여구다[잔액이 부족해도 결제가 가능하다]. 그렇게 하면 초과인출이 발생하는데, 은행들은 작은 금액의 초과인출에도 상당한 수수료를 물린다. 그래서 2010년에 도입된 규제는 초과인출 보호가 **없는** 것을 기본설정으로 두고, 고객이 초과인출 보호를 부가하고 싶을 때 그렇게 선택하게 만들었다. 하지만 이 넛지는 효과가 크지 않았다. 은행들이 새 고객이 기본설정을 받아들이지 말고 초과인출 보호를 선택하도록 독려해 "넛지 상쇄"를 했기 때문이다. 법학자 로렌 윌리스Lauren Willis는 은행의 마케팅이 초과인출 보호를 촉진한 사례로 고객에게 "네, 제 계좌에 셰어플러스 ATM 및 직불카드 초과인출 커버리지를 유지해주세요"와 "아니오, 제 계좌에서 셰어플러스 ATM 및 직불카드 초과인출 커버리지를 없애주세요" 중 선택하게 하는 것을 사례로 들었다.[35] 더 일반적으로, 소비자들은 유용한 지침과 조작적이고 호도하는 광고를 구별하기 어려워한다. 즉 넛지와 슬러지를 구분하는 게 쉬운 일이 아니다.[36] [《넛지》의 저자들은 하수 찌꺼기를 뜻하는 '슬러지sludge'를 넛지와 반대로 나쁜 의사결정을 내리도록 교묘하게 유도하는 것을 일컫는 말로 사용했다].

이 이야기의 교훈은 자유주의적 후견주의의 약속, 즉 사람들이 자신의 선택을 제약당하지 않고 자신이 직면하는 가격에 변화가 없는 채로 국가의 도움을 받을 수 있다는 개념은, 진실이기에는 너무 좋은 개념이라는 것이다. 해로운 정보가 난무하는 환경에서 "제시"나 "기본설정"으로 가볍게 "넛지"만 해서는 금융 시스템에 경제적으로 유의미한 더 큰 규모의 향상을 가져오기에 충분치 않다. 더 나은 결과를 얻으려면 바람직하지 못한 금융상품의 판매를 제한하거나 세금을 붙여 가격을 올리고 바람직한 상품의 가격을 보조금으로 낮추는 등 실질적인 개입이 필요하다. 따라서 우리는 가계금융 시스템에 더 적극적인 접근이, 즉 "넛지"보다 "쇼브"가 필요하다고 생각한다.[37]

어떤 방식으로 밀칠 것인가

DIY로 집을 리노베이션하려면 우선 작업의 범위를 계획해야 하고 그다음에는 필요한 도구를 갖추어야 한다. 금융 시스템을 "밀치고" 싶은 정부도 마찬가지다.

첫 번째 중요한 원칙은 정부의 개입이 잘 '조율'되어야 한다는 점이다. 미국의 소비자금융보호국이나 영국의 금융행위감독청 Financial Conduct Authority처럼 하나의 기관이 폭넓게 책임을 가져가는 것이 바람직하다(최근에 이러한 규제감독 기관을 "삭제"해야 한다는 주장도 나오고 있지만 말이다).[38] 여러 기관이 각기 다른 부분을 담당해서 은행, 투자회사, 보험회사, 연금 등이 서로 다른 규제 기관의 관할 아래 있게 되면 문제가 발생해도 규제 관할권들 사이의 틈새로 빠져나가기 쉽다.[39] 이것이 1장에서 본 인도의 비엔드라 팔 케이푸어가 안타까운 사연을 갖게 된 주 원인이었다. 인도에서는 은행, 투자 회사, 보험회사, 연금을 각기 다른 규제 기관이 담당한다. 미국에서는 최근에 조정이 이루어져서 적어도 이론 상으로는 소비자금융보호국이 금융과 관련한 소비자 보호를 광범위하게 담당하고 있지만, 금융 규제 시스템은 여전히 꽤 분절적이다. 연준, 통화감독청OCC, 연방예금보험공사FDIC가 은행을, 증권

거래위원회SEC와 상품선물거래위원회CFTC가 증권과 파생상품 시장을 각각 규제한다. 규제 당국을 나타내는 알파벳 이니셜들이 난무하는 것을 두고 미국의 규제 시스템을 "알파벳 수프"라고 부르는 사람도 있다.

개인금융 규제 당국이 쓸 수 있고 써야 하는 도구 중 하나는 "지목하여 망신주기"다. 규제 당국이 보기에 제대로 기능하지 않는 시장이나 금융상품 때문에 피해가 발생하고 있는 것이 확실하면 즉시 이를 지적해서 드러내는 것이다. 당연한 일 아닌가 싶겠지만, 규제 기관들은 이렇게 하기를 놀랍도록 꺼린다. 아마도 시장의 상태에 대해 유쾌하지 않은 정보를 숨기고 싶고 규제가 느슨했음을 드러내고 싶지 않으며 금융 업계의 반발이나 논란을 피하고 싶은 관료제적 유인 때문일 것이다. 2010년대 말부터 2020년대 초에 영국의 금융행위감독청은 이 문제로 거센 비판에 봉착했다. 2010년대 말 런던앤캐피탈 파이낸스가 수천 명의 소매 투자자에게 판매한 미니본드 등 위험도가 매우 높은 금융상품에 대해 당국의 규제가 효과적이지 못했고 너무 느렸다는 비판이 공식적인 독립 조사 보고서와 청문회 등에서 제기된 것이다.[40] 이에 대한 대응으로, 금융행위감독청은 지목하여 망신주기 방식의 새 정책을 도입했다. 하지만 2024년에 이 정책으로 또 다시 포화를 맞았다. 금융 기업들이 금융행위감독청이 실시한 조사 중 3분의 2 가까이가 시정 조치를 발동할 요건까지는 아닌 것으로 밝혀져 바로 종결되었다고 주장했기 때문이다.[41] 하지만 정책 도입 초기에 마찰이 있더라도 정책 도구 상자에 지목하여 망신주기 방식이 비중 있게 포함되어야 한다.

문제 있는 금융상품에 대중의 관심을 집중시키는 것은 중요
하다. 소비자에게 이를 알릴 수 있고 그런 상품을 제공하는 기업
에 '환경, 사회, 거버넌스ESG' 점수와 관련된 평판 리스크도 높
일 수 있기 때문이다. ESG 점수가 낮아지면 기업에서 자본이 직
접적으로 빠져나가기도 하고 주가도 떨어질 수 있어서, 아마도
기업이 상품을 개선하려는 인센티브를 갖게 될 것이다. 하지만
정부는 문제를 바로잡기 위해 여기에만 의존하지는 말아야 한
다. 이 방식에 더해, 가구들의 재정적 후생에 해로운 금융상품을
사고 파는 것을 적극적으로 만류하고 더 나은 상품과 서비스를
적극적으로 독려해야 하며 이를 위해 사용할 수 있는 도구도 다
양하게 존재한다.

표준적인 방법 하나는 건전한 금융 행동을 하는 가구에 조세 인
센티브를 제공하는 것이다. 고전적인 사례는 7장에서 본 세금 우
대 은퇴 저축이다. 하지만 조세 인센티브는 저축에 대해 자본 소
득 과세를 면제해주는 데 그치지 않고 훨씬 더 나아갈 수 있다. 호
주, 캐나다, 영국은 국가가 소액 저축자에게 매칭으로 불입을 해
준다. 정부의 매칭 금액이 더해지면 은퇴 저축의 수익이 크게 높
아질 수 있다. 이 정책은 가시적이고 이해하기 쉬워서 이자나 세
율 개념을 잘 모르는 사람도 쉽게 알 수 있다.[42] 경제학자 존 프리
드먼John Friedman이 주창하는 또 한 가지 관련된 수단은 직원을
은퇴 계좌에 잘 가입시키는 회사에 조세 인센티브를 제공하는 것
이다.[43]

정부가 쓸 수 있는 또 다른 도구로는 금융상품 제공자에게 부
여하는 "면책 조항safe harbor"이 있다. 그들이 제공하는 상품이

바람직한 기본 특징들을 가지고 있어서 금융 지식이 많지 않은 고객이 사용하기에 적합하다면 혹여 이슈가 터지더라도 소송 위험에서 보호받을 수 있게 하는 것이다. 소송이 많기로 악명 높은 미국에서 이 방법은 매우 효과적이다. 가령 회사들이 목표일 펀드를 은퇴 계좌에 기본설정으로 제공하도록 독려할 수도 있고 모기지 기업이 다른 모기지 상품들이 가지고 있는 몇몇 위험한 조항을 없앤 "적격 모기지qualified mortgage"를 제공하도록 독려할 수도 있다.[44]

금융 기업이 시장 권력을 가지고 있어서 소비자에게 과도하게 높은 가격을 부과하는 문제가 있다면, 정부는 가격이나 수수료에 상한을 둘 수 있다. 고리대를 법적으로 제한하는 것은 고대부터도 있었던 일이고, 미국의 많은 주에서, 또 많은 나라에서 현재도 이루어지고 있다.[45] 이자율 상한제에는 물론 논란도 있다. 대부 기업이 고정비용을 감당하기에 충분한 금리를 설정할 수 없다면 소액 대출이 없어질 수도 있고, 그러면 단기 신용을 꼭 써야 하고 실현 가능한 상환 전략을 가지고 있는 사람들이 피해를 볼 수 있기 때문이다. 하지만 상환할 수 없는 고리대를 얻은 뒤 부채의 덫에 빠지는 사람들을 보호할 수 있다. 상한이 너무 낮게 설정되어서 소액 대출자에 대한 신용 공급을 붕괴시키면 안 되겠지만, 전반적으로는 이자율 상한제가 중요한 역할을 할 수 있을 것이다. 이 전략의 더 최근 형태는 신용카드 연체 수수료나 은행의 초과인출 수수료 등 소비자들이 은행 계좌나 신용카드를 새로 만들 때 간과하기 쉬운 수수료에 상한을 두는 것이다. 바이든 행정부는 이런 숨겨진 수수료를 "정크 수수료"라고 부르면서 2022년에 정크 수수료를

제한하기 위한 조치를 발표한 바 있다.[46]

더 강력한 조치로, 적합하지 않은 금융상품인 경우 아예 판매를 금지하거나 부, 소득, 금융 지식의 면에서 적어도 어느 수준 이상인 고객만 살 수 있게 제한하는 방법이 있다. 가령 미국에서 사모펀드는 일반 대중에게 판매되는 뮤추얼펀드가 지켜야 할 다각화, 유동성, 투자자 보고 등의 조건에서 면제되지만, 100만 달러 이상의 순자산을 가지고 있거나 소득이 충분히 높거나 금융 업계에서 관련 경험이 있는 "적격 투자자"에게만 판매할 수 있다.[47]

어떻게 밀치지 않을 것인가

하지만 소비자 보호를 위해 금융에서 규제적 접근을 사용하자는 우리의 열정이 너무 나가서는 안 된다. 우리는 규제가 점점 불어나다가 과도하게 복잡해질 수 있으며 콜레스테롤이 혈액에 과도하게 많아지면 혈전이 생기는 것처럼 금융 시스템의 효율성을 저해하게 된다는 것을 잘 알고 있다. 규제는 명확한 목적을 가지고서만 부과해야 하고, 계속해서 단순한 형태로 유지해야 하며, 주기적으로 검토해서 더 이상 목적에 맞지 않으면 없애야 한다.

이 외에도, 규제가 너무 나갈 수 있는 두 가지 방식이 있다. 하나는 민간 금융 기업에 과도하게 광범위하고 모호한 의무를 지우는 것이고, 다른 하나는 공공이 민간 금융 기업 대신 금융서비스를 직접 제공하는 것이다.

소비자금융 규제 당국이 금융서비스 제공자에게 고객의 이해관계를 우선시하도록 의무를 부과하고 따르지 않는 기업을 처벌하는 방안이 유혹적으로 들릴 수 있지만, 이런 종류의 규제는 너무 모호하다. 신의성실 의무를 금융 분야 전체에 부과하자는 셈인데, 금융 자문가들에게는 신의성실 의무를 강제하는 것이 적합할 수 있어도, 고객의 이익뿐 아니라 기업의 이익도 지켜야 하는 기업에까지 부과하는 것은 과도하다. 여기에서 위험은, 기업 행위를 이렇게 투박하고 광범위하게 규제하면 건설적인 금융 혁신마저 제약하게 된다는 점이다. 기업들이 규제를 어기지 않을 안전한 영역에만 머물러야 하기 때문이다. 영국의 금융행위감독청은 최근 "소비자 보호 의무"를 도입했는데, 소비자금융 규제를 강화한다는 의도는 훌륭하지만 이런 종류의 위험이 있다.[48]

가장 야심찬 방식은 정부가 직접 금융서비스를 제공하는 것이지만, 우리는 일반적으로 이것이 현명한 일이 아니라고 생각한다. 정부가 독점적으로 서비스를 제공하면 대개 비효율적이고 혁신이 느리며 정치적 압력에 영향을 받을 수 있다. 오늘날 금융산업은 매우 기술집약적인데, 정부 주도의 거대 테크놀로지 프로젝트는 막상 출시해보니 제대로 작동하지 않아 비용이 많이 드는 긴급 수리가 필요하고 그다음에도 지속적으로 느리고 오류 있는 결과를 내는 것으로 악명이 높다. 미국의 사례들을 보면, 2013년에 건강보험 가입 포탈 HealthCare.gov를 만들었지만 비효율로 문제가 속출했고, 2023~2024년에 학생들이 대학 재정 보조를 신청할 때 사용하는 FAFSA 양식을 개편했는데 문제가 숱하게 발생했으며, 2024년에 미국 재무부가 운영하는 국채 거래 웹사이트인 트레저리다이렉트Treasury Direct가 채권을 고객의 중개사 계좌에 이전하는 데 1년까지도 걸릴 수 있다는 사실이 드러나기도 했다.[49] 영국에서는 1990년대 말에 우체국이 심각한 오류가 있는 회계 소프트웨어를 설치했는데, 이를 고치지는 않고 15년 동안이나 이 시스템이 산출하는 잘못된 정보로 운영하던 수많은 지점 담당자들을 애꿎게 기소했다.[50] 영국과 호주의 정부 학자금 시스템 등 성공적으로 정부가 금융서비스를 제공하는 사례도 없지는 않지만,[51] 현명한 정부라면 자신의 권한을 민간 기업을 대체하는 데 사용하는 것이 아니라 민간 기업과 함께 일하는 데 사용할 것이다.

한 가지 타협책은 정부가 비영리기구, 또는 신용협동조합이나 상호저축은행 같은 상호소유 금융기관들과 함께 일하는 것이다. 이러한 기관은 지역공동체와 더 긴밀한 유대를 가지고 있으므로 고객이 더 신뢰할 수 있고 기관들도 대출자에 대해 더 많은 정보를 알고 있으리라는 기대에서다.[52] 굵직한 성공 사례가 없지는 않지만(대표적으로 미국의 [투자자 소유] 뮤추얼펀드 회사인 뱅가드Vanguard가 있다), 많은 비영리, 상호소유 금융기관들이 사람들의 이동성이 커지고 전통적인 공동체에는 덜 연결된 시대, 그리고 금융서비스의 제공이 첨단 테크놀로지에 의존하는 시대에 적응하는 데 고전하고 있다. 따라서 우리는 금융산업에서 주된 역할을 주주들이 소유한 영리 기업이 담당하고 있는 현 상태를 정부가 뒤집으려 하는 것은 현실적이지도 않고 바람직하지도 않다고 생각한다.

무엇을 밀칠 것인가

우리는 개인금융 시스템의 수많은 문제점을 이야기했다. 낡은 집을 스스로 리노베이션할 때도 그렇듯이, 어디서부터 고치기 시작해야 할지 막막할 수 있다. 우리는 우리의 제안을 네 가지로 나누어 제시하고자 한다. 1) 편향에는 편향으로 맞선다. 2) 시장 권력을 제약한다. 3) 이해상충을 없앤다. 4) 금융상품을 더 사용하기 쉽게 만든다.

편향에는 편향으로 맞선다

넛지에만 의존해서 사람들이 금융을 더 잘 다룰 수 있게 하기에는 사람들의 관성 편향이 충분히 강하지 않다 해도, 유용하게 사용할 수 있는 또 다른 편향들이 있다. 이 접근이 특히 효과적일 수 있는 부분은 긴급 상황을 대비해 비상금을 저축하도록 독려하는 것이다.

돈을 쓰고 싶은 유혹은 비상금을 마련하기 어렵게 만드는 핵심적인 심리 문제다. 조지 워싱턴George Washington이 한 말로 알려진 "우리는 소망보다는 수단을 고려해야 합니다"라는 유명한 언명은, [현대의 개인금융 맥락에서 해석해보자면] 항목별 예산 관리의 중요성과 항목별 예산 관리를 깨뜨리는 과도한 지출이 "소망" 때문에 종종 일어난다는 점을 간명하게 요약하고 있다. 형편이 좋은 시기에 돈을 쓰고 싶은 것은 자연스러운 성향이지만 궂은 날 긴급하게 필요할 때 돈이 없는 문제가 생길 수 있다.

이 경향을 분쇄하기 위해 인간 행동의 또 다른 성향들을 이용할 수 있다. 2장에서 우리는 머릿속으로 정한 계정 구분을 유지하고자 하는 강한 심리적 경향을 살펴보았다. 자금을 항목별로 분절해 칸막이를 쳐두고 각각의 목적을 위해 그 구분을 유지하려 하는 것이다. 이 경향은, 돈 자체에는 꼬리표가 붙어 있지 않아서 자금을 저축 용도에서 탐닉적인 지출 용도로 너무 쉽게 옮길 수 있다는 사실에 저항할 수 있게 해준다.

정부는 여러 방법으로 그런 칸막이 만들기를 도울 수 있다. 가령, 비상금 저축용 계좌를 제공해 세금 환급금 같이 단건으로 들어오는 목돈이 그 계좌로 직접 들어가게 하고, 그 돈을 꺼내 쓰지 않고 계속 넣어두도록 비과세로 보너스 금리를 제공할 수 있을 것이다. 또한 작은 금액을 자주 인출하는 것을 막고 합당한 긴급 상황에서만 비상금을 쓰도록 인출 건수당 고정 수수료를 물리거나 반복적인 인출에 패널티 이자율을 적용할 수 있을 것이다. 사람들이 비상금 계좌를 그 목적에 맞게 쓰도록 경제적 인센티브를 제공할 뿐 아니라 비상금 계좌의 돈은 극단적인 상황이 아니면 건드리지 말아야 할 돈이라는 심리적 인식을 강화할 수 있다.

관련된 또 다른 접근은 고용주가 직원들의 은퇴 저축 지원 용도로 이미 가지고 있는 동일한 전산 기록 인프라나 미국에서 의료비 자가 부담금 용도로 저축하는 건강저축계좌HSA 인프라를 활용해 직원들에게 비상금 저축계좌도 함께 제공하도록 독려하는 것이다. 직원들은 편리하게 급여의 일부를 비상금 계좌에 넣고 긴급 상황이 발생하면 빠르게 꺼내 사용할 수 있다. 미국의 비영리기구 커먼웰스Commonwealth는 '블랙록 비상금 저축운동Black Rock

Emergency Savings Initiative' 등 민간 분야 파트너들과 협업해 이러한 비상금 계좌를 촉진하고 있다. 최근 사례로는 택배 기업 UPS가 직원에게 제공하는 비상금 저축계좌가 있다.[53] 저축계좌를 고용주, 그리고 은퇴 저축이나 건강 저축계좌와 연계하면 특정한 용도를 목적으로 하는 저축계좌들과 일상적인 지출 유혹 사이에 심리적 장벽을 만드는 데 도움이 된다.

주택 구매 계약금을 마련하거나 자녀의 대학 학비를 마련하는 등 더 장기적인 목적의 저축을 위해서는 자동화된 저축 알리미가 구체적인 목적을 상기시켜주면 도움이 된다. 목적을 계속 생각하게 해주고 저축계좌의 돈과 일상에서 쓰는 돈을 구분하는 데 유용하다.[54]

또 다른 전략은 경품 연계 저축계좌를 제공해 도박의 인기를 이용하는 것이다. 모든 저축자에게 약간의 이자를 주고 복권에 당첨된 소수에게는 큰 액수의 경품이나 상금을 준다. 역사적으로 미국의 주들은 금융상품이 이런 특징을 갖는 것을 금지해왔다. 하지만 최근에는 은행과 신용조합을 통해, 또한 월마트 등 거대 유통회사들이 제공하는 저축 카드 같은 것을 통해 전보다 확산되고 있다.[55] 최근 세계 각지의 실증 근거들에 따르면 경품 연계 저축계좌가 저축을 증가시키는 것으로 보이며, 특히 큰 액수의 경품이나 상금이 대중의 관심을 끄는 경우 특히 효과가 강력한 것으로 보인다.[56]

시장 권력 제약

앞에서 우리는 금융산업에 시장 권력의 남용이 만연해 있다고 이야기했다. 사람들이 금융상품들을 잘 비교해보지 않고 무엇을 어떻게 해야할지 불확실해 하기 때문에, 금융 기업들은 한계비용보다 훨씬 높은 가격을 책정하고, 고객을 끌기 위해 낭비적인 지대 추구 방식으로 경쟁하며, 가격에 민감하게 반응하기 어려운 복잡한 상품을 제공한다. 정부는 두 가지 방식으로 시장 권력을 제약할 수 있다. 첫째, 사람들이 상품을 더 쉽게 비교할 수 있게 한다. 둘째, 가격을 직접 규제한다.

금융상품들의 비교가 어려운 이유는 가격 정보를 얻기 어려워서가 아니다. 많은 웹사이트가 금융상품의 가격과 조건을 제시하고 있다. 하지만 상품이 표준적이지 않고 다양화되어 있어서 직접적인 비교가 불가능하다. 정부가 이를 해결할 수 있는 한 가지 중요한 방법은 금융 기업들이 개인화된 맞춤형 상품도 제공하지만 그와 동시에 표준화된 상품을 반드시 함께 제공하도록 강제하는 것이다. 표준화된 상품들은 사용이 쉬워야 하고 번들링되지 말고 단독으로 판매되어야 한다. 번들 상품을 만들 수는 있지만 구성 상품을 따로따로도 판매해서, 이곳이 표준 상품에 매력적인 가격을 제시하고 있는지, 번들 상품이 각 구성 상품의 합보다 싼지 등을 고객이 알 수 있게 해야 한다. 가령 지급보증보험을 신용카드나 모기지 대출과 묶어 번들로 제공하려면 그것들을 각각 별도로도 제공해서 고객이 보험의 비용을 신용카드의 비용과 분리해 생각할 수 있게 해야 한다.

이런 정책의 좋은 사례는, 이해하기 어렵기로 악명 높았던 이스라엘의 모기지 시장에 대해 2021년 이스라엘 은행이 발표한 개혁이다. 이 개혁으로, 이스라엘에서 모기지 대출을 얻으려는 사람이 웹사이트를 통해 은행에 신청을 하면 개인화된 맞춤 모기지 구성과 함께 세 개의 표준화된 모기지 구성을 볼 수 있게 되었다. 표준화된 모기지는 구성이 은행마다 다르지 않기 때문에 고객은 그것들을 비교해서 가장 좋은 가격을 제시하는 은행이 어디인지 찾을 수 있다. 또한 표준화된 상품은 고객이 맞춤형 상품을 평가하는 데도 준거점 역할을 하기 좋다.[57]

금융서비스 제공자들이 상품 가격을 평범하고 이해하기 쉬운 단위로 제시하게 하는 것도 마찬가지로 중요하다. 앞에서 더 일반적으로 정보 흐름을 규제하는 방법에 대해 논하면서도 언급한 내용이지만, 특히 가격 정보를 비교하기 쉽게 하는 데서 핵심적으로 중요하다. 이렇게 가격 표시 방식을 규제한 최근 사례를 인도에서 볼 수 있다. 전에는 은행들이 모기지 금리를 자사의 내부적인 펀드 비용인 '한계비용 기반 대출 금리MCLR'로 표시했다. 두 은행이 "MCLR+2퍼센트"로 표시하면 동일한 가격인 것 같지만 기저의 MCLR이 다르기 때문에 사실은 다른 이자율일 수 있었다. 고객은 이를 혼동하기 쉬워서 가장 싼 모기지를 찾기가 쉽지 않았다. 하지만 2021년에 이루어진 금융 개혁 이후에는 인도의 모든 은행이 중앙은행이 정한 동일한 벤치마크를 기준으로 모기지 금리를 표시해야 한다.

이런 조치는 개인금융 시스템에서 시장 권력을 제어하고 경쟁을 활성화하는 데 도움이 되지만 이것으로 늘 충분한 것은 아니다. 더 강력한 접근은 수수료, 특히 소비자들이 이해하거나 예측하기 어려운 수수료에 상한을 두는 것이다. 일례로 2024년에 미국 소비자금융보호국은 [이후 철회되긴 했지만] 신용카드 연체 수수료에 상한을 부과해 전에 평균 32달러나 하던 것을 8달러로 낮추는 방안을 시도했다. 은행 초과인출 수수료에 상한을 두어 일반적으로 35달러에 달하던 것을 적어도 절반 가량 줄인다는 계획안도 내놓았다.[58] 물론 이런 조치는 은행의 수입을 줄이게 되고 수익에 타격이 오면 은행은 신용카드 금리나 당좌계좌 연회비 등 소비자에게 매기는 비용을 올릴 것이다. 하지만 소비자들이 이런 비용을 이해하기 쉽다면 상품을 더 잘 비교할 수 있을 것이고 금융시장은 더 경쟁시장 쪽으로 움직일 것이다.

거의 동일한 금융상품이 다양한 가격에서 판매되고 있을 때도 가격 상한이 필요할 수 있다. "가격 분산price dispersion[동일한 상품의 가격이 판매자마다 다르게 형성되는 것]"이 존재한다는 것은 과도하게 높은 가격을 설정한 기업이 시장에서 퇴출되게 할 만큼 충분하게 시장 경쟁이 작동하지 못하고 있다는 뜻이다. 소비자들이 상품을 이해하기 어려워하고 화려한 광고와 과장광고에 현혹되기 쉬워서일 것이다. 중요한 사례 하나를 인덱스 펀드에서 볼 수 있는데, 동일한 인덱스와 연동되어 거의 동일한 수익을 올리는 뮤추얼펀드들이 수수료는 천양지차로 차이날 수 있다.[59] 적어도 노후 안정성을 촉진할 목적으로 세금 우대를 제공하는 은퇴 계좌에 대해서는 인덱스 펀드 제공사가 매기는 수수료에 상한을 둘 수 있을 것이다.

이해상충 분쇄

금융 시스템이 대부분의 사람들에게는 너무나 직관적이지 않기 때문에 자문에 대한 수용도가 예외적으로 높다. 자문을 제공하는 사람의 직업명은 "금융 자문가"나 "투자 자문가" 등일 것이고 이들은 투자 전략을 조언할 뿐 아니라 특정한 금융상품도 추천한다. 사람들은 금융 중개사나 금융기관의 판매원, 혹은 소셜미디어 인플루언서(금융 분야 인플루언서를 "핀플루언서"라고 부르기도 한다. 이들은 매우 문제적인 콘텐츠를 내보내는데도 불합리하게 매력적인 메신저인 경우가 많다)에게서 조언을 얻기도 한다.[60]

많은 금융 자문가가 고객이나 팔로워를 특정 상품으로 끌어오는 대가로 보상을 받는다. 일반적으로는 비싼 상품이고, 그것을 제공하는 기업에는 수익이 되지만 고객에게는 유리하지 않은 상품이다. 이 말은, 자문을 제공하는 사람과 받는 사람 사이에 이해상충이 발생한다는 뜻이다. 3장에서 보았듯이 평범한 사람들은 놀랍도록 이 사실을 모른다. 그러니 이해상충이 있을 때 금융서비스 제공자가 자신의 이해관계를 추구하는 것은 놀랄 일이 아니다. 그가 미국이나 캐나다의 금융 자문가든 인도의 생명보험 판매원이든 소셜미디어에서 상품을 판촉해주고 돈을 받는 핀플루언서이든 말이다.[61]

정부는 몇 가지 방법으로 여기에 맞설 수 있다. 가장 명백하게는 이해상충을 사람들에게 더 많이 알림으로써, 자기 이해관계를 추구하는 상대방과 거래할 때 사람들이 더 조심스럽게 접근하게 하는 것이다. 하지만 이런 경고는 바람직하지 않은 부작용을 낳을 수 있다. 금융 시스템 전체에 대한 불신을 높여 시스템을 약화하고 손상시킬 수 있는 것이다.

정부는 이해상충의 악영향을 적극적으로 억누르는 조치도 취해야 한다. 이를 테면 소셜미디어 프로모션 같은 새롭고 비공식적인 맥락에도 정보 공개 규칙과 금융 광고 기준을 적용시켜야 한다. 자신이 암호화폐 같은 이런저런 금융상품의 사용자라며 그 것을 공개적으로 보증하는 핀플루언서와 유명인들은 광고 기준을 준수해야 하고, 그 상품을 보증하고 홍보하는 데 대해 대가를 받았다는 점을 해당 동영상에서 명시적으로 공개해야 하며, 실제로 해당 상품을 이용하고 있다는 것을 증명해야 한다. 2024년에 영국 금융행위감독청은 이러한 골자의 지침을 발표했다.[62] 가격 조작을 막는 규칙을 두는 것도 중요하다. 일례로, 인도의 자본 시장 규제 당국은 2023년에 발리우드의 유명 배우가 그와 공모한 사람들이 소유한 주식 가격을 밀어올리기 위해 유튜브 동영상을 활용했다고 판단해 그가 인도 주식시장에서 거래하지 못하도록 금지했다.[63]

또한 정부는 가장 중요한 종류의 금융 자문가에게는 신의성실 의무를 부과해 고객의 이익을 최우선으로 놓도록 법으로 강제할 수 있다. 미국에서 증권거래위원회에 등록된 투자 자문가 RIA, registered investment advisor는 법적으로 신의성실 의무를 진다. 지난 10년간 이 의무를 은퇴 계좌 금융 자문가와 개인 연금 계좌를 판매하는 모든 금융 자문가까지 포함해 더 광범위하게 적용하자는 요구가 있었다.[64] 신의성실 의무를 더 폭넓게 확대하는 데 반대하는 사람들은 이 기준을 충족하는 데 드는 높은 비용 때문에 소액 투자자들이 아예 금융서비스를 이용하지 못하게 될지 모른다고 우려한다. 하지만 자동화된 금융 자문(로봇 자문)의 성장은 이 주장을 상당히 약화시킨다. 알고리즘을 통한 자산 배분이 비교적 싼 비용으로 신의성실 의무를 충족시킬 수 있게 해주기 때문이다.

신의성실 의무를 부과할 때 정부는 평범한 사람들이 어떤 직업명이 법적으로 신의성실 의무를 지는 직업이고 어떤 직업명이 그렇지 않은지 잘 모를 수 있다는 점을 유의해야 한다. 예를 들면 미국에서 "투자 자문가[RIA]"는 규제되지만 "금융 자문가"는 규제되지 않는다. 평범한 사람은 둘이 그게 그거라고 생각하겠지만 법적으로는 그렇지 않다. 이해상충이 있는 사람들이 그럴듯하게 들리지만 사실은 규제 대상이 아닌 직업명을 내세우며 고객을 호도할지도 모른다. 이 구멍을 최대한 막는 것은 매우 중요하다. 1815년에 약제사법으로 잉글랜드와 웨일스에서 의료인들의 직업명을 규제했듯이 금융에서도 직업명의 무분별한 사용을 규제해야 한다.[65]

금융 의사결정의 자동화

사람들이 금융 의사결정을 어려워 한다면, 의사결정을 할 필요가 없게 만들면 어떻겠는가? 우리는 차를 몰고 출근할 때 어느 길로 갈지 결정할 자율권을 포기하고 자동화된 네비게이션인 구글맵이나 웨이즈가 말하는 대로 가는 세상에 살고 있다. 앞차와의 안전 거리를 유지하면서 원하는 속도를 유지하는 '적응형 운행 통제 시스템' 덕분에 운전이 쉬워졌고 이미 자율주행차가 운행 중인 도시도 있다. 이런 시도를 금융상품에도 해보면 어떻겠는가? 가장 어려운 의사결정을 의사결정자에게서 떼어내서 장기적으로 "자율주행 금융상품"을 만드는 것을 목표로 삼으면 어떻겠는가?

소비자의 선택권을 제약하는 금융상품이 소비자에게 최선이라는 점이 직관적으로 이상하게 들릴지 모르지만, 이 책에서 우리가 묘사한 많은 문제를 이 접근으로 완화할 수 있다. 5장에서 논의한, 학자금 대출 상환 계획과 관련해 내려야 하는 어려운 결정을 생각해보자. 학생들은 이 결정을 쉽게 만들어주거나 선택 가능한 안들을 일일이 설명해주려는 인센티브가 없는 론 서비서와 상담해야 한다. 이렇게 하기보다, 영국이나 호주가 이미 하고 있는 것처럼 모든 학자금 대출에 자동으로 소득 연계 상환 플랜이 가동되도록 하면 어떻겠는가?

4장에서 보았듯이 단기 대출은 긴급 상황일 때 극도로 유용하지만, 비용이 높은 단기 대출을 반복적으로 돌려막으면서 부채의 덫에 빠질 위험이 있다. 이 위험은 급여일대출처럼 만기일에 전체 금액을 한꺼번에 상환하게 되어 있을 경우 더 심각해진다. 상환일에 대출자가 부채 전액을 다 갚을 수 없으면 다시 빌려서 대출을 유지해야 하는데, 그것의 의미를 온전히 알지 못하는 채로 내리막길을 타게 될 수 있다. 미국의 몇몇 주는 단기 대출을 더 점진적으로 상환하게 하는 조치를 시행하고 있다. [반복 대출로 돌려막기를 하는 것이 제약되어] 소비자의 선택지를 줄이지만 안전한 출구를 통해 재정 압박에서 벗어나게 유도한다.[66] 이는 사실상 자동화된 부채 상환 계획을 만드는 것이며, 우리는 이 접근이 더 널리 확산되어야 한다고 생각한다.

5장에서 논의한 모기지 시장도 소비자에게 복잡한 의사결정을 요구하는 것으로 악명이 높다. 변동금리 모기지가 일반적인 영국 같은 나라에서는 싼 "티저" 금리로 시작하는 경우가 많은데, 티저 기간이 끝나면 이자율이 갑자기 오르기 때문에 이때 재융자를 받아 새로운 티저 이자율로 갈아타는 것이 유리하다. 고정금리 모 기지가 일반적인 미국 같은 나라에서는 재융자에 들어가는 상당한 고정비용을 커버할 만큼 금리가 하락할 때 재융자를 할 수 있다. 또한 미국 모기지 시스템의 "포인트" 제도는 고정된 명목 융 자액에 대해 금리를 바꾸어서 사실상 빌리는 액수를 바꿀 수 있는 데, 이는 재융자 인센티브를 한층 더 높일 수 있다. 그런데, 왜 대출자들이 이렇게 복잡한 재융자 결정을 내려야 하는가? 우리는 정부가 티저 금리가 없는(하지만 전체적으로는 지금보다 금리가 약간 더 낮은) 변동금리 모기지나 "포인트"가 없는 고정금리 모기지처럼 더 단순한 모기지 구조를 촉진해야 한다고 생각한다. 또한 금리 변화로 인한 예상 절감액이 특정한 기준값에 도달하면 대출자가 아무 것도 하지 않아도 자동적으로 재융자가 이루어지는 방식의 고정금리 모기지의 개발을 독려해야 한다.

7장에서 우리는 노후를 위해 저축할 때 나이가 들고 소득 창출 능력 대비 금융 자산이 더 많이 쌓일수록 더 보수적으로 투자해야 한다고 이야기했다. 현재의 목표일 펀드도 투자자가 나이가 들어감에 따라 자동으로 이러한 조정을 해준다. 하지만 자산 수준 차이, 소득 창출 역량의 차이, 주식시장에서의 수익이나 저축율 등의 차이에 따라서는 자동으로 조정되지 않는다. 정부는 이 요인들에 따라서도 자동으로 자산 배분이 조정되는 상품을 촉진해야 한다.

이러한 제안들이 어떻게 하나로 맞물릴지, 장기적으로 금융 시스템의 미래에 대해 우리가 가지고 있는 비전은 무엇일지 궁금하실 것이다. 마지막 장인 10장은 정부 개입의 궁극적인 목적은 무엇이어야 할지에 대해 논한다. 정부는 금융 시스템이 모든 사람을 위해 충분히 잘 작동하게 재구성되어서 "쇼브"를 멈추어야 할 때가 언제인지를 어떻게 알 수 있을까?

10장

더 나은 금융 시스템은 가능하다

앞장에서 우리는 금융 시스템에 더 적극적인 정부 개입이 필요하다고 주장했다. 하지만 9장의 초점은 문제점을 고치는 소극적인 행동이었지 궁극적인 비전을 실현하는 적극적인 행동이 아니었다. 마지막 장인 10장에서 우리는 지속적이고 의식적인 공공 정책으로 달성할 수 있다고 믿는 더 나은 금융 시스템의 비전을 제시하고자 한다. 우리는 좋은 금융 시스템에서는 모두가 쉽게 사용할 수 있는 단순하고 표준화된 상품이 모두에게 접근가능해야 한다고 생각한다. 이런 상품들의 묶음이 "입문자 키트"라면, 금융에 어느 정도 익숙한 사람들에게는 입문자 키트와 더불어 더 정교하고 맞춤형으로 설계된 상품들도 제공할 수 있어야 할 것이다.

더 나은 금융 시스템을 위한 설계 원칙

오늘날 금융 시스템의 문제를 요약하면 '복잡하고 비용이 많이 든다'는 말로 정리할 수 있다. 금융상품은 종종 본질적인 기능을 밀어낼 만큼 복잡하며 서로 다른 기업이 제공하는 것을 사람들이 비교하기 어렵게 복잡하다. 소비자에게 이런 복잡성은 비용의 증가로 이어진다. 복잡한 상품을 제공하려면 기업의 비용이 올라가기 때문이기도 하고 가격 비교가 어려워서 더 높은 마크업을 가진 상품을 가려내기 어렵기 때문이기도 하다.

이 문제를 막기 위해, 더 나은 금융 시스템은 금융상품을 설계할 때는 네 가지 원칙을 엄격하게 지켜야 한다. 월트 디즈니의 일곱 난장이 이름 짓기 같이 들리긴 하지만, "단순," "저렴," "안전," "용이"라고 불러보자.

단순: 금융상품은 조건이 명료해야 하고 이해하는 데 높은 교육 수준을 요구하지 말아야 한다. 표준화되어서 사람들이 쉽게 가격을 비교할 수 있어야 하고 복잡한 상품은 표준화된 요소들로 분리하기 쉽게 모듈식으로 구성되어 시장에 나와 있는 다른 상품들과 비교 가능해야 한다.

저렴: 비용은 최대한 낮게 유지되어야 한다. 가난한 사람들에게 판매되는 소액 금융상품에는 이 원칙이 특히 더 중요하다. 앞에서 강조했듯이, 상품을 제공하는 데 드는 고정비용의 비중이 소액 상품에서는 더 커지기

때문이다.

안전: 고객이 스스로에게 해를 끼치는 금융 행위를 하게 만들거나 고객에게 큰 손실을 불러올 우려가 있는 금융상품은 시장에서 배제되어야 하고 적어도 부와 금융 경험이 많아 위험을 감당할 수 있는 사람들에게만으로 판매가 제한되어야 한다.

용이: 금융상품은 구매 이후에 관리가 쉬워야 하고 추후에 복잡한 의사결정을 요구하지 말아야 한다.

이 원칙들은 서로를 강화한다. 단순한 금융상품은 대체로 더 저렴하다. 만드는 데 비용이 덜 들고 고객들이 가격을 비교하기도 쉬워서 기업이 마크업을 낮추고 가격을 낮게 유지할 유인을 제공하기 때문이다. 또한 사용하기 쉬운 금융상품은 대개 더 안전하다. 대체로 사람들이 금융 결정의 어려움에 직면해 실수를 했을 때 피해와 손실이 발생하기 때문이다.

정보기술

테크놀로지는 이 요구 사항들을 충족하는 데 새로운 가능성을 제공한다. 가장 명백하게는, 부유하지 않은 사람들이 소액 계좌를 열 때 고정비용을 줄여서 금융상품의 가격을 낮춰줄 수 있다. 또한 금융 버전의 자율주행차처럼, 구매자의 지속적인 개입 없이도 자동으로 관리가 이루어지는 금융상품을 설계할 수도 있다.

하지만 8장에서도 언급했듯이 정보기술 자체만으로 금융 시스템의 문제를 해결할 수는 없다. 테크놀로지가 단순하고 저렴하고 안전하고 사용하기 용이한 상품을 만드는 데 일조할 수도 있지만 해로운 상품을 만드는 데 악용될 수도 있어서다. 데이트레이딩 밈 주식을 사도록 투자자를 유혹하는 스마트폰 앱처럼 말이다. 목적 의식적이고 원칙에 기반한 설계가 있어야 테크놀로지의 잠재적인 이득이 현실화될 수 있을 것이다.

국가 간의 차이를 존중하기

우리가 제시하는 설계 원칙이 보편 원칙이긴 하지만 모든 나라가 동일한 개인금융 시스템을 가질 것이라거나 그래야 한다는 이야기는 아니다. 나라마다 정치적 선호와 문화적 관습이 다르고 오랫동안 서로 다르게 발달되어온 익숙한 금융 시스템도 다르다.

일례로, 위험 부담을 공유하지 않고서 이자를 받는 것은 부당하다는 이슬람의 원칙을 들 수 있다. 많은 금융 시스템에서 이자를 주면서도 안전한 당좌계좌가 핵심적인 위치를 차지하고 있고 이 장의 뒷부분에서 우리가 제안할 바람직한 금융 시스템에서도 그렇지만, 이슬람 국가들에서는 안전한 이자를 지급하는 금융상품이 인기 있지 않을 것이고 널리 제공되지 않을 수도 있다.[1] 또 다른 사례로, 독일, 덴마크, 미국은 사람들이 고정금리 모기지에 더 익숙하고 모기지 대출 자금은 일반적으로 커버드 본드covered bond나 모기지담보부증권으로 조달되는 반면, 영국과 스웨덴은 사람들이 변동금리 모기지에 더 익숙하고 모기지 대출 자금은 일반적으로 은행 예금으로 조달된다. 세 번째 사례로, 미국, 영국, 캐나다에서는 사람들이 금융 리스크와 (개인 파산이나 모기지 재융자 등의) 옵션이 있는 것을 편안하게 여기는 반면 독일 사람들은 상대적으로 덜 편안하게 여긴다.

이 차이 중 어떤 것은 각 국가에 현재 존재하는 제도를 반영하지만 문화적 요인을 반영하는 차이도 있다. 경제학자 마이클 할리아소스Michael Haliassos, 토머스 잰슨Thomas Jansson, 이깃칸 카라불룻Yigitcan Karabulut은 ('제도'에 대비되는 개념으로서) '문화'가 가구의 금융 의사결정에 어떻게 영향을 미치는지 알아보기 위해 이민자들의 금융 행동을 연구했는데, 다른 제도를 가진 새 나라로 이주해 온 다음에도 본국의 문화가 이들의 금융 행동에 지속적인 영향을 미친다는 사실을 발견했다.[2]

우리는 이런 차이가 사라질 것이라고 생각하지 않으며 사라져야 한다고 보지도 않는다. 유명한 무술인이자 배우인 브루스 리Bruce Lee가 말했듯이 "원칙에 충실하되 그것에 속박되지는 말아야 한다." 우리가 제안하는 개인금융의 재설계는 모든 나라에 동일하게 적용되는 하나의 금융 시스템을 추구하기보다 각국의 문화적 차이를 존중하면서 도입해야 성공 가능성이 더 높을 것이다.

금융 입문자 키트

운동 경기를 하기 전에, 아니 배우기 시작하기 전에, 우선 기본적인 장비를 갖추어야 한다. 스케이트나 스파이크 운동화, 패드나 장갑, 헬멧, 야구 방망이나 스틱 등 그것이 무엇이든 말이다. 입문자용 도구 일습을 갖추지 않는다면 경쟁에서 불리할 것이고 안전하지도 못할 것이다. 마찬가지로, 개인금융에 경험이 거의 없는 사람들이 금융시장에 들어가려면 입문자 키트가 필요하다. 여기에서 입문자 키트는 이들의 니즈를 충족시키는 데 필요한 기본적인 금융상품들의 꾸러미를 말한다. 물론 시장에 다른 상품들도 제공되지만, 입문자 키트는 가계가 여기에서 출발해 경험과 금융 지식이 쌓임에 따라 스스로 새로운 영역으로 나아갈 수 있게 해주는 실용적인 기초가 되어야 한다.

입문자 키트는 개인금융 시스템에 대한 우리의 비전인 단순하고 저렴하고 안전하고 사용하기 용이한 금융을 구체적으로 실현하는 한 가지 방법이다. 입문자 키트에 포함된 상품이 어떻게 네 가지 설계 원칙을 만족시킬 수 있는지를 여기에서 다 나열하지는 않겠지만, 아래의 설명으로 그것이 무엇을 의미하는지는 충분히 명료하게 전달할 수 있으리라 생각한다.

앞 장에서 우리는 금융 소비자 보호가 하나의 정부 기관, 가령 소비자금융보호국(미국)이나 금융행위감독청(영국) 같은 기관에서 통합적으로 관할해야 할 만큼 중요하다고 주장했다. 입문자 키트에 들어가는 상품의 설계를 더 정확하게 구체화하는 역할도 이러한 기관이 맡는 것이 자연스러울 것이다.

더 구체적인 내용으로 들어가보면, 우선 사람들이 여러 금융 상품 및 서비스 제공자 사이에서 비용을 비교하기 쉽게 수수료 구조가 단순해야 한다. 목적은, 입문자 키트의 상품을 처방전 없이 약국에서 바로 살 수 있는 약의 가격을 비교하는 것처럼 단순하게 만드는 것이다. 중요하게, 당국이 입문자 키트 상품의 가격을 직접 정하는 것은 우리가 생각하는 바람직한 비전이 아니다. 그보다 정부는 금융 기업들이 가령 당좌계좌 같은 특정 범주의 새

금융상품을 시장에 내놓을 때 동일한 범주의 입문자 키트 상품도 고객에게 같이 제안하고 그것의 가격을 알리도록 의무화할 수 있을 것이다.

이 방식의 사례로 독일의 기본 지불 계좌인 "베이시스-콘토"를 들 수 있다. 은행들은 다른 계좌들 외에 베이시스-콘토도 은행이 제공하는 상품에 반드시 포함해야 한다. 베이시스-콘토는 초과인출이 허용되지 않고 노숙인이나 난민 신청자도 포함해서 EU에 법적으로 거주하는 사람은 누구나 개설할 수 있다. 계좌 수수료는 "합리적"이어야 한다고 규정하고 있지만 더 구체적으로 규제하지는 않는다.[3]

"제공"을 의무화할 것인가, "선택"을 의무화할 것인가

결정해야 할 중요한 사항 하나는 금융기관이 입문자 키트를 "제공"하는 것만 의무화할 것인지, 더 나아가 사람들이 그 상품을 반드시 "선택"도 하도록 의무화할 것인지다. 금융기관의 "제공"만 의무화한다면, 직장을 처음 잡았을 때나 은행 계좌를 처음 열었을 때처럼 사람들이 금융 생활을 영위하기 시작하는 이른 시기에 입문자 키트를 곧바로 이용할 수 있게 해야 한다.

서류 작업은 최소한이어야 하고 입문자 키트 중 어느 하나의 상품에 대해 그 사람의 자격 조건을 확인했으면 키트에 포함된 다른 상품을 구매할 때는 자격 조건을 추가로 확인할 필요가 없어야 한다. 입문자 키트에 있는 상품을 사람들이 더 많이 구매하도록 정부가 지원하고 홍보할 수도 있을 것이다.

입문자 키트의 몇몇 요소는 개인의 재정 안정성에 너무나 중요하므로 사람들이 반드시 "선택"하도록 추가로 의무화하는 것이 적절하다. 도로 안전 규제가 모든 오토바이 운전자에게 헬멧 착용을 의무화하고 모든 운전자에게 자동차 보험 가입을 의무화하듯이, 금융 안전 규제도 거래용 당좌계좌, 은퇴 계좌, 기본적인 생명보험을 의무적으로 갖도록 규정할 수 있을 것이다. 이런 종류의 규제는 개인의 자유를 제약하는 면이 있어서 늘 논쟁적이고 각 국가의 상황에 따라 정치적으로 더 실현 가능할 수도, 덜 실현 가능할 수도 있다. 하지만 우리는 가장 기본적인 금융상품조차 이용자가 적은 나라에서는 사람들의 "선택"까지 의무화하는 규제를 시도해야 한다고 생각한다.

아래에서 우리는 입문자 키트에 들어가야 할 상품을 2부에서 살펴본 개인금융의 네 가지 기능(소득과 지출의 단기 등락 관리, 교육과 주거 등 목돈 투자가 필요한 일에 자금 마련, 투자와 보험으로 위험 관리, 노후 자금 마련)별로 설명할 것이다.

소득과 지출의 단기 등락 관리

당좌계좌와 저축계좌

첫 번째 임무는 모든 성인에게 거래와 저축을 각각 촉진하기 위해 공식 금융 시스템에서 두 개의 계좌를 갖게 하는 것이다. 우리는 이 계좌가 사람들이 그것을 의무적으로 갖도록 강제해야 할 만큼 중요하다고 생각한다.

첫째, 모든 성인은 거래를 쉽게 해주는 계좌를 가지고 있어야 한다. 임금 계좌로만이 아니라 정부가 제공하는 복지 급여 수령이나 가족, 친지들로부터 받는 비공식적 현금 이전 등도 이루어질 수 있는 계좌가 필요하다.

많은 나라에서, 은행이 당좌계좌를 제공하는 것이 일반적이다. 미국의 체킹계좌, 영국의 경상계좌 등이 그런 사례다. 명시적인 수수료가 거의 없거나 매우 작지만, 이자가 지극히 낮거나 안 붙기도 한다. 머니마켓 이자율과 당좌계좌의 매우 낮은 예금 이자율 사이의 스프레드[차이]는 당좌계좌의 암묵적인 비용이다. 이 시스템의 문제는 머니마켓 이자율이 높을 때[스프레드가 클 때] 금융 지식이 부족한 사람은 당좌계좌의 암묵적인 비용을 잘 인식하지 못하는 반면, 금융 지식이 많은 사람은 이자가 더 높은 저축계좌를 찾아낸다는 점이다. 반대로 스프레드가 작을 때는, 은행이 당좌계좌 서비스를 제공하는 비용을 커버하기 어려울 수 있다.

우리는 입문자 키트의 모든 당좌계좌에 동일한 이자율(정부가 지정한 머니마켓 이자율)로 예금 이자를 주되 세 종류의 수수료를 매기는 더 투명한 구조를 제안한다. 계좌를 유지하는 비용을 커버하는 연간 고정 수수료는 모든 계좌에 대해 현지 통화로 동일하게 매긴다. 두 번째 수수료는 해당 계좌의 평균 잔액에 비례해 일정 퍼센트로 매긴다(그만큼 실효 이자율이 낮아지는 효과가 생긴다). 세 번째 수수료는 거래 건당 수수료다. 예를 들어 30달러의 고정 연간 수수료(월 2.50달러에 해당), 머니마켓 금리보다 실효 예금 이자율을 1.5퍼센트포인트 낮추게 되는 1.5퍼센트의 잔액 비례 수수료, 그리고 각 거래당 0.10달러의 수수료를 부과할 수 있을 것이다.

이 수수료 구조는 고객이 이해하기 쉽고 비교하기도 쉽다. 은행은 금리가 낮은 환경에서도 비용을 충당할 수 있다. 여러 가지 수수료가 고객을 혼란스럽게 할 위험을 줄이기 위해, 거래 건수와 계좌 잔액의 몇 가지 표준 시나리오별로 수수료를 현지 화폐 금액으로 명세서에 함께 공개해야 한다. 위에서 예로 든 수수료 구조에서, 연 평균 잔고가 2,500달러이고 한 달에 50건을 거래하는 저축자의 경우에는 실효 예금 이자율이 줄어드는 두 번째 수수료까지 포함해서 연간 총 127.50달러의 수수료를 낼 것이고, 연 평균 잔고가 1,000달러이고 한 달에 25건을 거래하는 저축자는 연간 총 75달러를 낼 것이다. 두 경우 모두 이 비용은 머니마켓 금리가 연 5퍼센트 근처라고 가정할 때 수수료와 이자가 모두 없는 현행 시스템에서 저축자가 잃고 있는 예금 이자 소득과 엇비슷하다. 거래 건수가 더 많은 저축자는 수수료가 더 높아질 것이다. 이렇게 숫자를 제시하면 소비자가 당좌계좌의 숨은 비용을 더 잘 이해할 수 있어서 가장 낮은 가격을 매기는 서비스 제공자를 찾게 될 것이고 궁극적으로는 모든 서비스 제공자에게 비용을 낮추는 압력으로 작용하게 될 것이다.

둘째, 단기 비상 자금을 모을 수 있도록 당좌계좌에 연결된 저축계좌가 있어야 한다. 저축계좌는 일상적인 지출에는 돈을 꺼내 쓰기 어렵되 위기 시에는 빠르게 접근이 가능해야 한다. 더 구체적으로 말하면, 위에서 언급한 3중 수수료 구조를 갖되, 계좌 잔고에 비례하는 수수료는 더 낮아야 하고(저축액에 대해 받을 수 있는 예금 이자율이 더 높아지도록), 거래 건당 붙는 수수료는 더 높아야 한다(이 계좌에서 돈을 꺼내 쓰는 것을 억제하기 위해). 보너스나 세금 환급금처럼 1회성으로 들어오는 목돈이 저축계좌로 곧바로 입금

되도록 설정하기 쉬워야 한다.4 당좌계좌와 저축계좌 모두 수수료가 투명해야 하고 명백하게 공지되어야 하며 경쟁을 촉진하기 위해 서로 다른 제공자들 사이에서 비교 가능해야 한다.

저축계좌가 꼭 고용과 연계될 필요는 없지만, 비용을 낮추는 한 가지 방법은 직원들에게 비상금 저축계좌를 제공하도록 고용주를 독려하는 것이다. 기업들이 은퇴 저축을 지원하기 위해 이미 가지고 있는 동일한 기록 관리 인프라를 여기에 이용할 수 있을 것이다. 직원들은 편리하게 임금의 일부를 비상금 저축계좌에 넣고 긴급 상황이 생기면 여기에서 빠르게 돈을 인출할 수 있다.5

많은 정부가 은퇴 저축 이외에도 소액 저축자를 독려하기 위한 인센티브를 제공한다. 입문자 키트의 저축계좌에도 이 접근을 적용할 수 있다. 정부의 보조금이 저축계좌 잔고에 비례해 커지도록 하면 잔고에 비례해 매겨지는 수수료를 줄이는, 따라서 받게 될 예금 이자율을 높이는 효과를 낼 수 있다. 또 다른 방법은 18세가 된 사람에게 정부가 보편 기본자산의 형태로 저축계좌를 열 수 있는 초기 자금을 지급하는 것이다. 정부가 기본자산을 제공하면 명백히 납세자에게 비용이 되지만 매년 모든 성인에게 복지 급여를 주는 보편 기본소득보다는 비용이 덜 들 것이다. 기본자산은 매년 지급되는 것이 아니라 한 번만 지급되기 때문이다.6

관련해서, 개인이 저축을 할 때 매년 일정 한도 안에서 정부가 매칭으로 불입해주는 방법도 있다. 고용주가 은퇴 저축계좌에 매칭으로 불입해주듯이 말이다. 두 사례를 영국과 캐나다에서 볼 수 있다. 영국의 헬프투세이브Help to Save는 정부 보조 저축 프로그램으로, 저소득층 참가자가 계좌를 열고 2년이 지나면 정부가

50퍼센트의 보너스를 주며, 다시 2년 더 갱신이 가능하다. 4년에 걸쳐 최대 1,200파운드까지 보너스를 받을 수 있다. 캐나다의 등록교육저축플랜Registered Education Savings Plan, RESP은 아동 교육을 위한 저축으로, 캐나다 정부가 정해진 한도 안에서 연 불입액의 20퍼센트까지 매칭으로 불입해준다. 저소득층 가구에는 추가적인 지원금도 있다.[7] 매칭 불입은 가시적으로 눈에 보이기 때문에 저축을 촉진하는 좋은 방법이다.

입문자 키트의 저축계좌를 촉진하는 데는 또 다른 방법도 있다. 세 가지의 혁신적인 접근으로는, 끝자리를 올림해서 결제하고 차액을 저축하는 것, 저축의 목적을 자동으로 주기적으로 상기시키는 것, 경품이나 상금과 연계된 저축계좌를 만드는 것을 들 수 있다. 차례로 알아보자.

현금을 사용하지 않는 결제 기술이 확산되면서 디지털 신분증을 사용해 결제 앱을 저축 앱과 연계함으로써 "고통 없이" 저축하는 방식이 가능해졌다. 소액 거래에서 거스름돈을 합해 단기 저축계좌나 은퇴 저축계좌로 넣을 수 있다. 이 방식은 젊은 사람들이 저축을 시작하도록 독려하는 데 특히 효과적이다.[8]

사람들은 저축할 때 자녀 학비용이라든가 대학 등록금용이라는 식으로 특정한 목적을 염두에 두곤 한다. 저축의 동기로 삼을 목적을 이끌어내고 그 목적을 상기시키는 것은 저축을 촉진하기에 좋은 방법이다. 볼리비아, 페루, 필리핀에서 각각 진행된 세 개의 현장 실험 연구 결과, 저축의 목적을 상기시키는 것이 실제로 저축에 중요한 영향을 미치고 구체적인 목적을 강조할 수 있을 경우 두 배나 효과적인 것으로 나타났다.[9] 이 접근은 각각의 목적에 따라 별도의 저축계좌를 만드는 식으로 확장할 수 있고 노후 안정성 증진이나 대학 교육 접근성 확대 등 공공적 목적에도 부합하는 목적일 경우에는 저축에 세금 인센티브를 제공할 수도 있을 것이다.

우리는 여러 금융상품을 묶어 번들로 제공하는 것을 비판했다. 상품이 이해하기 어려워지고 가격 비교도 불가능해지기 때문이다. 하지만 드물게 번들링이 유용할 때가 있다. 한 가지 사례는 저축자에게 이자와 큰 몫의 상금을 함께 제공하는 경품 연계 또는 상금 연계 저축 상품이다. 9장에서 설명했듯이 이런 상품은 도박에서 사람들이 느끼는 흥분을 활용해 저축을 촉진한다. "편향에는 편향으로 맞선다"는 전략의 한 사례다.

우리는 당좌계좌와 단기 저축계좌 모두 정부가 아니라 민간 금융기관이 제공하는 것을 전제로 논의했다(모바일 텔레콤 회사 등 여타의 민간 기업이 제공할 수도 있을 것이다). 하지만 어떤 나라에서는 우체국 저축 등 공공기관도 이런 계좌를 제공한다.[10] 금융기관이 취약한 나라에서는 공공이 민간 제공자와 경쟁하는 것이 도움이 될 수 있다. 하지만 대부분의 선진국은 대규모 금융 인프라를 운영하는 데 정부가 민간보다 딱히 더 낫지는 않다는 사실을 알게 되면서 그러한 시스템을 차차 벗어났을 것이다.

무담보 단기 신용

"궂은 날을 대비해 저축하라"는 격언을 따르는 것이 가장 우선순위여야 하지만, 비상금이 고갈되어 돈을 빌려야 할 때도 생기는 법이다. 따라서 입문자 키트에 빠르고 유연하게 인출할 수 있는 무담보 소액 신용 한도가 설정되어 있어야 한다. 입문자 키트에 포함된 신용 한도는 [빌릴 때의 비용이] 최대한 저렴해야 하고 조건이 투명해야 하며 정말 긴급할 때만 사용하고 체계적으로 상환이 이루어지도록 설계되어야 한다. 우리는 이런 상품의 "제공"은 의무화해야 한다고 생각하지만 사람들이 그것을 "사용"하는 것까지 의무화하지는 않아도 된다고 생각한다.

소액 대출은 거래 비용이 낮아야만, 그리고 대부 기관들이 대출자가 돈을 잘 갚을 가능성이 매우 높다는 것을 알 수 있어야만 값이 저렴할 수 있다. 여기에는 테크놀로지와 데이터가 필요하다. 테크놀로지 덕분에 사람들의 금융 이력을 "디지털 흔적"으로 기록하고 처리할 수 있게 되었다. 대부 기관들은 이 디지털 흔적으로 대출 신청자가 돈을 빌려줘도 될 만큼 믿을 만한 사람인지 가늠할 수 있다. 정부는 부채에 대한 정보, 그리고 소득, 임대료 납부, 공과금 납부 등 여타의 관련성 있는 정보가 신용 평가 기관에 공유되게 함으로써 이를 지원할 수 있다. 이 시스템은 대부 기관들이 기록이 남지 않는 무자료 대출을 하는 것을 막을 수 있어야 한다. 대출자가 자신의 신용 기록이 (가령 여타의 대부 기관 등에) 제공되는 것에 통제력을 가질 수 있고 신용 기록이 오류 없게 양질로 유지되며 자신의 신용 기록이 부정확하면 이의 제기를 할 수 있고 오류가 발견되면 즉시 수정되게 하는 규제도 필요하다.

테크놀로지도 대부 기관을 대출 신청자 및 그의 디지털 흔적과 연결해줄 수 있다. 인도의 페이자바자르Paisa-bazaar나 미국의 업스타트닷컴Upstart 같은 기업은 대출자가 여러 대부 기관이 제공하는 신용 상품을 볼 수 있게 해주는데, 여기에 올라온 모든 대부 기관은 대출자의 디지털 흔적에 맞게 맞춤형으로 상품을 구성하게 되어 있다.[11] 기존의 대출 과정보다 훨씬 빠르고 효율적이며 가계의 지출 구성과 같은 새로운 유형의 정보를 활용하는 데 유연하다. 현재는 사람들이 필요 시점에 신용을 제공받을 수 있게 해주는 서비스 위주이지만, 우리는 긴급 상황일 때 쉽게 접근하기 위해 신용 한도가 '미리' 설정되어 있어야 한다고 생각한다(가구의 상황이 변동하면 신용 조건은 수정될 수 있겠지만 말이다).

이 접근의 또 다른 버전으로, 정해진 월급날보다 이르게 고용주가 임금을 지불해주는 '가불'이 있다. 고용주가 직원의 고용 상태에 대해 정보를 가지고 있고 임금 지급에 쓰이는 기록 인프라도 이미 가지고 있으므로 가불 신용 제공은 비용이 저렴할 수 있다. 특히 고용주가 제공하는 저축 상품과 연계된다면 가불 신용은 입문자 키트의 유용한 일부가 될 수 있을 것이다.

입문자 키트에 포함된 신용 상품은 그 조건을 대출자가 이해하고 관리하기 쉬워야 한다. 우선 입문자 키트 신용 한도에는 신용을 사용할 때 부과되는 고정 수수료와 빌리는 돈의 금액에 비례해 부과되는 이자율이 적용될 수 있다. 하지만 은행의 초과인출 수수료나 신용카드의 연체료처럼 부채가 약간만 늘어나거나 상환이 약간만 늦어져도 상당한 패널티를 물리는 수수료는 없어야 한다. 여러 시나리오별로 비용이 제시되어야 하고 대출자가 이해하기 어려울 수 있는 연이율 단위로만이 아니라 화폐 금액으로도 표시되어야 한다.

입문자 키트의 대출 상품은 규모에 상한이 있어야 하고 초기의 유예 기간이 지나면 일정 상환액씩 점진적으로 상환하는 분할 상환 방식이어야 한다. 만기보다 빨리 갚는 것은 허용되어야 하지만 대출자가 부채의 덫에 빠지는 것을 막으려면 대출 기간을 늘리기 위한 반복적인 대출은 규제되어야 한다. 효과가 있으려면 반복 대출에 대한 제약은 하나의 대부 기관이 발행한 부채에 대해서만이 아니라 대부 기관들 전체에 걸쳐 적용되어야 한다.

또한 입문자 키트의 대출 상품은 지출 기회와 연동되지 말아야 한다. 최근 소매 상점과 온라인 상점 모두에서 인기를 끌고 있는 선구매 후결제 서비스는 물건을 사는 사람이 다달이 할부로 대금을 낼 수 있게 해주는데,[12] 일반적으로 이자는 없지만 충동 구매를 부추길 수 있고 긴급 상황일 때 신용을 제공하지 않는다. 우리는 선구매 후결제 신용이 "더 많이 사고 영원히 지불하라"가 되지 않도록, 입문자 키트에 포함시키지 말아야 한다고 생각한다.

어떤 신용 시스템이라도 대출자의 재정 압박이 감당 불가능할 정도가 되었을 경우를 다루기 위해 이해하기 쉬운 개인 파산 절차가 있어야 한다. 파산 절차가 대출자에게 더 너그러우면 신용 비용이 올라간다. 그럼에도, 우리는 미국 파산법 7장의 상대적으로 관대한 조항(자격이 있는 채무자에게 소득의 일부를 채권자에게 넘기도록 요구하지 않고도 신속한 부채 탕감을 허용)이 채무자에게 귀중한 보험을 제공하며 이상적인 금융 시스템의 일부가 되어야 한다고 생각한다.

큰 투자에 자금을 조달하기

학자금 대출

대학 교육이 전적으로 납세자에 의해 충당되는 시스템이 아닌 나라에서는 대학 교육 접근성을 넓히려면 학자금 대출이 널리 이용 가능해야 한다. 5장에서 보았듯이, 대부분의 경우 대학이나 대학원 학위로 얻게 되는 추가적인 소득은 학자금 부채를 갚고도 남는다. 하지만 늘 그런 것은 아니다. 대학 공부에 준비가 되어 있지 않았던 학생은 졸업까지 시기가 길어지거나 학위를 못 받고 그만두게 될지도 모른다. 따라서 [그 경우 대학 학위가 가져다줄 추가적인 소득을 올릴 수 없게 되므로] 학자금 상환은 소득에 연계되어야 한다.

입문자 키트에 포함되는 학자금 대출 상품은 상환액이 소득의 일정 비율로 고정되어야 하고 소득이 특정한 기준값에 못 미치면 상환이 유예되어야 한다. 또 일정 기간(가령 20년이나 25년) 이후에는 남아 있는 대출을 탕감해야 한다. 대출 금리는 고정금리일 수도 있고(상환액에 따라 대출 잔액이 줄 수도 있고 늘 수도 있다), 저소득층 대출자에게는 금리를 인하해 저소득인 기간 동안 융자 잔액이 증가하는 정도를 제한할 수도 있다. 이 시스템의 이런저런 형태가 미국(금리는 고정이고 일정한 기간 이후에 원금이 탕감된다), 영국, 호주, 뉴질랜드(금리는 소득에 따라 조정되고 원금은 탕감되지 않는다) 등에서 사용되고 있다. 일정 기간 이후에 원금을 모두 탕감하는 방식은 중년에 노후 대비 저축에 더 집중할 수 있고 자신의 학자금 대출금 부담이 없어지면 자녀의 교육비를 저축할 수 있다는 장점이 있다.[13]

우리는 부채 상환을 소득에 연계하는 방식을 당사자가 알아서 선택하는 것이 아니라 "기본설정"으로 두어야 한다고 생각한다. 미국에서는 소득 연계 상환 방식의 학자금 대출을 원하는 사람이 '옵트인' 하도록 해서 운영했지만 효과가 실망스러웠다. 융자액이 많지 않고 졸업 후 소득이 낮아서 소득 연계 상환 프로그램으로 이득을 얻을 수 있었을 사람들 사이에서 사용 빈도가 낮았던 것이다.[14] 우리는 호주와 영국처럼 모든 학자금 대출자에게 상환이 소득에 연계되는 부채를 제공하고 대출자가 자신의 소득을 직접 보고하는 것이 아니라 세금 시스템을 통해 자동적으로 상환액이 조정되게 하는 방식이 더 좋다고 생각한다.[15]

학자금 대출을 받는 사람이 론 서비서에게서 제대로 서비스를 받는 것도 중요하다. 론 서비서는 대출 상환 등 대출 관리의 행정 절차와 관련해 대출자가 주되게 접촉하는 곳이다. 미국에서는 정부가 민간 론 서비서를 지정하고 대출자는 자신의 론 서비서를 변경할 수 없다. 놀랍지 않게도, 론 서비서가 제공하는 대출 관리 서비스는 질이 악명 높게 낮다. 이 문제는 두 가지 방법으로 다룰 수 있다. 하나는 론 서비서를 더 엄격하게 규제해서 대출자가 학자금 대출을 잘 관리하기 위해 필요로 하는 점들을 더 잘 지원하게 하는 것이다. 우리가 더 선호하는 해법은 두 번째인데, '햇빛이 최고의 살균제'라는 격언을 따라서 대출자들이 공개적으로 론 서비서를 평가할 수 있게 하고 대출자가 대출을 받을 때 론 서비서를 고를 수 있게 하는 것이다.[16] 이렇게 여러 선택지를 제공하고 투명성을 높이면 학자금 론 서비서 업계를 정화할 수 있을 것이다.

모기지

대부분의 사람들에게 주택 마련은 인생의 어느 시점에 가장 중요한 투자이고 거의 언제나 모기지 대출을 이용한다. 모기지는 복잡하기로 악명이 높고 나라마다 구조가 크게 다르다. 어떤 곳은 전적으로 변동금리 모기지이고 어떤 곳은 고정금리 위주이며 어떤 곳은 둘 중에서 선택할 수 있다. 경제 전체적으로 모기지 금리의 최적 조정이 어떻게 되어야 하는지는 통화 정책과 모기지의 자금 조달 메커니즘 등에 달려 있는 매우 복잡한 질문이며 이 책의 범위를 벗어난다.[17] 입문자 키트에 포함될 모기지 상품은 변동금리일 수도 있고 고정금리일 수도 있겠지만, 적절하게 관리하는 데 특별한 주의가 필요하지 않도록 몇 가지 유형으로 표준화되어야 한다.

구체적으로, 입문자 키트에 포함될 모기지 상품이 변동금리일 경우 티저 금리가 없어야 한다. 첫 해든 나중 시기든 단순히 머니 마켓 금리에 일정 스프레드가 더해진 형태로 금리가 정해져야 한다. 입문자 키트 모기지 상품이 고정금리일 경우에는, 빌리는 금액의 작은 차이에 따라 모기지 금리가 상당히 조정되는 "포인트" 제도가 없어야 하며, 금리는 단일해야 하고 대출자가 클로징 비용에 쓸 추가적인 현금이 필요할 경우 대출 원금이 상향 조정될 수 있어야 한다.

더 야심차게, 우리는 입문자 키트의 고정금리 모기지 상품이 금리가 고정되는 일정 기간이 지나면 신규 모기지에 적용되는 시장 금리가 기존 모기지의 원래 금리보다 특정 수준 이상 낮아질 때 자동적으로 기존 모기지의 금리가 하향 조정되도록 구조화되어야 한다고 생각한다.[18] 이같은 "따라잡기" 구조는 재융자 효과를 모방하지만 현재 재융자를 받기 위해 밟아야 할 절차와 들여야 할 비용을 줄일 수 있고, 신용 점수가 좋고 적합한 주택 자본과 재융자에 필요한 금융 지식이 있는 사람만이 아니라 모든 대출자에게 이 기회를 보장할 수 있다. 금리 하락 시의 이득을 모든 모기지 대출자가 누릴 수 있는 것이다. 이러한 자동 재융자가 최초 모기지 금리를 크게 올리게 되는 일을 막기 위해, 자동 재융자를 촉발하는 시장 금리의 하락폭을 현재 모기지 시장에서 재융자를 유발하는 평균 하락폭으로 설정하고 자동 재융자가 발동될 때 현재의 평균 재융자 비용과 동일한 금액을 수수료로 부과하면 될 것이다(해당 금액을 모기지 원금에 더하는 방식으로).[19]

또한 자동 재융자가 발동될 때와 동일한 수수료에서 대출자는 원한다면 언제든 본인이 직접 재융자를 결정할 수도 있어야 한다. 하지만 대출자가 이사를 할 때 재융자를 해야 할 필요성을 최소화하는 방식으로 구조화되어야 한다. 이는 모기지 인수 assumability(주택 구매자가 판매자의 모기지를 넘겨 받는 것. 이 경우에는 매수인에 대한 신용 확인이 필요하다)나 모기지 이전portability(판매자가 기존 모기지를 새 집의 가치에 맞게 조정해 새 집으로 가지고 가는 것. 이 경우에는 새 집에 대한 감정평가가 필요하다)을 허용하면 가능하다.[20]

모기지 인수와 모기지 이전은 금리가 오를 때 특히 중요하다. 대출자가 이사를 하더라도 이전의 저렴한 모기지를 새 모기지에서 유지할 수 있어서 "락인" 때문에 주택시장에 매물이 나오지 않는 문제를 해소할 수 있기 때문이다. 모기지 '이전'의 경우에는 판매자가 더 싼 옛 모기지를 유지할 수 있고, 모기지 '인수'의 경우에는 그 주택의 구매자에게 현행 금리보다 싼 모기지를 넘겨주는 대가로 주택에 대해 더 높은 값을 요구할 수 있어서 자금에 더 여유가 생기므로 새 집을 살 때 대출을 덜 받아도 된다. 미국의 경우 모기지 이전은 불가능하고 모기지 인수도 드물게만 이루어지기 때문에 2022년에 모기지 비용이 급격히 올랐을 때 락인 문제가 심각한 우려로 떠올랐다. 덴마크에서는 모기지 인수가 가능할 뿐 아니라 [금리가 오를 때] 대출자가 자기 모기지를 뒷받침하는 채권을 액면가가 아니라 시장가로 되사서 재융자할 수 있게 함으로써도 락인 문제를 막는다.[21]

대부분의 나라에서는 담보 인정 비율과 소득 대비 모기지 상환액 비율에 상한을 두어서 모기지 신용에 한도를 둔다. 모기지 발행 기관[모기지 오리지네이터]이 종종 부적절한 대출을 강매하고는 대출자의 신뢰도를 평가하기 어려운 모기지 투자자[발행된 모기지 채권이나 이를 기초로 한 파생상품인 모기지담보부증권MBS에 투자하는 투자자]에게 수수료를 받고 그 모기지를 넘기려는 유인이 있기 때문에 이러한 규제가 필요하다. 신용 한도 규제는 투자자와 대출자를 채무불이행과 그 여파로부터 보호해준다. 투자자에게는 재무 손실을, 대출자에게는 채무불이행으로 발생할 수 있는 퇴거와 신용등급 훼손을 막아주는 것이다. 하지만 이런 규제는 주택 가치와 소득 가치가 정확하게 보고되어야만 작동할 수 있다.[22] 따라서 좋은 모기지 시장에는 주택 가치 평가와 소득 신고에 허위가 없도록 엄격한 감시가 필요하다.

신용 한도 규제는 필요하지만 너무 지나친 경우도 있다. 이자만 내는 거치식 모기지에 대한 과도한 규제가 그런 사례다. 거치식 모기지는 대출자가 일정 기간 동안에는 이자만 상환하고 원금은 갚지 않는 것으로, 빠르게 소득이 올라가고 있는 경력 초창기여서 부채 상환을 [소득이 더 높을] 나중으로 미루고 싶은 젊은 대출자나 이미 은퇴를 해서 금융 자산을 축적하는 중이라기보다 꺼내 쓰고 있는 중인 노년의 대출자에게 유리하다. 어떤 나라는 거치식 모기지를 금지하고 모든 모기지를 원금까지 일정하게 분할 상환하도록 하는데, 적어도 젊은층과 은퇴자에게는 거치식 모기지를 허용하는 편이 더 나을 것이다.

우리는 모기지 설계와 관련해 또 다른 종류의 혁신에도 관심이 있다. 표준적인 모기지 구조는 상환액이 주택 가격에 따라 달라지지 않아서 주택 가격 하락의 위험이 주택 소유자에게 온전히 떨어진다. 2008년 금융위기 이후 몇 년간 극명하게 드러났듯이, 주택시장이 불황이면 연쇄적인 채무불이행이 발생한다. 이에 대해 대안이 될 만한 모기지 구조로, 모기지 대출 잔액이 주택 가치에 따라 달라지게 하는 방법이 있다. 모기지 투자자가 그 주택에 대해 사실상 에쿼티 지분을 갖게 하는 것이다[집값 상승과 하락에 따른 수익과 손실을 소유자와 투자자가 분담하는 구조가 된다]. 아티프 미안Atif Mian과 아미르 수피Amir Sufi가 2014년 저서 《부채의 집House of Debt》에서 이를 주창했고 그밖에도 여러 경제학자가 이같은 지분형 모기지 구조를 제안했다. 2010년대 중반 이래로 미국에서 유니슨Unison, 포인트Point, 홈탭Hometab 같은 온라인 대부 업체들이 대출 기간 동안 월별 상환을 요구하지 않는 지분형 모기지의 변형 형태를 제공하고 있다. 지분형 모기지에 대해 대출자와 대부 기관들의 경험이 더 쌓이면 (월별 상환을 할 수 있는 형태도 포함해) 표준화된 상품들이 입문자 키트에 들어올 후보가 될 수 있을 것이다.

리스크 관리

우리는 더 높은 수익을 올리기 위해 신중하게 위험을 감수하는 것이 주는 이득과, 보험을 사용해 개개인이 삶에서 겪는 위험의 상당 부분을 덜어내는 방법을 알아보았다. 따라서 입문자 키트에는 다각화된 위험 자산 투자상품과 다양한 보험상품이 포함되어야 한다.

투자

비용이 낮은 인덱스 펀드(소액 투자자들이 광범위하게 다각화된 인덱스 펀드의 성과를 낮은 비용으로 누릴 수 있게 해준다)의 확산은 지난 50년간 투자 분야의 주된 추세였다. 우리에게 기쁜 일이기도 했는데, 학술 연구가 금융시장에 상당한 영향을 줄 수 있음을 보여주는 사례였기 때문이다.[23] 2012년에서 2022년 사이의 10년간 인덱스 펀드는 미국 뮤추얼펀드와 상장지수펀드ETF 전체 자산 중 차지하는 비중이 22퍼센트에서 46퍼센트로 늘었다. 이들 펀드가 보유한 미국 주식 자산에서 인덱스 펀드가 차지하는 비중은 31퍼센트에서 56퍼센트로 더 많이 늘었다.[24]

대부분의 금융경제학자들과 마찬가지로 우리는 소액 투자자들에게는 인덱스 펀드가 가장 적합한 투자라고 생각하고, 따라서 입문자 키트에 의무적으로 포함되어야 한다고 생각한다. 물론 뮤추얼펀드 회사들이 액티브 펀드도 투자자에게 자유롭게 제안할 수 있어야 하지만, 그들이 제공하는 상품에는 인덱스 펀드가 반드시 있어야 하며 뮤추얼펀드를 투자자에게 제공하는 중개사는 인덱스 펀드를 더 먼저 제안해야 하고 그렇게 했다는 것을 입증해야 한다.

높은 수수료는 뮤추얼펀드 시장의 고질적인 문제 중 하나다. 선취 수수료[가입 시점에 내는 수수료]와 후취 수수료[해지 시점에 내는 수수료]를 포함해서 여러 유형의 수수료가 서로 다른 방식으로 서로 다른 시점에 매겨지는데, 처음에 명확하게 표시만 되어 있었어도 수수료 비중을 잘 가늠할 수 있었을 고객들이 헛갈리기 쉽다.[25] 입문자 키트의 인덱스 펀드는 투자자가 펀드들 사이에서 비용을 쉽게 비교할 수 있도록 연간 운용 수수료로 비용이 표시되어야 한다. 또한 운용 수수료는 합리적인 수준에서 상한이 있어야 한다. 가령 미국의 주식 인덱스 펀드에 대해서는 25bp 정도, 덜 유동적인 자산에는 이보다 약간 더 높게 상한을 둘 수 있을 것이다. 그러면 금융 지식이 적은 투자자가 뮤추얼펀드 제공 업체의 시장 권력에 피해를 입지 않게 보호될 수 있다.

구조화 상품은 인덱스의 위험 노출을 손실 보장과 결합한 것으로, 유럽과 아시아에서는 인기가 있고 미국에서는 인기가 덜하다. 금융 중개업체들이 이러한 상품을 개발하며, 인덱스가 특정 수준보다 내려갈 경우 풋 옵션이 작동해 손실을 일부 또는 전부 보전해준다. 상품이 복잡하고 어렵지만 몇몇 기본적인 구조화 상품은 사람들이 위험을 감수하도록 독려한다는 실증 근거가 있다. 주식시장 위험을 전혀 지지 않으려 해서 수익 기회를 잃었을 사람들이 구조화 상품 덕분에 주식시장에 참여하게 되는 효과가 있다는 것이다.[26] 따라서 우리는 단순한 구조화 상품이 입문자 키트에서 할 수 있는 역할이 있다고 생각한다. 입문자 키트에 포함되는 구조화 상품은 만기가 1~3년이어야 하고, 입문자 키트 인덱스 펀드가 추종하는 인덱스 중 하나의 수익률을 기준으로 '바닥'이 있어야 하며[최소 수익률 보장], 매년 고정된 퍼센트의 수수료를 물리거나 인덱스 수익 대비 미리 정해진 비율로 수수료를 물려야 한다.

단기 보험

입문자 키트에는 일반적으로 1년만 효력이 있는 여러 종류의 단기 보험이 포함되어야 한다. 갱신이 필요하면 매년 비용을 내고 갱신하면 된다. 자동차보험, 주택보험, 건강보험 등 많은 보험의 기본 형태가 이와 같다. 나라마다 경제, 금융, 규제 환경이 달라서 적합한 보험의 수준과 형태도 크게 다르기 때문에 단기 보험은 구체적인 구조를 제안하기가 쉽지 않다. 특히 건강보험은 너무나 복잡하고 전반적인 의료시스템의 구조와 자금 조달 방식에 따라 크게 달라지기 때문에 이 책의 범위를 넘어선다.

하지만 우리는 단기 보험 상품에 대해 두 가지의 중요한 제안을 하고자 한다. 첫째, 보험회사들은 청구된 보험금 액수와 지급한 보험금 액수를 의무적으로 공개해 규제 당국과 보험 구매자가 그들의 성과를 평가할 수 있게 해야 한다. 투명성의 부족은 미국, 인

도 등 상황이 매우 다른 나라들 공히 보험시장에서 반복적으로 나타나는 문제다.[27]

둘째, 어떤 단기 보험에 대해서도 자기부담금이 높고 보험료가 낮은 상품이 입문자 키트에 포함되어야 한다. 6장에서 언급했듯이 보험으로 보장해야 할 가장 중요한 위험은 '큰 위험'이다. 다달이 나가는 비용을 아끼려는 사람은 [보험료를 아끼겠다고 보험을 아예 들지 않는 것이 아니라] 자기부담금이 높은 보험에 들고 낮아진 보험료로 아낀 돈을 비상금 저축에 사용하도록 독려해야 한다.

자연재해는 ['큰 위험'에 대해 보험을 들어야 한다는 원칙으로 볼 때] 보험을 들어놓는 것이 특히 중요한 극단적인 위험이다. 기후변화가 심해지면서 종류를 불문하고 자연재해가 더 빈번해지고 있어서 재해 보험의 중요성이 더욱 높아졌다. 홍수, 허리케인, 폭풍, 산불, 지진, 그밖의 자연재해 위험 지역에 사는 사람은 주택 자산에 대해 표준화된 재해 보험에 반드시 가입해야 한다. 재해 보험은 보험금 청구 절차가 번거롭지 않아야 하고 재난이 발생하면 보험금이 자동으로 청구되는 방식도 포함되어야 한다.

재해 보험시장에서는 고위험 지역 분류, 재해 보험사 규제, 재해 보험 고객들에 대한 후방 지원 등의 면에서 정부가 중요한 역할을 해야 한다. 하지만 우리는 고위험 자산에 보험을 제공하는 재해 보험의 '가격'은 정부의 보조금 없이 오로지 리스크의 정도에 따라서만 정해져야 한다고 생각한다. 정부의 보조금이 있으면 고위험 지역에 계속해서 주택 건설이 이루어지게 독려하는 격이 될 수 있기 때문이다.

장기 보험

입문자 키트에는 장기 보험도 있어야 한다. 장기 보험은 처음에 합의된 가격으로 여러 해 동안 효력이 유지되는 보험으로(종신인 것도 있다), 가입자의 유가족이 가입자 사망 후 재정적인 곤란을 겪지 않게 보장하는 생명보험이 대표적이다(사망 위험은 나이가 들수록 높아지므로 장기 보험이어야 한다). 세금 우대 저축을 순수한 보험과 결합한 형태의 생명보험도 있지만, 우리는 입문자 키트의 생명보험은 최대한 단순해야 한다고 생각한다. 입문자 키트에는 기간제 생명보험이 의무적으로 "제공"되어야 한다(모기지 대출이 있는 사람의 경우에는 "선택"도 의무화되어야 한다). 입문자 키트의 생명보험은 가입자가 사망할 경우에는 목돈의 보험금이 나오고 가입자가 생존해 있는 동안 만기가 될 경우에는 가입자에게 아무 것도 지급되지 않는 단순한 형태여야 한다.

6장에서 장기 보험이 종종 고정된 보험료가 매겨지므로 가입자의 생애 초기에는 불리한 거래이고 생애 후기에는 유리한 거래가 된다는 점을 살펴보았다. 이 구조는 중도에 보험료 납부를 중단해 보험의 효력이 상실된 사람들로부터 이득을 취하게 되어 있다. 이 문제를 완화하고 젊은층의 보험 구매를 유도하기 위해, 입문자 키트에는 나이가 들면서 차차로 보험료가 올라가도록 구조화된 생명보험이 포함되어야 한다. 생애의 나중 시기에 높아진 보험료를 내지 못해 보험 효력이 상실될 위험이 높아지긴 하지만, [이미 납부한 보험료 금액이 상대적으로 적으므로] 보험 효력이 상실된 사람들의 재정 손실액을 줄일 수 있다.

보험 가입을 가로막는 장벽 중 하나는 위기에 처하지 않는 최상의 시나리오의 경우 돌려 받는 것은 없이 금융상품에 일단 내야 하는 돈이 있다는 사실일 것이다. 많은 이들에게 이는 심리적으로 어려운 일이고 보험회사 등 공식 금융기관을 불신하는 경우에는 더욱 그럴 것이다. 또한 보험의 가치를 안다 하더라도 저축액이 많지 않아 여윳돈이 없다면 보험료 납부 자체가 어려울 수 있다.

이 문제를 해소하기 위해 우리는 보험이 신용과 연계되어야 한다고 제안한다. 사람들이 대출을 받아 보험료를 지불하고, 위기가 닥쳐 보험금을 받는 중에도 그 부채를 점진적으로 상환하게 하는 것이다. 이렇게 하면 운이 좋은 가구가 운이 없는 가구를 돕는, 인간관계망에서 비공식적으로 조율되는 방식과 유사해질 수 있다. 따라서 비공식적인 전통 방식에 익숙한 사람들이 심리적으로 더 편안하게 받아들일 수 있을 것이고 자원이 한정적인 사람들에게도 보험 가격이 더 감당 가능해질 것이다(하지만 비공식적 인간관계망 비유를 너무 멀리까지 밀고 나가지는 말아야 한다. 비공식적인 인간관계망에서는 보험료나 보험금이 특정한 해에 참여자가 보험금을 청구하는 건수에 따라 흔히 달라지지만, 여기에서 우리가 제안하는 방식은 그렇지 않다). 이 제안은 소액의 무담보 신용을 합리적인 비용으로 제공할 수 있는 인프라가 있어야 가능한데, 그 인프라는 우리가 입문자 키트의 일부로 제안하는 것과 동일한 인프라이며 그것을 이와 같은 '신용 연계 보험'으로 확장하면 된다.

노후 자산 마련하기

은퇴 계좌

7장에서 보았듯이 몇몇 나라에서는 여전히 확정 급여 연금이 널리 존재해서 가입자에게 은퇴 후 기본적인 소득을 제공하지만, 확정 기여형 시스템을 가지고 있는 나라에서는 사람들이 자신의 노후를 위해 스스로 저축해야 한다. 세금 우대 은퇴 계좌가 있긴 하지만 현재의 시스템은 종종 복잡하고 분절되어 있으며 직장이 자주 바뀌는 사람이나 자영업자에게는 접근성을 충분히 제공하지 못한다. 우리가 입문자 키트에 포함해야 한다고 제안하는 은퇴 계좌는 확정 급여 연금이 미미한 나라에서 특히 중요하다. 이런 나라에서는 호주에서처럼 은퇴 계좌 참여와 최소 불입률이 의무화되어야 한다. 확정 급여 연금이 더 너그럽게 존재하는 나라에서는 입문자 키트에 은퇴 계좌를 '제공'하는 것은 의무화해야 하지만 사람들의 '참여'를 의무화하지는 않아도 좋을 것이다.

입문자 키트에는 고용 첫날 자동으로 가입되는 온퇴 저축계좌가 포함되어야 한다. 이 계좌는 일터가 바뀌더라도 노동하는 기간 내내 유지할 수 있어야 하고 자영업자와 중소기업 직장인도 대기업 직장인만큼 가입이 쉬워야 하며 은퇴 저축을 독려하기 위해 여기에 투자된 돈에서 나오는 자본 소득에는 과세가 되지 말아야 한다.

어떤 은퇴 계좌는 불입되기 전의 소득에 과세가 되고 인출 시에는 과세가 없는 반면, 어떤 은퇴 계좌는 불입 때는 과세되지 않고 인출 때 과세가 된다. 미국에서는 후자("전통" 방식이라고 불린다)가 더 일반적이지만 우리는 전자(미국에서는 "로스" 시스템이라고 불린다)가 은퇴 저축자와 정부 모두에 더 좋다고 생각한다. 인출할 때 과세되는 은퇴 계좌 자금 1달러는 은퇴 계좌 밖의 1달러보다 가치가 낮은데, 이는 사람들이 은퇴 저축액이 충분한지 어떤지를 잘못 판단하게 만든다.[28] 또한 인출할 때 과세를 하면 긴급한 시기에 이 자금에서 돈을 빼는 일도 복잡해진다. 정부 입장에서 보면, 불입 시에 세금을 먼저 매기면 자산 운용 수수료와 관련해 이득을 볼 수 있다. 자산 운용 수수료는 연금 저축자들이 자신의 저축을 굴려주는 펀드에 지불하는 비용인데, 인출 시에만 소득에 과세할 경우 정부의 세수를 감소시키기 때문이다.[29]

세금이 없는 자본 소득은 은퇴 저축자에게 중요한 이득이지만 평범한 사람들이 이것의 가치를 알기는 쉽지 않다. 따라서 우리는 가시적인 인센티브로 저소득층이거나 은퇴 저축 잔액이 낮은 사람에게 정부가 매칭 자금을 직접 지원해줄 것을 제안한다. 이는 정부가 은퇴 저축을 지지한다는 의미이기도 하므로 금융 시스템에 대해 많은 저소득층 사람들이 느끼고 있는 불신을 극복하는 데도 도움이 될 것이다. 또한 확정 급여 연금 비중이 낮은 나라에서는 은퇴 저축과 최소 불입률을 의무화하는 것이 적합할 수 있는데, 호주에서 이미 그렇게 시행하고 있다.

경제학자 존 프리드먼은 직원들을 은퇴 저축에 잘 가입시키는 고용주에게 세제 혜택을 줌으로써 조세를 은퇴 저축 독려에 사용할 수 있는 또 다른 방법을 제안했다.[30] 이 접근의 장점은 대체로 고용주가 노동자보다 조세 인센티브에 더 민감하다는 데 있다. 우리도 이것이 더 폭넓은 은퇴 저축 개혁의 일환으로 고려할 만한 아이디어라고 생각한다.

은퇴 저축을 고갈시키지는 않으면서 긴급한 필요가 있을 때 은퇴 자금에서 돈을 빼서 쓸 수 있으면 좋을 것이다. 불입액에 이미 과세가 되었다면 불입액의 인출을 허용하는 것이 합리적이기 때문에 문제가 복잡하지 않다. 또 다른 방식은 은퇴 저축에서 빼서 쓰는 돈을 저축자가 자기 자신에게 분할 상환 대출을 해주는 식으로 만드는 것이다. 이자율은 불입액을 인출하지 않고 은퇴 저축에 계속 넣어두었을 때 얻을 수 있는 수익률과 동일하게 설계하면 된다. 은퇴 저축에서 돈을 꺼내 쓸 경우에 나중에 그만큼의 돈과 함께 그 돈을 은퇴 저축에서 뺌으로써 잃었던 수익분까지 다시 채워 넣어야 하게 만드는 것이다. 인출에 대한[즉 자기 자신에게 내어준 대출에 대한] 이자율은 소득에 연계되게 하고 소득이 기준값을 넘을 때만 물도록 만들 수 있을 것이다.

일단 사람들이 은퇴 저축계좌를 열게 했다면, 그다음에 해야 할 일은 거기에 돈을 불입하도록 유도하는 것이다. 우리가 제안한 표준 모델은 가입은 자동으로 시키고 불입 독려는 세금 우대로 하는 것인데, 이것이 모두에게 맞는 방법은 아니다. 이 모델은 꾸준한 소득 흐름이 있는 가구를 전제하지만, 불행히도 이 전제는 선진국에서도 꼭 사실은 아니고 신흥경제국에서는 다수의 사람들에게 사실이 아니다.

이 문제를 다루기 위해 "마이크로 연금"이라는 전망 있는 방식이 개발되고 있다. 테크놀로지 기반의 해법으로, 개인들이 일을 하는 동안 낼 수 있는 여력이 있을 때 소액씩 낸 것을 모아서 큰 투자 풀을 만든 다음에 구성원들의 이득을 위해 공동으로 투자하는 것이다. 이론상으로는 매력적이지만 실행에는 종종 어려움이 따른다. 비용도 고려해야 하고, 저소득층 가구들이 은퇴 저축을 꺼리는 경향이 강하다는 문제도 있다. 민간에서 제공되는 금융상품에 대한 불신이 한 이유일 것이다. 우리는 이 시장에 정부의 더 적극적인 개입이 필요하다고 생각한다. 가령 앞에서도 제안했듯이 전통적인 방식의 은퇴 계좌에 소액씩 불입하는 사람들에게 정부가 매칭 불입을 해주면 불신의 장벽을 극복하는 데 도움이 될 것이다.

은퇴 자산의 투자 배분

은퇴 계좌에 세금 우대가 있다는 점은 일부 의사결정을 개인의 재량에서 제외하면서 자산 배분에 제약을 부과하는 것을 정당화한다. 적어도 은퇴 계좌 자금의 투자는 광범위하게 다각화되어야 하고 개별 종목에 투자하는 것은 제한되어야 하며 액수가 크지 않은 계좌는 인덱스 펀드로만 투자처가 한정되어야 한다. 액수가 큰 계좌는 추가로 액티브 펀드에도 투자할 수 있겠지만 수수료에 상한이 있어야 한다.

입문자 키트의 은퇴 계좌 자금으로 투자할 수 있는 자산 포트폴리오는 주로 목표일 펀드로 구성되어야 한다. 목표일 펀드는 채권 인덱스 펀드와 주식 인덱스펀드의 조합으로, 저축자의 은퇴일이 다가올수록 주식 인덱스 펀드, 채권 인덱스 펀드, 현금성 자산의 비중이 지속적으로 재조정된다. 이 펀드는 생애 주기 자산 배분 문제를 해결하는 데 도움이 된다. 노동을 하는 기간인 생애의 이른 시기에는 주식의 가중치를 높이고 은퇴일이 가까워오는 생애의 나중 시기에는 고정 소득을 주는 채권 쪽으로 이동해 더 보수적인 투자를 하는 것이다. 은퇴 계좌 안에서 이용 가능한 목표일 펀드는 은퇴 자금 마련도 돕고 주식시장에도 합리적으로 참여해 수익도 누리게 해준다.

입문자 키트의 목표일 펀드는 수수료와 비용이 낮아야 한다. 선취 수수료가 없어야 하고 펀드의 각 구성 요소에 대해 벤치마크 주식 및 채권 인덱스를 엄격하게 추종해야 한다. 또한 각 가구의 위험 기피 성향에 따라 주식 비중이 조정될 수 있어야 하고, 거래비용을 최소화하기 위해 여러 불입 가구들을 묶어 운용하는 방식으로 소액 투자도 가능해야 하며, 비효율적인 거래를 막기 위해 조기 유동화에는 패널티가 있어야 한다.

은퇴 저축용 펀드에 부동산이나 사모펀드 같은 비유동적 자산이 포함되어도 된다고 생각할 사람도 있을 것이다. [은퇴 이후를 위해 그 돈을 저축했으므로] 은퇴 저축자들이 꽤 한동안은 그 돈을 필요로 하지 않을 테니 말이다. 예일 대학의 전설적인 기금 운용자 데이비드 스웬슨David Swensen도 그렇게 주장했다(최근에 대학 기금처럼 인내심 있는 투자자도 신중한 유동성 관리가 얼마나 중요한지 드러내주는 사건들이 있긴 했지만 말이다).[31] 하지만 한동안 안 쓸 돈이므로 비유동적 자산을 포함해도 된다는 원칙을 개인금융에 적용하는 데는 문제가 있는데, 평범한 사람들이 비유동적 자산의 위험을 인식하기 어렵고 사기성 있는 자산 운용사가 그 위험을 숨기기 쉽기 때문이다. 따라서 입문자 키트에는 일별로 가치가 평가될 수 있는 유동적 자산만 은퇴 저축이 투자되는 펀드에 포함되어야 할 것이다.

하지만 우리가 더 선호하는, 목표일 펀드의 또 다른 혁신이 있다. 나이가 들어가면서 주식 비중을 줄여야 한다는 논리는 은퇴 자산이 더 많이 쌓일수록 주식 비중이 줄어야 한다는 의미이기도 하다.[32] 공격적으로 저축을 했거나 일정 기간 동안 주가가 올라서 소득에 비해 큰 액수의 은퇴 저축을 갖게 되었다면 이제는 위험을 줄여야 한다. 더 정교하게 설계된 목표일 펀드는 나이만이 아니라 펀드의 규모도 고려해 자산 배분을 조정해야 한다.[33]

개인 연금과 역모기지

은퇴를 하면 성실하게 저축한 사람도 자신의 자원으로 지탱 가능한 정도보다 오래 살 위험에 직면한다. 이는 "오래 사는 데 좋은 점은 없다. 단지 시간이 오래 걸리는 것일 뿐"이라는 격언을 고통스럽게 보여준다.[34] 이 위험을 다루기 위해 입문자 키트에는 인플레를 조정한 급여를 지급하는 간단한 개인 연금 상품이 포함되어야 한다. 확정 급여 연금 비중이 낮은 나라에서는 장수가 일으키는 재정 위험이 더 크므로, 은퇴 시에 자산의 일부를 연금화하도록 의무화하는 방안이 적합할 수 있다. 금리가 낮은 상황에서도 보험사들이 연금 지급을 할 수 있도록 지급 개시일이 연금 상품 구매일로부터 10년이나 20년 뒤로 유예되는 거치식이어야 할 것이다. 이는 '보험은 극단적인, 가장 큰 위험을 다루는 데 사용되어야 한다'는 일반 원칙의 또 한 가지 사례다. 이 경우 그 '큰 위험'은 극단적으로 오래 살 위험이다.

연금화의 이득을 최대로 누릴 수 있는 또 한 가지 방법은 건강에 대해 보장하는 보험상품(장애, 장기요양 등)과 장수 위험을 보장하는 상품을 하나로 결합하는 것이다. 세부사항은 각국의 건강보험 시스템에 따라 다르고 특히 무료로 제공되는 공공 의료와 민간에서 제공하는 건강보험이 어떤 비중으로 구성되어 있는지에 따라 다르겠지만, 기본 개념은 동일하다. 의료비 지출이 걱정되거나 장애로 소득이 상실될 상황이 걱정되는 건강이 안 좋은 사람, 그리고 은퇴용으로 준비해놓은 돈으로 감당 가능한 범위를 넘어 더 고령까지 장수할 가능성이 걱정되는 건강한 사람에게 동시에 매력적인 상품을 만드는 것이다. 이 같은 결합 상품은 역선택의 위험을 줄여주어서 별도로 제공될 경우보다 비용이 낮아질 수 있다. 금융상품을 묶어 번들로 만드는 것의 위험을 우리가 내내 경고하긴 했지만 그것은 번들링이 비용을 숨기고 가격 비교를 어렵게 하는 방편으로 사용될 때 이야기이고, 지금 이야기하는 것은 번들링이 소비자의 이익에 부합할 수 있는 예외적인 경우다. 이 번들 상품은 입문자 키트에 포함하기에 좋은 후보가 될 것이다.

대개 사람들이 가진 자산은 대부분이 부동산이어서 은퇴 후에 그 자금을 작게 쪼개 융통하기가 어렵다. 집을 팔아야 유동화할 수 있는데 여기에는 종종 비용이 많이 든다. 그러므로 은퇴 후 생활 자금 용도로 은퇴자가 소유한 부동산 중 일부를 연금처럼 받을 수 있게 해두면 좋을 것이다.

역모기지를 이용하면 그렇게 할 수 있다. 앞에서 보았듯이 역모기지는 대부 기관이 주택 가치의 전체 또는 일부에 대해 청구권을 갖는 대가로 주택 소유자에게 연금식으로 돈을 지급함으로써 주택 소유자가 미리 현금을 쓸 수 있게 해주는 금융 계약이다. 주택 소유자가 그 집에 사는 동안에는 전혀 상환하지 않아도 된다. 다만, 대출 잔액이 모기지 이자율에 따라 계속 쌓인다. 당사자가 사망하거나 다른 집으로 이사하면 만기가 되며, 그때 집을 팔아서 상환하면 된다. 주택을 판 값이 역모기지의 잔액을 갚기에 모자라면 대부 기관이 손실을 떠안고, 대출자나 상속인에게 추가적인 청구를 하지는 않는다.

미국에 역모기지가 존재하기는 하지만 이제까지는 상품들이 마땅한 정도만큼 표준화되어 있지 않았고 마땅한 정도만큼 널리 홍보되지도 않았다.[35] 우리는 간단하고 표준화된 역모기지 상품이 입문자 키트에 포함되어야 하고 은퇴자들에게 합당한 금융 도구로서 촉진되어야 한다고 생각한다. 노년층에게 자산의 매각 시점이나 사망 시점까지 재산세를 유예해주는 제도 등 다양한 촉진 방식이 있을 수 있다.[36]

입문자 키트를 넘어서

표준적인 입문자 키트를 통해 사람들의 금융상품 접근성을 높여야 한다는 것이 우리의 주장이긴 하지만, 가정마다 각기 다양한 경제 환경에 처해 있으므로 '일괄 적용'식 해법은 금융 시스템을 설계하는 좋은 방법이 아니다. 표준 상품을 제공함과 동시에, 본인의 명시적인 동의와 함께 사람들이 더 복잡한 상품으로 자유롭게 들어갈 수 있는 길도 열어놓아야 한다. 여기에는 의무적으로 충족해야 할 자격 조건(충분한 자산이나 금융 경험)과 의무적으로 받아야 할 교육(건강에 해로울 수 있음을 알리는 경고 문구처럼 금융 상품의 종류와 위험에 대해 짧은 교육 동영상을 의무적으로 보게 하는 것

등)이 있어야 한다. 즉 입문자 키트 밖의 금융상품에는 사용자 비중, 확산 정도 등과 관련해 일종의 과속방지턱이 있어야 한다. 이는 사람들이 포트폴리오를 자기가 알아서 최적화하지 못하게 방해하는 것이 아니라, 더 복잡한 상품을 사용하기로 결정하기 전에 면밀하게 생각할 기회를 주는 것이다.

현행 금융 시스템에도 금융상품 사용을 가로막는 장벽은 많이 존재한다. 하지만 지금의 금융 시스템은 너무나 제약적인 동시에 너무나 허용적이다. 미국에서 사모펀드에 들어갈 수 있으려면 주택을 제외한 순자산이 100만 달러 이상이거나 연소득이 수십만 달러인 "적격 투자자"여야 한다. 이러한 제약은 부유한 사람들이 더 좋은 금융 기회를 더 잘 접하게 하며, 따라서 부의 불평등을 심화할 수 있다. 하지만 이와 동시에 금융 중개사들은 사람들이 실증 근거나 금융상품의 리스크에 대한 진정한 지식이나 분명한 이해가 아니라 자신의 (협소한) 경험에 기반해 선택하도록 부추긴다.

은퇴 계좌에 대해서 말하자면, 세금 우대 은퇴 계좌의 투자는 입문자 키트에서 제공되는 펀드만으로 한정되어야 하고 충분한 은퇴 저축액이 있으면 나머지 자산은 부가 100만 달러가 안 되더라도 다른 곳에 자유롭게 투자할 수 있게 허용되어야 한다. 입문자 키트를 넘어서 투자하려는 사람은 유의미한 수준의 교육을 의무적으로 받게 해야 한다. 은퇴 저축뿐 아니라 우리가 제안한 입문자 키트의 다른 상품들에도 이와 같이 '제약'과 '접근성 확대'를 신중하게 결합하고 그것을 정부의 규제로 뒷받침하는 방식이 적용되어야 한다.

결론

우리는 잘못된 금융 의사결정을 하는 바람에 커다란 고난에 처한 다섯 명의 이야기로 이 책을 시작했다. 금융 시스템이 부적절한 지침을 주고 오도의 소지가 있는 판촉에 노출시켜서 그들을 안 좋은 선택으로 몰아갔기 때문에 일어난 일이었다. 그리고 이 책의 마지막 장인 이 장에서 우리는 더 나은 금융 시스템의 비전을 제시했다. 우리가 제시한 방안은 이들과 비슷한 처지의 사람들을 다음과 같은 방식으로 보호할 수 있다.

20대 후반에 결국 대학은 졸업하지도 못하고 학자금 빚만 지게 된 레나타 케인스는 여러 대학과 학과의 졸업율과 졸업 후 경제적 결과에 대한 정보를 제공하는 도구들의 도움을 받아 더 적합한 과정에 등록할 수 있었을 것이고 빚을 더 적게 지면서 졸업은 더 빠르게 할 수 있었을 것이다. 만약 일이 잘 안 풀렸을 경우에는 '소득 연계 상환 프로그램' 하에서 학자금 대출 상환액이 자동으로 낮아졌을 것이고 몇 년 동안 계속해서 소득이 낮으면 궁극적으로 탕감되었을 것이다.

은퇴 저축을 다각화하지 않고 자신이 다닌 회사 주식 한 군데에다 투자했다가 그 회사가 파산하면서 은퇴 저축을 날린 엔론의 전직 직원 조지 매덕스는, 우리가 제안한 시스템에서였다면 401(k) 펀드가 자사 주식에는 투자할 수 없게 되어 있었을 것이고 합리적인 운용 수수료에서 광범위하게 다각화된 목표일 펀드를 포함해 투자가 이뤄졌을 것이다. 401(k) 계좌의 돈이 아닌 별도의 자기 돈은 엔론 주식에 투자할 자유가 있었겠지만 이 돈을 잃었더라도 다각화해놓은 자산 덕분에 피해는 훨씬 제한적이었을 것이고 은퇴 이후의 안락한 삶도 무너지지 않았을 것이다.

단기 금리가 너무 낮아지면서 은퇴 저축에서 나오는 소득이 사라져버린 루스 퍼트넘도 우리가 제시한 미래의 금융 시스템에 서였다면 은퇴 시점까지 목표일 펀드에 돈을 넣으라는 조언을 받았을 것이다. 이 펀드는 이자가 낮아져도 자본 소득이 나올 수 있게 장기 채권을 포함했을 것이고 따라서 은퇴 이후에 저금리 시대가 되었더라도 소득에 미치는 피해를 완충해주었을 것이다. 또한 장수 리스크에 대비하기 위해 자신이나 배우자의 은퇴 시에 지급 개시일을 장기간 뒤로 설정할 수 있는 고령 거치 연금 상품을 구매하도록 권장받았을 것이다. 이런 형태의 연금보험은 생애 중 더 고령기에 지급되어 사회보장 급여에 더해 소득원이 됨으로써, 가난한 노년기를 보낼 위험으로부터 추가적인 보호를 제공했을 것이다.

모기지 및 기타 부채와 번들링된, 불필요하고 비싼 지급보증보험을 구매했던 사이민 시플리는 입문자 키트 모기지 상품이 충족해야 할 조건 덕분에 부당한 번들링에서 보호되었을 것이다. 즉 입문자 키트에 포함된 모기지 상품은 구조가 간단해 이해하기 쉬웠을 것이고 조건이 명백하게 제시되어 있어서 표준화된 신용 상품들과 가격을 비교하기도 쉬웠을 것이다.

투자상품에 보험을 얹은 번들링 상품을 강매당한 비렌드라 팔케이푸어는 두 규제 당국 사이의 회색 지대에서 피해자가 되었지만, 하나의 규제 당국이 소비자금융 보호를 전체적으로 관장하는 시스템에서는 이런 식의 악용이 발생하지 않을 것이다. 그리고 그가 구매했던 상품은 복잡하게 번들링된데다 부적절한 리스크와 과도하게 높은 가격 때문에 판매가 금지될 것이다.

안타깝게도 이들에게는 불평등한 개인금융 시스템을 고치는 개혁이 너무 늦었을지 모른다. 이들은 안 좋은 시스템에서 의사결정을 내려야 했다. 하지만 시스템을 긴급하게 고친다면 다음 세대 사람들은 더 나은 선택을 하면서 더 건전하고 행복한 금융 생활을 영위할 수 있을 것이다.

감사의 글

우리는 타룬이 하버드 박사과정생이고 존이 그곳 교수였던 25년 전에 처음 만났으며, 그때 이래로 여러 편의 학술 논문을 공저하기도 하면서 개인금융 시스템 연구에서 긴밀히 협업했다. 하지만 이 책을 쓰기까지 각자 독립적으로도 긴 학문적 여정을 밟아 왔다. 이 책에는 존의 옥스퍼드 학부생 시절 교수였던 회의주의적이고 좌파 성향인 학자 앤드류 글린Andrew Glyn과 예일 대학 박사과정 시절 지도교수였던 제임스 토빈James Tobin, 스티브 로스Steve Ross, 로버트 쉴러 등 저명한 학자들의 가르침, 타룬이 직접 목격한 금융자유화 시절의 인도, 타룬이 케임브리지 학부생 시절 가렛 스테드먼 존스Gareth Stedman-Jones와 데이비드 런시먼David Runciman에게 배운 철학과 정치학, 그리고 미국과 인도의 소비자 금융 규제 분야에 관여해본 우리 두 사람 모두의 경험까지, 우리에게 영향을 미친 다양한 학문적 경험이 녹아 있다.

가르침을 주신 교수님들 외에, 현재와 과거의 학생들 및 여러 연구에서 협업한 동료 학자들로부터도 많은 배움을 얻었다. 우리의 지식에 그들이 기여한 바를 이 책이 잘 반영하고 있기를 바라며, 금융 시스템의 취약점에 대한 우리의 분석과 해법이 그들의 연구에도 도움이 된다면 기쁘겠다. 금융 시스템을 피악하고 고치는 일은 어렵고 방대한 과업이며, 여기에는 학자, 현장 실행가, 정책결정자를 두루 아울러 수많은 사람들의 지속적인 노력이 필요하다. 그들이 앞으로 일굴 성취에 우리가 작은 힘을 보탤 수 있기를 고대한다.

책 작업을 시작하자마자 역량 있는 연구조교와 초고를 읽고 검토해줄 지성적이고 비판적인 검토자가 필요하다는 사실을 곧바로 깨달을 수 있었다. 다음 연구조교들의 뛰어난 지원에 고마움을 전한다. 크리스토퍼 청Christopher Cheng, 에빈 친Evin Chin, 호르헤 콜메나레스Jorge Colmenares, 아디티야 폴리세티Aditya Polisetty, 윌리엄 타르William Tarr, 알렉스 우Alex Wu.

담당 에이전트인 필립 그윈Phillip Gwyn과 프린스턴 대학 출판부의 담당 편집자 조 잭슨Joe Jackson이 보여준 날카로운 통찰, 세스 디칙Seth Ditchik, 라구람 라잔Raghuram Rajan과의 대화, 루벤 에이브러햄Reuben Abraham, 크리스찬 바다린자Christian Badarinza, 클라에 바렛Claer Barrett, 비말 발라수브라마니암Vimal Balasubramaniam, 줄리엣 캠벨Juliet Campbell, 말콤 캠벨Malcolm Campbell, 투밈 초Thummim Cho, 피터 시렌자Peter Cirenza, 케이트 콜리어Kate Collyer, 빅터 하가니Victor Haghani, 크리스토퍼 햄슨Christopher Hampson, 조슈아 햄슨Joshua Hampson, 케이스 조던Keith Jordan, 아닐 캐시얍Anil Kashyap, 스티브 몹스Steve Mobbs, 성진 박Seongjin Park, 푸르니마 라마도라이Purnima Ramadorai, 앤소니 장Anthohny Zhang, 그리고 노스런던 북클럽 회원들의 질문과 의견에서도 큰 도움을 받았다. 특히 원고 전체를 읽고 상세한 의

견을 내어준 카이 아스트Kai Arste와 닉 캠시Nick Campsie에게 감사드린다.

끝으로, 이 책을 집필하는 동안 (그리고 우리의 삶 전체에서) 사랑으로 지원해준 가족들에게 깊은 고마움을 전한다.

존 Y. 캠벨

https://scholar.harvard.edu/campbell/home

타룬 라마도라이

https://www.tarunramadorai.com/

1장 문제의 규모

1 Neil Swidey, "Work hard. Go to college. Get ahead. And other bad advice we're giving low- income students," Boston Globe Magazine, May 22, 2016.

2 "Ten years later: What happened to the former employees of Enron?" Business Insider, December 1, 2011, https://www.businessinsider.com/10-years-later-what-happened-to-the-former-employees-of-enron-2011-12.

3 Kelly Greene, "As Fed cuts rates, retirees are forced to pinch pennies," Wall Street Journal, July 7, 2003.

4 Kevin Peachey, "PPI, 'It was a jaw-dropping amount,'" BBC News, August 22, 2019, https://www.bbc.co.uk/news/business-49356255.

5 Deepti Bhaskaran, "How to shrink Rs. 50,000 to Rs. 248," Livemint, June 18, 2014, https://www.livemint.com/Money/57wQlkkdLuC8GvifojfdMK/How-to-shrink-50000-to-248.html.

6 금융 관련한 베스트셀러 자기계발서 50권의 조언을 분석한 다음 연구를 참고하라. James Choi, "Popular personal financial advice versus the professors," Journal of Economic Perspectives 36, no. 4 (2022): 167-192. 이 논문에 따르면 로버트 기요사키Robert Kiyosaki의 《부자 아빠 가난한 아빠 Rich Dad and Poor Dad》는 1997년 이래 3,200만 부가 팔렸고, 데이브 램지Dave Ramsey의 《돈의 연금술 The Total Money Makeover》 [이전 번역본 제목은 《7가지 부의 불변의 법칙》]은 2013년 이래 150만 부가 판매되었으며 그가 진행하는 라디오는 청취자가 1주일에 1,800만 명에 달한다.

7 Robert C. Merton and Zvi Bodie, "A conceptual framework for analyzing the financial system." 다음에 수록됨. Dwight B. Crane, Kenneth A. Froot, Zvi Bodie, André F. Perold, Robert C. Merton, Erik R. Sirri, and Peter Tufano, The Global Financial System: A Functional Perspective (Harvard Business School Press, 1995), 3-31. 노벨상 수상 경제학자인 로버트 C. 머튼Robert C. Merton은 저명한 사회학자 로버트 K. 머튼Robert K. Merton의 아들이며, 이 논문에서 그가 제시한 금융의 기능은 아버지 머튼의 사고에서 영향을 받았다.

8 고고학자들은 중동의 점토판에서 이르게는 1만 년 전부터도 결제 기능이 있었음을 발견했다. 다음을 참고하라. William N. Goetzmann, Money Changes Everything: How Finance Made Civilization Possible (Princeton University Press, 2017). 우리는 8장에서 오늘날의 결제 시스템을 간단하게 설명했다.

9 결제 시스템의 교란이 경제에 미치는 영향을 보여주는 최근의 사례로는 2016년에 인도 정부가 고액권 유통을 금지한 화폐 개혁demonitization과 2022년 러시아의 우크라이나 침공 이후 러시아가 국제 결제 시스템에서 배제된 것을 들 수 있다. [인도 사례는] 다음을 참고하라. Amartya Lahiri, "The great Indian demonetization," Journal of Economic Perspectives 34, no. 1 (2020):

55-74; Gabriel Chodorow-Reich, Gita Gopinath, Prachi Mishra, and Abhinav Narayanan, "Cash and the economy: Evidence from India's demonetization," Quarterly Journal of Economics 135 (2020): 57-103.

10   런던로이즈 보험Lloyd's of London 사례는 "무한책임"의 문제를 생생하게 보여준다. 20세기 말까지 런던로이즈에서 유통되는 보험은 "소매 끝단 단추까지" 팔아 책임을 지는 "인수자"["네임Name"이라고 불렸다]들이 제공했다. 줄리언 반스Julian Barnes가 〈뉴요커〉에 쓴 글에서 언급했듯이, 1990년대 초에 석면 파동으로 막대한 손실이 났을 때 많은 인수자들이 재앙적인 결과를 맞았다("The Deficit Millionaires", September 20, 1993). 돈을 날린 한 과부는 시골의 오두막 이름을 SDYOLLKCUF["fuck Lloyds"의 철자를 거꾸로 한 것]라고 짓기까지 했다. 1994년에 보장을 제공하는 데 유한책임 회사가 들어올 수 있도록 런던로이즈 보험시장이 개혁되어서 "네임"들의 역할은 차차 줄게 되었다.

11   우리는 효과적인 빈곤 저감 전략을 찾기 위한 개발경제학자들의 지속적인 노력에 찬사를 보낸다. 빈곤층을 계속 벗어나지 못하고 있는 사람들의 곤경을 우리는 잊지 말아야 한다. 빈곤 저감과 근절에 대해 중요한 연구와 노력이 많이 이루어지고 있으며 실질적으로도 많은 발전이 있었다. 이 주제에 대한 단행본 저술로는, 예를 들어 다음을 참고하라. Abhijit Banerjee and Esther Duflo, Poor Economics: A Radical Rethinking of the Way to Fight Global Poverty (Public Affairs, 2011).

12   경제학에서는 인플레를 조절한 숫자를 의미할 때 "실질"이라는 표현을 사용한다. 가령 실질이자율은 명목이자율에서 기대 인플레율을 제한 것이다. 인플레에 연동되는 미 국채를 "물가연동채Treasury inflation-protected securities, TIPS"라고 하는데, 인플레를 반영해 수익금을 지급하며, 따라서 실질이자율의 직접적인 지표로 삼을 수 있다.

13   예를 들어 영국에서 학자금 문제는 선거 때마다 불거지는 이슈다. BBC의 최근 기사에 따르면 영국전국학생연합UK National Union of Students 부회장은 이렇게 말했다. "영국은 학생이 20만 파운드의 빚을 져야만 하는 나라이니 대학이 모든 이에게 접근 가능한 것처럼 말하지 말아야 한다." 이에 대해 영국 교육부는 "새로운 학자금 상환 계획에 따라 신규 졸업생은 인플레를 조정한 뒤 원금 이상의 돈을 갚지는 않게 될 것이고 상환이 개시되는 기준 소득보다 소득이 낮은 사람은 상환에서 면제될 것"이라고 새로운 방침을 발표했다("Student loans: UK's highest debt revealed to be £231,000," BBC News, March 22, 2024, https://www.bbc.com/news/uk-68534953).

14   Lucas Chancel, Thomas Piketty, Emmanuel Saez, and Gabriel Zucman, World Inequality Report 2022 (World Inequality Lab, 2022), https://wir2022.wid.world/.

15   소득 불평등은 [고소득자들이] 소득 서베이에 답할 때 소득을 줄여 말하는 경향과 조세 회피 때문에 측정이 쉽지 않다. 최근의 몇몇 연구는 국가 내 소득 불평등이 증가했다는 일반적인 견해를 반박했다. 다음을 참고하라. Gerald Auten and David Splinter, "Income inequality in the United States: Using tax data to measure long-term trends," Journal of Political Economy 132 (2024): 2179-2227; Maxim Pinkovskiy, Xavier Sala-i-Martin, Kasey Chatterji-Len, and William H. Nober, "Inequality within countries is falling: Underreporting-robust estimates of world poverty, inequality and the global distribution of income" (NBER Working Paper 32203, 2024). 학계에서의 이 논쟁에 대한 학계 밖에서의 흥미로운 논평은 다음을 참고하라. Rogé Karma, "A baffling academic feud over income inequality," The Atlantic, February 27, 2024, https://www.theatlantic.com/ideas/archive/2024/02/one-percent-income-inequality-academic-feud/677564/.

16   예를 들어 다음을 참고하라. Stefanie Stantcheva, "Perceptions and preferences for redistribution," Oxford Open Economics 3 (2024): i96-i100.

17   예외적으로 최근 몇몇 스칸디나비아 국가들은 부유세를 부과해서 과세 가능한 "부"에 대해 좋은 행정 데이터를 가지고 있다. 예를 들어 이를 활용한 다음 연구를 참고하라. Laurent Bach, Laurent E. Calvet, and Paolo Sodini, "Rich pickings? Risk, return, and skill in household wealth," American Economic Review 110 (September 2020): 2703-2747. 하지만 이 연구에 사용된 스웨덴 데이터도 확정 기여형 은퇴 저축, 개인 사업체, 가족 재단이 소유한 자산을 포함하지 않는다는 한

계가 있다.

18 예를 들어 다음 두 논문의 논쟁을 참고하라. Emmanuel Saez and Gabriel Zucman, "Wealth inequality in the United States since 1913: Evidence from capitalized income tax data," Quarterly Journal of Economics 131 (2016): 519-578; Matthew Smith, Owen Zidar, and Eric Zwick, "Top wealth in America: New estimates under heterogeneous returns," Quarterly Journal of Economics 138 (2023): 515-573.

19 Chancel et al., World Inequality Report 2022.

20 그림 1.3은 신흥시장국의 부자들이 서베이에 응답할 때 재산을 실제보다 줄여 말할 가능성이 크다는 점을 고려해 보정한 것이다(이들 국가의 많은 사람들이 1986년 8월 12일에 로널드 레이건Ronald Raegan이 기자회견에서 한 말에 동의할 것이다. "영어에서 9개의 가장 끔찍한 단어는 이것입니다. '정부에서 나왔습니다. 도와드리러 왔어요I'm from the Government, and I'm here to help.'") 부의 분포에서 가장 꼭대기층은 세계불평등데이터베이스의 국가별 자산 분포 데이터로 보완해 종합했다. 세계불평등데이터베이스는 세금 데이터를 사용해 신고된 '소득' 흐름을 '자본화'한다. 이 방법론을 적용했을 때, 선진국에서는 서베이 응답으로 추산한 부의 분포가 자본화 방법론으로 추산한 부의 분포와 거의 일치했지만 신흥시장국에서는 그렇지 않았다. 이를 감안해, 우리는 신흥시장국의 자산 분포에서 맨 꼭대기 퍼센타일을 '가상 가구'를 더해 보정했다. 한편, 신흥시장국에서 가장 부유한 사람들의 자산은 억만장자 목록을 통해서도 가늠해볼 수 있다. 2024년 포브스 억만장자 순위에는 미국 억만장자 735명과 중국과 인도의 억만장자 664명이 있었다(https://www.forbes.com/billionaires/). 중국과 인도를 합하면 총 인구가 미국보다 8배나 많지만, 어쨌든 포브스의 억만장자 목록은 신흥시장국에도 막대한 부가 존재함을 보여준다. 신흥시장국들 사이에서 각국의 부의 분포가 보이는 흥미로운 차이를 분석한 다음 연구도 참고하라. Cristian Badarinza, Vimal Balasubramaniam, and Tarun Ramadorai, "The household finance landscape in emerging economies," Annual Review of Financial Economics 11 (2019): 109-129. 이 연구에 따르면, 중국과 남아프리카 공화국이 인도, 방글라데시, 필리핀보다 선진국과 더 비슷한 부의 분포를 보인다.

21 두 개의 특히 권위 있고 종합적인 최근 저술로는 다음을 참고하라. Thomas Piketty, Capital in the Twenty-First Century (Harvard University Press, 2014); Anthony B. Atkinson, Inequality: What Can Be Done? (Harvard University Press, 2015).

22 저축률이 동일할 경우의 사례에서 미즈 리치는 부채를 갚는 데 9년 5개월이 걸리고 미스터 벙커는 10년 7개월이 걸린다. 미스터 벙커의 저축률을 15퍼센트로 낮추면 부채를 갚는 데 18년이 걸린다. 현실에서는 부채 기간이 고정되어 있고 조기 상환에 패널티를 물리는 경우가 많다. 부채 기간이 유동적이라는 가정[돈을 더 일찍 갚을 수도 있다는 가정]을 수정해 두 사람 모두 부채 기간이 20년이고 조기 상환이 허용되지 않는다고 해보자. 나머지 조건은 그대로일 때, 미스터 벙커는 매달 418달러를, 미즈 리치는 3,582달러를 상환하게 된다. 이제 미스터 벙커는 소득의 75퍼센트를, 미즈 리치는 소득의 70퍼센트를 소비한다고 가정해보자. 둘 다 고정된 월 상환액보다 많이 상환해 빚을 더 빨리 갚는 것이 허용되지 않으므로 소득 중 소비와 부채 상환에 들어가는 돈을 제하고 남는 돈은 자산을 축적하는 데 사용할 것이다. 5년 뒤에 미즈 리치는 미스터 벙커보다 13배 부유해지고 20년 뒤에는 17배 부유해진다. 조기 상환이 가능하다고 가정하면 어떻게 될까? 두 사람 다 소득 중 소비하고 남은 액수를 모두 부채 상환에 쓰고, 빚을 다 갚고 난 다음에 자산을 축적하기 시작한다고 해보자. 부채 비용이 자산에 대한 수익보다 높기 때문에 이는 금융 논리상 합리적인 결정이다. 이 경우, 미스터 벙커는 매달 729달러씩, 미즈 리치는 8,750달러씩 부채를 상환한다. 미스터 벙커는 빚을 다 갚는 데 7년 7개월이 걸리고 미즈 리치는 5년 7개월이 걸린다. 부채를 다 없애면 둘 다 자산을 축적하기 시작한다. 5년 뒤에 미즈 리치는 미스터 벙커보다 13배 부유하고 20년 후에는 16배 부유하다. 둘 사이의 부의 격차는 부채를 일찍 갚는 게 허용되는 경우가 더 작다. 미스터 벙커는 스프레드(부채 비용에서 자산 수익률을 뺀 것)가 5퍼센트포인트, 미즈 리치는 1퍼센트포인트인데, 이는 기간이 길어질수록 미스 리치에 비해 미스터 벙커가 빚을 갚는 데 시간이 더 걸린다는 말이고, 그의 순자산이 더 많이 잠식된다는 말이며, 따라서 조기 상환에 패널티가 있을 경우 그가 더 불리하다는 말이다.

23 바흐, 칼벳, 소디니(Bach, Calvet, and Sodini)는 2000~2007년에 스웨덴 가구의 상위 1퍼센트가 보

유한 부가 0.32퍼센트 증가했는데, 투자 수익률 차이만으로 증가했다면 0.41퍼센트가 증가했을 것이라고 설명했다. 상위 0.1퍼센트 가구가 보유한 부는 0.25퍼센트가 증가했는데, 투자 수익율 차이만으로는 0.19퍼센트가 약간 넘는 정도가 증가했을 것으로 추정되었다.

24 John Y. Campbell, Tarun Ramadorai, and Benjamin Ranish, "Do the rich get richer in the stock market? Evidence from India," American Economic Review: Insights 1 (2019): 225-240. 이 연구는 2002년부터 2011년까지를 대상으로 했으며 주식 자산만 측정했고 총자산을 측정하지는 않았다.

25 Annamaria Lusardi, Pierre-Carl Michaud, and Olivia S. Mitchell, "Optimal financial knowledge and wealth inequality," Journal of Political Economy 125 (2017): 431-477.

26 Annamaria Lusardi, Pierre-Carl Michaud, and Olivia S. Mitchell, "Optimal financial knowledge and wealth inequality."

27 George Parker and Josephone Cumbo, "Starmer admits to 'old fashioned mistake' on pension tax policy," Financial Times, June 28, 2024, https://tinyurl.com/3z2324c8.

28 예를 들어 다음을 참고하라. "Bengaluru riot over New Provident Fund rules, massive traffic jams," NDTV, April 2016, https://www.ndtv.com/bangalore-news/violence-in-bengaluru-as-workers-provident-fund-withdrawal-rules-1397136. 이때 제안된 정책은 58세 이전에는 누적 불입금의 50퍼센트까지만 인출할 수 있도록 제한하는 것이었다.

29 이러한 규제들에 대한 쉬운 개괄은 다음을 참고하라. Adam Hayes, "Accredited investor: Duties and requirements," Investopedia. 2024년 6월 2일에 업데이트됨. https://www.investopedia.com/terms/a/accreditedinvestor.asp; "Qualified purchaser vs accredited investor: What you need to know," Yieldstreet, March 30, 2024, https://www.yieldstreet.com/resources/article/qualified-purchaser-vs-accredited-investor-what-you-need-to-know/. 순자산이 충분치 않아도 금융산업규제청Financial Industry Regulatory Authority, FINRA의 면허를 취득하면 적격 투자자가 될 수 있다. 하지만 거의 모든 소매 투자자는 해당이 안 될 정도로 기준이 높다.

30 예를 들어 다음을 참고하라. Ajay Khorana, Henri Servaes, and Peter Tufano, "Explaining the size of the mutual fund industry around the world," Journal of Financial Economics 78, no. 1 (2005): 145-185.

31 Campbell, Ramadorai, and Ranish, "Do the rich get richer in the stock market?" 이를 이해하려면 조금 복잡한 내용을 알아야 한다. 평균적인 부의 증가율은 포트폴리오 수익의 산술평균이 아니라 기하평균(수익률 로그값의 평균)에 달려 있다. 동일한 산술평균을 가진 주식들로 다각화한 포트폴리오의 경우 산술평균 수익률은 달라지지 않지만 기하평균 수익률은 개별 주식보다 높아지고 따라서 투자자의 부의 평균 성장률도 높아진다. 인도에서 규모가 더 크고 따라서 더 잘 다각화된 포트폴리오를 가진 투자자들은 산술평균 수익률은 약간 낮았지만 기하평균 수익률은 더 높았고 부의 평균 증가 속도도 더 빨랐다.

32 금융 거래 이력이 짧은 사람에게 신용을 제공하는 데 "디지털 흔적digital footprint"[소비자가 온라인 활동을 하며 남긴 디지털 기록]을 사용하는 사례가 많아지고 있다. 하지만 이렇게 해서 제공받은 신용으로 충동적인 소비나 비생산적인 지출에 돈을 쓰게 되면, 부채 상환 자금이 부족한 '재정 압박'에 빠질 수 있다. Marco DiMaggio and Vincent Yao, "Fintech borrowers: Lax screening or cream-skimming?," Review of Financial Studies 34 (2020): 4565-4618. 더 자세한 논의는 이 책의 8장을 참고하라.

33 Amir Kermani and Francis Wong, "Racial disparities in housing returns" (NBER Working Paper 29306, 2021).

34 Ian Ayres and Peter Siegelman, "Race and gender discrimination in bargaining for a new car," American Economic Review 85 (1995): 304-321. 인종적 적대가 원인일 것이라 예상할 수 있겠지만, 이 논문은 이러한 행위가 인종적 소수자가 소유한 매장에서도, 또한 딜러가 인종적 소수자일 때도 나타난다는 것을 보여주었다.

35 예를 들어 다음을 참고하라. Atif Mian, Ludwig Straub, and Amir Sufi, "The saving glut of the rich." 미출간 논문.

36 이는 노벨상 수상 경제학자인 조지 애컬로프와 로버트 쉴러가 2015년 저서에서 "바보를 노리는 피싱 phishing for phools"이라고 부른 행위다. 이 구절은 그 저서 《피싱의 경제학Phishing for Phools》의 원제이기도 하다.

37 선스타인과 노벨상 수상 경제학자 세일러는 금융을 비롯한 여러 영역에서 관성을 이용해 개인들이 더 좋은 행동을 하도록 유도해내는 방편으로서, 선택의 구조를 설계할 때 미세한 변화를 주는 방식의 효과에 대한 연구를 개척했다. 이렇게 "살짝 찔러주는nudge" 방식의 조작을 "넛지"라고 하며, 그들은 2008년 저서 《넛지》에서 이 이론을 전개했다.

2장 금융 의사결정의 어려움

1 시간과 불확실성은 금융경제학의 두드러진 두 가지 요소다. 《리스크와 시간의 경제학》이라는 책의 제목이 이를 잘 보여준다(Christian Gollier, The Economics of Risk and Time [MIT Press, 2004]). 또한 존 캠벨, 하월 잭슨, 브리지트 매드리언, 피어 투파노는 다음 논문에서 시장참여자들이 합리적이고 금융 지식에 능통할 때조차도 자유로운 금융시장이 제대로 작동하지 못할 수 있는 여러 메커니즘을 개괄했다. 외부성, 공공재, 시장 권력, 정보 비대칭으로 인한 역선택과 도덕적 해이 등이 여기에 포함되지만, (이 책도 그렇듯이) 이 논문도 사람들의 금융 실수가 일으키는 재정적 결과를 강조하고 있다. John Campbell, Howell Jackson, Brigitte Madrian, and Peter Tufano, "Consumer financial protection", Journal of Economic Perspectives 25, no. 1 (2011): 91-114.

2 이 문항 중 세 개는 다음에 의해 개발되었다. Annamaria Lusardi and Olivia S. Mitchell, "Planning and financial literacy: How do women fare?," American Economic Review 98 (2008): 413-417. 추가로 두 개는 2009년 전국금융역량연구National Financial Capability Stury, NFCS에 포함되었고 2021년 NFCS 연구에서는 문항이 일곱 개로 늘었다. 금융 문해력에 대한 방대한 연구를 일별한 논문으로는 다음을 참고하라. Justine S. Hastings, Brigitte C. Madrian, and William L. Skimmyhorn, "Financial literacy, financial education, and economic outcomes," Annual Review of Economics 5 (2013): 347-373; Annamaria Lusardi and Olivia S. Mitchell, "The economic importance of financial literacy: Theory and evidence," Journal of Economic Literature 52 (2014): 5-44.

3 다음에 나오는 그림을 업데이트한 것이다. John Campbell, "Restoring rational choice: The challenge of consumer financial regulation," American Economic Review: Papers & Proceedings 106 (2016): 1-30.

4 "문맹"이라는 단어를 비하적인 의미로가 아니라 현대 경제에서는 금융 지식이 낮을 때 사람들의 삶에 심각한 결과를 초래할 수 있다는 점을 강조하기 위해 사용한 것임을 밝혀둔다.

5 잘못된 답변이 적절하게 처벌되지 않는 경우 객관식 문제에서 답을 모를 때 "찍기"를 꺼리는 경향이 여성에게서 더 강하게 나타나 여성에게 불리하게 작용하긴 했지만 이 효과는 일반적으로 작았다. 예를 들어 다음을 참고하라. Gershon Ben-Shakhar and Yakov Sinai, "Gender differences in multiple-choice tests: The role of differential guessing tendencies," Journal of Educational Measurement 28 (1991): 23-35; Katherine Baldiga, "Gender differences in willingness to guess," Management Science 60 (2014): 434-448.

6 캠벨의 논문 "합리적 선택을 복원하기Restoring rational choice"는 2012년 전국금융역량연구 데이터를 더 세분화된 연령 집단으로 분석해서 금융 문맹이 연령이 높아짐에 따라 U자 형태를 띤다는 것을 보여주었다. 이 결과는 금융 실수의 생애 주기에 따른 패턴이 U자형을 띤다는 다음 연구의 결과와도 일치한다. Sumit Agarwal, John Driscoll, Xavier Gabaix, and David Laibson, "The age of reason: Financial decisions over the life-cycle and implications for regulation," Brookings Papers on Economic Activity 2 (2009): 51-117. 이 연구에서는 U자의 바닥에 도달하

는 시기가 10~15년 더 일렀다. 이들은 U자 형태가 나타나는 이유로 나이가 들면서 경험의 축적과 인지 능력의 감소가 상쇄 효과를 일으키기 때문이라고 해석했다. 성인 초기에는 경험이 쌓이면서 생기는 이득이 인지 저하로 인한 불이익보다 크고 중년 이후부터는 인지 저하로 인한 불이익이 경험의 축적으로 인한 이득보다 크다는 것이다.

7 Justine S. Hastings, Brigitte C. Madrian, and William L. Skimmyhorn, "Financial literacy, financial education, and economic outcomes," Annual Review of Economics 5 (2013): 347-373.

8 노벨상 수상 경제학자 대니얼 카네만Daniel Kahneman은 저서 《생각에 관한 생각Thinking, Fast and Slow》(Farrar, Straus, and Giroux, 2013)에서 과잉 확신이 "모든 인지 편향 중 가장 중요한 편향"이라고 언급했다. 개리슨 케일러Garrison Keillor가 진행하는 라디오 프로그램 〈프레리 홈 컴패니언A Prairie Home Companion〉의 무대인 "모든 여성이 강하고 모든 남성이 미남이며 모든 아이가 평균 이상"인 가상의 도시 "레이크 워비곤"에 대한 묘사가 이를 잘 보여준다.

9 다음을 참고하라. "California to add financial literacy as a requirement to graduate high school." 보도자료. June 27, 2024, https://www.gov.ca.gov/2024/06/27/california-to-add-financial-literacy-as-a-requirement-to-graduate-high-scho/.

10 금융 분야 사례는 다음을 참고하라. Kelly Shue and Richard R. Townsend, "Can the market multiply and divide? Non-proportional thinking in financial markets," Journal of Finance 76 (2021): 2307-2357; Paulo Costa, "Numerical anchoring, perceived returns, and asset prices" (미출간 논문).

11 할부 대출을 받은 사람들이 "지수함수적" 증가의 의미를 직관적으로 잘못 인식했을 때 생기는 결과를 논한 논문으로는 다음을 참고하라. Victor Stango and Jonathan Zinman, "Exponential growth bias and household finance," Journal of Finance 64 (2009): 2807-2849. 이 논문은 지수함수적 증가에 대한 인지심리학 연구가 1975년의 다음 논문으로까지 거슬러 올라간다고 밝히고 있다. William Wagenaar and Sabato Sagaria, "Misperception of exponential growth," Perception and Psychophysics 18, no. 6 (1975): 416-422.

12 이 관찰은 대니얼 카네만과 아모스 트버스키Amos Tversky가 인지 편향에 대해 진행한 유명한 연구의 일부다. 다음을 참고하라. Amos Tversky and Daniel Kahneman, "Belief in the law of small numbers," Psychological Bulletin 76, no. 2 (1971): 105-110; Daniel Kahneman and Amos Tversky, "Subjective probability: A judgment of representativeness," Cognitive Psychology 3, no. 3 (1972): 430-454. 다음도 참고하라. Matthew Rabin, "Inference by believers in the law of small numbers," Quarterly Journal of Economics 117 (2002): 775-816.

13 다음을 참고하라. Ulrike Malmendier and Stefan Nagel, "Depression babies: Do macroeconomic experiences affect risk taking?," Quarterly Journal of Economics 126 (2011): 373-416.

14 다음을 참고하라. Pedro Bordalo, Nicola Gennaioli, and Andrei Shleifer, "Salience theory of choice under risk," Quarterly Journal of Economics 127 (2012): 1243-1285.

15 Sarah Lichtenstein, Paul Slovic, Baruch Fischhoff, Mark Layman, and Barbara Combs, "Judged frequency of lethal events," Journal of Experimental Psychology: Human Learning and Memory 4, no. 6 (1978): 551-578.

16 이 추론은 18세기 영국 수학자이자 목사인 토머스 베이스Thomas Bayes가 처음 개진한 이론을 적용한 것이다. 베이스의 이론은 불확실성에 직면했을 때의 합리적인 사고에서 핵심을 이룬다.

17 이것도 카네만과 트버스키의 독창적인 기여 중 하나다. 다음을 참고하라. Kahneman and Tversky, "On the psychology of prediction," Psychological Review 80, no. 4 (1973): 237-251.

18 다음을 참고하라. David Silver, Julian Schrittwieser, Karen Simonyan, Ioannis Antonoglou, Aja Huang, Arthur Guez, Thomas Hubert, et al., "Mastering the game of Go without

human knowledge," Nature 550, no. 7676 (2017): 354-359.

19 심리학 연구로는 다음을 참고하라. Ellen J. Langer and Jane Roth, "Heads I win, tails it's chance: The illusion of control as a function of the sequence of outcomes in a purely chance task," Journal of Personality and Social Psychology 32 (1975): 951-955. 금융경제학 연구로는 다음을 참고하라. Kent Daniel, David Hirshleifer, and Avanidhar Subrahmanyam, "Investor psychology and security market under-and overreactions," Journal of Finance 53 (1998): 1839-1885.

20 다음을 참고하라. Santosh Anagol, Vimal Balasubramaniam, and Tarun Ramadorai, "Learning from noise: Evidence from India's IPO lotteries," Journal of Financial Economics 140 (2021): 965-986.

21 손실의 체감이 개인에게 심각한 비효용을 일으킨다는 점은 인지심리학 실험 연구에서 반복적으로 관찰되었고 현실 데이터의 대규모 실증 근거로도 뒷받침되었다. 다음을 참고하라. Daniel Kahneman and Amos Tversky, "Prospect theory: An analysis of decision under risk," Econometrica 47 (1979): 262-292; Daniel Kahneman, Jack L. Knetsch, and Richard H. Thaler, "Anomalies: The endowment effect, loss aversion, and status quo bias," Journal of Economic Perspectives 5, no. 1 (1991): 193-206. 손실 회피 성향이 인간만의 문제는 아니라는 점은 다음을 참고하라. M. Keith Chen, Venkat Lakshminarayanan, and Laurie R. Santos, "How basic are behavioral biases? Evidence from capuchin monkey trading behavior," Journal of Political Economy 114 (2006): 517-537.

22 "처분 효과disposition effect" 편향[투자자들이 가치가 상승한 주식은 팔고 가치가 하락한 주식은 붙들고 있는 것]이라고 불린다. 주식시장에서의 실증 근거는 다음을 참고하라. Hersh Shefrin and Meir Statman, "The disposition to sell winners too early and ride losers too long: theory and evidence," Journal of Finance 40 (1985): 777-790; Terrance Odean, "Are investors reluctant to realize their losses?," Journal of Finance 53 (1998): 1775-1798. 주택시장에서의 실증 근거는 다음을 참고하라. Steffen Andersen, Cristian Badarinza, Lu Liu, Julie Marx, and Tarun Ramadorai, "Reference dependence in the housing market," American Economic Review 112 (2022): 3398-3440.

23 다음을 참고하라 Michael Bailey, Ruiqing Cao, Theresa Kuchler, and Johannes Stroebel, "The economic effects of social networks: Evidence from the housing market," Journal of Political Economy 126 (2018): 2224-2276.

24 다음을 참고하라. Gonzalo Maturana and Jordan Nickerson, "Teachers teaching teachers: The role of workplace peer effects in financial decisions," Review of Financial Studies 32 (2019): 3920-3957.

25 필립 라킨Philip Larkin이 "이것이 바로 시This Be The Verse"에서 노래한 바를 귀담아 들을 만하다. "그들이 네 신세를 망쳐놓고 네 부모를 망하게 하지. 그럴 의도는 아니었을지 몰라도 아무튼 그래. 그들은 너를 그들 자신도 가졌던 오류로 가득 채우고 거기에 너만의 오류를 더할 거야."

26 이 주제에 대한 감동적인 연설로는 다음을 참고하라. Kevin Liang, "Let's talk about money." 스탠퍼드 대학교 경영대학원. 2022년 4월 11일에 게시된 유튜브 동영상. 10분 13초. https://www.youtube.com/watch?v=fog06BCOPbA&list=PLxq_lXOUlvQAID4euPHvD5iWU9uE2TP4T. 이 연설에서 케빈 량은 자신처럼 하버드와 스탠퍼드 경영대학원을 나오고 월가에서 일하는 경우에도 사회적으로 더 불리한 배경 출신인 사람이 개인금융을 배우기가 얼마나 어려운지를 강조하고 있다. 케빈은 운동장을 평평하게 하는 방법으로 금융과 재정 문제를 더 자유롭게 이야기하는 문화로 바뀌어야 한다고 촉구한다.

27 다음을 참고하라. Hal Ersner-Hershfield, G. Elliott Wimmer, and Brian Knutson, "Saving for the future self: Neural measures of future self-continuity predict temporal discounting," Social Cognitive and Affective Neuroscience 4, no. 1 (2009): 85-92.

28 L.P. 하틀리L.P. Hartley의 1953년 소설 《고-비트윈The Go-Between》은 이렇게 시작한다. "과거는 외국

이다. 그곳에서 사람들은 다르게 행동한다." 미래에 대해서도 동일하게 말할 수 있을 것이다.

29 St. Augustine, Confessions, Book 8, Chapter 7: "Da mihi castitatem et continentam, sed noli modo."

30 Homer, The Odyssey, Book 12.

31 Justine S. Hastings and Jesse M. Shapiro, "Fungibility and consumer choice: Evidence from commodity price shocks," Quarterly Journal of Economics 128 (2013): 1449-1498.

32 Stefano DellaVigna and Ulrike Malmendier, "Paying not to go to the gym," American Economic Review 96 (2006): 694-719.

33 잘 알려진 사례는 (세금 우대가 있는) 은퇴 저축 상품 가입자들이 보이는 관성이다. 예를 들어 다음을 참고하라. Brigitte C. Madrian and Dennis F. Shea, "The power of suggestion: Inertia in 401(k) participation and savings behavior," Quarterly Journal of Economics 116 (2001): 1149-1187.

3장 금융 시스템의 부패

1 파워볼 복권의 기대 가치는 비용보다 대략 2달러가 적다. 이전 회차에서 1등이 나오지 않아 당첨금이 이월되어서 당첨금이 더 커진 경우에도 당첨자가 여럿 나올 확률의 증가를 정확하게 고려하면 복권의 기대 가치는 여전히 비용보다 낮다. 다음을 참고하라. Jack Murtagh, "Is the lottery ever a good bet?," Scientific American, November 17, 2023, https://www.scientificamerican.com/article/is-the-lottery-ever-a-good-bet/.

2 Jeffrey Brown, Jeffrey Kling, Sendhil Mullainathan, and Marian Wrobel, "Why don't people insure late-life consumption? A framing explanation of the under-annuitization puzzle," American Economic Review: Papers & Proceedings 98 (2008): 304-309. 이 논문은 사람들이 연금 보험을 보험의 일종이라기보다 위험 자산 투자라고 생각해서 구매를 꺼린다는 것을 보여주었다.

3 이 문제의 가장 흔한 사례는 투자 운용의 비용과 수수료일 것이다. 비용과 수수료가 해당 투자에 대해 투자자가 얻는 수익에 상당한 영향을 미침에도, 종종 명세서에 작은 글자로 숨겨져 있고 여러 형태로 나타나 있으며 투자하는 사람이 잘 알기 어렵게 모호하다. 이에 대한 유용한 개괄로는 다음을 참고하라. David Pitt-Watson, Shyam Moorjani, Christopher Sier, and Hari Mann, Investment costs: An unknown quantity, a report for the UK Financial Services Consumer Panel, November 2014. 다음에서 볼 수 있다. https://www.fca.org.uk/panels/consumer-panel/publication /investment_david_pitt_watson_et_al_final_paper.pdf.

4 Robert Hall and Susan Woodward, "Diagnosing consumer confusion and sub-optimal shopping effort: theory and mortgage-market evidence", American Economic Review 102 (2012), 3249-3276. 이 논문은 미국의 평균적인 모기지 대출자가 여러 모기지 중개업자들을 비교해보지 않음으로써 적어도 1,000달러를 추가로 내게 된다는 것을 보여주었다. Neil Bhutta, Andreas Fuster, and Aurel Hizmo, "Paying too much? Price dispersion in the US mortgage market" (Journal of Finance, 근간). 이 논문은 다른 모든 면에서 동일한 조건의 대출자가 동일한 시장에서 동일한 날 제시받은 금리의 10퍼센타일과 90퍼센타일 사이의 이자율 차이가 50bp가 넘는 것을 발견했다. 금액으로는 [25만 달러의 평균 융자액에 대해] 6,500달러의 비용에 달했다.

5 John Campbell, "Household finance", Journal of Finance 61 (2006), 1553-1604. 이 논문은 모기지 재융자를 하지 않는 것을 전형적인 가계 금융 실패 유형으로 꼽았다. Steffen Andersen, John Campbell, Kasper Meisner Nielsen, and Tarun Ramadorai, "Sources of inaction in household finance: evidence from the Danish mortgage market", American Economic Review 110 (2020), 3184-3230. 이 논문은 가난하고 교육 수준이 낮은 가구일수록 이런 실수를 할 가능성이 크다는 점을 보여주었다.

6   이를 잘 보여주는 논문으로는 다음을 참고하라. Daniel Gottlieb and Kent Smetters, "Lapse-based insurance", American Economic Review 111 (2021), 2377-2416.

7   Adam Smith, The Wealth of Nations, books 1-3, ed. Andrew S. Skinner (Penguin Classics, 2013. 최초 출간은 1776년).

8   George Akerlof and Robert Shiller, Phishing for Phools (Princeton University Press 2015).

9   이 사례 및 또 다른 사례들은 다음을 참고하라. "10 evil vintage cigarette ads promising better health," Healthcare Administration Degree Programs, n.d., https:// www.healthcare-administration-degree.net/10-evil-vintage-cigarette-ads-promising-better-health/. 다음도 참고하라. Keith Wailoo, Pushing Cool: Big Tobacco, Racial Marketing, and the Untold Story of the Menthol Cigarette (University of Chicago Press, 2021). 이 책은 담배회사 자료를 통해 멘솔 담배 마케팅의 역사를 살펴보았는데, 처음에는 건강에 좋다고 판촉되었고 이 주장을 지탱하기 어려워지자 나중에는 흑인을 판촉의 핵심 타깃으로 삼았다.

10   미국의 의약 규제에 대한 개괄은 다음을 참고하라. "A history of the FDA and drug regulation in the United States," FDA Centennial, U.S. Food and Drug Administration, 2024년 8월 1일에 접속함. https://www.fda.gov/files/drugs/published/A-History-of-the-FDA-and-Drug-Regulation-in-the-United-States.pdf.

11   2023년 현행계좌변경서비스Current Account Switching Sevice 보고서(https://newseventsinsights.wearepay.uk/media/0twfavm2/q2-cass-dashboard-2023.pdf)에 따르면 은행 계좌를 다른 곳으로 옮기는 빈도가 놀랄 만큼 낮은 것은 사실이지만, 데이터를 보면 이 농담 자체는 근거가 별로 없다. 예를 들어 다음을 참고하라. Fariha Karim, "Divorce, bank accounts, and Balls," July 10, 2012, https://www.channel4.com/news/factcheck/factcheck-divorce-bank-accounts-and-balls.

12   Leemore Daffny, Mark Duggan, and Subramaniam Ramanarayanan, "Paying a premium on your premium? Consolidation in the US health insurance industry," American Economic Review 102 (2012): 1161-1185. 이 논문은 1998~2006년에 인수합병 등으로 시장 권력이 집중되면서 미국에서 건강보험료가 2007년경에 1998년 대비 대략 7퍼센트 높아졌다고 추산했다. 미국 신용카드 시장에 대해서는 다음을 참고하라. Sumit Agarwal, Souphala Chomsisengphet, Neale Mahoney, and Johannes Stroebel, "Regulating consumer financial products: Evidence from credit cards," Quarterly Journal of Economics 130 (2015): 111-164. 이 논문은 2009년 '신용카드 책무성 책임성 및 정보 공개법Credit Card Accountability Responsibility and Disclosure Act'이 미친 영향을 연구하면서 시장 권력이 존재한다는 실증 근거를 발견했다. 이탈리아 은행 분야에 대해서는 다음을 참고하라. Gabriele Foà, Leonardo Gambacorta, Luigi Guiso, and Paolo Emilio Mistrulli, "The supply side of household finance," Review of Financial Studies 32 (2019): 3762-3798. 이 논문은 자금 조달에서 비용 충격을 겪은 이탈리아 은행들이 고객을 은행에 더 이득이 되는(하지만 고객에게 더 이득이 되지는 않는) 금융상품으로 유도함으로써 비용 충격을 부분적으로 막아낼 수 있었음을 보여주었다.

13   영국 TV 코미디 프로그램 〈몬티 파이선Monty Python〉에 나온 잘 알려진 노래에 다음과 같은 가사가 나온다. "데니스 무어, 데니스 무어, 홍겨운 무리도 없이, 가난한 사람에게서 훔쳐서 부자에게 주네." 어리숙한 고객들이 어떤 금융상품의 이득을 과장해 생각하거나 비용을 온전하게 인식하지 못해서 매우 높은 마크업에서도 구매할 의사가 있을 경우에 손해는 심지어 더 커질 수도 있다. 여러 실수가 상호작용을 해서 고객에게 한층 더 안 좋은 결과를 일으킬 수 있음을 보여주는 사례다.

14   이 예시는 미국 소비자들이 물리적인 은행 지점에 직접 가는 것을 계속 고수한다는 사실을 반영한 것이다. 이 책 저자 중 한 명인 존 캠벨의 고향 매사추세츠주 렉싱턴이 그렇다. 하지만 영국 등 다른 많은 나라에서는 고객들이 더 이상 물리적인 지점이 어디에 있는지를 토대로 은행을 선택하지 않으며, 따라서 특별한 목적이 있지 않은 지점은 거의 사라졌다. 이 책의 또 다른 저자인 타룬 라마도라이가 사는 런던이 대표적이다.

15   다음에 인용된 추산치에 따르면 미국에서 2017년에 급여일대출을 제공하는 창구가 1만 4,348곳 있

었다. 그해 스타벅스 점포 수와 비슷했고 맥도날드 점포 수보다 약간 적었다. Jeannette Bennett, "Fast cash and payday loans," Federal Reserve Bank of St Louis, April 10, 2019, https://research.stlouisfed.org/publications/page1-econ/2019/04/10/fast-cash-and-payday-loans. 2020년 전국부동산중개인협회National Association of Realtors 회원은 146만 명이었다. "Number of National Association of Realtors members in the United States from 2009 to 2023," Statista, September 30, 2024, https://www.statista.com/statistics/196269/us-national-association-of-realtors-number-of-members-since-1910/.

16 산업조직론에서 이 과정을 설명하는 고전적인 모델은 다음을 참고하라. Steven C. Salop, "Monopolistic competition with outside goods", Bell Journal of Economics 10, no.1 (1979): 141-156. 이 모델이 가계 금융 맥락에도 적용된다는 점은 다음을 참고하라. Mattia Landoni and Stephen Zeldes, "Should the government be paying investment fees on $3 trillion of tax-deferred retirement assets?"(National Bureau of Economic Research, Working Paper 26700, 2020).

17 지대 추구에 대한 최초의 독창적인 연구는 다음을 참고하라. Gordon Tullock, "The welfare costs of tariffs, monopolies, and theft", Western Economic Journal 5 (1967), 224-232. 이 현상에 "지대 추구"라는 이름을 붙인 연구는 다음을 참고하라. Anne Krueger, "The political economy of the rent-seeking society", American Economic Review 64 (1974), 291-303.

18 이 현상을 설명하는 고전적인 모델은 다음을 참고하라. Abhijit Banerjee, "A simple model of herd behavior", Quarterly Journal of Economics 107 (1992), 797-817. 금융 자문가가 사람들을 새롭고 더 나은 금융상품으로 이끌어주리라 기대해봄직도 하지만, 현실에서는 고객의 (편향을 고쳐주는 것이 아니라) 편향에 맞추어가고 금융 자문가 자신도 동일한 편향을 가지고 있음을 보여주는 실망스러운 실증 근거가 많다. 다음을 참고하라. Sendhil Mullainathan, Markus Noeth, and Antoinette Schoar, "The market for financial advice: an audit study" (National Bureau of Economic Research. Working Paper 17929, 2012); Juhani T. Linnainmaa, Brian T. Melzer, and Alessandro Previtero, "The misguided beliefs of financial advisors", Journal of Finance 76 (2021), 587-621. 금융 자문에 대해서는 이 책의 3부에서 더 상세히 다루었다.

19 물론 특허 보호는 양날의 칼이다. 혁신가에게 시장 권력을 줌으로써 다른 혁신가들이 특허 보호를 받는 기존 혁신을 토대로 새로운 혁신을 일구는 것을 제약하기 때문이다. "최적"의 특허 보호가 어때야 할지에 대해 많은 연구가 이루어졌는데, 예를 들어 다음을 참고하라. Richard Gilbert and Carl Shapiro, "Optimal patent length and breadth", RAND Journal of Economics 21, no. 1 (1990): 106-112.

20 다음을 참고하라. Cristian Badarinza, John Y. Campbell, and Tarun Ramadorai, "International comparative household finance", Annual Review of Economics 8 (2016): 111-144; Badarinza, Campbell, and Ramadorai, "What calls to ARMs? International evidence on interest rates and the choice of adjustable-rate mortgages," Management Science 64 (2018): 2275-2288. 모기지 대출에 대해서는 이 책의 5장에서 더 상세히 설명했다.

21 어리숙한 고객이 정교한 고객에게 보조금을 주는 시장을 "슈라우디드 균형shrouded equilibrium"[감추어진 속성이 있는 상태에서의 균형]이라고 부른다. 다음을 참고하라. Xavier Gabaix and David Laibson, "Shrouded attributes, consumer myopia, and information suppression in competitive markets", Quarterly Journal of Economics 121 (2006), 505-540.

22 Claire Célérier and Boris Vallée, "Catering to investors through security design: Headline rate and complexity", Quarterly Journal of Economics 132 (2017), 1469-1508. 이 논문은 복잡한 구조화 상품이 금융을 잘 모르는 고객에게 어떻게 판촉되는지, 그리고 이런 상품의 가격 설정 방식을 이해하기가 왜 그렇게 어려운지 보여준다.

23 이 이슈에 대한 간단한 개괄은 다음을 참고하라. Lucy Brown, "Payment Protection Insurance (PPI) guide," Choose, May 28, 2022, https://www.choose.co.uk/guide/payment-protection-insurance-in-depth.htm.

24 다음을 참고하라. Monika Halan, Renuka Sane, and Susan Thomas, "The case of the missing billions: estimating losses to customers due to mis-sold life insurance policies", Journal of Economic Policy Reform 17 (2014), 285-302.

25 다음을 참고하라. Áine Doris, "Why South Korea's housing market is so vulnerable," Chicago Booth Review, June 6, 2023, https://www.chicagobooth.edu/review/why-south-koreas-housing-market-is-so-vulnerable; Baiyun Jing, Seongjin Park, and Anthony Lee Zhang, "The credit channel of monetary policy transmission: Evidence from the chonsei system" (미출간 논문), https://anthonyleezhang.github.io/pdfs/jeonse.pdf.

26 뮤추얼펀드에 대해서는 다음을 참고하라. Diane Del Guercio and Jonathan Reuter, "Mutual fund performance and the incentive to generate alpha", Journal of Finance 69 (2014), 1673-1704. 2002-2016년 웰스파고의 부당 교차판매 스캔들은 다음을 참고하라. Brian Tayan, "The Wells Fargo cross-selling scandal," Stanford Closer Look Series, Corporate Governance Research Initiative, January 2019, https://www.gsb.stanford.edu/faculty-research/publications/wells-fargo-cross-selling-scandal. 보험 판매원이 받는 판매 수수료가 미치는 영향은 다음을 참고하라. Santosh Anagol, Shawn Cole, and Shayak Sarkar, "Understanding the advice of commissions-motivated agents: evidence from the Indian life insurance market", Review of Economics and Statistics 99 (2017), 1-15.

27 Nick Chater, Steffen Huck, and Roman Inderst, Consumer Decision-Making in Retail Investment Services: A Behavioural Economics Perspective, Final Report, 2010. 다음에서 볼 수 있음. https://www.dectech.co.uk/behavioural_science/public_research/dectech_research_ec.pdf.

28 안타깝게도 너무나 많은 사람들이 이같은 "금융 스트레스"에 시달린다. 미국 가정에 금융 스트레스가 얼마나 널리 퍼져 있는지에 대한 서베이도 포함해 이에 대한 학술 연구는 다음을 참고하라. Dmitriy Sergeyev, Chen Lian, and Yuriy Gorodnichenko, "The economics of financial stress" (National Bureau of Economic Research, Working Paper 31285, 2023). 금융 스트레스를 겪는 사람을 돕기 위한 "금융 테라피" 산업이 떠오르고 있는데, 예를 들어 다음을 참고하라. Lindsay Bryan-Podvin, "Money is emotional—but personal finance advice rarely accounts for that," Vox, June 6, 2022, https://www.vox.com/23069449/emotional-spending-personal-finance.

29 민원 접수번호 9514901, 소비자금융보호국Consuemr Financial Protection Bureau에 제기된 민원. 2024년 7월 15일. https://www.consumerfinance.gov/data-research/consumer complaints/search/detail/9514901.

30 Stephen Foerster, Juhani T. Linnainmaa, Brian T. Melzer, and Alessandro Previtero, "Retail financial advice: does one size fit all?", Journal of Finance 72 (2017), 1441-1482; Sendhil Mullainathan, Markus Noeth, and Antoinette Schoar, "The market for financial advice: an audit study" (National Bureau of Economic Research, Working Paper 17929, 2012); Mark Egan, Gregor Matvos, and Amit Seru, "The market for financial adviser misconduct", Journal of Political Economy 127 (2019), 233-295. 마지막 논문은 미국 금융산업규제청FINRA의 보고서를 인용해 "부당행위"를 "고객의 불만 제기, 중재 절차 개시, 규제 개시, 고용 종료, 파산 신청, 형사 사법 절차" 등이 발생한 경우로 정의했다(p. 246).

31 예를 들어 다음을 참고하라. Thomas Lavrakas, "Top 10 financial certifications for financial advisors," Forbes, November 1, 2023, https://www.forbes.com/advisor/investing/financial-advisor/top-financial-certifications/.

32 이른 시기의 사례로는 "자유민 저축은행"의 파산을 들 수 있다. 남북전쟁 이후 설립된 이 은행은 새로이 자유민이 된 흑인에게 금융서비스를 제공했는데, 사기와 운영 파행으로 1874년에 파산했다. 이는 흑인들에게 큰 트라우마를 남겼고 지금까지도 이어지고 있는 흑인들의 공식 금융기관에 대한 불신을 야기했다. 다음을 참고하라. Mehrsa Badaran, How the Other Half Banks: Exclusion,

Exploitation, and the Threat to Democracy (Harvard University Press, 2015); Claire Célérier and Purnoor Tak, "Finance, advertising, and race"(미출간 논문).

33 연금 사기는 영국에서 내내 큰 문제였다. 유용한 개괄로는 다음을 참고하라. "Avoid and report pension scams," Pensions Regulator, n.d., https://www.thepensionsregulator.gov.uk/en/pension-scams. 버나드 메이도프에 대해서는 많은 저술이 있지만, 특히 다음 저술이 상세한 정보를 담고 있다. Jim Campbell, Madoff Talks: Uncovering the Untold Story Behind the Most Notorious Ponzi Scheme in History (McGraw-Hill, 2021). 다음의 보도 등에 따르면 지급보증보험 불완전판매에 대해 피해 고객에게 이제까지 가장 많은 배상을 한 은행은 영국의 로이즈 은행이다. Kalyeena Makortakoff, "Late rush in PPI mis-selling claims pushes Lloyds' bill past £20bn," Guardian, July 31, 2019, https://www.theguardian.com/money/2019/jul/31/lloyds-puts-cash-aside-to-cover-rush-in-ppi-mis-selling-claims.

34 Edelman Trust Barometer Global Report, 2023, 슬라이드 46, https://www.edelman.com/trust/2023/trust barometer.

35 Julian Roberts-Grmela, "Many believe US healthcare industry was to blame in CEO killing, poll reveals," Guardian, December 27, 2024, https://www.theguardian.com/us-news/2024/dec/27/united-healthcare-brian-thompson-poll.

36 다음에 묘사된 베키 무어Becky Moore와 제레미 무어Jeremy Moore의 사례를 참고하라. Jonathan Morduch and Rachel Schneider, 《금융 일기》 (Princeton University Press 2017), Chapter 3. "제레미가 월급을 많이 받던 몇 달 동안 베키는 돈을 장롱, 냉장고 등에 보관했다. 제레미의 소득이 적을 때는 지출을 줄였지만 쟁여두었던 것으로 여전히 식탁에 먹을 것을 올리고 비누를 떨어지지 않게 채울 수 있었다"(p. 66). 다음도 참고하라. Scott Baker, Lorenz Kueng and Stephanie Johnson, "Financial returns to household inventory management." Journal of Financial Economics 151 (2024): 103758. 이 논문은 자산이 적은 가정이 더 전략적으로 장을 보고 재고를 더 수완 있게 관리함으로써 [운전 자본에 대해] 일반적으로 더 높은 수익을 올린다는 것을 보여주었다.

37 새뮤얼 페피스의 1667년 10월 1일자 일기(https://www.pepysdiary.com/diary/1667/10/10)는 그와 그의 아버지가 역병과 런던 대화재로 혼란하던 시기에 금을 안전하게 보관하려고 아버지의 뜰에 파묻었던 금을 다시 파내려 했을 때의 고생담을 담고 있다. 그는 밤에 이웃의 눈을 피해 살그머니 금을 파러 갔다.

> "이제 밤이 되었고 아버지와 나는 밝지 않은 등불을 들고 내 아내와 함께 뜰로 갔다. 금을 다시 파내는 엄청난 일을 할 참이었다. 하지만, 주여! 묻은 장소가 어디였는지를 아무도 말하지 못해서, 한동안 나는 분노에 휩싸였다. 땀이 비오듯 쏟아지기 시작했고 화가 났다. 정확한 장소가 어디인지에 대해 의견이 이보다 더 불일치할 수가 없었다. 금이 다 사라져버렸으면 어쩌나 걱정이 되기 시작했다. 하지만 조금씩 꼬챙이로 찔러보다가 금을 발견할 수 있었고 그다음에 우리는 금을 덮은 땅을 삽으로 파내기 시작했다. … 하지만 나는 거의 제정신이 아니었고 내가 삽으로 흙을 퍼내면서 금 조각들을 풀과 부드러운 흙 사이로 여기저기 흩뿌리고 있었음을 알게 되었다. 금을 담은 철제 상자를 꺼내 열자, 온통 축축한 흙이 들어가 있었고 그때문에 주머니가 모두 썩어 없어졌으며 지폐도 모두 사라지고 없었다. 지폐가 얼마나 많이 사라졌는지, 얼마나 많은 돈을 잃었는지… 가늠조차 되지 않았다… 우리는 새벽 2시가 넘어서 잠자리에 들었다. 하지만 불안한 마음에 밤새 잠이 들지 못하고 날이 밝을 때까지 시계만 보며 뒤척였다."

38 예를 들어 다음을 참고하라. Justin Jouvenal, "Burglars targeting Asian, Middle Eastern families have taken more than $1 million, police say", Washington Post, March 22, 2019; 2019, https://www.washingtonpost.com/local/public-safety/burglars-targeting-asian-middle-eastern-families-have-taken-more-than-1-million-police-say/2019/03/22/2020d330-4c02-11e9-93d0-64dbcf38ba41_story .html; Rahul Joglekar, "Robbers target Indian homes in UK for gold," BBC News, December 14, 2019, https://

www.bbc.com/news/world-asia-india-42219772.

39 북유럽 국가들, 특히 스웨덴은 완전히 현금 없는 경제로 빠르게 이동하고 있다. 예를 들어 다음을 참고하라. Anna Hammarberg, "Cashless society," January 10, 2020, https://www.business-sweden.com/insights/articles/cashless-society/.

40 Gabriel Chodorow-Reich, Gita Gopinath, Prachi Mishra, and Abhinav Narayanan, "Cash and the economy: Evidence from India's demonetization", Quarterly Journal of Economics 135 (2020): 57-103. 다음도 참고하라. Kenneth Rogoff, The Curse of Cash: How Large Denomination Bills Aid Crime and Tax Evasion and Constrain Monetary Policy (Princeton University Press 2017).

41 Raymond Fisman, Daniel Paravisini, and Vikrant Vig, "Cultural proximity and loan outcomes," American Economic Review 107 (2017): 457-492. 이 논문에 따르면 인도의 한 대규모 은행에서 무작위로 대출 담당자를 고객과 동일한 종교와 카스트에 배정했을 때 고객이 대출 받을 가능성이 높아지는 것으로 나타났다. 인간관계망의 힘이 공식 금융에서도 금융 접근성을 강하게 좌우함을 보여주는 사례다.

42 이를 잘 보여주는 사례를 케냐의 한 비공식 계모임에서 볼 수 있다. 여기에서 "일반적인 속임수의 형태는, 새 멤버가 긴급한 일이 발생했다며 [자금을] 요구하고서 그다음에 불입을 멈추는 것이다." 다음을 참고하라. Siwan Anderson, Jean-Marie Baland, and Karl Ove Moene, "Enforcement in informal savings groups," Journal of Development Economics 90 (2009): 14-23.

43 몇몇 나라에서는 공식 금융서비스 제공자들도 채무자의 부채 상환을 강요하기 위해 "사회적 제재"를 사용하기 시작했는데, 심각하고 우려스러운 경향이다. 예를 들어 중국에서는 돈을 안 갚았다는 정보를 친한 사람들에게 알리겠다고 협박하는데, 채무불이행을 막는 데 금전적인 불이익을 주는 것 못지 않게 강력한 효과가 있다. 다음을 참고하라. Francesca Brusa, Xueming Luo, and Zheng Fang, "The power of non-monetary incentive: Experimental evidence from P2P lending in China," SSRN, 2019년 10월 31일에 수정됨. https://ssrn.com/abstract=3405902.

44 메이도프의 피해자 명단의 일부를 다음의 미국 파산법원 자료에서 볼 수 있다. 전체 피해자가 다 포함되어 있지는 않다. https://online.wsj.com/public/resources/documents/madoffclientlist020409.pdf.

45 다음을 참고하라. Luigi Guiso, Paola Sapienza, and Luigi Zingales, "The role of social capital in financial development", American Economic Review 94 (1994): 526-556; Luigi Guiso, Paola Sapienza, and Luigi Zingales, "Trusting the stock market", Journal of Finance 63 (1998), 2557-2600.

46 다음을 참고하라. Raghuram Rajan and Luigi Zingales, "Financial dependence and growth", American Economic Review 88 (1998): 559-86. 이 논문은 방대한 국가와 광범위한 산업 표본에서 얻은 데이터를 이용해, 외부 금융에 더 많이 의존하는 산업일수록 더 발달된 금융 시스템이 있는 나라에서 성장이 더 빨랐음을 보여주었다. 금융의 발달과 경제성장 사이의 더 일반적인 관계에 대한 실증 근거는 다음을 참고하라. Robert G. King and Ross Levine, "Finance and growth: Schumpeter might be right", Quarterly Journal of Economics 108 (1993): 717-737; Ross Levine, "Financial development and economic growth: views and agenda", Journal of Economic Literature 35 (1997): 688-726; Ross Levine, "Finance and growth: theory and evidence." 다음에 수록됨. Handbook of Economic Growth, ed. Steven N. Durlauf and Philippe Aghion (Elsevier, 2005), 865-934.

4장 소득과 소비의 등락을 관리하기

1 Jonathan Morduch and Rachel Schneider, The Financial Diaries: How American Families Cope in a World of Uncertainty (Princeton University Press, 2017); US Financial Diaries,

https://www.usfinancialdiaries.org/.

2 변동성을 측정하는 고전적인 통계적 방법은 월 소득의 표준편차를 구하는 것인데, 이 연구에서 표준편차는 전형적인 가구의 월평균 소득의 3분의 1이었고, 참여 가구 중 거의 4분의 1의 월평균 소득의 절반을 넘었다.

3 다음을 참고하라. U.S. Financial Diaries, "Coefficient of variation of monthly household income (CV)," December 9, 2014. 슬라이드 33. https://www.usfinancialdiaries.org/83-charts.

4 다음을 참고하라. U.S. Financial Diaries, "House holds broadly prefer stability to higher income," December 9, 2014. 슬라이드 30. https://www.usfinancialdiaries.org/83-charts.

5 다음을 참고하라. U.S. Financial Diaries, "Income and spending spikes," December 9, 2014. 슬라이드 38, https://www.usfinancialdiaries.org/83-charts.

6 다음을 참고하라. U.S. Financial Diaries, " Actual emergency savings vs. perceived need," December 9, 2014. 슬라이드 48. https://www.usfinancialdiaries.org/83-charts.

7 최근의 연구를 일별한 논문으로는 다음을 참고하라. Robert Moffitt, "Reconciling trends in US male earnings volatility: results from a four data set project" (NBER Working Paper 27664, 2020). 이 논문은 1980년대 초 이래로 남성 노동자들에게서는 소득 변동성이 커지지 않았음을 보여주는데, 이는 이전까지 학계에서의 주장과 다른 것이다. 하지만 변동성의 "수준"은 지난 몇십 년 동안 내내 높았고, 우리의 주제와 관련해서 중요한 점은 이것이다.

8 예를 들어 다음을 참고하라. Pew Charitable Trusts, "How do families cope with financial shocks?," October 28, 2015, https://www.pewtrusts.org/en/research-and-analysis/issue-briefs/2015/10/the-role-of-emergency-savings-in-family-financial-security-how-do-families; Board of Governors of the Federal Reserve System, "Economic well-being of US households in 2021," May 2022, https://www.federalreserve.gov/publications/files/2021-report-economic-well-being-us-households-202205.pdf.

9 최소한의 금융 자원도 가지고 있지 못한 가구 비중은 2013년 이래 2분의 1에서 3분의 1로 떨어졌다. 이는 2010년대 말의 경제성장과 코로나19 팬데믹 동안 가계에 유동성이 공급된 것을 반영한다. 하지만 지난 10년 내내 서베이에서 "400달러"라는 동일한 액수로 질문이 이뤄졌음을 고려해야 한다. 그 사이에(특히 최근에) 인플레가 상당했으므로, 인플레를 조정한 실질 자원을 기준으로 질문했으면 최소한의 자산을 보유한 가구 비중이 2013년 이래 상당히 낮아졌다는 결과가 나왔을 것이다.

10 Mike Brewer, Emily Fry, and Lalitha Try, The Living Standards Outlook 2023 (The Resolution Foundation, 2023), https://www.resolutionfoundation.org/publications/the-living-standards-outlook-2023//.

11 Brewer, Fry, and Try, The Living Standards Outlook 2023, 그림 4.

12 Brewer, Fry, and Try, The Living Standards Outlook 2023, 그림 7.

13 Tarun Ramadorai and the Household Finance Committee, Indian Household Finance (Reserve Bank of India, 2017).

14 《금융 일기》 3장에 나오는 재니스 에반스와 베키 무어의 이야기를 참고하라.

15 선진국에서는 응답자 중 10퍼센트 이하만이 친지나 지인에게 돈을 빌렸지만 개도국에서는 친지나 지인에게 돈을 빌리는 가구 비중이 금융기관에서 돈을 빌리는 가구 비중과 비슷했다(각각 응답자의 46퍼센트). 더 우려스럽게도, 개도국에서는 친지나 지인이 사람들이 긴급 자금을 구할 때 가장 먼저 의지하는 원천이다. 개도국에서 평균적으로 응답자의 30퍼센트가 그렇게 답했으며, 이보다 비중이 더 큰 나라도 많다. 다음을 참고하라. Asli Demirguc-Kunt, Leora Klapper, Dorothe Singer, and Saniya Ansar, "The Global Findex Database 2021," World Bank, 2021, https://openknowledge.worldbank.org/bitstream/handle/10986/37578/9781464818974.pdf.

16 Tetyana Balyuk and Emily Williams, "Friends and family money: P2P transfers and financially fragile consumers" (미출간 논문). 이 논문에 따르면, 재정 취약성이 높은 가구가 은행

간 모바일 송금 앱인 젤Zelle이 더 널리 사용되는 곳에서 어려운 시기를 더 잘 버티는 것으로 나타났다. 이런 테크놀로지가 (이 경우에는 "젤"의 형태로) 비공식적인 인간관계망을 통한 대출을 지원할 수 있음을 보여준다.

17 항목별로 예산을 짰는데 특정 항목에서 가격 변화가 있을 때 항목 간에 지출을 조정하지 못하는 것은 "심리 계좌mental accounting"라고 불리는, 과도하게 경직적인 사고가 되기도 한다. 일례로, 휘발유 가격이 떨어질 때 프리미엄 휘발유 지출이 증가하는 현상을 들 수 있다. 일반 휘발유를 사용해야 하는지 프리미엄 휘발유를 사용해야 하는지는 해당 자동차의 엔진 설계로 결정되는 것이고 시간에 따라 달라지지 않는다. 그런데 휘발유 가격이 낮아졌을 때 프리미엄 휘발유 지출이 갑자기 증가한 것은 가격이 낮아졌는데도 고정된 항목별 예산을 경직적으로 고수했기 때문으로 보인다. 다음을 참고하라. Justine S. Hastings and Jesse M. Shapiro, "Fungibility and consumer choice: Evidence from commodity price shocks", Quarterly Journal of Economics 128 (2013): 1449-1498.

18 엄마에게 돈을 맡기는 사례는 《금융 일기》 4장에 나오는 로버트 힐의 이야기를 참고하라. 3장에 나오는 재니스 에반스와 베키 무어의 이야기도 참고하라.

19 핵심은, "올림"이 효과가 있으려면 올림 때문에 사실상 더 비싸진 물건과 서비스의 구매량을 낮춰야 한다는 점이다. 그렇지 않으면 지출이 소득보다 많아질 것이고 비용이 많이 드는 대출을 해야 하게 될 수도 있다. 이것은 비상금 마련의 이득을 갉아먹는다.

20 "Frequently asked questions about splitting federal income tax refunds," IRS, 2024년 12월 2일에 업데이트됨. https://www.irs.gov/refunds/frequently-asked-questions-about-splitting-federal-income-tax-refunds. 불규칙적인 소득을 물가연동채에 넣을 수도 있지만 유동성이 더 적다. 물가변동채는 12개월이 지나야만 인출할 수 있고 이 기간이 지나도 조기 인출에는 이자 패널티가 있다.

21 스테이블코인인 테더Tether(USDT)도 이자를 지급하지 않는다(몇몇 보유자는 그것을 빌려주고 이자를 얻기도 하지만 말이다). 미국과 영국 모두에서 노동자 계급 사람들 사이에 흔한 "크리스마스 클럽"은 이자율이 낮은 저축 상품의 또 다른 사례. 명절 선물 구매라는 목적성 저축을 독려하는 이행장치로서의 가치는 있을지 모르지만 수익률은 극도로 낮다.

22 다음을 참고하라. Anne Sibert, "The Icesave dispute," VoxEU, Centre for Economic Policy Research, February 13, 2010, https://cepr.org/voxeu/columns/icesave-dispute; HM Treasury, "UK authorities receive final payment from Icesave." 보도자료. January 15, 2016, https://www.gov.uk/government/news/uk-authorities-receive-final-payment-from-icesave.

23 예를 들어 다음을 참고하라. Jiageng Liu, Igor Makarov, and Antoinette Schoar, "Anatomy of a run: The Terra Luna crash" (NBER Working Paper 31160, 2023). 이 논문은 스테이블코인의 붕괴, 그리고 이것이 소매 투자자에게 미치는 해로운 결과를 설명하고 있다. 무디스는 스테이블코인의 "디페깅[연동 실패]"에 대한 여러 사례의 연표를 제공한다. 다음을 참고하라. Moody's Investors Service, "Stablecoins have been unstable. Why?," Moody's, October 18, 2023, https://www.moodys.com/web/en/us/about/insights/data-stories/stablecoins-instability.html.

24 영국의 노동연금부 산하 정부기관인 자금연금청Money and Pension Service(https://www.moneyhelper.org.uk/en) 같은 신뢰할 만한 정보 원천은 필요한 정보 제공에 어느 정도 도움을 줄 수 있다. 그런 정보를 찾아보고 이해하는 데는 노력이 필요하지만 말이다.

25 유니버시티칼리지런던의 리처드 블런델 같은 노동경제학자들은 이러한 비금융 보험 메커니즘의 여러 사례를 보여주었다. 예를 들어 다음을 참고하라. Richard Blundell, Luigi Pistaferri, and Ian Preston, "Consumption inequality and partial insurance", American Economic Review 98 (2008): 1887-1921.

26 이러한 대출은 끔찍한 결과로 이어질 수 있다. 예를 들어 다음을 참고하라. Wes Michael Tomaselli, "Loan sharks are bailing out people devastated by COVID in Latin America," Vice, April 14, 2021, https://www.vice.com/en/article/loan-sharks-are-bailing-out-people-devastated-by-covid-in-latin-america/; Nikki Yeo, "The Big Read: 'Ah Longs' go digital with new

tactics and the trouble it spells," CNA, June 24, 2024, https://www.channelnewsasia.com/today/big-read/loansharks-ah-long-digital-new-tactics-runners-big-read-4428816.

27 크리스토퍼 스토러Christopher Storer 감독의 인기 텔레비전 드라마 〈더 베어The Bear〉의 2023년 6월 22일 방영분 시즌2 제6화에 이 동학이 공포스럽도록 잘 묘사되어 있다. https://www.youtube.com/watch?v=TsSGs9vcYSQ.

28 신용 점수를 올리려면 카드 대금 전체를 다 갚지 않는 것이 유리할 때도 있다(하지만 최소 요구 대금보다는 훨씬 많이 갚아야 한다). 그럼으로써 신용카드로 소액의 돈을 빌리고 다음 달에 갚는 것이다. 약간의 이자 비용을 유발하지만 신용을 책임감 있게 사용한다는 신호를 줄 수 있다. 하지만 이 전략은 다달이 대금을 다 지불하는 건전한 습관을 저해하지 않도록 매우 신중하게 사용해야 한다.

29 다음을 참고하라. "The consumer credit card market," Consumer Financial Protection Bureau, September 29, 2021, https://www.consumerfinance.gov/data-research/research-reports/consumer-credit-card-market/, 그림 5.

30 다음을 참고하라. Annette Vissing-Jørgensen, "Consumer credit: learning your customer's credit risk from what (s)he buys," (미출간 논문).

31 미국에서는 1968년 진실대출법Truth in Lending Act, TILA이 통과되면서 신용에 대해 연이율로 환산한 금리를 공개하도록 의무화되었다. 진실대출법은 초창기의 소비자금융 보호법이라고 볼 수 있다. 영국에서는 1974년 소비자신용법Consumer Credit Act을 바탕으로 2010년에 도입된 소비자신용(광고)규제 Consuemer Credit (Advertisements) Regulations로 연이율 방식의 비용 공개가 의무화되었다.

32 이 사례에서 당신은 오늘 280달러를 빌리는데 2주 뒤에 300달러를 지불해야 한다. 이자율은 2주 동안 7.1퍼센트다(300/280=1.071). 하지만 1년에는 2주라는 기간이 26개나 있다. 표준 단리로 계산하면 7.1퍼센트에 26을 곱해야 하고, 그러면 185퍼센트가 된다. 연간 이자 비용에 대한 더 나은 지표는 실효연이율effective annual rate, EAR인데, 10.71에 26제곱을 한 뒤 1을 빼면 된다. 급여일대출이 허용된 미국 주들에서 이렇게 고금리의 급여일대출은 드물지 않다. 다음을 참고하라. "Red alert rates," Center for Responsible Lending, June 12, 2023, https://www.responsiblelending.org/research-publication/map-us-payday-interest-rates.

33 Consumer Financial Protection Bureau. 민원 접수번호 8521138, 2024년 3월 12일에 접수됨. https://www.consumerfinance.gov/data-research/consumer-complaints/search/detail/8521138.

34 다음을 참고하라. Consumer Financial Protection Bureau, "The consumer credit card market," 2021, chapter 3, page 53, figure 7. https://files.consumerfinance.gov/f/documents/cfpb_consumer-credit-card-market-report_2021.pdf.

35 미국 소비자금융보호국은 2024년 1월에 초과인출 수수료를 크게 줄일 수 있는 규제 초안을 공개했다. 다음을 참고하라. Stacy Cowley, "Consumer Bureau proposes overdraft fee limits for large banks," New York Times, January 17, 2024, https://www.nytimes.com/2024/01/17/business/cfpb-bank-overdraft-fees-rule.html.

36 다음을 참고하라. Marco Di Maggio, Angela T. Ma, and Emily Williams, "In the red: Overdrafts, payday lending and the underbanked" (NBER, Working Paprt, no. 28242, 2020).

37 초안이 공개된 새 규제안은 다음을 참고하라. "CFPB proposes rule to close bank overdraft loophole that costs Americans billions each year in junk fees," Consumer Financial Protection Bureau. 보도자료. January 17, 2024, https://www.consumerfinance.gov/about-us/newsroom/cfpb-proposes-rule-to-close-bank-overdraft-loophole-that-costs-americans-billions-each-year-in-junk-fees/.

38 Charles Dickens, 1850, David Copperfield, (Penguin Books, 2004).

39 Consumer Financial Protection Bureau. 민원 접수번호 9514901. 2024년 7월 15일에 접수됨. https://www.consumerfinance.gov/data-research/consumer-complaints/search/

detail/9514901.

40   다음을 참고하라. Peter Ganong and Pascal Noel, "Consumer spending during unemployment: positive and normative implications", American Economic Review 109 (2019): 2383-2424.

41   이 원칙의 예외는 극단적인 재정 압박에 시달리는 대출자가 파산을 선고해야 하는 경우다. 파산법은 대부분의 주에서 채무자에게 기본적인 주거를 보호하고 하나나 둘의 무담보 차량을 보호한다. 하지만 모기지나 자동차 대출의 경우에는 채무자가 돈을 갚지 못했을 때 채권자가 담보로 사용된 주택이나 차를 압류할 권리가 있다. 이런 경우에는 연이율이 더 낮더라도 모기지 대출과 자동차 대출을 신용카드나 여타의 무담보 대출보다 먼저 상환하는 것이 나을 수 있다.

42   다음을 참고하라. John Gathergood, Neale Mahoney, Neil Stewart, and Jörg Weber, "How do individuals repay their debt? The balance-matching heuristic", American Economic Review 109 (2019): 844-875.

43   암묵적인 전제는, 예전 카드의 채무 잔액을 다 지급하기 전까지는 새 카드로 새로운 구매를 하지 말아야 한다는 것이다. 그렇지 않으면 이전된 부채에는 낮은 이자율이 적용되더라도 새 구매에서 생기는 부채는 더 높은 이자율이 적용되는 카드에 누적된다. Sumit Agarwal, John Driscoll, Xavier Gabaix, and David Laibson, "The age of reason: Financial decisions over the life cycle and implications for regulation," Brookings Papers on Economic Activity (Fall 2009): 51-101. 이 논문은 채무자가 금융 요령을 깨닫는 순간을 "유레카"의 순간이라고 부른다. 이 논문에 따르면 중년의 대출자들이 젊고 경험이 없는 사람이나 인지적 문제가 있는 노년층보다 유레카의 순간을 더 많이 경험한다.

44   Consumer Financial Protection Bureau. 민원 접수번호 9536892. 2024년 7월 17일에 접수됨. https://www.consumerfinance.gov/data-research/consumer-complaints/search/detail/9536892.

45   다음을 참고하라. "What laws limit what debt collectors can say or do?," Consumer Financial Protection Bureau. 2024년 12월 9일에 검토됨. https://www.consumerfinance.gov/ask-cfpb/what-laws-limit-what-debt-collectors-can-say-or-do-en-329/; Christopher D. Hampson, "Harsh creditor remedies and the role of the redeemer," Fordham Law Review 92 (2023): 935-981.

46   다음을 참고하라. Bronson Argyle, Sasha Indarte, Benjamin Iverson, and Christopher Palmer, "Explaining racial disparities in personal bankruptcy outcomes"(미출간 논문).

5장 교육과 주거용 목돈 마련하기

1   미국에서 학자금 부채는 개인 파산 시 대출자에게 "과도한 곤경undue hardship"을 야기하는 경우가 아니면 탕감이 되지 않는데, 이제까지 법원은 "과도한 곤경"을 매우 엄격하게 해석해왔다. 하지만 2022년 11월에 법무부와 교육부는 해석 기준을 넓히는 새 지침을 내놓았다. 다음을 참고하라. "Justice Department and Department of Education announce a fairer and more accessible bankruptcy discharge process for student loan borrowers," Department of Justice, 보도자료, November 17, 2022, https://www.justice.gov/opa/pr/justice-department-and-department-education-announce-fairer-and-more-accessible-bankruptcy.

2   다음을 참고하라. The Investment Case for Education and Equity (UNICEF, 2015), https://www.unicef.org/reports/investment-case-education-and-equity, figure 32, p. 62, "Percentage of total education expenditures contributed directly by households in 30 countries."

3   다음에 언급된 데이터. Phillip Levine, A Problem of Fit: How the Complexity of College Pricing Hurts Students—and Universities (University of Chicago Press, 2022), 84. "중앙값"

은 절반의 노동자는 소득이 그것보다 높고 절반의 노동자는 소득이 그것보다 낮다는 뜻이다.

4   다음을 참고하라. Anna Stansbury, Dan Turner, and Ed Balls, "Tackling the UK's regional economic inequality: Binding constraints and avenues for policy intervention," Contemporary Social Science 18 (2023): 318-356; Gianna Boero, Tej Nathwani, Robin Naylor, and Jeremy Smith, "The college wage premium in the UK: Decline and fall?," Oxford Economic Papers 77, no. 1 (2025): 1-18; John Burns-Murdoch, "Britain's graduates are being short-changed while America's are rich," Financial Times, October 28, 2023, https://www.ft.com/content/570d23b3-d286-4cb9-a319-b49cc4056f52.

5   David Card, "The causal effect of education on earnings." 다음에 수록됨. Handbook of Labor Economics, vol. 3, ed. Orley Ashenfelter and David Card (Elsevier, 1999), 1801-1863; Philip Oreopoulos and Uros Petronijevic, "Making college worth it: A review of the returns to higher education," Future of Children 23 (2013): 41-66. 전체 대학의 교육 수준에 비해 명문 대학들은 입학생들이 본래 매우 우수하다는 사실이 졸업 후 그들이 버는 높은 소득에 인과적 설명 요인이 된다는 점을 우리도 알고 있다. 우리는 하버드나 임페리얼칼리지 졸업생의 소득이 전적으로나 주로 그들의 교수인 우리가 가르친 지식 덕분이라고 말하려는 것이 절대로 아니다!

6   "펠 그랜트" 자격 요건은 복잡하지만, 2023~24년에 전형적으로 연소득 4만 달러 이하인 가구에 7,395달러를 지급했다. 사립대학의 재정 보조 사례로는, 하버드 칼리지가 "필요 기반 장학금"을 통해 가계 소득이 연 8만 5,000달러 이하인 학부생 중 55퍼센트(전체 가구의 4분의 1 정도)에 학비 전액을 보조한다. 다음을 참고하라. "Financial aid fact sheet," Harvard College. 2024년 11월 1일에 접속함, https://college.harvard.edu/guides/financial-aid-fact-sheet. 다른 대학들은 하버드만큼 후하게는 못 주지만 비슷한 재정 보조 프로그램을 통해 중산층이나 저소득층 가구의 부담을 낮춰준다.

7   페이스케일 데이터는 다음에서 볼 수 있다. "College ROI report," Payscale, 2024년에 업데이트됨, https://www.payscale.com/college-roi. 거주지가 아닌 주의 주립대학을 졸업했을 때 수익률은 스티커 비용 전체를 다 낼 경우에는 사립대학에 갔을 때와 자신의 주에 있는 주립대학에 갔을 때의 중간쯤이고 평균적인 재정 보조를 받고 사립대학에 갔을 때의 수익률과 비슷하다. 조지타운 대학의 "교육과 노동력 센터Center on Education and the Workforce"에서도 비슷한 정보를 얻을 수 있다. 다음을 참고하라. "Ranking ROI of 4,500 US colleges and universities"(2019). 다음에서 볼 수 있다. https://cew.georgetown.edu/cew-reports/collegeroi/; Anthony P. Carnevale, Ban Cheah, and Martin Van Der Werf, "A first try at ROI: Ranking 4,500 colleges," 2019, https://cewgeorgetown.wpenginepowered.com/wp-content/uploads/College_ROI.pdf. 실질 할인율을 2퍼센트로 가정했을 때 교육 비용의 현재 가치를 달러로 계산한 값을 보여주며 졸업 후 10년, 졸업 후 20년, 졸업 후 40년 등 여러 기간별로 볼 수 있다.

8   Kritika Sharma, "Beneath glitz, India's booming pvt universities are textbook case of over-promise, under-deliver," The Print, November 17, 2022, https://theprint.in/india/education/beneath-glitz-indias-booming-pvt-universities-are-textbook-case-of-over-promise-under-deliver/1218142//.

9   배우 펠리시티 허프만Felicity Huffman도 관여된 것으로 알려진 입시 비리 사건이 유명한데, 경쟁 압력의 이러한 결과는 잘 알려진 몇몇 사례만의 일이 아니라 훨씬 널리 퍼져 있고 심각하다. 예를 들어 한국에서는 2016년에 5세 아동 중 84퍼센트가 학교 수업을 보충하고 명문 대학에 진학하는 데 도움을 얻기 위해 사설 학원에 다니는 것으로 나타났다. 2015년 전체 사교육비가 약 150억 달러였다. Patrik Hultberg and David Santandreu Calonge, "Is South Korea in a higher education access trap?," University World News, July 14, 2017, https://www.universityworldnews.com/post.php?story= 20170711111525929. https://www.universityworldnews.com/post.php?story=20170711111525929.

10   전공별 평균 실질 수익률은 공학 10퍼센트, 컴퓨터과학 9퍼센트, 경제학과 간호학 8퍼센트, 경영학 6퍼센트, 심리학과 사회복지학 2퍼센트, 교육학 마이너스 3퍼센트다.

11   "Figure 1: Six-year graduation rate by race/ethnicity." 다음에 수록됨. Andrew Nichols and

Marshall Anthony Jr., "Graduation rates don't tell the full story: Racial gaps in college success are larger than we think," The Education Trust, March 5, 2020. 이에 따르면 대학에 다니기 위해 학자금 대출을 받은 학생 중 4년제 대학을 6년 이내에 졸업할 확률이 흑인과 히스패닉은 50퍼센트, 백인은 70퍼센트다.

12 Zachary Bleemer and Basit Zafar, "Intended college attendance: Evidence from an experiment on college returns and costs", Journal of Public Economics 157 (2018), 184-211. 다음에 인용됨. Levine, A Problem of Fit, p. 92. 많은 대학이 실제로 내야 할 비용을 알아볼 수 있는 온라인 학비 계산기를 제공하지만 일반적으로 사용하기가 어렵다. 더 간단하게 어림으로 알아볼 수 있는 온라인 계산기를 다음에서 볼 수 있다. Phillip Levine, MyinTuition (https://myintuition. org/). 이 계산기는 개인금융의 의사결정을 단순하고 알기 쉽게 하는 데 테크놀로지를 건설적으로 사용한 사례다.

13 Neil Swidey, "Work hard. Go to college. Get ahead . . . and other bad advice we're giving low-income students," Boston Globe Magazine, May 22, 2016.

14 Stephen Cecchetti and Kermit Schoenholtz, "Should students borrow?," Money and Banking, September 16, 2019, https://www.moneyandbanking.com/commentary/2019/9/14/should-students-borrow.

15 재정적 필요가 가장 큰 학생은 [정부가 이자를 보조하는] "보조 융자"를 얻을 수 있는데, 대학에 다니는 동안에는 이자를 물리지 않아서 학자금 대출의 실비용을 낮춰준다.

16 2019년 말 현재 연방 학자금 대출 잔액의 약 11퍼센트가 90일 이상 상환이 연체되어 있었다. 다음을 참고하라. Center for Microeconomic Data, Quarterly Report on House hold Debt and Credit, 2019Q4, Federal Reserve Bank of New York, February 2020, https://www.newyorkfed.org/medialibrary/interactives/householdcredit/data/pdf/hhdc_2019q4.pdf. 코로나19 팬데믹 때 학자금 대출 상환 유예 기간이 길어졌기 때문에 최근의 연체 통계는 수치가 더 낮을 것이다. 하지만 이것은 일시적인 현상이었으므로 이것으로 현실을 가늠한다면 학자금 대출 상환 역량을 잘못 파악하게 될 것이다.

17 Consumer Financial Protection Bureau. 민원 접수번호 9346158. 2024년 6월 24일에 접수됨. https://www.consumerfinance.gov/data-research/consumer-complaints/search/detail/9346158.

18 Beth Akers and Matthew Chingos, Game of Loans: The Rhetoric and Reality of Student Debt (Prince ton University Press, 2016), figure 6.1, "Five-year default rates, 1979-2009 repayment cohorts," p.102. 이 그래프는 1979-2009년에 대학에 다닌 학생들의 5년 이내 채무불이행 비율을 코호트별로 보여준다. 여기에 포함된 4년제 대학의 채무불이행 비율은 10퍼센트 근처에서 일정하지만 경제 여건에 따라 커뮤니티칼리지는 20~35퍼센트 사이, 영리 학교는 30~65퍼센트 사이에서 변동이 크다. 다음도 참고하라. Adam Looney and Constantine Yannelis, "A crisis in student loans? How changes in the characteristics of borrowers and in the institutions they attended contributed to rising loan defaults," Brookings Papers on Economic Activity 2 (2015): 1-89.

19 2023년 8월에 바이든 행정부는 더 간단하고 너그러운 소득 기반 학자금 대출 상환 프로그램인 세이브SAVE 플랜을 내놓았다. 대출자의 월 상환 부담을 재량소득discretionary income의 10퍼센트에서 5퍼센트로 낮추었다. 재량소득은 빈곤선의 일정 비율로 정해지므로, 저소득층 대출자에게는 0이 될 수 있다. 이 경우 상환을 하나도 안 해도 된다. 월 상환액이 줄어도 부채 잔액은 늘지 않으며, 학자금 대출 원금이 소액[1만 2,000달러 이하]이고 최초 10년간 대출을 갚은 경우 남은 빚은 자동으로 탕감된다. 저소득층 대출자에게 채무 탕감debt settlement[채무의 일부를 변상하면 나머지 채무를 면제해주는 것]을 해주는 것과 비슷하지만 채무 탕감에 대해 미국 의회가 정한 법적 기준을 피하기 위해 "부채 상환 플랜" 형태로 구성되었다.

20 다음을 참고하라. Tim de Silva, "Insurance versus moral hazard in income-contingent student loan repayment"(미출간 논문). 이 논문은 호주의 대졸 노동자들이 부채 상환이 면제되

지 않는 상환 개시 소득 기준값의 변화에 어떻게 반응하는지 연구했다. 다음도 참고하라. Menaka Hampole, "Financial frictions and human capital investments"(미출간 논문). 이 논문은 미국 학생들의 전공 선택과 이후의 경력에 학자금 부채가 미치는 영향을 추적했다.

21 Angela Rayner, "It's been nine years since the Lib Dems betrayed students over tuition fees—don't let them fool you again," The Independent, December 9, 2019, https://www.independent.co.uk/voices/ general-election-liberal-democrats-betrayed-students-tuition-fees-labour-a9238786.html. 이해를 돕기 위해 덧붙이자면, 영국 대학은 그전 10년간 인플레가 상당했는데도 2012년부터 학비에 9,000파운드의 상한이 있었고 2017년에 9,250파운드로 상한이 약간 높아졌다.

22 "Updated investor bulletin: An introduction to 529 plans," Investor.gov, Securities and Exchange Commission, August 31, 2023, https://www.sec.gov/about/reports-publications/investor-publications/introduction-529-plans. 어떤 학자금 프로그램은 거주하는 주 내의 특정 대학에 학비를 미리 내게 되어 있다. 하지만 갈 대학을 확실하게 미리 정한 특이한 경우가 아니라면 어느 대학에 가더라도 학비, 기숙사비 등에 사용할 수 있는 더 일반적인 프로그램을 선택하는 것이 합리적이다.

23 이 그래프의 원 출처는 다음이다. Joseph Tracy, Henry Schneider, and Sewin Chan, "Are stocks overtaking real estate in household portfolios?," Federal Reserve Bank of New York Current Issues in Economics and Finance 5, no. 5 (1999): 1-6. 부동산 자산의 비중이 고래 몸통에 혹이 하나 있는 것처럼 보이기 때문에 이 논문은 이것을 "고래 차트"라고 불렀다.

24 Peleg Samuels, "Local real estate investors and price dispersion"(미출간 논문), https://www.pelegsamuels.com/research/local-real-estate-investors-and-rent-price-dispersion. 이 논문에 따르면 미국에서 집주인은 자신이 소유한 주택을 세놓을 경우 자기 집 근처에 거주하는 경향이 있다. 하지만 거리가 가깝더라도 집주인이 직접 그 집에 살 때에 비해 집 상태를 챙기고 문제에 곧바로 대응하면서 유지보수하기는 어려워진다.

25 콘도나 코압cooperatives 등의 소유 구조가 이러한 문제를 다루기 위해 나타났지만, 콘도 소유자는 콘도 관리위원회에 상당한 관리비를 내야 한다. 2021년에 거의 100명이 사망한 플로리다주의 러프사이드 콘도 붕괴는 유지보수가 미비할 때 발생할 수 있는 끔찍한 일을 보여주는 사례다. [콘도는 건물의 각 호수를 개개인이 소유한다. 코압은 개개인이 각 호수에 대한 소유권을 구입하는 것이 아니라 주주로서 코압의 일정 지분을 매입해 해당 호수에 거주할 수 있는 권리만 갖는다].

26 다음을 참고하라. Todd Sinai and Nicholas S. Souleles, "Owner-occupied housing as a hedge against rent risk," Quarterly Journal of Economics 120 (2005): 763-789.

27 팬데믹 때 미국 연방정부는 대출자의 소득이 팬데믹으로 타격을 입었을 경우 '연방정부가 지원하는 모기지'의 상환을 유예했다. 다음을 참고하라. Susan Cherry, Erica Xuewei Jiang, Gregor Matvos, Tomasz Piskorski, and Amit Seru, "Government and private household debt relief during COVID-19," Brookings Papers on Economic Activity (Fall 2021): 141-199; Sean Lee and Omeed Maghzian, "Household liquidity and macroeconomic stabilization: Evidence from mortgae forbearance"(미출간 논문).

28 Raj Chetty and Adam Szeidl, "Consumption commitments and risk preferences," Quarterly Journal of Economics 122 (2007): 831-877. 이 논문은 자가 주택 소유자들이 임차로 살고 있는 사람들보다 일자리를 잃었을 때 식비 지출을 더 많이 줄인다는 것을 보여주었다. 집주인이 모기지 상환을 조절하는 것이 세입자가 이사를 해 임대료를 낮추는 것보다 어렵다는 사실과 일관된다.

29 John Y. Campbell, Stefano Giglio, and Parag Pathak, "Forced sales and house prices," American Economic Review 101 (2011): 2108-2131.

30 다음을 참고하라. Amir Kermani and Francis Wong, "Racial disparities in housing returns" (NBER Working Paper 29306, 2021).

31 다음을 참고하라. Edward L. Glaeser and Charles G. Nathanson, "An extrapolative model of

house price dynamics," Journal of Financial Economics 126 (2017): 147-170. 다음도 참고하라. Michael Bailey, Ruiqing Cao, Theresa Kuchler, and Johannes Stroebel, "The economic effects of social networks: Evidence from the housing market," Journal of Political Economy 126 (2018): 2224-2276. 이 논문은 페이스북 친구가 내 주택 구매 결정에 미치는 영향을 연구했다. 시장이 불황일 때는 실거래 가격도 오도의 소지가 있을 수 있다. 주택 소유자들이 집을 손해 보고 파는 것을 극구 싫어하기 때문에 관찰된 실거래 가격은 가격에 예외적으로 덜 민감한 구매자의 수요를 반영하는 것일 수 있어서다. 다음을 참고하라. Cristian Badarinza, Tarun Ramadorai, Juhana Siljander, and Jagdish Tripathy, "Behavioral lock-in: Aggregate implications of reference dependence in the housing market" (SSRN Working Paper 4693047, 2024).

32 다음을 참고하라. Òscar Jordà, Katharina Knoll, Dmitry Kuvshinov, Moritz Schularick, and Alan M. Taylor, "The rate of return on everything, 1870-2015," Quarterly Journal of Economics 134 (2019): 1225-1298. 집주인에게 유지보수 비용이 이 논문이 가정한 것보다 높을 수 있다는 지적이 있다. 특히 주택의 시설에 대한 기대치가 높아진 것을 따라잡기 위해 집을 개조하는 비용이 들기 때문이다.

33 자가 거주는 상당한 조세 이득을 얻을 수 있다. 내가 나에게 내는 암묵적 임대료에는 과세가 되지 않지만 임대를 해서 세입자가 내게 임대료를 내면 과세가 되기 때문이다.

34 Alexei Alexandrov and Sergei Koulayev, "No shopping in the US mortgage market: Direct and strategic effects of providing information" (Consumer Financial Protection Bureau Office of Research Working Paper 2017-01, 2018). 다음도 참고하라. Susan E. Woodward and Robert E. Hall, "Diagnosing consumer confusion and sub-optimal shopping effort: Theory and mortgage-market evidence," American Economic Review 102 (2012): 3249-3276; Neil Bhutta, Andreas Fuster, and Aurel Hizmo, "Paying too much? Price dispersion in the US mortgage market," Journal of Finance (근간).

35 Umit G. Gurun, Gregor Matvos, and Amit Seru, "Advertising expensive mortgages," Journal of Finance 71 (2016): 2371-2416.

36 2018년까지 인도의 은행들은 모기지 금리를 한계비용기반대출금리MCLR로 호가를 표시했다. MCLR+2퍼센트"와 같이 표시하는 식이었다. 그런데 MCLR이 은행마다 달라서, 같은 "MCLR+2퍼센트"로 표시되었다고 해도 은행이 다르면 실제 의미하는 금리가 달랐다. 2017년에 인도준비은행의 가계금융위원회는 이 관행이 사람들이 여러 모기지를 비교해보기 어렵게 만든다고 지적했다. 이 위원회 및 여타 위원회들의 제안을 토대로, 공통된 벤치마크로 호가를 표시하도록 변경되었다. 2018년 도입된 이 제도에서 벤치마크는 인도의 레포 금리다. 비슷하게, 이스라엘 모기지 시장도 최근까지는 은행 간 금리 비교가 불가능하도록 계약 조항이 어렵게 쓰여 있었는데, 2021년에 이스라엘 중앙은행이 새로운 지침을 내놓아서 모기지 조건 표시를 표준화하면서 비교가 더 쉬워졌다. 다음을 참고하라. "The reform to increase information transparency and competition in mortgages," Bank of Israel, 2023년 9월 13일에 업데이트됨. https://al.boi.gov.il/en/information-and-service-to-the-public/banking-and-payments-customer-service-information/financial-education/the-reform-to-increase-information-transparency-and-competition-in-mortgages/.

37 모기지 계약 형태의 차이가 어디에서 기원했는지는 종종 오리무중이지만 명백한 국가 간 차이와 관련된 부분이 있다. 하나는 모기지 자금 조달의 구조와 형태다. 고정금리 모기지는 (미국에서 그렇듯이) 모기지담보부증권mortgage-backed security이나 (덴마크나 독일에서 그렇듯이) 커버드본드[은행 등 금융기관이 보유한 주택담보대출, 선박이나 항공기 담보대출 등 일정 요건을 갖춘 우량자산을 담보로 발행한 채권]로 자금이 주로 조달되고, 변동금리 모기지는 (영국에서 그렇듯이) 은행이 보유한 단기 예금으로 자금이 조달된다. 또한 나라마다 인플레가 널을 뛰었다거나 그밖의 과거의 경제적 경험 때문에 널리 사용되는 금융상품의 형태가 다를 것이다. 인플레 변동이 심하면 만기까지 이자율이 고정되는 고정금리 모기지는 실상환액을 불안정하게 만들기 때문에 이런 나라에서는 사람들이 변동금리 모기지를 더 선호하게 되었을 수 있다. 다음을 참고하라. John Campbell, "Mortgage market design," Review of Finance 17 (2013): 1-33.

38   Steffen Andersen, John Campbell, Joao Cocco, Chris Hansman, and Tarun Ramadorai, "Heterogeneous mortgage choice: Evidence from Denmark"(미출간 논문). 이 논문은 FRM과 ARM 둘 다 널리 쓰이고 있는 덴마크 모기지 시장에서 이 효과를 보여주었다.

39   Kelly Shue, Richard Townsend, and Chen Wang, "Categorical thinking about interest rates"(미출간 논문). 이 논문은 사람들이 단기 이율(꽤 예측 가능하게 움직인다)과 장기 이율(거의 전적으로 예측이 불가능하다)의 차이를 무시하기 때문에 단기 예측치를 마치 장기 예측치인 것처럼 잘못 사용하곤 한다고 주장했다. 또한 흥미롭게도 이 논문은 예측 전문가들도 이런 실수를 한다는 것을 보여주었다.

40   이 문제는 2000년대 초 데이비드 마일스David Miles가 이끈 영국의 한 정부 위원회 보고서에서 강조된 바 있다. 다음을 참고하라. David Miles, The UK Mortgage Market: Taking a Longer-term View, HM Treasury, 2004. 더 최근의 연구로는 다음을 참고하라. Jack Fisher, Lu Liu, Alessandro Gavazza, Tarun Ramadorai, and Jagdish Tripathy, "Refinancing cross-subsidies in the mortgage market," Journal of Financial Economics 158 (2024): 103876. 이 연구는 영국 모기지 전체의 상당 부분(2015년 기준 30퍼센트)이 대출자가 재빨리 재융자를 하지 못해 징벌적인 '재설정 금리reset rates[티저 금리 기간 이후의 금리]'로 이자를 지불하고 있음을 발견했다.

41   재융자를 미루는 이 전략은 채권시장에서 타이밍을 노리려는 시도처럼 보일 수 있다. 우리는 채권시장에서 그렇게 하지 말도록 경고했는데, 이것은 경우가 다르다. 금리를 예측할 수 있다고 믿는 것이 아니라 금리가 변동성이 있다는 지식에 기반한 전략이기 때문이다. 이것은 변동성이 있을 때는 되돌릴 수 없는 투자를 일단 미루고서 더 두고 보아야 한다는 일반 원칙의 사례다. 다음을 참고하라. Avinash K. Dixit and Robert S. Pindyck, Investment under Uncertainty (Princeton University Press, 1994)

42   재융자를 제때 하지 못하는 현상이 많은 연구에서 드러났다. 초기 연구로는 다음을 참고하라. John Campbell, "Household finance", Journal of Finance 61 (2006), 1553-1604. 재융자를 제때 하지 못하는 것은 집값이 낮거나 신용 점수가 낮기 때문이기도 하지만 잘 입증되어 있는 재융자 기회조차 잘 활용하지 못해서이기도 하다. 예를 들어 다음을 참고하라. Benjamin J. Keys, Devin G. Pope, and Jaren C. Pope, "Failure to refinance," Journal of Financial Economics 122 (2016): 482-499.

43   다음을 참고하라. David Zhang, "Closing costs, refinancing, and inefficiencies in the mortgage market"(미출간 논문).

44   다음을 참고하라. Steffen Andersen, John Y. Campbell, Kasper Meisner Nielsen, and Tarun Ramadorai, "Sources of inaction in household finance: Evidence from the Danish mortgage market," American Economic Review 110 (2020): 3184-3230. 덴마크는 모기지 대출자에 대해 양질의 행정 정보가 존재하고 홈에쿼티 인출을 하지 않았을 경우에는 대출자가 가진 주택의 가치가 낮거나 신용 점수가 낮아도 재융자를 할 수 있기 때문에 모기지 재융자를 연구하기에 좋은 장소다.

45   다음을 참고하라. Kristopher Gerardi, Paul S. Willen, and David H. Zhang, "Mortgage prepayment, race, and monetary policy", Journal of Financial Economics 147 (2023): 498-524.

46   재융자 결정이 얼마나 복잡한지는 다음 논문을 본 사람이라면 잘 알고 있을 것이다. Sumit Agarwal, John C. Driscoll, and David I. Laibson, "Optimal mortgage refinancing: a closed-form solution", Journal of Money, Credit and Banking 45 (2013): 591-622. 이 논문은 가구가 실제로 직면하는 재융자 문제와 유사한 문제를 푸는 어마어마하게 무서운 공식을 제시하고 있다.

47   최근의 몇몇 논문은 소득 집단 간에 이같이 역진적인 자금 이전이 이뤄지는 규모를 추산했다. 예를 들어 다음을 참고하라. Fisher et al., "Refinancing cross-subsidies in the mortgage market"; David Berger, Konstantin Milbradt, Fabrice Tourre, and Joseph Vavra, "Mortgage prepayment and path-dependent effects of monetary policy," American Economic Review 111 (2021): 2829-2878".

48   Julia Fonseca and Lu Liu, "Mortgage lock-in, mobility, and labor reallocation," Journal of Finance 79 (2024): 3729-3772.

49   한 가지 이유는, 유지보수가 잘 되지 않은 주택은 가치가 줄기 때문이다. 또한 재정 압박에 처한 주택 소유자는 종종 유지보수를 소홀히 해서 집값이 더 떨어지고, 따라서 나중에 압류가 되어도 부채를 갚기가 어려워진다. 다음을 참고하라. Brian T. Melzer, "Mortgage debt overhang: Reduced investment by homeowners at risk of default", Journal of Finance 72 (2017): 575-612.

50   언급했듯이 이 부분과 관련해 파산법 규정은 나라마다 다르다. 덴마크는 여타의 많은 대륙 유럽 국가들처럼 모기지 채무에 탕감이 거의 없다. 덴마크에는 이런 말이 있다. "죽음이 우리를 갈라놓을 때까지는 결혼이 아니라 모기지에 해당하는 말."

6장 리스크와 함께 살아가기

1   물론 사치재와 필수재가 딱 떨어지게 구분되지는 않는다. 무엇을 꼭 필요하다고 느끼는지는 그 사람이 속한 공동체가 익숙해져 있는 생활 수준에 따라 다르다. 한계효용은 부가 일반적인 생활 수준을 지탱하기에 불충분한 수준으로 떨어지면 매우 높을 수 있다. 다음을 참고하라. John Campbell and John Cochrane, "By force of habit: a consumption-based explanation of aggregate stock market behavior", Journal of Political Economy 107 (1999): 205-251. 자산이 적어서 작은 집으로 옮겨가야 하거나 아이를 사립에서 공립학교로 전학시켜야 하는 등 고통스럽게 지출을 대폭 조정해야 하는 경우에도 한계[비]효용이 매우 클 수 있다. 다음을 참고하라. Raj Chetty and Adam Szeidl, "Consumption commitments and risk preferences", Quarterly Journal of Economics 122 (2007): 831-877.

2   간단한 예시를 통해 이를 알아볼 수 있다. 첫 번째 과자를 먹을 때 효용이 6이고 한 개 더 먹을 때 그 두 번째 과자의 효용이 5, 그 다음 번 과자의 효용이 4, 이런 식으로 줄어든다고 해보자(과자를 여섯 개 먹고 나면 그 다음에는 배가 너무 불러서 더 먹어도 효용이 늘지 않다가 감소하기 시작한다). 네 번째 과자를 잃는 고통은 3인데, 다섯 번째 과자를 얻을 때의 이득은 2다.

3   다음을 참고하라. "Investor profile questionnaire," Charles Schwab, https://www.schwab.com/resource/investment-questionnaire; "Investor questionnaire," Vanguard, https://retirementplans.vanguard.com/VGApp/pe/PubQuizActivity. 이 질문지의 문항들이 많은 요소를 고려해 그것들을 질적으로 결합하지만, 위험 기피 성향은 가상의 사고실험을 통해 양적으로도 측정할 수 있다. 악마가 단신에게 동전 던지기 내기에 평생 동안 쌓은 부의 10퍼센트를 걸도록 강요한다고 해보자. 앞면이 나오면 당신은 그만큼을 잃고, 뒷면이 나오면 악마가 그만큼을 당신에게 준다. 이 게임을 하지 않기 위해 당신은 악마에게 얼마를 주겠다고 제안하겠는가? 답이 X퍼센트이면 당신의 위험 기피 정도는 2X다. 예를 들어 이 게임을 벗어나는 대가로 부의 1퍼센트를 포기할 의향이 있다면 당신의 위험 기피 성향은 2다. 경제학자들은 일반적으로 위험 기피 정도의 합리적인 범위가 1(극도로 공격적인 투자 성향)에서 10(극도로 보수적인 투자 성향) 사이라고 생각한다. 위험 기피 성향이 그 개인에게 평생에 걸쳐 고정된 성격적 특성인지, 나이가 들거나 삶의 경험에 따라 달라지는지도 흥미로운 질문이다. 여기에서는 다루지 않았지만, 다음 장에서 이와 관련된 질문인 "투자 전략이 생애에 걸쳐 어떻게 달라져야 하는지"를 알아볼 것이다.

4   예를 들어 다음을 참고하라. Elroy Dimson, Paul Marsh, and Mike Staunton, Triumph of the Optimists: 101 Years of Global Investment Returns (Princeton University Press, 2002); Òscar Jordà, Katharina Knoll, Dmitry Kuvshinov, Moritz Schularick, and Alan M. Taylor, "The rate of return on everything, 1870-2015," Quarterly Journal of Economics 134 (2019): 1225-1298.

5   자산 분포의 20퍼센타일 이하에서는 부동산 소유율이 매우 낮은데, 두 가지 이유가 있다. 일단, 집은 자산이므로 집을 구입하면 (그 집을 거의 전적으로 대출 받아 샀고 따라서 순자산은 낮더라도) 총자산 분포에서 그 가구의 위치가 위로 올라가게 된다. 더 중요하게, 자산이 너무 적은 가구는 계약금을 마련

할 수 없어서 집 살 돈을 모기지 대출로 조달하지조차 못한다.

6   이런 불안의 일부는 내게는 주식시장이 "알려지지 않은, 알려지지 않은 것unknown unknowns"이라는
    두려움에서 나올 것이다(도널드 럼스펠드Donald Rumsfeld가 한 표현이다). 경제학에서는 이러한 태도
    를 표준적인 의미에서의 "위험 기피"와 구별하기 위해 "모호함 기피"라고 부른다. 불안의 정확한 이유
    가 무엇이건, 그것이 일으키는 효과는 현재 중시 편향 때문에 증폭될 수 있다. 현재 중시 편향을 가진
    나이브한 고객은 아마도 미루기 신공을 발휘해 오늘 당장 주식 계좌를 열어서 주식 투자를 시작하지
    않고 다음 날로 미룰 것이다. 내일은 몸을 움직여 계좌를 열 것이라고 믿으면서 말이다. 행동을 취하는
    데서 발생할 약간의 비용이 매우 지연된 행동으로 이어질 수 있고, 따라서 낮은 주식시장 참여율을 보
    일 수 있다.

7   이 효과에 대한 고전적인 연구는 다음을 참고하라. Daniel Kahneman and Amos Tversky,
    "Prospect Theory: An Analysis of Decision under Risk", Econometrica 47 (1979): 263-291.
    카네만과 트버스키의 "전망 이론prospect theory"은 현 상태(지금 당신이 가지고 있는 자산 상태)에 특
    별한 기준점의 위치를 부여해 이득과 손실을 그것에 대비한 개념으로 계산하며, 손실이 크기는 작더라
    도 이득보다 더 첨예하게 느껴진다. 이 이론이 실험실 조건에서는 많은 이들의 행동을 정확하게 묘사
    하지만, 카네만 본인도 이것이 적합한 리스크가 무엇인지에 대해 규범적으로 지침이나 조언을 주는 데
    사용되어서는 안 된다고 본다.

8   이런 이유에서, 리처드 세일러는 2015년 저서 《똑똑한 사람들의 멍청한 선택》에서 증권 계좌 잔액
    을 너무 자주 확인하지 말도록 조언했다(1년에 한 번 정도 확인하면 족할 것이다). 다음을 참고하라.
    Misbehaving: The Making of Behavioral Economics (WW Norton & Company 2015).

9   카지노 같은 화려한 외관은 없지만 복권도 마이너스 수익률을 가지며, 부자가 될 수 있다는 꿈을 제공
    한다. 브랜디 클라크Brandy Clark가 "예수님께 기도Pray to Jesus"에서 노래했듯이 말이다. "우리는 아이
    들을 새로 산 중고차에 태우고 교회를 지나 미니마트에 가지. 카운터 뒤쪽 벽에 '2억 달러의 파워볼'이
    라고 쓰여 있네. 여섯 개의 작은 숫자가 모든 것을 바꿀 수 있어. 우리는 예수님께 기도하고 로또를 하
    지. 우리가 내일을 바꿀 수 있는 길은 두 개뿐이니까. 요술 램프도 없고 지니도 없으니까. 그래서 우리
    는 예수님께 기도하고 로또를 하지."

10 리스크를 어느 만큼 감수하는 것이 최적인지에 대한 고전적인 공식은 당신의 자산 중 리스크가 있는
    자산에 투자해야 하는 비중이 그 자산의 샤프 지수를 당신의 위험 기피 성향과 해당 위험 자산 수익률
    의 표준편차의 곱으로 나눈 값이 되도록 하는 것이다. 여기에서 효용 극대화를 계산하면, 당신이 당신
    의 포트폴리오에 대해 감수해야 하는 리스크는 샤프 지수를 위험 기피 성향으로 나눈 값이다. 수학이
    가득한 교과서적 설명을 좋아한다면, 다음을 참고하라. John Campbell, Financial Decisions and
    Markets: A Course in Asset Pricing (Princeton University Press, 2018), chapter 2.

11 노벨 경제학 수상자 중 두 명이 다각화 이론에 대한 공로로 노벨상을 받았다. 한 명은 해리 마코위츠
    Harry Markowitz로, 다각화를 "투자에서 유일한 공짜 점심"이라고 말한 것으로 유명하다. 다른 한 명은
    제임스 토빈인데, 그는 다각화 이론 및 또 다른 업적의 공로도 인정받았다. 이 책의 저자 중 한 명인 존
    캠벨은 토빈이 노벨상을 받은 1981년에 토빈의 조교였다. 토빈이 작고했을 때 〈뉴욕 타임스〉는 부고
    기사에서 이렇게 언급했다. "그가 노벨상을 받자 기자들이 그에게 포트폴리오 이론을 설명해 달라고
    했다. 그가 설명을 시도하자 한 기자가 끼어들어 말했다. "아니요, 평범한 언어로 말씀해주세요." 그러
    자 그는 다각화 이론을 이렇게 설명했다. "음, 달걀을 한 바구니에 담지 마세요." 다음날 전 세계 언론
    의 편집기자들은 대략 다음과 같은 기사 제목들을 뽑았다. "노벨상 수상 경제학자, 달걀을 한 바구니에
    담지 말라고 말하다"(Holcomb R. Noble, 제임스 토빈에 대한 부고 기사. New York Times, March
    13, 2002).

12 다음을 참고하라. John Campbell, Martin Lettau, Burton Malkiel, and Yexiao Xu,
    "Idiosyncratic Equity Risk Two Decades Later", Critical Finance Review 12 (2023), 203-
    223, Figures 1, 2. 전형적인 개별 주식의 변동성이 60퍼센트라는 것은 모든 주식 전체를 단순 평균 냈
    을 때를 말한다. 시가총액으로 가중치를 두어 평균을 내면 30퍼센트 정도로 크게 낮아진다. 대개 큰 주
    식이 작은 주식보다 변동성이 작기 때문이다. 하지만 이 숫자로 계산해도 다각화의 이득은 상당하다.

13 이것을 최적의 리스크 감수에 대한 표준 공식과 결합하면, 위험 기피 성향이 2인 투자자는 주식 인덱스

에 투자할 경우에는 자산의 75퍼센트를 주식에 투자할 수 있지만[나머지는 안전 자산으로 보유] 개별 주식에 투자할 경우에는 자산의 8퍼센트만 주식에 투자해야 한다[나머지는 안전 자산으로 보유]. 이 차이[개별 종목에 투자하지 않고 인덱스에 투자하기로 할 때, 이 두 투자 전략의 차이]는 기대 수익률을 4퍼센트포인트 정도 증가시키게 되는데, 이것은 상당한 이득이다.

14 앤드류 카네기Andrew Carnegie는 "달걀을 한 바구니에 담고 바구니를 잘 살피라"는 취지의 조언을 했다. 하지만 기업을 운영하는 사업가에게는 적절한 조언일지 몰라도 일반적인 소매 투자자에게는 그렇지 않다. 사람들은 익숙함을 좋아하고, 이런 태도는 다른 맥락에서도 불쑥불쑥 나타난다. Gur Huberman, "Familiarity breeds investment," Review of Financial Studies 14 (2001): 659-680. 이 논문은 "전화 편향"을 보여준다. 소매 투자자들이 자기 동네의 유선전화 회사에 더 많이 투자하는 것으로 나타났다. "고향 편향"은 자기 나라 주식을 선호하는 경향을 말하는데 이것은 국제 금융에서 많이 연구된 일반적인 현상이다. 다음을 참고하라. Kenneth French and James Poterba, "Investor diversification and international equity markets," American Economic Review Papers and Proceedings 81 (1991): 222-226; Karen Lewis, "Trying to explain home bias in equities and consumption," Journal of Economic Literature 37 (1999): 571-608.

15 부동산 투자도 다각화된 포트폴리오의 일부가 되어야 하지만, 실물 자산에 과도하게 투자하는 것도 경계해야 한다. 특히 신흥시장에서는 부동산이나 금 같은 실물 자산에 대한 명백한 선호가 관찰되는데, 그 때문에 실물이 아닌 자산, 가령 자금이 필요할 때 유동화하기 훨씬 더 좋은 상장 주식 같은 것은 포트폴리오 구성에서 가중치가 적다. 다음을 참고하라. Francisco Gomes, Michael Haliassos, and Tarun Ramadorai, "Household finance", Journal of Economic Literature 59 (2021), 919-1000.

16 Shlomo Benartzi and Richard H. Thaler, "Naive diversification strategies in defined contribution saving plans", American Economic Review 91 (2021): 79-98; Gur Huberman and Wei Jiang, "Offering versus choice in 401(k) plans: equity exposure and number of funds", Journal of Finance 61 (2006): 763-801. 이 두 논문은 어떤 특정한 자산 범주나 펀드 범주 안에서 더 많은 펀드가 제시되면 사람들은 그 범주에 더 많이 투자한다는 것을 보여주었다. Claire Célérier and Boris Vallée, "Catering to investors through security design: headline rate and complexity", Quarterly Journal of Economics 132 (2017): 1469-1508. 이 논문은 복잡한 "구조화 상품"의 높은 비용을 논의한다.

17 다음을 참고하라. Robin Greenwood and Andrei Shleifer, "Expectations of returns and expected returns", Review of Financial Studies 27 (2014): 714-746. 이 경향은 가치가 최근에 오른 주식이나 뮤추얼펀드에 대한 홍보나 광고로 더 강화된다. 예를 들어 중국에서 많은 소매 투자자들이 뮤추얼펀드에 가입하는 데 사용하는 알리페이 스크린은 목록을 지난 한 해 동안의 성과순으로 보여준다. 다음을 참고하라. Claire Yurong Hong, Xiaomeng Lu, and Jun Pan, "FinTech platforms and mutual fund distribution", Management Science 71 (2025): 373-416.

18 Ulrike Malmendier and Stefan Nagel, "Depression babies: do macroeconomic experiences affect risk taking?", Quarterly Journal of Economics 126 (2011), 373-416.

19 다음을 참고하라. Michael Bailey, Ruiqing Cao, Theresa Kuchler, and Johannes Stroebel, "The economic effects of social networks: evidence from the housing market", Journal of Political Economy 126 (2018): 2224-2276.

20 CAPE 비율은 원래 다음의 고전적인 연구에서 가치 평가 도구로 처음 사용되었다. Benjamin Graham and David Dodd, Security Analysis, (McGraw-Hill, 1934). 현대의 학술 연구 중에서는 다음 논문에 다시 등장했다. John Campbell and Robert Shiller, "Stock prices, earnings, and expected dividends", Journal of Finance 43 (1988): 661-676.

21 시장 효율성에 대한 고전적인 논리를 보여주는 사례다. 투자자가 높은 수익을 기대할 경우, 그들이 자신의 믿음으로부터 수익을 얻기 위해 취하는 행동이 가격을 올리고, 그러다가 궁극적으로는 낮은 수익을 가져온다. 현명한 투자자들은 금융 시장에서의 이러한 경쟁 압력이 의미하는 바를 늘 염두에 두어야 한다.

22 금융 자문가들은 종종 고객에게 시장이 하락할 때 돈을 잃으면 어떻게 행동할 것 같은지 상상해보도록 질문한다. 핵심은, 시장이 하락할 때 고객이 패닉에 빠져서 황급히 매도할 자산이 너무 많지 않을 만한 포지션을 보유하게 해서 금융 리스크 감수의 정도를 알아보려는 것이다. 이것은 학계에서의 고전적인 방식 외에 위험 감수 역량을 가늠하는 또 다른 방법이다. 이것은 자신의 감정적인 반응을 예상해볼 수 있는 투자자들 본인에게도 유용할 수 있다. 이 장의 초고를 읽어본 지인은 리스크에 대한 인내를 개념화하기 위해 "리스크를 감수하게 할 만함risk-worthiness"이라는 표현을 제시했다. "신용을 줄 만함credit-worthiness"이라는 말처럼 말이다.

23 Malcolm Baker and Jeffrey Wurgler, "Market timing and capital structure", Journal of Finance 57 (2002): 1-32. 이 연구는 기업들이 주가가 과대평가 되었을 때 [부채 발행보다] 주식 발행을 선호한다는 것을 보여주었다. 후속 연구들은 기업이 심리적 편향을 가진 투자자들에게 "맞추어가는" 경향이 배당 지급 결정을 내릴 때나 주식 분할 등 여타의 기업 행동에 대한 결정을 내릴 때도 영향을 미친다는 것을 발견했다.

24 이에 대해 명료하고 단순한 설명은 다음을 참고하라. William Sharpe, "The arithmetic of active management", Financial Analysts Journal 47, no. 1 (1991): 7-9.

25 개리슨 케일러의 라디오 프로그램 〈프레리 홈 컴패니언〉(1974년부터 2016년까지 진행)에 레이크 워비콘 이야기가 나온다.

26 Santosh Anagol, Vimal Balasubramaniam, and Tarun Ramadorai, "Learning from noise: Evidence from India's IPO lotteries", Journal of Financial Economics 140 (2021): 965-986.

27 밈 주식 투자자가 내재적으로 가치가 없는 주식을 가격을 올린 뒤에 꼭대기에서 매도해 수익을 올릴 수도 있지만 모두가 그렇게 하려 한다면 가격이 다시 내려갈 것이다. 2023년 영화 〈덤 머니Dumb Money〉는 이름을 정말 잘 지었다.

28 Russ Wermers, "Mutual fund performance: an empirical decomposition into stock picking talent, style, transactions costs, and expenses", Journal of Finance 55 (2000): 1655-1695.

29 다음을 참고하라. Diane Del Guercio and Jonathan Reuter, "Mutual fund performance and the incentive to generate alpha", Journal of Finance 69 (2004):1673-1704; Jonathan Berk and Jules van Binsbergen, "Mutual funds in equilibrium", Annual Review of Financial Economics 9 (2017): 147-167.

30 기관투자자 시장은 이야기가 다르다. 연기금이나 발전기금 운용자들, 대형 기관투자자들은 방대한 자본을 가지고 예측 가능하고 감정에 휘둘리지 않는 의사결정을 할 수 있다는 평판을 가지고 있을 것이다. 기관투자자를 상대하는 펀드 매니저들은 자신이 올리는 이득을 이 같은 희소하고 바람직한 특징을 가지고 있는 투자자와 나눌 것이다.

31 복잡한 구조화 상품의 높은 비용을 폭로한 연구는 다음을 참고하라. Célérier and Vallée, "Catering to investors through security design." 구조화 상품이 투자자에게 주식시장에 참여할 용기를 준다는 점은 로렌트 칼벳 등의 다음을 참고하라. Laurent Calvet, Claire Célérier, Paolo Sodini, and Boris Vallée, "Can security design foster household risk-taking?", Journal of Finance 78 (2023): 1917-1966.

32 일반적으로 보험료는 먼저 내고 보험금은 나중에 받게 되는데, 이 경우에 비교를 하기 전에 보험금 액수를 현재 가치로 할인해야 한다. 보험수리적 공정성 개념을 이해하는 또 다른 방법은, 만약 어떤 리스크가 가구들 사이에 서로 상관관계가 없는 가구 특정적인 리스크일 경우 [위험 프로필] 동일한 수많은 고객이 있는 보험사가 보험료를 받아서 투자를 하고 청구가 들어왔을 때 보험금을 지급한다면 (운영비가 없다는 가정 하에) 정확히 본전이 되어야 한다는 의미다. 들어오는 현금 흐름이 정확히 나가야 하는 현금 흐름과 동일할 것이기 때문이다. 물론 현실에서는 대부분의 보험상품이 가구들 사이에 어느 정도 상관관계가 있는 리스크를 다룬다. 건강보험을 제공하는 보험회사에는 감염병이 유행하면 한꺼번에 많은 청구가 들어올 수 있을 것이다. 주택보험을 제공하는 보험회사에는 산불이나 홍수가 발생하면 한꺼번에 많은 청구가 들어올 수 있을 것이다.

33 보험 사기는 보험업계를 영구적으로 괴롭히는, 그리고 비용이 많이 드는 문제다. 매우 개연성 높은 드라마의 소재가 되기도 하는데 1944년작 누아르 영화 〈이중 배상Double Indemnity〉이 그런 사례다.

34 예를 들어 보험이 20퍼센트의 마크업을 가지고 있고 당신의 위험 기피 정도(주석3번에서 설명한 방식으로 계산)가 2라면, 당신은 손실 상황에서 당신의 부가 20퍼센트를 2로 나눈 10퍼센트가 줄어들 만큼 보험을 구매해야 한다. 당신의 위험 기피 정도가 5라면 20퍼센트를 5로 나눈 4퍼센트의 부가 소실될 만큼 보험을 구매해야 한다. 당신이 생각하는 손실이 보험 없이도 4퍼센트[위험 기피 정도가 2일 경우에는 10퍼센트]보다 많지는 않을 만큼 작다면 보험에 들지 않으면 된다. 이를 "자가 보험"이라고 한다. 마크업이 20퍼센트고 위험 기피 정도가 2라면, 보험을 안 들었을 때 부의 손실이 10퍼센트보다 적을 리스크에 대해서는 보험을 들지 말아야 한다. 마크업이 20퍼센트고 위험 기피 정도가 5이면 보험에 안 들었을 때 손실이 부의 4퍼센트보다 적은 리스크에 대해서는 보험을 굳이 들지 않아도 된다.

35 예를 들어 다음을 참고하라. "Extended warranty buying guide," Consumer Report, 2018년 4월 25일에 업데이트됨. https://www.consumerreports.org/money/extended-warranties/buying-guide. 일반적으로 연장 보증extended warranty의 보험료가 보험수리적으로 공정한 값에 상당한 마크업이 붙은 가격이라는 점을 논외로 하더라도, 몇 가지 다른 우려도 있다. 우선, 연장 보증이 보장해주지 않는 상황도 많다. 또 수리는 일반적으로 사람들이 예상하는 것보다 쉽고 싸다. 마지막으로, 제품의 "구식화"를 생각할 때 몇 년 뒤에 소비자가 동일 모델의 제품으로 교체받고 싶어할 가능성은 작을 것이다.

36 다음을 참고하라. Michael J. Gropper and Camelia M. Kuhnen, "Wealth and insurance choices: Evidence from US households," (NBER Working Paper 29069, 2021). 2017년 인도준비은행의 가계금융위원회 조사 결과 많은 인도 가구가 보험이 감당할 수 없는 가격대라고 믿고 있음을 드러냈다. 실제로 가격을 알아보고 생긴 견해일 수도 있고 그저 인간관계망에서 부정적인 이야기를 들어서 생긴 견해일 수도 있다. 다음을 참고하라. Tarun Ramadorai et al, "Report of the Household Finance Committee," 2017, https://www.rbi.org.in/Scripts/BS_PressReleaseDisplay.aspx?prid= 41471..

37 다음을 참고하라. Justin Sydnor, "(Over) insuring modest risks", American Economic Journal: Applied Economics 2 (2010): 177-99.

38 미국 TV 프로그램 〈못 말리는 번디 가족Married with Children〉의 주인공 앨 번디는 다음과 같은 유명한 대사를 했다(Season 5, episode 3, "Sue casa, his casa," 1990). "보험은 결혼과 같아요. 돈을 내고, 또 내고, 또 내고, 그러고 나서 받는 건 아무 것도 없죠." 보험과 결혼 둘 다에 대해 실제 상황을 매우 과장한 것이긴 하지만 이 말은 많은 사람들이 보험에 들 때 느끼는 우려를 잘 이야기하고 있다. 가장 좋은 상황에서[재앙이 닥치지 않는 상황], 당신은 보험료는 내지만 보험금을 받아야 할 일이 생기지 않기 때문이다.

39 다음을 참고하라. Benjamin Handel, "Adverse selection and inertia in health insurance markets: when nudging hurts", American Economic Review 103 (2013): 2643-2682; Saurab Bhargava, George Loewenstein, and Justin Sydnor, "Choose to lose: health plan choices from a menu with dominated options", Quarterly Journal of Economics 132 (2017): 1319-1372; Chenyuan Liu and Justin Sydnor, "Dominated options in health insurance plans", American Economic Journal: Economic Policy 14 (2022): 277-300. 본문에서 나오는 "우세"의 의미는 학계에서 말하는 "1차 확률적 우세"다. 이보다 조금 더 약한 정의는, 가능한 의료비 지출의 분포(예를 들어 한 회사의 모든 직원의 의료비 지출 분포)를 전제로 하고, 어떤 건강보험 플랜[A]보다 직원이 부담하는 의료 비용의 기댓값(보험료와 본인부담금을 모두 합한 금액)이 더 낮으면서 동시에 위험(직원이 부담하는 비용의 변동성)도 더 낮은 다른 플랜[B]이 존재한다면 그 다른 플랜이 '2차 확률적 우세'인 플랜이다[원래의 플랜 A가 B보다 확실하게 열등한 플랜이다]. 위의 마지막 논문에서 자기부담금이 높은 플랜과 낮은 플랜을 모두 제공하는 기업의 약 3분의 1에서 1차 확률적 우세가 발견되었고 절반이 조금 넘는 기업에서 2차 확률적 우세가 발견되었다.

40 다음을 참고하라. Adam Leive, Leora Friedberg, and Brent Davis, "Links between puzzles in household finance: evidence from employee benefit choices"(미출간 논문).

41 Keith Marzilli Ericson and Justin Sydnor, "The questionable value of having a choice of levels of health insurance coverage", Journal of Economic Perspectives 31, no. 4 (2017): 51-72.

42 다음을 참고하라. B. Douglas Bernheim, Lorenzo Forni, Jagadeesh Gokhale, and Laurence J. Kotlikoff, "The mismatch between life insurance holdings and financial vulnerabilities: evidence from the Health and Retirement Study", American Economic Review 93 (2003): 354-365. 이 현상을 생명보험 맥락에서 설명하고 있다.

43 다음을 참고하라. Paul Slovic, Baruch Fischhoff, and Sarah Lichtenstein, "Why study risk perception?," Risk Analysis 2 (1982): 83-93; Paul Slovic, The Perception of Risk (Routledge, 2016).

44 Daniel Gottlieb and Kent Smetters, "Lapse-based insurance," American Economic Review 111 (2021): 2377-2416.

45 다음을 참고하라. Financial Conduct Authority, "PPI complaints." 2024년 12월 5일에 접속함. https://www.fca.org.uk/consumers/ppi-complaints; and Lucy Brown, "Payment Protection Insurance (PPI) Guide," May 28, 2022, https://www.choose.co.uk/guide/payment-protection-insurance-in-depth.html.

46 보험사가 다른 보험사에 보장을 제공하는 재보험 시장이 이 영향을 제거할 수 있으리라 생각할 수도 있겠지만, 재보험은 분명히 중요하긴 해도 매우 불완전하다. 예를 들어 다음을 참고하라. Kenneth A. Froot and Paul G. O'Connell, "On the pricing of intermediated risks: Theory and application to catastrophe reinsurance," Journal of Banking & Finance 32 (2008): 69-85.

47 악명 높게도 "지연"과 "부인"이라는 단어가 2024년 건강보험 회사 경영자 브라이언 톰슨Brian Thompson 살해 현장의 총알 케이싱에서 발견되었다. 이 끔찍한 행동이 보험업계의 관행에 대한 폭력적인 저항이었음을 시사한다. 다음을 참고하라. Sarah Kliff and Reed Abelson, "United Healthcare has faced scrutiny over denying claims," New York Times, December 5, 2024, https://www.nytimes.com/2024/12/05/nyregion/delay-deny-defend-united-health-care-insurance-claims.html; Peter Whoriskey, "Deny and delay: The practices fueling anger at US health insurers," Washington Post, December 16, 2024, https://www.washingtonpost.com/business/2024/12/16/deny-delay-health-insurance-anger/. 다음 논문은 보험사가 재정 압박에 있을 때 보험금 지급 지연 전략이 사용된다는 점과 부합하는 실증 근거를 제시한다. Chotibhak Jotikasthira, Anastasia Kartasheva, Christian Lundblad, and Tarun Ramadorai, "Strategic claim payment delays: Evidence from property and casualty insurance" (Swiss Finance Institute research paper 25-14, 2025), https://ssrn.com/abstract=5115108.

7장 안정적인 노후를 준비하기

1 그리스 신화에서 테베라는 도시 외곽에 사는 스핑크스는 도시로 들어오는 관문에서 여행자에게 이 수수께끼를 내고 못 맞추면 잡아먹었다. 오이디푸스는 "인간"이라고 정답을 말해서 살아남았다. 인간은 아기 때는 네 발로 기고 성인 때는 두 발로 걷고 노년에는 (고대 그리스에 워커나 휠체어는 없었을 테니) 지팡이를 짚는다.

2 다음을 참고하라. Saloni Dattani, Lucas Rodés-Guirao, Hannah Ritchie, Esteban Ortiz-Ospina, and Max Roser, "Life expectancy," 2025년 3월 3일에 접속함. https://ourworldindata.org/life-expectancy..

3 다음을 참고하라. Saloni Duttani, Lucas Rodés-Guirao, and Max Roser, "Fertility rate," 2025년 3월 3일에 접속함. https://ourworldindata.org/fertility-rate.

4 미국 사회보장국에 따르면 노동자 대 수급자 비가 1960년에는 5.1이었는데 2005년에는 3.3이 되었고 2020년에는 2.6이 되었으며 2040년에는 겨우 2.1에 불과할 것으로 예상된다. 다음을 참고하

라. Gayle L. Reznik, Dave Shoffner, and David A. Weaver, "Coping with the demographic challenge: Fewer children and living longer," Social Security Bulletin 66, no. 4 (2007), https://www.ssa.gov/policy/docs/ssb/v66n4/v66n4p37.html. 다른 선진국도 상황은 비슷하고, 더 나쁜 곳도 있다.

5   다음을 참고하라. Robert Novy-Marx and Joshua Rauh, "Public pension promises: How big are they and what are they worth?," Journal of Finance 66 (2011): 1211-1249.

6   Mattia Landoni and Stephen P. Zeldes, "Should the government be paying investment fees on $3 trillion of tax-deferred retirement assets?" (National Bureau of Economic Research Working Paper 26700, 2020). 이 논문은 로스/ISA 계좌가 정부에도 이득임을 보여주었다. 전통적인 계좌에서는 은퇴 저축 자산 중 결국에는 세금으로 납부될 부분에 대해서도 정부가 사실상 자산 운용 수수료를 내게 되는데, 세금을 미리 받으면 이 수수료를 피할 수 있다.

7   2023년에 IRA 불입 한도는 연 6,500달러(50세 이상은 7,500달러)였다. 하지만 401(k)의 불입 한도는 연 2만 2,500달러(50세 이상은 3만 달러)였다. 또 다른 종류의 은퇴 계좌도 있다. 자영업자는 SEP-IRA이나 키오 플랜Keogh Plan 계좌를 이용해서 불입 한도를 늘릴 수 있다. 비영리기구는 403(b)를 제공할 수 있고 정부는 공무원들에게 401(k)와 비슷한 457 계좌를 제공할 수 있다. 또한 자녀의 초등, 중등교육 지출을 위한 저축은 코버델 교육저축계좌Coverdell Education Savings Account, CESA를 사용할 수 있고 대학 교육비 지출을 위한 저축은 ESA나 529 플랜 계좌를 이용할 수 있다. 마지막으로, 에이블 Achieving a Better Life Experience, ABLE 계좌는 장애인 및 가족들에게 장애 지원 니즈를 충당하는 데 필요한 저축을 할 수 있는 세금 우대 저축 예금이다.

8   Raj Chetty, John Friedman, Søren Leth-Petersen, Torben Heien Nielsen, and Tore Olsen, "Active vs. passive decisions and crowd-out in retirement savings accounts: evidence from Denmark", Quarterly Journal of Economics 129 (2014): 1141-1219.

9   Jonathan Skinner, "Are you sure you're saving enough for retirement?," Journal of Economic Perspectives 21, no. 3 (2007): 59-80. 금융 계획을 도와주는 소프트웨어를 각자의 상황에 맞는 상세 계산에 사용할 수 있다. 예를 들어 다음을 참고하라. Maxifi (https://maxifiplanner.com); TPAW (Total Portfolio Allocation and Withdrawal) Planner (https://tpawplanner.com/).

10   호주의 연금 제도에는 불입을 의무화한 것 외에도 몇 가지 긍정적인 면이 있다. 로스 계좌 형태여서 불입 시에 과세되고 인출 시에는 과세되지 않는다. 그리고 직장을 바꾸더라도 동일한 계좌pot에 불입을 이어갈 수 있어서 여러 계좌를 관리해야 하는 번거로움을 없애준다. 예를 들어 다음을 참고하라. "What Australia's superfund structure can teach UK schemes," Financial Times, March 25, 2024, https://www.ftadviser.com/pensions/2024/03/25/what-australia-s-superfund-structure-can-teach-uk-schemes/.

11   이 점을 강조한 논문으로는 다음을 참고하라. James J. Choi, " Popular personal financial advice versus the professors," Journal of Economic Perspectives 36, no. 4 (2022): 167-192. 이에 대한 반론은 사람들이 자신의 지출을 동료 집단과 맞추고자 하리라는 것이다. 그렇다면 성인기 초기에 중년 시기보다 지출을 줄이는 전략이 충분히 정당화된다.

12   Yimeng Yin, Anqi Chen, and Alicia H. Munnell, "The National Retirement Risk Index: An update from the 2022 SCF," Center for Retirement Research, Boston College, February 27, 2024, https://crr.bc.edu/the-national-retirement-risk-index-an-update-from-the-2022-scf/. 이 계산은 은퇴 시점에 역모기지를 사용해서 자신의 주택 자본을 금융 자산으로 변환하고 그 다음에 모든 금융 자산을 인플레 연동 연금을 구매하는 데 사용한다고 가정했다. 은퇴 시점은 저소득층은 62세, 중위소득층은 66세, 고소득층은 67세로 가정했다.

13   Laurence O'Brien, David Sturrock, and Jonathan Cribb, "Adequacy of future retirement incomes: New evidence for private sector employees," Institute for Financial Studies, September 16, 2024, https://ifs.org.uk/publications/adequacy-future-retirement-incomes-new-evidence-private-sector-employees.

14   "Research report: Low earners and workplace pension saving—a qualitative study,"
      UK Department of Work and Pensions, February 6, 2024. A. 다음도 참고하라. John
      Beshears, James J. Choi, David Laibson, and Brigitte C. Madrian, "The importance of
      default options for retirement saving outcomes." 다음에 수록됨. Social Security Policy in
      a Changing Environment, eds. Jeffrey R. Brown, Jeffrey B. Liebman, and David A. Wise
      (University of Chicago Press, 2009), 167-195; John Beshears, Ruofei Guo, David Laibson,
      Brigitte C. Madrian, and James J. Choi, "Automatic enrollment with a 12 percent default
      contribution rate," Journal of Pension Economics & Finance 24, no. 1 (2025): 152-182. 이
      논문은 기본설정 불입율이 높을 때 발생하는 영향을 살펴본 문헌들에 대한 최근의 리뷰 논문이다.

15   Taha Choukhmane, "Default options and retirement savings dynamics"(미출간 논문).

16   Amir E. Khandani, Andrew W. Lo, and Robert C. Merton, "Systemic risk and the
      refinancing ratchet effect," Journal of Financial Economics 108 (2013): 29-45; Hui Chen,
      Michael Michaux, and Nikolai Roussanov, "Houses as ATMs: Mortgage refinancing and
      macroeconomic uncertainty," Journal of Finance 75 (2020): 323-375.

17   "Research report," UK Department of Work and Pensions.

18   Anqi Chen, Yimeng Yin, and Alicia H. Munnell, "How well do people perceive their
      retirement preparedness?," Center for Retirement Research, June 6, 2023, https://crr.
      bc.edu/how-well-do-people-perceive-their-retirement-preparedness/John B.Shoven
      and Sita Nataraj Slavov, 2014, "Does it pay to delay social security?", Journal of Pension
      Economics and Finance 13, 121-144.

19   John B. Shoven and Sita Nataraj Slavov, "Does it pay to delay Social Security?," Journal
      of Pension Economics and Finance 13 (2014): 121-144.

20   John Y. Campbell and Luis M. Viceira, "Who should buy long-term bonds?," American
      Economic Review 91 (2001): 99-127; Campbell and Viceira, Strategic Asset Allocation:
      Portfolio Choice for Long-Term Investors (Oxford University Press, 2002).

21   Shlomo Benartzi, "Excessive extrapolation and the allocation of 401(k) accounts to
      company stock," Journal of Finance 56 (2001): 1747-1764.

22   2006년 연금보호법Pention Protection Act은 목표일 펀드 등 밸런스 펀드[혼합형 펀드]를 401(k) 기본
      설정으로 제공하는 고용주들을 보호한다. 전에는 고용주들이 리스크가 있는 펀드를 기본설정에서 제
      공했다가 주식시장 불황으로 직원들이 손실을 입을 경우 직원들에게 고소당할 위험을 져야 했다. 목
      표일 펀드가 점점 더 인기를 얻고 있다는 점은 다음을 참고하라. John Y. Campbell, "Restoring
      rational choice: The challenge of consumer financial regulation," Ely Lecture, American
      Economic Review: Papers and Proceedings 106 (2016): 1-30.

23   Campbell and Viceira, Strategic Asset Allocation; John Y. Campbell, Y. Lewis Chan, and
      Luis M. Viceira, "A Multivariate Model of Strategic Asset Allocation," Journal of Financial
      Economics 67 (2003): 41-80; Jeremy J. Siegel, Stocks for the Long Run: The Definitive
      Guide to Financial Market Returns and Long-Term Investment Strategies, 6th ed.
      (McGraw-Hill, 2022). 수익률이 R인 자산 W에서 발생하는 지속가능한 수익은 이 둘의 곱인 RxW이
      다. R이 하락할 때 W가 올라가면 이 둘의 곱은 계속 안정적이다.

24   John Y. Campbell and Luis M. Viceira, Strategic Asset Allocation: Portfolio Choice for
      Long-Term Investors (Oxford University Press). 금융산업 종사자들이 연간 보너스를 주식시장에
      따라 등락하는 형태로 받으면 이들의 소득은 채권보다 주식과 더 비슷하다. 따라서 목표일 펀드의 장
      점에 대한 일반적인 주장이 이 사람들에게는 적용되지 않는다.

25   목표일 펀드를 옹호하는 주장을 이해하는 또 다른 방법은 평생에 걸쳐 주식시장에 투자해서 기대할 수
      있는 수익은 오로지 총 투자['달러-연수dollar-years, 투자한 금액과 햇수를 곱한 것]'에만 좌우된다는
      점에 주목하는 것이다. 총 투자가 어느 한 해에 몰려 있든 여러 해에 걸쳐 고르게 분산되어 있든 상관

없다. 반면 위험은 매년 시장의 등락을 분산시키기 위해 총 투자를 시간에 따라 고르게 나누어 투자할 때 최소화된다. 따라서 은퇴 저축자는 매년 주식에 투자되는 '금액'이 가능한 한 비슷하도록 만드는 것이 바람직하다. 그림 7.2에서 보았듯이 시간이 흐르면서 자산이 축적되므로, 생애 초기에는 주식 '비중'을 높게 두고 나중에는 주식 비중을 낮게 두어야 한다는 의미가 된다. 직관적인 설명은 다음을 참고하라. Mark P. Kritzman, "All Stocks Half the Time or Half Stocks All the Time?" 다음에 수록됨. Puzzles of Finance: Six Practical Problems and Their Remarkable Solutions (Wiley 2000). 목표일 펀드에 대한 위의 주장은 평생에 걸쳐 위험 기피 정도가 달라지지 않는다고 가정했다. 하지만 나이가 들면서 사람들은 사실 더 위험 기피적이 되고, 따라서 생애의 뒷 시기에는 보수적으로 자산을 배분해야 할 이유가 더욱 많아진다.

26 이 효과를 알아본 연구로는 다음을 참고하라. Magnus Dahlqvist, Ofer Setty, and Roine Vestman, "On the asset allocation of a default pension fund," Journal of Finance 73 (2018): 1893-1936. 투자 가능한 주식의 예상 수익의 변동을 활용하는 목표일 펀드를 더 정교하게 제안한 연구로는 다음을 참고하라. Francisco Gomes, Alexander Michaelides, and Yuxin Zhang, "Tactical target date funds," Management Science 68, no. 4 (2022): 2377-3174.

27 Olivia S. Mitchell, James M. Poterba, Mark J. Warshawsky, and Jeffrey R. Brown, "New evidence on the money's worth of individual annuities," American Economic Review 89 (1999): 1299-1318.

28 Jens Kvaerner, "How large are bequest motives? Estimates based on health shocks," Review of Financial Studies 36 (2023): 3382-3422. 이 논문은 노르웨이와 네덜란드에서 70만 명의 데이터를 사용해 예기치 못한 부모의 암 진단이 자녀가 받는 유산을 상당히 증가시킨다는 것을 보여주었다. 이러한 동기를 잘 보여준다.

29 Olivia S. Mitchell, James M. Poterba, Mark J. Warshawsky, and Jeffrey R. Brown, "New evidence on the money's worth of individual annuities", American Economic Review 89 (1999): 1299-1318.

30 Amy Finkelstein and James M. Poterba, "Adverse selection in insurance markets: Policyholder evidence from the UK annuity market," Journal of Political Economy 112 (2004): 183-208.

31 Thomas Davidoff, Jeffrey R. Brown, and Peter A. Diamond, "Annuities and individual welfare," American Economic Review 95 (2005): 1573-1590; Kim Peijnenburg, Theo Nijman, and Bas J. M. Werker, "The annuity puzzle remains a puzzle," Journal of Economic Dynamics and Control 70 (2016): 18-35.

32 Jeffrey R. Brown, Jeffrey R. Kling, Sendhil Mullainathan, and Marian V. Wrobel, "Why don't people insure late-life consumption? A framing explanation of the under-annuitization puzzle," American Economic Review 98 (2008): 304-309.

33 연금화를 하면 [더 높은] 위험 자산 수익이 아닌 머니마켓 수익밖에 올리지 못한다는 우려는 아니다. 주식시장 수익에 따라 변동하는 변액연금 상품도 있기 때문이다. 이것은 일부 구매자에게는 매력적이겠지만, 어떤 이들에게는 헷갈리기만 할 것이다. 그리고 자신의 자산 운용 역량을 믿는 사람에게는 여전히 만족스럽지 않을 것이다.

34 James Poterba, Steven Venti, and David Wise, "The composition and drawdown of wealth in retirement," Journal of Economic Perspectives 25, no. 4 (2011): 95-118. 이 논문은 노인들 사이에서 하우스푸어가 놀랍도록 흔한 상황임을 강조한다.

35 지급 가능한 돈의 액수는 역모기지를 받은 뒤 얼마나 오래 그곳에 거주하는지에 따라 다르다. 주택을 매각하기 전까지는 이자가 지급되지 않기 때문에 일반 모기지와 달리 원금이 시간이 가면 줄어드는 것이 아니라 늘어난다.

36 "Reverse mortgages: Report to Congress," Consumer Financial Protection Bureau, 2012, http://www.consumerfinance.gov/reports/reverse-mortgages-report/.

37 Deborah Lucas, "Hacking reverse mortgages" (미출간 논문). 역모기지 제공 업체의 시장 권력은 부분적으로는 연방주택관리청의 보험 프로그램의 규칙이 경쟁을 제한하기 때문이기도 하다.

38 Consumer Financial Protection Bureau. 민원 접수번호 8596094. 2024년 3월 21일에 접수됨. https://www.consumerfinance.gov/data-research/consumer-complaints/search/detail/85960.

39 Thomas Davidoff, "Can 'high costs' justify weak demand for the Home Equity Conversion Mortgage?," Review of Financial Studies 28 (2015): 2364-2398..

40 유지보수는 집의 가치를 유지하는 데 매우 중요한데, 어떤 주택 소유자는 유지보수를 잘 하지 못한다. 다음을 참고하라. Brian T. Melzer, "Mortgage debt overhang: Reduced investment by homeowners at risk of default," Journal of Finance 72 (2017): 575-612. 다음 논문은 주택 소유자의 사망으로 주택이 매각되면 다른 주택보다 좋은 값을 받지 못한다는 것을 보여주었다. 급매를 해야 하기도 하고 유지보수가 오랫 동안 잘 되지 않았기 때문이기도 할 것이다. John Y. Campbell, Stefano Giglio, and Parag Pathak, "Forced sales and house prices", American Economic Review 101 (2011): 2108-2131.

41 Consumer Financial Protection Bureau. 민원 접수번호 9128254. 2024년 5월 29일에 접수됨. https://www.consumerfinance.gov/data-research/consumer-complaints/search/detail/9128254.

8장 테크놀로지의 약속과 위험

1 Michael Webb, "The impact of artificial intelligence in the labor market." (미출간 논문). 이 논문은 AI 기술 특허에 대한 방대한 데이터와 기업들이 올린 구직공고를 영리하게 결합해 AI에 의해 대체될 가능성이 가장 높은 직업을 예측했다. 다량의 루틴한 정보 처리가 관여되는 고숙련 직종이 AI의 발달에 특히 취약할 것으로 예측되었다.

2 예를 들어 영국 디지털 은행 몬조Monzo의 신규 고객 온보딩 절차를 참고하라. "Why we ask for a video when you open a Monzo account," Monzo, 2025년 3월 19일에 접속함. https://monzo.com/help/opening-an-account/why-we-ask-for-a-video-when-you-open-a-monzo-account/.

3 Oliver Ralph and Miles Kruppa, "Insurance start-up Lemonade shares double after IPO," Financial Times, July 2, 2020.

4 신용정보 회사 엑스페리언은 2023년에 590만 명의 영국 소비자가 BNPL 신용을 사용하고 있을 것으로 추산했다. 45~64세의 리스크가 더 작은 소비자들 사이에서 가장 빠르게 증가하고 있는 것으로 나타났다. 다음을 참고하라. Vicky Shaw, "Older shoppers embracing buy-now-pay-later options such as Klarna—research," Independent, December 18, 2023, https://www.independent.co.uk/money/older-shoppers-embracing-buynowpaylater-options-such-as-klarna-research-b2465451 .html.

5 다음을 참고하라. Sonia Rach, "Robo-advisers hit 20% market share," FT Adviser, May 25, 2023, https://www.ftadviser.com/investments/2023/05/25/robo-advisers-hit-20-market-share/.

6 Isaac Asimov, Foundation, part V, "The Merchant Princes," section 18 (Panther, 1960) [1951년에 최초 출간].

7 다음을 참고하라. Maggie Fitzgerald, "Robinhood gets rid of confetti feature amid scrutiny over gamified investing," CNBC, March 31, 2021, https://www.cnbc.com/2021/03/31/robinhood-gets-rid-of-confetti-feature-amid-scrutiny-over-gamification.html.

8 Claire Hong, Xiaomeng Lu, and Jun Pan, "FinTech platforms and mutual fund distribution" (미출간 논문) https://en.saif.sjtu.edu.cn/junpan/Platform_MS _Rev.pdf.

9   Marco Di Maggio, Emily Williams, and Justin Katz, "Buy now, pay later credit: User characteristics and effects on spending patterns" (미출간 논문).

10   Dave Michaels and Inti Pacheco, "FTC to examine if companies raise prices using consumer surveillance," Wall Street Journal, July 23, 2024.

11   Tarun Ramadorai, Antoine Uettwiller, and Ansgar Walther, "Privacy policies and consumer data extraction: evidence from US firms" (근간) Review of Finance.

12   최근의 사례로는 예를 들어 다음을 참고하라. "Sweden's Klarna fined $733,000 over insufficient GDPR information," Reuters, March 11, 2024, https://www.reuters.com/technology/swedens-klarna-fined-733000-over-data-protection-shortcomings-2024-03-11/. 민감 데이터 접근과 관련한 최근의 사례로는 다음을 참고하라. "Private UK health data donated for medical research shared with insurance companies," Guardian, November 12, 2023, https://www.theguardian.com/technology/2023 /nov/12/private-uk-health-data-donated-medical-research-shared-insurance-companies.

13   예를 들어 다음을 참고하라. Alessandro Acquisti, "Privacy in electronic commerce and the economics of immediate gratification," 다음에 수록됨. Proceedings of the 5th ACM Conference on Electronic Commerce, ed. Jack Breese (Association for Computing Machinery, 2004), 21-29.

14   다음을 참고하라. Francesca Brusa, Xueming Luo, and Zheng Fang, "Moral suasion, reputational concerns, and strategic motives."(미출간 논문), https://www.dropbox.com/s/40q32fgz1qlm71q/BLF_October2020.pdf.

15   예를 들어 다음을 참고하라. "Speech by HHJ Pelling KC: Issues in Crypto Currency Fraud Claims—an update," Courts and Tribunals Judiciary, June 28, 2023, https://www.judiciary.uk/speech-by-hhj-pelling-issues-in-crypto-currency-fraud-claims-an-update/.

16   예를 들어, 다음을 참고하라. Lydia Beyoud, "SEC's Gensler takes on crypto DeFi exchanges with refreshed rule plan," Bloomberg, April 14, 2023, https://www.bloomberg.com/news/articles/2023-04-14/gensler-takes-on-crypto-defi-exchanges-with-refreshed-rule-plan.

17   다음을 참고하라. Asli Demirgüç-Kunt, Edward Kane, and Luc Laeven, "Deposit insurance around the world: A comprehensive analysis and database," Journal of Financial Stability 20 (2015): 155-183

18   다음을 참고하라. Rob Copeland, "What happens when your bank isn't really a bank and your money disappears?," New York Times, July 9, 2024, https://www.nytimes.com/2024/07/09/business/synapse-bankruptcy-fintech-fdic-insurance.html.

19   Andreas Fuster, Paul Goldsmith-Pinkham, Tarun Ramadorai, and Ansgar Walther, "Predictably unequal? The effect of machine learning on credit markets", Journal of Finance, 77 no 1 (2022): 5-47. 이론적 연구와 미국의 모기지 대출 1,000만 건에 대한 연속 데이터를 사용한 실증연구 결과, 흑인과 히스패닉 대출자들이 신용 스크리닝에 기계학습 기술을 도입했을 때 이득을 볼 가능성이 평균보다 낮은 것으로 나타났다.

20   "Discrimination is a bigger AI risk than human extinction— EU commissioner," Guardian, June 14, 2023, https://www.theguardian.com/technology/2023/jun/14/ai-discrimination-is-a-bigger-risk-than-human-extinction-eu-chief.

21   하웰스의 사례는 다음을 참고하라. Ali Watkins, "In yearslong search for lost Bitcoin, a final proposal: Let me buy the landfill," New York Times, February 13, 2024; Joe Middleton, "Man who threw away £150m in Bitcoin hopes AI and robot dogs will get it back," Guardian, August 2, 2022, https://www.theguardian.com/technology/2022/aug/02/man-hopes-ai-and-robot-dogs-will-help-recover-150m-in-bitcoin-from-landfill. 토머스의 사례는 다음을 참고하라. Nathaniel Popper, "Lost passwords lock millionaires out

of their Bitcoin fortunes," New York Times, January 12, 2021, https:// www.nytimes. com/2021/01/12/technology/bitcoin-passwords-wallets-fortunes.html; Taylor Carmichael, "The man who lost $265 million," Motley Fool, June 18, 2021, https://www. fool.com/investing/2021/06/18/the-man-who-lost-265-million/. 최근에 〈와이어드〉에 실린 기사에 따르면 토머스가 아마도 지금은 코드를 알아내는 것에 대해 전만큼 열의가 있지는 않은 듯하다. Andy Greenberg, "They cracked the code to a locked USB drive work $235 million in Bitcoin. Then it got weird," Wired, October 24, 2023, https://www.wired.com/story/ unciphered-ironkey-password-cracking-bitcoin.

22   아프리크립트와 카지 형제 사례는 다음을 참고하라. Loni Prinsloo, "Africrypt investors push for charges against Cajee brothers," January 4, 2022, https://techcentral.co.za/africrypt-investors-push-for-charges-against-cajee-brothers/206356/. FTX에 대한 개괄과 암호화폐의 범죄적인 사용에 대해서는 다음을 참고하라. Zeke Faux, Number Go Up: Inside Crypto's Wild Rise and Staggering Fall (Crown Currency, 2023).

23   암호화폐 거래소 코인데스크는 암호화폐 플랫폼에서의 전형적인 사기를 유형별로 나열하고 있다. 많은 유구한 사기 수법이 단순히 새로운 분산금융 환경에서 새로운 형태를 띠고 나타났음을 알 수 있다. 다음을 참고하라. Toby Leah Bochan, "Six kinds of crypto scams and how to avoid them," January 18, 2023, https://www.coindesk.com/learn/6-kinds-of-crypto-scams-and-how-to-avoid-them/.

24   레드라이닝은 다음을 참고하라. "Redlining," US Federal Reserve, June 2, 2023, https://www. federalreservehistory.org/essays/redlining. 연방주택관리청이 1930년대에 제도화한 모기지 대출 관행이 미친 영향을 중요하게 언급하고 있다. 역-레드라이닝은 다음을 참고하라. Linda E. Fisher, "Target marketing of subprime loans: Racialized consumer fraud and reverse redlining," Journal of Law and Policy 18 (2009): 121-155.

25   다음을 참고하라. "Why the crypto crash hit Black Americans hard," Economist, May 20, 2022, https://www.economist.com/graphic-detail/2022/05/20/why-the-crypto-crash-hit-black-americans-hard.

26   다음을 참고하라. "Tracking electricity consumption from US cryptocurrency mining operations," US Energy Administration, February 1, 2024, https://www.eia.gov/todayinenergy/detail.php?id=61364.

27   다음을 참고하라. Nick Bilton, American Kingpin: Catching the Billion-Dollar Baron of the Dark Web (Random House, 2017); Faux, Number Go Up.

28   "Cryptocurrencies: Tracing the evolution of criminal finances," Europol Spotlight, 2022, https://www.europol.europa.eu/publications-events/publications/cryptocurrencies-tracing-evolution-of-criminal-finances.

29   "Tracking electricity consumption from US cryptocurrency mining operations," US Energy Administration, February 1, 2024, https://www.eia.gov/todayinenergy/detail.php?id=61364.

30   다음을 참고하라. Sharmista Appaya, Helen Gradstein, and Mahjabeen Haji, "Global experiences from regulatory sandboxes," Fintech Note, no. 8, World Bank Group, November 13, 2020, https://documents.worldbank.org/en/publication/documents-reports/documentdetail/912001605241080935/global-experiences-from-regulatory-sandboxes.

31   다음을 참고하라. "Fintech Salary Finance secures £300m JP Morgan credit line," Yahoo! Finance, January 26, 2023, rb.gy/p43u7a; "FCA reveals the fourth round of successful firms in its regulatory sandbox," Financial Conduct Authority, July 3, 2018, https:// www.fca.org.uk/news/press-releases/fca-reveals-fourth-round-successful-firms-its-regulatory-sandbox.

32 최근 IMF는 이렇게 기존의 규제 자원을 잠식할지 모른다는 점에서 샌드박스에만 전적으로 의존하는 것에 대해 우려를 제기했다. 다음을 참고하라. Parma Bains and Caroline Wu, "Institutional arrangements for fintech regulation: Supervisory monitoring," June 26, 2023, https://www.imf.org/en/Publications/fintech-notes/Issues/2023/06/23/Institutional-Arrangements-for-Fintech-Regulation-Supervisory-Monitoring-534291.

33 다음을 참고하라. Coinbase.com, "What is Dogecoin?," 2024년 8월 9일에 접속함. https://www.coinbase.com/learn/crypto-basics/what-is-dogecoin.

34 금융 관련 개인 정보에 대한 권리 기반 보호 방식의 개괄은 다음을 참고하라. Tarun Ramadorai and the Household Finance Committee, Indian Household Finance, Reserve Bank of India, 2017, Appendix F.

35 우리는 이 조언을 고전적인 경제학 논리인 후생경제학 제2정리에 토대를 두었다. 예를 들어 다음을 참고하라. Andreu Mas-Colell, Michael Whinston, and Jerry Green, Microeconomic Theory (Oxford University Press, 1995).

36 이에 대한 실증 근거는 다음을 참고하라. Erica Jiang, Gloria Yu, and Jinyuan Zhang, "Bank competition amid digital disruption: Implications for financial inclusion" (미출간 논문).

37 예를 들어 다음을 참고하라. Fiona Greig, Tarun Ramadorai, Alberto Rossi, Steve Utkus, and Ansgar Walther, "Human financial advice in an age of automation" (미출간 논문). 이 논문은 미국에서 심지어 부유한 가구들도 자동화된 알고리즘 기반 포트폴리오 운용 솔루션을 ('변경'하지는 않되) '설명'해주는 인간 자문을 활용할 수 있을 때 후생에 상당한 득을 얻을 수 있음을 보여주었다.

38 "Paul Volcker: Think more boldly," Wall Street Journal, December 14, 2009. 폴 볼커는 이렇게 말했다. "내가 지난 20년간 본 것 중 가장 중요한 금융 혁신은 현금지급기다. 현금지급기는 사람들에게 정말 도움을 주고 은행에 가지 않아도 되게 해주며 정말 편리하다. 다른 혁신 중에서 우리에게 이 기계만큼 중요하다고 말할 수 있는 것이 몇이나 되는가? 그런데 사실 이것은 금융 혁신이 아니라 기계 혁신이다."

9장 '넛지' 말고 '쇼브'

1 에스토니아의 디지털 시스템에 대한 쉬운 개괄은 다음을 참고하라. Nathan Heller, "Estonia, the digital republic," New Yorker, December 18 and 25, 2017. 인도 시스템의 잠재적인 장점은 다음을 참고하라. Alan Gelb and Anna Diofasi Metz, Identification Revolution: Can Digital ID be Harnessed for Development? (Center for Global Development, 2018); Ministry of Finance, Government of India, Economic Survey 2015-2016, chapter 3, "Spreading JAM across India's economy," https://www.indiabudget.gov.in/budget2016-2017/survey.asp. 디지털 신분증을 과도하게 열정적으로 강제하면 빈곤층 중 수급 자격이 되는데도 복지 서비스에서 배제될 수 있다는 점은 주의해야 한다. 다음을 참고하라. Karthik Mularidharan, Paul Niehaus, and Sandip Sukhtankar, "Balancing corruption and exclusion: Incorporating Aadhaar into PDS," Ideas for India, April 17, 2020, https://www.ideasforindia.in/topics/poverty-inequality/balancing-corruption-and-exclusion-incorporating-aadhaar-into-pds.html.

2 Rafael La Porta, Florencio Lopez-de-Silanes, Andrei Shleifer, and Robert W. Vishny, "Law and finance," Journal of Political Economy 106 (1998): 1113-1155. 현대 경제학의 논문 전체 통틀어 가장 널리 인용된 논문 중 하나로 꼽힐 것이다. 이와 대조되는 견해로, 금융 혁신이 투자자에 대한 법적 보호가 약하다는 점을 메워줄 수 있다는 견해가 있다. 다음을 참고하라. Philip T. Hoffman, Gilles Postel-Vinay, and Jean-Laurent Rosenthal, Dark Matter Credit: The Development of Peer-to-Peer Lending and Banking in France (Princeton University Press, 2019).

3 Marco Pagano and Tullio Jappelli, "Information sharing in credit markets," Journal of Finance 48 (1993): 1693-1718. 이 논문은 이론적 논증과 역사적인 국가 간 실증 근거를 제시하고

있다. 신용 점수 등록이 정보 공유와 대출 증가의 선순환을 일으킬 수 있는 것으로 나타났다.

4   비트코인은 평상시의 경우 평균 거래 수수료가 거래당 적어도 1달러이고 비트코인 블록체인에 체증이 걸렸던 2024년 4월에는 일부 거래에서 거래당 100달러가 넘기도 했다. [비채굴형] 암호화폐인 XRP는 거래 수수료가 1페니보다도 훨씬 작지만, 주로는 은행들이 사용하며 이들 은행은 여전히 대부분의 활동은 공공 결제 인프라에 의존한다. 다음을 참고하라. Bitinfo Charts, "Bitcoin avg. transaction fee historical chart," 2024년 4월 12일에 접속함, https:// bitinfocharts.com/comparison/bitcoin-transactionfees.html#3y; Bitinfo Charts, "XRP avg. transaction fee historical chart," 2024년 4월 12일에 접속함. https://bitinfocharts.com/comparison/transactionfees-xrp.html#3y.

5   예를 들어 다음 논문은 대규모 정부 개입(이 경우에는 정부가 직불카드 발급)이 사용자와 제공자 모두에게 전자 결제 기술의 도입을 촉진하는 데 효과가 있음을 보여주었다. Sean Higgins, "Financial technology adoption: Network externalities of cashless payments in Mexico," American Economic Review 114 (2024): 3469-3512.

6   Stephen Cecchetti and Kermit Schoenholtz, "Modernizing the US payments system: Faster, cheaper, and more secure," July 30, 2017, https://www.moneyandbanking.com/commentary/2017/7/30/modernizing-the-us-payments-system-faster-cheaper-and-more-secu.

7   금융 인프라의 질을 판단하는 것은 국가 간 비교가 유용할 수 있는 많은 영역 중 하나다. 우리는 다음에서 이러한 국가 간 비교 연구를 주창했다. Cristian Badarinza, John Y. Campbell, and Tarun Ramadorai, "International comparative household finance," Annual Review of Economics 8 (2016): 111-144.

8   다음을 참고하라. Dan Kadlec, "Bold new rule: Students in the UK must study personal finance," Time, February 14, 2013, https://business.time.com/2013/02/14/bold-new-rule-students-in-the-u-k-must-study-personal-finance/; Emma Donahue, "Passing legislation is just the beginning: A 2024 legislative review of K-12 financial education requirements," National Endowment for Financial Education, August 16, 2024, https://www.nefe.org/news/2024/08/2024-legislative-review.aspx/.

9   Tim Kaiser, Annamaria Lusardi, Lukas Menkhoff, and Carly Urban, "Financial education affects financial knowledge and downstream behaviors," Journal of Financial Economics 145 (2022): 255-272.

10   미국에서 경제교육협회Council for Economic Education와 '개인금융문해력을 위한 점프스타트연합Jump$tart Coalition for Personal Financial Literacy'은 이 원칙을 바탕으로 '개인금융교육 전국표준안National Standards for Personal Financial Education'을 만들었다. 다음을 참고하라. Council for Economic Education, "National standards for financial literacy," 2023년 4월 20일에 업데이트됨. https:// econedlink.org/resources/national-standards-for-financial-literacy//. 유럽에서는 EU 집행위원회와 OECD의 '금융교육을 위한 국제네트워크International Network on Financial Education'가 성인과 아동을 위한 금융 역량 프레임워크를 개발했다. 다음을 참고하라. European Commission, "The Commission and OECD-INFE publish a joint framework for children and youth," September 27, 2023, https://finance.ec.europa.eu/publications/commission-and-oecd-infe-publish-joint-framework-children-and-youth_en; European Commission, "The Commission and OECD-INFE publish a joint framework for adults to improve individuals' financial skills," January 11, 2022, https://finance.ec.europa.eu/publications/commission-and-oecd-infe-publish-joint-framework-adults-improve-individuals -financial-skills_en.

11   미국에서는 비영리기관인 파이사이클FiCycle이 이 접근 방식을 촉진하고 있으며 이에 따른 표준을 만들어 제안했다. 다음을 참고하라. FiCycle, 2025년 3월 20일에 접속함. https://ficycle.org/ficycle -standards-for-personal-finance-and-mathemati/.

12   삼각법은 [학생들을 좌절시켜서] 이 접근으로 이득을 얻을 수 없는 수학 영역의 사례일 것이다. 이 책

의 저자인 우리 중 한 명(혹은 둘 다)의 어린 시절에 좌절을 불러일으킨 주범이다. 삼각법에 대해 고등학교 때 트라우마적인 경험을 한 그는 세월이 지나서 구스타브 플로베르Gustave Flaubert가 1841년에 누이 캐롤린에게 보낸 편지에서 언급한 "선장의 나이" 문제를 우연히 보고 매우 기뻤다. 편지 내용은 다음과 같다. "기하와 삼각법을 공부하고 있다고 하니, 내가 문제를 하나 낼게. 면화를 실은 배가 보스턴을 출발해 대양으로 항해를 해. 면화는 모두 200톤이고, 르파브르를 향해 가는 중이야. 중앙 돛대가 부러졌고, 선실 소년이 갑판에 있고, 배에는 12명의 승객이 있어. 바람은 동북동풍이고 시간은 오후 3시 15분이야. 때는 5월이고. 자, 선장은 몇 살일까?" Gustave Flaubert, letter to Caroline, May 16, 1841. 다음에 수록됨. Correspondance, first series (1830-1850) (G. Charpentier and Co., 1887). 다음에서 번역. https://web.archive.org/web/20181007001338/http://math.furman.edu/~mwoodard/ascquotf.html, 2025년 3월 20일에 접속함. 삼각법에 좌절한 우리 저자 중 한 명이 어린 시절에 접했던 문제들과 달리, 독자 여러분도 추측하셨겠지만, 이 문제는 정답을 낼 수 없다.

13 다음을 참고하라. Global Financial Literacy Excellence Centre, Stanford University, 2024년 8월 12일에 접속함. https://gflec.org/.

14 유럽에서 10년 동안 소비자에게 판매된 5만 건의 상품에 대한 텍스트 분석 결과, 더 복잡하고 위험한 상품이 잠재 고객에게 더 높은 이자율로 광고되었고 그것을 내놓은 은행에 더 수익성 있는 상품이었던 것으로 나타났다. 다음을 참고하라. Boris Vallee and Claire Celerier, "Catering to investors through security design: Headline rate and complexity," Quarterly Journal of Economics 132 (2017): 1469-1508.

15 Hong Ru and Antoinette Schoar, "Do credit card companies screen for behavioral biases?" (NBER Working Paper 22360, 2017).

16 다음을 참고하라. European Commission, "Consumer Protection in Financial Services," 2024년 4월 12일에 접속함. https://commission.europa.eu/live-work-travel-eu/consumer-rights-and-complaints/consumer-financial-products-and-services/consumer-protection-financial-services_en.

17 다음을 참고하라. Paulo Costa, "Numerical anchoring, perceived returns, and asset prices" (미출간 논문), https://scholar.harvard.edu/pcosta/publications/numerical-anchoring-perceived-returns-and-asset-prices; Victor Stango and Jonathan Zinman, "Exponential growth bias and house hold finance," Journal of Finance 64 (2009): 2807-2849.

18 미국의 신용카드 대출자에 대한 소비자금융보호국의 2021년 연구에 따르면 2017~2020년에 프라임 등급 대출사는 잔액에 대해 1퍼센트의 수수료를 내고 있었지만 서브프라임 대출자는 거의 6퍼센트를, 딥 서브프라임 대출자는 많게는 10퍼센트까지노 수수료를 내고 있었다. 다음을 참고하라. Bureau of Consumer Financial Protection, "The consumer credit card market," September 2021, figure 7, "Total fees incurred in the year as a percentage of average cycle-ending balances, revolving accounts, general purpose (Y-14+)," 53, https://www.consumerfinance.gov/data-research/research-reports/consumer-credit-card-market/.

19 여기에서 우리가 추천하는 종류의 몇몇 정보 공개 방식은 급여일대출을 받는 사람들을 대상으로 한 다음의 연구에서 검증되었다. Marianne Bertrand and Adair Morse, "Information disclosure, cognitive biases, and payday borrowing," Journal of Finance 66, no. 6 (December 2011): 1865-1893. 전형적인 과거 수수료 경험에 대한 정보 공개는 다음에서 주창했다. Richard Thaler and Will Tucker, "Smarter information, smarter consumers," Harvard Business Review 91, no. 1 (2013): 44-54. 이 논문은 금융기관들이 이런 정보를 기계가 읽을 수 있는 양식으로 제공해야 한다고 주장했다. 제3자가 정보를 모아 소비자들이 대부자들을 비교하기 더 쉬워지게 할 수 있도록 말이다. 하지만 이런 통합이 없더라도 각 금융기관이 자기 고객들의 경험을 요약한 정보를 만들도록 강제하는 규제를 만들 수 있다.

20 이 개혁의 상세 내용에 대해서는 다음을 참고하라. Ali Hortaçsu and Chad Syverson, "Product differentiation, search costs, and competition in the mutual fund industry: A case study of S&P 500 index funds," Quarterly Journal of Economics 119 (2004): 403-456.

21 Yannis Bakos, Florencia Marotta-Wurgler, and David R. Trossen, Does anyone read the fine print? Consumer attention to standard-form contracts", Journal of Legal Studies 43 (2014): 1-35.

22 Omri Ben-Shahar and Carl R. Schneider, More Than You Wanted to Know: The Failure of Mandated Disclosure, (Princeton University Press, 2014), 69-70.

23 Phillip Levine, A Problem of Fit: How the Complexity of College Pricing Hurts Students—and Universities (University of Chicago Press, 2022), 99-101. 이런 계산기의 사례로는 르빈이 설계한 것이 있다. 다음을 참고하라. MyinTuition (https://myintuition.org).

24 Thaler and Tucker, "Smarter information, smarter consumers."

25 다음을 참고하라. Sumit Bose and Committee, "Report of the committee to recommend measures for curbing mis-selling and rationalising distribution incentives in financial products," Ministry of Finance, Government of India, 2016; Tarun Ramadorai and Committee, "Report of the committee on household finance," Reserve Bank of India, 2017.

26 Consumer Financial Protection Bureau, 민원 접수번호 4612221, 2021년 8월 8일에 접수됨, https://www.consumerfinance.gov/data-research/consumer-complaints/search/detail/461222.

27 다음을 참고하라. Federal Trade Commission, "Section 319 of the fair and accurate credit transactions act of 2003: Sixth interim and final Federal Trade Commission report to Congress concerning the accuracy of information in credit reports," January 2015, https://www.ftc.gov/reports/section-319-fair-accurate-credit-transactions-act-2003-sixth-interim-final-federal-trade-commissio.

28 Richard H. Thaler and Cass R. Sunstein, Nudge: Improving Decisions about Health, Wealth, and Happiness (Yale University Press, 2008).

29 Brigitte C. Madrian and Dennis F. Shea, "The power of suggestion: Inertia in 401(k) participation and savings behavior," Quarterly Journal of Economics 116 (2001): 1149-1187; James J. Choi, David Laibson, Brigitte C. Madrian, and Andrew Metrick, "For better or for worse: Default effects and 401(k) savings behavior." 다음에 수록됨. Perspectives on the Economics of Aging, ed. David A. Wise (University of Chicago Press, 2004), 81-126.

30 OECD, "Behavioural insights and public policy: Lessons from around the world," March 1, 2017, https://www.oecd.org/gov/regulatory-policy/behavioural-insights-and-public-policy-9789264270480-en.htm.

31 학계의 넛지 연구를 실제 세계에서의 넛지 팀들이 더 큰 규모로 시도했을 때와 비교한 결과는 다음을 참고하라. Stefano DellaVigna and Elizabeth Linos, "RCTs to scale: Comprehensive evidence from two nudge units," Econometrica 90 (2022): 81-116. 선택지가 양단간으로 정해지는 유형의 넛지(은퇴 계좌에 가입을 할 것이냐 아니냐 등)에 초점을 맞추어서, 이 논문은 학계에서의 넛지 연구에서는 넛지 전략으로 은퇴 계좌 선택이 8.7퍼센트포인트 증가했는데(원래 수준 대비 33퍼센트 증가) 넛지 팀이 현실에서 실행한 시도에서는 겨우 1.4퍼센트포인트 증가(원래 수준 대비 8퍼센트 증가)한 것으로 나타났다. 이 실망스러운 결과는 학술 저널에 게재된 연구들이 더 성공적인 결과가 나온 것들일 가능성이 크기 때문일 것이다.

32 Sumit Agarwal, Souphala Chomsisengphet, Neale Mahoney, and Johannes Stroebel, "Regulating consumer financial products: Evidence from credit cards," Quarterly Journal of Economics 130 (2015): 111-164; Benjamin J. Keys and Jialan Wang, "Minimum payments and debt paydown in consumer credit cards," Journal of Financial Economics 131 (2019): 528-548.

33 Paul Adams, Benedict Guttman-Kenney, Lucy Hayes, Stefan Hunt, David Laibson, and

Neil Stewart, "Do nudges reduce borrowing and consumer confusion in the credit card market?," Economica 89, no. 1 (2022): S178-S199.

34 John Beshears, James Choi, David Laibson, and Peter Maxted, "Present bias causes and then dissipates auto-enrollment savings effects," American Economic Review Papers & Proceedings 112 (2022): 136-141; Taha Choukhmane, "Default options and retirement saving dynamics" (미출간 논문); James Choi, David Laibson, Jordan Cammarota, Richard Lombardo, and John Beshears, "Smaller than we thought? The effect of automatic savings policies" (미출간 논문).

35 Cass R. Sunstein, "Nudges that fail," Behavioural Public Policy 1 (2017): 4-25; Lauren Willis, "When nudges fail: Slippery defaults," University of Chicago Law Review 80 (2013): 1155.

36 리처드 세일러는 "슬러지"라는 단어를 널리 유행시켰다. 우리가 여기에서 사용하는 것처럼 넛지의 사악한 사촌을 의미한다. 다음을 참고하라. Richard H. Thaler, "Nudge, not sludge," Science 361, no. 6401 (2018): 431. 슬러지를 더 광범위하게 정의하면 부담스러운 서류 작업이나 준수와 보고 의무가 생산적인 경제 활동을 저해하는 것도 포함될 수 있다. 다음을 참고하라. Cass Sunstein, Sludge: What Stops Us from Getting Things Done and What to Do about It (MIT Press, 2021).

37 우리가 알기로 "쇼브"라는 용어도 캐스 선스타인이 2013년에 다음 논문에서 쓴 말이다. "Nudges vs. shoves," Harvard Law Review Forum 127, no. 6 (April 2014): 210. 그때 선스타인은 다음 논문과 논쟁을 하고 있었다. Ryan Bubb and Richard H. Pildes, "How behavioral economics trims its sails and why," Harvard Law Review 127, no. 6 (April 2014): 1593. 우리는 이 논문과 비슷한 입장을 가지고 있다.

38 예를 들어 다음을 참고하라. "Musk calls for abolishing consumer finance watchdog targeted by Republicans," Reuters, November 27, 2024, https://www.reuters.com/world/us/musk-calls-abolishing-consumer-finance-watchdog-targeted-by-republicans-2024-11-27/.

39 인도준비은행이 은행을, 인도 증권거래소가 투자 기업과 뮤추얼펀드를, 보험규제및개발국이 보험사를, 연금규제및개발국은 연금을 규제한다. 변액보험 불완전판매 사건은 증권거래소와 보험규제 및 개발국 사이, 즉 규제 당국 간 갈등에서 비롯했다. 뮤추얼펀드나 순수한 보험상품보다 규제가 덜 꼼꼼하게 이루어졌다. 기관 간의 이 논쟁은 2010년에 해소되었지만, 인도에서 분절적인 규제의 문제는 여전하다. ET Bureau, "IRDA wins ULIP battle: Govt to amend laws to revive sales," June 20, 2010, https://economictimes.indiatimes.com/wealth/personal-finance-news/irda-wins-ulip-battle-govt-to-amend-laws-to-revive-sales/articleshow/6069224.cms

40 다음을 참고하라. "The costly lessons of the LCF scandal," Financial Times, June 24, 2021, https://www.ft.com/content/b881f191-16ac-4eed-84d0-bd6c79d461d7. 독립 기관이 작성한 검토 보고서에 대한 FCA의 해명인 다음도 참고하라. "FCA responds to independent reviews into its regulation of London Capital & Finance and Connaught," December 17, 2020, https://www.fca.org.uk/news/press-releases/fca-responds-independent-reviews-london-capital-finance-connaught. 2023년에 FCA는 "소비자 보호 의무"라고 불리는 새로운 일련의 규칙을 도입했다. 그리고 그 이래로 소비자 보호에 더 적극적이었던 것으로 보인다.

41 예를 들어 다음을 참고하라. George Parker and Suzi Ring, "FCA faces backlash over plan to 'name and shame' companies under investigation," April 21, 2024, https://www.ft.com/content/9af1adf0-de34-447c-9bd3-78ecf16d8b42.

42 정부가 매칭으로 불입해주는 프로그램으로는 영국의 헬프투세이브 플랜(https://www.gov.uk/get-+help-savings-low-income); 캐나다의 등록교육저축플랜(https://www.canada.ca/en/services/benefits/education/education-savings/estimating amounts.html); 호주의 슈퍼연금공동불입계획(https://www.ato.gov.au/tax-rates-and-codes/key-superannuation-rates-and thresholds/government-contributions) 등이 있다. 최근의 많은 경제학 연구들이 가시성에 소비자들이 크게 반응한다는 점을 보여준다. 예를 들어 다음을 참고하라. Raj Chetty, Adam Looney,

and Kory Kroft, "Salience and taxation: Theory and evidence," American Economic Review 99 (2009): 1145-1177.

43 John Friedman, "Building on what works: A proposal to modernize retirement savings" (The Hamilton Project, 토론 논문, 2015-05, 2015). 우리는 10장에서 이 아이디어를 더 상세히 다루었다.

44 2006년의 연금보호법Pension Protection Act이 회사들이 목표일 펀드를 은퇴 계좌의 기본설정으로 포함할 경우 소송에서 보호하는 면책 조항을 포함하고 있다는 점은 다음을 참고하라. John Campbell, "Restoring Rational Choice: The Challenge of Consumer Financial Regulation", American Economic Review: Papers and Proceedings 106 (2006): 1-30. 목표일 펀드 사용은 이 법이 발효되고서 꾸준히 증가했다. 2010년의 도드-프랭크법Dodd-Frank Act은 적격 모기지를 발행한 곳을 이후에 대출자들로부터의 소송에서 보호한다. 적격 모기지는 이자만 상환하는 거치기간을 둘 수 없고, 마이너스 상각과 벌룬 론 방식으로 제공할 수 없으며, 미리 내야 하는 수수료가 제한되고, 월 상환액이 대출자의 소득 대비 너무 높을 수 없다. 상세 내용은 다음을 참고하라. Consumer Financial Protection Bureau, "What is a qualified mortgage?," January 2, 2025, https://www.consumerfinance.gov/ask- cfpb/what-is-a-qualified-mortgage-en-1789/.

45 다음을 참고하라. Charles R. Geisst, Beggar Thy Neighbor: A History of Usury and Debt (University of Pennsylvania Press, 2013).

46 다음을 참고하라. Joseph R. Biden Jr., "White House press release: The president's initiative on junk fees and related pricing practices," October 26, 2022, https://www.presidency.ucsb.edu/documents/white-house-press-release-the-presidents-initiative-junk-fees-and-related -pricing. 이 보도자료는 "정크 수수료"를 다음과 같이 정의했다. "정크 수수료는 소비자를 속이거나 혼란스럽게 하기 위해, 혹은 락인이나 기타 시장 권력 상황의 이점을 위해 고안된 수수료라고 정의할 수 있을 것이다."

47 적격 투자자의 정의는 다음을 참고하라. US Securities and Exchange Commission, "Accredited Investors," January 30, 2025, https://www.sec.gov/education/capitalraising/building-blocks/accredited-investor. 적격 투자자 기준에서 자산은, 거주하고 있는 주택은 제외한 것이며 소득 문턱값은 개인이냐 부부 합산이냐에 따라 다르다.

48 다음을 참고하라. Financial Conduct Authority, "Consumer duty," 2024년 8월 12일에 접속함. https://www.fca.org.uk/firms/consumer-duty.

49 HealthCare.gov에 대해서는 다음을 참고하라. "Healthcare . gov," United States Government Accountability Office, 2015, http://www.gao.gov/assets/670/668834.pdf. 2023-24년에 FAFSA 양식을 수정한 사례는 다음을 참고하라. Erica Green and Jack Montague, "Inside the blunders that plunged the college admission season into disarray," New York Times, March 13, 2024, https://www.nytimes.com/2024/03/13/us/politics/fafsa-college-admissions.html. 아이러니하게도, 소비자금융보호국 초대 국장 리처드 코드레이Richard Cordray는 FAFSA 양식 수정을 담당했던 교육부 관료였다. 트레저리다이렉트TreasuryDirect 문제는 다음을 참고하라. Imani Moise, "Trea suryDirect to bond buyers: Moving your money could take a year," Wall Street Journal, October 9, 2024, https://www.wsj.com/finance/investing/treasury-department-bonds-customer-service-0c3313bc.

50 이 사건은 이 소프트웨어의 이름을 따서 "호라이즌 스캔들"이라고 불린다. 이 스캔들은 영국 우체국에 대한 공공의 신뢰를 막대하게 훼손했다. 이 사건을 개괄한 언론 보도로는 다음을 참고하라. "Post Office scandal," Financial Times, 2025년 3월 20일에 접속함, https://www.ft.com/post-office-scandal.

51 미국의 저축 채권은 다음을 참고하라. "About U.S. savings bonds," 2025년 3월 20일에 접속함. https://treasurydirect.gov/savings-bonds/. 영국과 호주의 학자금 대출은 다음을 참고하라. https://www.gov.uk/government/organisations/student-loans-company, 2025년 3월 20일에 접속함; https://www.education.gov.au/higher-education-loan-program, 2025년 3월 20일에

접속함.

52   미국에서 비영리 상호 제공 형태의 금융기관이 제공하는 금융 서비스의 역사는 다음을 참고하라.
      Mehrsa Badaran, How the Other Half Banks: Exclusion, Exploitation, and the Threat to
      Democracy (Harvard University Press, 2015). 이 책은 이러한 기관들이 설립되었을 때 상정한 이
      상적인 임무에서 멀어져서 일반적인 영리 민간 회사처럼 가고 있는 경향을 지적하면서, 공적으로 운영
      되는 우체국 저축 은행을 대안으로 제시하고 있다.

53   Commonwealth, "How UPS and Voya designed a solution resulting in $10 million in
      savings," April 22, 2022, https://buildcommonwealth.org/research/a-case-study-in-
      workplaceemergency-savings.

54   Dean Karlan, Margaret McConnell, Sendhil Mullainathan, and Jonathan Zinman, "Getting
      to the top of mind: How reminders increase saving," Management Science 62 (2016):
      3393-3411.

55   배경 설명은 다음을 참고하라. https://buildcommonwealth.org/resource/prize-linked-
      savings/, 2025년 3월 20일에 접속함. 2021년 현재 미국에서 34개의 주가 경품 연계 저축 상품을
      허용하고 있다. 월마트의 상품에 대한 묘사는 다음을 참고하라. Commonwealth, "Prize savings
      brings prize-linked savings nationwide," December 15, 2016, https://buildcommonwealth.
      org/news-item/prize-savings-brings-prize-linked-savings-nationwide/.

56   Shawn Cole, Benjamin Iverson, and Peter Tufano, "Can gambling increase savings?
      Empirical evidence on prize-linked savings accounts," Management Science 68 (2022):
      3282-3308.

57   이 개혁은 저명한 금융경제학자인 이스라엘 중앙은행 총재 아미르 야론Amir Yaron이 시작했다. 표준화
      된 모기지 세 종류는 1) 명목 고정금리, 2) 명목 고정금리와 물가연동 고정금리, 프라임 금리에 연동된
      변동금리를 동일 비중으로 혼합, 3) 명목 고정 금리와 프라임 금리에 연동된 변동금리를 동일 비중으
      로 혼합한 것이다. 다음을 참고하라. https://al.boi.gov.il/en/information-and-service-to-the-
      public/banking-and-payments-customer-service-information/financial-education/the-
      reform-to-increase-information-transparency-and-competition-in-mortgages/, 2025년
      3월 20일에 접속함.

58   다음을 참고하라. Consumer Financial Protection Bureau, "CFPB bans excessive
      credit card late fees, lowers typical fee from $32 to $8," March 5, 2024, https://www.
      consumerfinance.gov/about-us/newsroom/cfpb-bans-excessive-credit-card-late-
      fees-lowers-typical-fee-from-32-to-8/; "CFPB proposes rule to close bank overdraft
      loophole that costs Americans billions each year in junk fees," January 17, 2024, https://
      www.consumerfinance.gov/about-us/newsroom/cfpb-proposes-rule-to-close-bank-
      overdraft-loophole-that-costs-americans-billions-each-year-in-junk-fee/. 신용카드 연
      체 수수료 상한 규칙은 2024년 5월[시행되기 직전]에 법원에서 제동이 걸렸고 이후 최종적으로 철
      회되었다. 그리고 CFPB의 또 다른 정책들도 트럼프 2기 행정부에서 철회될 가능성이 있다. 초과
      인출 수수료가 순진한 소비자들에게 미치는 영향에 대한 실증 근거는 다음을 참고하라. Marco Di
      Maggio, Angela Ma, and Emily Williams, "In the red: Overdrafts, payday lending, and the
      underbanked" (미출간 논문). 우리는 이 논문을 4장에서 논의했다.

59   Ali Hortaçsu and Chad Syverson, "Product differentiation, search costs, and competition
      in the mutual fund industry: A case study of S&P 500 index funds," Quarterly Journal of
      Economics 119 (2004): 403-456.

60   전통적인 금융 자문가들도 소셜미디어를 사용해 고객을 모집한다. 최근 블랙록이 금융 자문가들을 대
      상으로 내놓은 보고서는 서베이에 참여한 투자자의 5분의 1이 "금융 자문가"가 운영하는 소셜미디
      어가 그들을 평가하는 유일한 요인이라고 답했다는 사실을 강조하면서 금융 자문가들에게 이제 소
      셜미디어를 통한 마케팅이 "사업상 필수적"이 되었다고 조언했다. 다음을 참고하라. Katie Cullen,
      "Engage young investors with your social media marketing," March 19, 2025, https://

www.blackrock.com/us/financial-professionals/insights/social-media-marketing-for-financial-advisor.

61 미국과 캐나다의 금융 자문에 대해서는 다음을 참고하라. Sendhil Mullainathan, Markus Noeth, and Antoinette Schoar, "The market for financial advice: An audit study" (NBER Working Paper 17929, 2012); Stephen Foerster, Juhani T. Linnainmaa, Brian T. Melzer, and Alessandro Previtero, "Retail financial advice: does one size fit all?," Journal of Finance 72 (2017): 1441-1482. 인도의 생명보험 판매원에 대해서는 다음을 참고하라. Santosh Anagol, Shawn Cole, and Shayak Sarkar, "Understanding the advice of commissions-motivated agents: Evidence from the Indian life insurance market," Review of Economics and Statistics 99 (2017): 1-15.

62 Financial Conduct Authority, "FCA warns firms and finfluencers to keep their social media ads lawful," March 26, 2024, https://www.fca.org.uk/news/press-releases/fca-warns-firms-and-finfluencers-keep-their-social-media-ads-lawful.

63 British Broadcasting Corporation, "Bollywood actor Arshad Warsi banned from Indian stock market," BBC, March 3, 2023, https://www.bbc.co.uk/news/world-asia-india-64832690.

64 Tara Siegel Bernard, "How a new rule could change the way advisers handle your retirement money," New York Times, March 26, 2024, https://www.nytimes.com/2024/03/26/business/fiduciary-rule-retirement.html.

65 약제사법으로 "약제사"라는 직업명을 잘못 사용하던 관행이 없어졌다. 예를 들어 다음을 참고하라. S. W. Holloway, "The Apothecaries' Act, 1815: A reinterpretation," Medical History 10, no. 2 (1966): 107-129. 이 논문에 따르면, 약제사법이 있기 전에는 "일반적으로 런던과 그 인근에서 스스로를 약제사라고 말하는 사람은 매우 존경 받는 직종이기는 했지만 적어도 절반은, 어쩌면 4분의 3까지도 문맹이었고 현자의 돌을 가지고 하는 것 이상으로 주요 의약품을 준비하거나 조제할 줄 몰랐다. … 전문 용어의 의미나 기원을 완벽하게 이해하고 있는 사람은 열에 하나도 안 되었고 라틴어로 쓰여 있는 의사의 처방을 제대로 읽을 수 있는 사람도 열에 하나 정도였다. 약어로 쓰여 있으면 더더욱 그랬다." 개인금융에서의 이러한 문제는 예를 들어 다음을 참고하라. Patrick A. Lach, Leisa Reinecke Flynn, and G. Wayne Kelly, "Brokers or investment advisers? The US public perception," Financial Analysts Journal 75 (2019): 125-131.

66 Alex Horo witz, "How to reform state payday loan laws", June 8, 2023, https://www.pewtrusts.org/en/research-and-analysis/articles/2023/06/08/how-to-reform-state-payday-loan-laws.

10장 더 나은 금융 시스템은 가능하다

1 이슬람 금융에 대한 개괄은 다음을 참고하라. Timur Kuran, "Islamic economics and the Islamic subeconomy," Journal of Economic Perspectives 9, no. 4 (1995): 155-173.

2 국가마다 가계의 금융 행동이 어떻게 차이 나는지는 다음을 참고하라. Luigi Guiso, Michael Haliassos, and Tullio Jappelli, Household Portfolios (MIT Press, 2002); Cristian Badarinza, John Y. Campbell, and Tarun Ramadorai, "International comparative household finance," Annual Review of Economics 8 (2016): 111-144; Michael Haliassos, Thomas Jansson, and Yigitcan Karabulut, "Incompatible European partners? Cultural predispositions and house hold financial behavior," Management Science 63 (2017): 3780-3808.

3 다음을 참고하라. BaFin Federal Financial Supervisory Authority, "Basic payment

account," 2025년 1월 31일에 업데이트됨. https://www.bafin.de/EN/Verbraucher/Bank/ Produkte /Basiskonto/basiskonto_node_en.html.

4   미국에서는 세금 환급을 세 개의 계좌로 받을 수 있다. 미국 정부가 특정한 배분을 추천하지는 않지만 AARP 재단 같은 비영리기구는 세금 환급금 저축을 독려한다. 다음을 참고하라. AARP Foundation, "Use your tax refund to build an emergency fund," 2025년 3월 20일에 접속함, https://my.aarpfoundation.org/article/what-to-do-with-your-tax-refund/.

5   미국에서는 비영리기구 커몬웰스가 블랙록 비상금 저축운동 등 민간 영역의 여러 파트너와 함께 이런 계좌를 주창하고 있다. 최근의 사례는 UPS가 직원에게 비상금 저축 계정을 제공한 것을 들 수 있다. 다음을 참고하라. Commonwealth, "A case study in workplace emergency savings: How UPS and Voya designed a solution resulting in $10 million in savings," April 22, 2022, https://buildcommonwealth.org/research/a-case-study-in-workplaceemergency-savings/.

6   보편 기본소득에 대한 간단한 설명은 다음을 참고하라. Maura Francese and Delphine Prady, "What is universal basic income?," IMF Finance and Development Magazine, December 2018, https://www.imf.org/en/Publications/fandd/issues/2018/12/what-is-universal-basic-income-basics.

7   다음을 참고하라. Gov.UK, "Get help with savings if you're on a low income (Help to Save)," 2024년 8월 12일에 접속함. https://www.gov.uk/get-+help-savings-low-income; Government of Canada, "Registered education savings plans and related benefits," 2024년 8월 12일에 접속함. https://www.canada.ca/en/services/benefits/education/education-savings/estimating-amounts.html.

8   미국의 한 가지 사례는 아콘닷컴이 제공하는 거스름돈 저축이다. 다음을 참고하라. Acorns.com, "Round-ups by Acorns," 2025년 3월 18일에 접속함. https://www.acorns.com/round-ups/. 영국의 머니박스 앱은 4장에서 설명했다.

9   Dean Karlan, Margaret McConnell, Sendhil Mullainathan, and Jonathan Zinman, "Getting to the top of mind: How reminders increase saving," Management Science 62 (2016): 3393-3411.

10   미국 우체국 저축의 역사는 다음을 참고하라. Mehrsa Badaran, How the Other Half Banks: Exclusion, Exploitation, and the Threat to Democracy (Harvard University Press, 2015); Steven Sprick Schuster, Matthew Jaremski, and Elisabeth Ruth Perlman, "An empirical history of the US postal savings system," Social Science History 44 (2020): 667-696. 많은 다른 나라들에 대한 참고자료도 온라인에서 볼 수 있다.

11   다음을 참고하라. PaisaBazaar, 2025년 3월 18일에 접속함, https://www.paisabazaar.com/; Upstart, 2025년 3월 18일에 접속함. https://www.upstart.com.

12   Marco Di Maggio, Justin Katz, and Emily Williams, "Buy now, pay later credit: User characteristics and effects on spending patterns" (미출간 논문).

13   여러 가지 상환 구조에 대한 비교는 다음을 참고하라. Jack Britton, Laura van der Erve, and Tim Higgins, "Income contingent student loan design: Lessons from around the world," Economics of Education Review 71 (2019): 65-82.

14   다음을 참고하라. "Income-driven repayment plans for student loans: Bud getary costs and policy options," Congressional Budget Office, 2020, https://www.cbo.gov/

publication /55968; Sarah Gunn, Nicholas Haltom, and Urvi Neelakantan, "Should more student borrowers use income-driven repayment plans?," Federal Reserve Bank of Richmond Economic Brief, 2021, https://www.richmondfed.org/publications/research/economic_brief/2021/eb_21-20. 2022년에 수행된 퓨채러터블 트러스트의 다음 연구는 소득 연계 상환income-driven repayment, IDR 프로그램에서 미상환 잔액이 나중에 [20년이나 25년이 지나면] 탕감될 수 있는데도 대출 잔액이 늘어나면 일부 대출자들이 이 프로그램을 꺼려하게 된다는 점을 발견했다. Pew Charitable Trusts, "Redesigned income-driven repayment plans could help struggling student loan borrowers," February 8, 2022, https://www.pewtrusts.org/en/research-and-analysis/reports/2022/02/redesigned-income-driven-repayment-plans-could-help-struggling-student-loan-borrowers. 가입을 쉽게 하는 것이 IDR 참여율에 강한 영향을 미친다는 점은 다음을 참고하라. Holger Mueller and Constantine Yannelis, "Increasing enrollment in income-driven student loan repayment plans: Evidence from the Navient field experiment," Journal of Finance 77 (2022): 367-402.

15 하지만 호주 시스템은 소득 기준값에 도달하면 그 위로는 상환액이 크게 늘도록 되어 있다. 소득이 기준값을 넘는 순간에 암묵적으로 매우 높은 한계세율을 부과하는 셈이다. 기준값을 넘는 소득에 대해서는 상환이 소득에 비례하게 해서 상환해야 할 금액이 소득 구간의 모든 곳에서 완만하게 상승하게 함으로써 한계세율이 암묵적으로 너무 높아지지 않게 하는 편이 더 나을 것이다. 호주 시스템이 노동 공급에 미치는 영향에 대한 실증 근거는 다음을 참고하라. Tim de Silva, "Insurance versus moral hazard in income- contingent student loan repayment" (미출간 논문).

16 훗날 저명한 대법관이 되는 루이스 브렌다이스Louis Brandeis는 2013년 〈하퍼스위클리Harper's Weekly〉와의 인터뷰에서 "햇빛이 가장 좋은 살균제"라고 말했다. 그 인터뷰 기사의 제목은 "언론에 드러나는 것의 역할"이었다. Harper's Weekly, December 20, 1913, "What publicity can do," https://louisville.edu/law/library/special-collections/the-louis-d.-brandeis-collection/other-peoples-money-chapter-v.

17 이 이슈에 대해서는 다음을 참고하라. John Campbell, "Mortgage market design," Review of Finance 17 (2013): 1-33; John Campbell, "Mortgage choice and monetary policy," 마커스 아카데미 팟캐스트에서 방송. 2023년, https://bcf.princeton.edu/events/john-campbell-on-mortgage-choice-and-monetary-policy/#.

18 자동 재융자는 수년 동안 여러 차례 제안돼 왔다. 대표적으로 다음을 참고하라. Björn Flesaker and Ehud Ronn, "The pricing of FIREARMs (falling interest rate adjustable-rate mortgages)," Journal of Real Estate Finance and Economics 6 (1993): 251-275; Barry Nalebuff and Ian Ayres, Why Not? How to Use Everyday Ingenuity to Solve Problems Big and Small (Harvard Business Press, 2006); John Campbell, "Household finance," Journal of Finance 61 (2006): 1553-1604; 가장 최근의 제안은 다음을 참고하라. Kanav Bhagat, "Extending the benefits of mortgage refinancing: the case for the auto-refi mortgage" (미출간 논문), https://papers.ssrn.com/sol3/papers.cfm?abstract_id=3927174.

19 이런 조치들이 취해지더라도 대출자가 현행 모기지 시스템에서 재융자를 잘 하지 않는 실수를 제거하게 되면 초기 모기지 금리가 살짝 올라가게 될 것이다. 하지만 우리는 이것이 금융 지식이 더 적은 사람에게서 더 많은 사람에게로 교차 보조가 이루어지지 않는 더 공정한 시스템을 만들기 위해 용인할 수 있는 비용이라고 생각한다.

20 영국에서는 모기지 이전이 일반적으로 가능하고 덴마크에서는 모기지 인수가 가능하다. 미국에서는 정부가 보증하는 모기지(FHA, VA, USDA 대출 등)의 상당수가 인수 가능하지만 구매자도 정부가 보증하는 동일한 모기지 프로그램에 자격이 되어야 해서 모기지 인수의 이득을 누리는 사람이 크게 제한된다.

21 다음을 참고하라. Julia Fonseca and Lu Liu, "Mortgage lock-in, mobility, and labor reallocation," Journal of Finance 79, no. 6 (December 2024): 3729-3772. 다음도 참고하라. Steffen Andersen, John Campbell, Kasper Meisner Nielsen, and Tarun Ramadorai, "Sources of inaction in household finance: Evidence from the Danish mortgage market," American Economic Review 110, no. 10 (October 2020): 3184-3230.

22 허위 정보 보고가 2008-9년 금융위기에 미친 영향은 다음을 참고하라. John Griffin, "Ten years of evidence: Was fraud a force in the financial crisis?," Journal of Economic Literature 59 (2021): 1293-1321.

23 예를 들어 다음을 참고하라. Jeff Sommer, "Mutual funds that consistently beat the market? Not one of 2,132," New York Times, December 2, 2022, https://www.nytimes.com/2022/12/02/business/stock-market-index-funds.html.

24 Investment Company Institute, Investment Company Fact Book 2023, https://www.icifactbook.org/, figures 2.5 and 2.6.

25 Santosh Anagol and Hugh Hoikwang Kim, "The impact of shrouded fees: Evidence from a natural experiment in the Indian mutual funds market," American Economic Review 102 (2012): 576-593.

26 유럽의 많은 구조화 상품의 복잡성과 높은 비용은 다음을 참고하라. Claire Célérier and Boris Vallée, "Catering to investors through security design: Headline rate and complexity," Quarterly Journal of Economics 132 (2017): 1469-1508. 스웨덴에서 금융 지식이 많지 않은 가구에 구조화 상품의 제공이 긍정적인 영향을 미쳤다는 것은 다음을 참고하라. Laurent E. Calvet, Claire Célérier, Paolo Sodini, and Boris Vallee, "Can security design foster household risk-taking?," Journal of Finance 78 (2023): 1917-1966.

27 인도 가계금융위원회는 보험금 청구 정보의 투명성에 대한 논의를 상세히 보고했다. 미국 건강보험개혁법Affordable Care Act은 건강보험 회사들의 투명한 정보 보고를 요구한다. 법적으로 요구된다고 해서 늘 완전하게 실행되는 것은 아니지만 말이다. 다음을 참고하라. Karen Pollitz, Justin Lo, Rayna Wallace, and Salem Mengistu, "Claims denials and appeals in ACA marketplace plans in 2021," February 9, 2023, https://www.kff.org/private-insurance/issue-brief/claims-denials-and-appeals-in-aca-marketplace-plans/.

28 자신의 저축액이 충분한지를 대해 은퇴 저축자들이 잘 모른다는 점은 다음을 참고하라. Anqi Chen, Yimeng Yin, and Alicia H. Munnell, "How well do people perceive their retirement preparedness?," Center for Retirement Research, 2023, https://crr.bc.edu/how-well-do-people-perceive-their-retirement-preparedness.

29 Mattia Landoni and Stephen P. Zeldes, "Should the government be paying investment fees on $3 trillion of tax- deferred retirement assets?," Review of Financial Studies 38 (2025): 1014-1066.

30 John Friedman, "Building on what works: A proposal to modernize retirement savings" (The Hamilton Project, 토론용 논문, 2015-05, 2015).

31 David Swensen, Unconventional Success: A Fundamental Approach to Personal Investment (Simon and Schuster, 2005). 적절한 유동성 관리의 필요성을 재사고하게 만든 최근의 사례로는 프린스턴 대학이 겪은 비유동 자산 문제를 들 수 있다. 예를 들어 다음을 참고하라. Sun Yu, "Princeton endowment chief sees 'worst ever' private equity liquidity," Financial Times, April 16, 2024, https://www.ft.com/content/cc6601df-4663-43a0-87b2-822eaabe4a81.

32 이에 대한 개념적인 논의는 다음을 참고하라. John Campbell and Luis Viceira, Strategic Asset Allocation (Oxford University Press, 2002), chapter 7.

33 이와 관련해 구체적인 설계를 제안한 저술로는 다음을 참고하라. Magnus Dahlqvist, Ofer Setty, and Roine Vestman, "On the asset allocation of a default pension fund," Journal of Finance 73 (2018): 1893-1936; Francisco Gomes, Alexander Michaelides, and Yuxin Zhang, "Tactical target date funds," Management Science 68, no. 4 (2022): 2377-3174.

34 Robert A. Heinlein, Time Enough for Love (G. P. Putnam's Sons, 1973). 유명한 과학소설 저자의 시리즈 소설로, '라자루스 롱Lazarus Long'이라는 이름을 가진 매우 장수한[2,000년을 산] 주인공이 소설 전반에 걸쳐 계속해서 나온다.

35 Thomas Davidoff, Patrick Gerhard, and Thomas Post, "Reverse mortgages: What homeowners (don't) know and how it matters," Journal of Economic Behavior & Organization 133 (2017): 151-171. 역모기지의 불완전판매가 문제가 되곤 했기 때문에, 역모기지 판촉물에 대한 규제가 중요하다. 역모기지 불완전판매 사례는 다음을 참고하라. Reverse Mortgages: Report to Congress, Consumer Financial Protection Bureau, June 28, 2012, 114-116, https://files.consumerfinance.gov/a/assets/documents/201206_cfpb_Reverse_Mortgage_Report.pdf.

36 존 캠벨의 고향인 매사추세츠주 렉싱턴에서 소득이 충분히 낮은 노인들에게 과세 이연 선택지가 제공된다(2025년 회계년도 기준 연 10만 3,000달러 이하). 유예된 세금에 대한 이자는 눈에 잘 띄게 공개되고 개인 신용에 대한 비용치고 낮은 편이다. 가령, 2025년 회계년도에 적용된 재산세 유예분은 복리가 아닌 단리로 4.92퍼센트였고 2025년에 적용된 유예분에는 이 이자율이 집을 팔 때까지 이후 연도들에도 동일하게 적용된다.